다의어 발생론

다의어 발생론

이 정 식 지음

*본 논문은 1998년도 한국학술진흥재단 신진연구 장려금의 지원으로 연구되었음.

머리말

생성언어학의 퇴조는 많은 새로운 움직임으로 대체되고 있지만, 대체 이론들이 모델적 접근의 매력을 다시 확보하지는 못하고 있다. 새로운 움직임은 인지언어학과 사전 편찬학, 그리고 자연언어처리 등 새로운 경향을 수용하는 작업과 대규모 자료(코퍼스)를 통해 언어분석에 접근하는 것이다.

인지의미론과 자연언어처리상의 필요성에 따라 다의어 연구가 활발히 일어나고 있다. 그러나, 충분히 소화되지 않은 채로 새로운 흐름으로 이동하는 것을 통해서는 이론적 축적이 일어날 수 없다. 필자는 구조주의 의미론과 90년대 이후 국어학에 도입된 인지의미론 사이의 간극을 메워야 한다는 생각을 가졌다. 학문 축적의 도상에서 반드시 필요한 일이라고 판단되었기 때문이다.

소쉬르를 잘못 읽은 결과이든 아니든 간에 구조주의 의미론은 단위적 폐쇄성과 정태성으로 인하여 추구할 만한 매력을 상실하였고, 인지의미론은 그 기반의 불안정성이 두드러지게 눈에 띄었다. 인지주의의 역동성과 구조주의의 안정성이 결합되는 주제가 필요한데, 다의어는 가장 적당한 주제이다. 필자는 다의어 연구를 발생론적인 관점에서 관조함으로써 모델적이며 연역적인 방식으로 접근하였다. 이 과정에서 최초의미와 이미지소 등 몇 가지 새로운 개념이 제안되었으며, 이로부터 발생의 논리를 탐구하려고 노력하였다.

여전히 거친 언어와 조악한 설명이 산포되어 있지만, 앞으로의 다의어 연구의 한 방향성을 제안하는 데에 큰 무리는 없을 것이다.

본고는 필자의 박사학위논문인 “국어 다의 발생의 양상과 원인”을 주된 내용으로 하고, 완결된 미발표문 “국어 다의어 분포에 대한 계량적 분석 - 품사편”을 덧붙였다. 또한 다의어 자료를 부록으로 보완·첨가하여 연구자들에게 도움이 되도록 하였다.

감사드릴 분이 많이 있다. 다만, 본 서에 이 분들을 거명하는 것이 누가 되지 않을까 염려될 뿐이다. 우선 부족한 논문을 심사해 주신 심재기 선생님, 꼼꼼히 지적해주신 임지룡 선생님, 쓴소리도 마다 않으신 배해수 선생님, 그리고 논문 보완의 방향을 구체적으로 지도해 주신 최호철 선생님께 감사드린다. 학

머리말

부 때부터 따뜻한 사랑으로 격려해 주신 홍종선 선생님, 학문하시는 모습을 통해 감화를 주신 정 광 선생님과 박영순 선생님께도 감사드린다.

사전 자료와 기타 민족문화연구원의 자료를 사용할 수 있도록 해 주신 김흥규 선생님께 감사드리며, 문외한을 데려다가 자연언어처리와 전자사전에 눈 뜨게 해주신 고창수 선생님과 기계번역실 연구원 선후배님들에게 감사한다. 학부에서, 그리고 대학원에서 만난 선후배님들로부터 받은 사랑과 격려는 학문으로 가는 토대를 마련해 주었고 또한 지속할 수 있는 힘이 되었다.

대학원 수학 과정에서 불문과 김성도 선생님과 독문과 박여성 선생님을 만난 것은 행복이었다. 나의 좁은 시야를 기호학과 언어 사상, 그리고 구성주의와 인지이론의 역동성으로 확대시키는 충분한 계기가 되었다.

아버지와 같은 자상함으로 학문의 지향점과 인성을 가르치셨던 성광수 선생님, 모든 소유를 다 팔아 자식 공부에 투자하시고, 지금도 아들을 사랑하시는 부모님께 엎드려 감사드린다. 어려운 고비 때마다 격려해 주신 류현택 목사님과 기도로 함께 해 주신 성도님들께 감사의 마음을 전한다.

뼈가 마르는 부담을 함께 인내하며 감당해 주었고, 앞으로도 영원히 함께 할 내 아내 박미선과 존재 자체로 큰 힘이 되었던 담빈이, 영빈이는 이 책의 주인공이다.

쾌히 출판을 맡아주신 역락 출판사 이대현 사장님과 세심하고 깔끔하게 편집해 준 박진희님께 감사드린다.

끝으로 이 모든 과정을 처음부터 끝까지 지켜 인도해주신 하나님과 나의 구주 예수 그리스도께 모든 영광을 돌린다.

2003년 4월 20일 개운산 자락에서

지은이 씀

목 차

목 차

목 차

목 차

제 1 장 서론

　다의어는 어휘 의미론에서 가장 중심적인 주제일 뿐만 아니라, 인간 언어의 근본적인 특징 가운데 하나로 간주되고 있다. 하나의 형태가 둘 이상의 의미를 실현할 수 있다는 것으로부터 의미의 유연성(有緣性) 문제가 제기되는 한편, 이러한 유연성이 무제한적이지는 않으며 그것과 상반되는 특징으로서의 언어의 관습성(慣習性) 문제가 동시에 드러나기 때문이다. 다의 현상의 언어학적 중요성은 인간이 만든 두 종류의 서로 다른 언어 체계를 대조함으로써 보다 분명하게 드러난다.[1]

　일반적으로 언어학적 연구의 대상으로서의 언어를 '자연 언어'로 이름하며, 이것과 상반되는 언어 개념으로 인공 언어 또는 형식 언어를 개발하여 사용하고 있다. 인공 언어나 형식 언어를 구성하고 있는 요소들과 문법은 하나의 형태에 하나의 기능을 담당하는 것을 원칙으로 한다. 이는 이들 언어를 사용하는 데 있어서 엄밀성과 정확성을 요구하기 때문이며, 이와 같

---

1) 李乙煥·李庸周(1975)에서는 서문에서 '언어 기호가 어떤 목적을 달성하기 위한 커뮤니케이션의 도구로서 인간에 의해 고안된 것이라면 여기서 의미를 배제하지는 못하리라는 것이다'라고 언급하였다.

은 요구는 '논리적인 절차에 입각한 처리'라는 목적에 따르는 것이다. 그런데, 인공언어 또는 형식언어의 입장에서 볼 때 자연언어는 모호성과 불투명성을 드러낸다. 바로 하나의 형태가 하나의 의미 기능만을 담당하지 않기 때문이다.

또한, 다의어 문제는 언어 사용 주체인 인간의 특성을 반영하고 있다. 곧 다의 현상이 언어 자체의 성격에 대한 질문을 유발함과 동시에 그것을 사용하고 있는 인간의 특성을 드러내 준다는 말이다. 비논리적이거나 부정확한 것으로 생각될 수 있는 언어에 대한 인간의 정확한 사용 능력은 사용과 이해의 과정에서 수반될 수 있는 교란조건이 없다면 언제나 동일하게 나타난다. 오늘날 다의어와 은유의 관련성 속에서 인간의 인지적 개념을 다루는 인지 의미론적 관점이 배태된 것은 우연한 일이 아닌 것이다.

그러나, 이렇듯 중요한 대상으로 인정되고 있는 다의어 문제를 본격적으로 연구한 논문은 그리 많지 않다. 다의어 문제를 언급하고 한두 어휘를 대상으로 분석한 연구는 적지 않지만, 지속적인 연구를 통해 이론적 차원으로까지 발전시키려는 노력이 부족한 것이다. 이는 국내 뿐만 아니라 국외에서도 마찬가지임을 다음의 언급을 통해서 알 수 있다.

> '다의어 문제가 비록 어휘 의미론에서 중요한 주제인 것은 분명하지만 다의어에 대한 정의나 다의어의 구조에 대해서는 더 많은 연구가 필요하다.'(D. Geeraerts, The Encyclopedia of Language and Linguistics(Asher, R.E. 외(1996) VI p.3228))

다의어에 대한 정의의 문제는 의미의 유연성 문제에서 비롯되며 동음이의어와의 경계 문제를 말하는 것이고, 다의어의 구조 문제는 다르매스뜨때에르(1886:66~74)가 방사와 연쇄라는 이름으로 그 구조를 정식화한 이래 이렇다할 구체화가 부족한 것을 두고 말하는 것이라고 볼 수 있다.[2] 인지주

---

2) 이기용(2001:7)에서는 '다의어에 대한 관심과 연구가 해외에서와는 달리 국내에서는 미진한 상태이다'라고 언급하고 있지만, 해외의 연구가 다의어의 구조나 양상 문제를 규명하는 데에 초점을 두고 있는 것이 아니라 사전편찬의 관점이나 형식적 표상 문제, 그리고 자연언어처리 등의 관점과 맞물려 진행된 것이어서 의미론적 입장에서 본격적으로 활발하다고 할 수는 없다. 워드넷을 비롯하여 전자사전 구축에 관한 연구는 이러한 과

의적 연구는 다의어의 내적 구조 문제를 언어사용주체의 인지적 양상과 구조 문제로 새롭게 제기하고 있으나, 인지적 구조의 일반화는 비단 인지언어학 뿐만 아니라 학제적인 연구의 도움을 통해서만 가능해질 수 있다. 또한 인지주의적 연구는 전통적인 구조주의적 연구와의 학문적 연계성을 마련해야 하는 과제를 안고 있다.

1. 연구 목적

이 글의 목적은 다의 의미의 확장 양상을 밝히고 그 확장의 원인을 규명하는 것이다. 의미가 확장되었다는 것은 확장되기 이전의 어떤 상태가 있었음과 확장된 이후의 상태가 있다는 것을 전제로 하는 것이다. 한 어휘가 하나의 의미를 나타내거나 표상하는 어떤 초기 상태를 논리적으로 가정할 수 있다면, 이로부터 어떠한 촉발자의 개입으로 새로운 의미가 발생한다는 말이 되겠다. 그렇다면 다의 의미로 확장되는 과정에 소용되는 요소 곧, 촉발자가 무엇인지에 관한 질문이 중요함을 알게 된다. 또한, 문법 범주별로 이러한 다의 의미의 확장 양상이 동일한지 그렇지 않은지, 또는 의미 영역별로 나타나는 구별되는 양상이 존재하는지 등에 대하여 살펴보아야 할 것이다. 확장의 양상에 대한 접근은 다의 의미의 유연성(有緣性) 문제와 그 맥을 같이 한다.

한편, 의미가 확장되는 원인에 대하여 본격적인 탐구가 진행되어야 할 것이다. 다의어로 발전하는 과정은 의미 변화의 일종으로 간주될 수 있으며 따라서 원칙적으로 의미 변화에 개입하는 무수히 많은 원인들이 의미 확장에도 동일하게 적용될 수 있다. 울만(Ullmann 1962)에서는 의미 변화의 원인을 (1) 언어적 원인 (2) 역사적 원인 (3) 사회적 원인 (4) 심리적 원인 (5) 감정적 원인으로 다섯 가지를 들고 있다.[3] 이 원인들이 모두 의미 범

정에서 나온 대표적인 산물이라 할 것이다.
3) 구조주의 의미론의 출발점이라고 해도 과언이 아닌 울만의 이와 같은 언급은 구조주의적 언어 연구를 비언어학적 요인들을 배제하는 언어 체계 내적인 연구로 규정하는 통상

주로 포함될 수 있다면, 언어적 범주, 역사적 범주, 사회적 범주, 심리적 범주, 감정적 범주들의 상호 작용에 의해 다의 의미들이 발생하게 된다고 말할 수 있을 것이다.

그러나, 이들 원인이나 범주를 한꺼번에 관찰하거나 연구하는 것은 거의 불가능하다. 따라서 본고에서는 다의 확장의 원인에 접근할 수 있는 방법론을 발견하는 것을 또 하나의 목적으로 하며, 발견된 방법론에 따라 자료를 분석하는 과정을 통해 다의 확장의 원인을 규명할 것이다.

앞서 다의어 연구가 의미론의 중심적인 주제이면서도 그 연구의 양적이거나 질적인 수준이 그리 높지 못함을 언급하였다. 오늘날 학문 연구에서 강조되는 성격으로는 '논리적, 객관적, 과학적'이라는 세 가지를 들 수 있는데, 만일 어떤 연구의 대상이 이와 같은 성격에 부합한다면 그에 대한 연구가 활발할 것임을 예상할 수 있다. 그러면, 다의어 연구의 양적, 질적 제약은 역으로 다의 현상이 그와 같은 학문적 성격으로 기술되기에 어려운 대상일 수 있음을 말해준다고 하겠다. 다의어 연구가 어휘 의미론적 연구로서의 '반의어, 동의어, 유의어' 등의 어휘 관계의 하나로 취급되기보다 의미론적 문제라는 큰 틀 속에서 진행되어야 하는 이유가 여기에 있다. 이제 다의어 분석 과정을 통하여 추구할 거시적 목적을 개진해 보기로 한다.

의미 연구의 필요성을 부정할 사람은 아무도 없지만, 학문적으로 안정적인 의미론이 무엇인가에 대해서 일정한 합의에 도달하기는 쉽지 않다. 李乙煥·李庸周(1975)의 서문에서는 '의미의 문제가 물론 복잡하고 어려운 것은 더 말할 것 없다. 아직 의미의 정의조차 내리지 못하고 있으며, 의미론의 대상에 대하여도 정설이 있는 것은 아니다'라고 함으로써 의미 연구의 현재적 상황을 잘 묘사하고 있다.

카츠(1972:1~10)는 의미론이 언어학적 의미를 연구하는 것이라는 것과 문장이나 다른 언어학적 단위들이 표현하는 것과 관련되어 있다는 사실 이외

적인 인식과는 사뭇 다르다. 심리적 원인과 감정적 원인들은 언어 사용 주체의 주관적인 영역에 해당하며, 역사적 원인과 사회적 원인은 언어 체계 외적이면서 개별적인 영역을 넘어서 있는 영역을 말해주고 있다. 이는 구조주의가 본래적으로 갖고 있는 변화와 조절의 동태적인 규준은 은폐되고 전체로서의 체계와 구조라는 정태적인 측면만이 강조된 탓이다.

에 의미론 연구자들 사이에 일치하는 것은 아무것도 없으며, 이러한 상황에서부터 의미 연구가 '가망없는 지루한 훈련(irretrievably dreary displine)'이라는 평판을 받아온 것은 당연하다고 하였다. 또한 그 동안의 의미론 연구가 부정적으로 평가되는 데에는 의미의 개념 자체가 문제이거나 의미 연구에서 취해진 접근법에 문제가 있다고 하였다.

의미의 개념 자체에 대한 문제는 오그덴과 리차드에 의해 신중하게 문제제기가 된 바 있다. 문제는 두 번째의 접근법에 관한 것인데, 알려진 바대로 카츠는 변형생성문법 내에 의미론 부문을 모듈로서 참여시키는 데에 노력하고, 형식의미론적인 의미 기술법을 취하여 이론 모델과의 상호 관련성 속에서 의미 문제를 연구하는 방향으로 나아갔다. 결국 엄밀하게 정의된 술어들과 모델 내에서의 일관된 자리매김이라는 방법을 통하여 의미 연구의 과학성을 확보하고자 한 것이다.

한편, 캠슨(1975:1~3)을 따르면, 언어에 대한 형식적 모델의 이론틀 내에서 작업하는 언어학자들은 의미 이론[4]인식이 다음 네 가지를 만족시켜야 할 것을 요구한다.

① 문장을 이루는 어휘 항목의 의미와 그 항목들 사이의 통사론적 관계를 기초로 하여 특정 문장의 의미를 예측할(predict) 수 있어야 한다.
② 어떤 언어가 가질 수 있는 문장의 집합이 무한하기 때문에 의미론적 모델은 유한한 규칙의 집합으로 구성되어야만 한다.
③ 그 모델은 모순문이나 비정상적인 문장으로부터 의미론적으로 올바른(non-deviant) 문장을 구별할 수 있어야 한다.
④ 그 모델은 문장들간의 의미 관계, 함의, 모순, 동의 관계 등을 예측할 수 있어야 한다.

①은 의미의 합성성 원리에 입각하여 어휘와 문장간의 의미를 예측하는

---

4) 의미론(semantics)과 의미 이론(semantic theory)은 구별된다. 우선 의미론은 음운론, 형태론, 통사론 등과 함께 언어 연구 주제 가운데 의미에 관한 연구 분과를 지칭하는 이름이며, 의미 이론은 의미 연구에 접근하는 제 학설이라는 입장에서 차이가 있다. 또한 의미론이 해당 시점에서 어느 정도 의미 연구의 대상과 방법론을 확립한 것으로 인식되는 반면, 의미 이론은 새로운 접근의 방법론을 지칭할 수 있다는 점에서 다르다. 그러나 상호 중첩적으로 사용할 수 있다.

것을 말하며, ②는 자연과학적 관점에서 과학으로서의 조건들을 의미 이론이 만족시켜야 한다는 것이고, ③은 의미가 성립되지 않는 문장과 성립되는 문장을 구별하라는 것이며, 마지막으로 ④는 문장들간의 의미 관계를 예측하라는 것이다. 캠슨이 형식적 모델의 이론틀이라고 할 때 그것은 진리조건적 의미론(truth conditional semantics)을 말하는 것이다. 또한 이러한 맥락을 따라 캠슨(1975)는 형식적 모델을 선택하면서 전제(presupposition)와 같은 의미 현상이 제기하는 문제를 화자 - 청자를 고려하는 화용론이 다룰 몫으로 간주하고 있다. 결국 캠슨의 경우는 형식의미론적 모델 이론에 입각한 뒤 그러한 설명체계를 넘어서는 의미 현상에 대하여 다른 연구 부문인 화용론으로 떠넘김으로써 의미론의 정체성을 확보하고자 하였다.

마지막으로 리치(1981)이 의미론의 정체성 문제를 어떻게 다루고 있는지 살펴보자. 그는 '의미론은 과학적인가?(Is semantics scientific?)'이라는 제목의 장에서 결론적으로 목표(goal)와 성취(achievement)의 이분법을 제시하고 있다. 의미론이 과학적이어야 한다는 목표와 현재적 성취 간의 차이는 '의미론은 과학적이 아니다'라는 결론을 유도할 수 있지만, 목표를 명백히 하는 속에서 그리고 이론과 기술을 형식화한다는 점에서, 의미론 내에 과학적 방법이 적용되어야 함이 증빙되었다고 하였다. 그리하여 의미론이라는 구멍이 많은 배는 이러한 방향 속에서 계속 진행해 갈 것이라는 전망을 내어놓고 있다.

카츠, 켐슨, 리치 등의 의미론자들은 의미 그 자체의 문제보다도 의미를 연구하는 접근법의 문제를 주목하면서 결과적으로 '의미론은 무엇을 연구하는 것인가?'라는 질문보다는 '의미론은 어떠해야 하는가'라는 질문에 충실하고자 하였다. 이러한 맥락에서 의미론의 정체성 문제는 의미론의 과학성 문제로 전환되게 되었다.5)

---

5) 울만(Ullmann)이 '의미과학입문'이라는 제목으로 책을 출간하였을 때의 '과학'이라는 어휘는 형식화를 추구한 카츠류와는 사뭇 다르다. 의미 현상을 다루는 비구조주의적 관점이 강하게 깔려 있다는 점에서 볼 때 그러한 책 제목은 '과학성'에 대한 사회적 요청에 따라 진취적 이미지를 주는 어휘로서 작성된 것일 가능성이 크다. 한편, 라이온즈(Lyons)는 '의미론은 무엇을 연구하는가'나 '의미란 무엇인가'라는 본질적인 질문을 끌어안으면서 의미 문제를 탐구한 포괄적 의미론자로서 그 학문적 위상을 설정할 수 있을 것이다.

그러나, 앞서 의미 변화의 원인으로 울만이 제시했던 다섯 가지 항목을 재고해 보면 위의 세 논자들이 제시한 문장의미론적 차원에서의 의미론 정립은 최소한 어휘 의미론적 대상에 대하여는 그 타당성을 잃게 됨을 알 수 있다. 오히려 과학적이거나 논리적인 범주에 구속되기보다는 심리적 범주나 감정적 범주를 발전시킴으로써 좀더 어휘 의미론적 대상에 부합하는 연구의 방향을 취해야 할 것이다. 이러한 연구의 목표는 일차적으로 대상 자료의 성격을 충분히 파악하는 과정을 우선적으로 고려함으로써 얻어진다. 또한 가장 중요하면서도 해결되지 않은 또 하나의 문제로서 '의미 자질의 종류와 수'(본고에서는 이를 의미 범주의 문제로 규정함)에 관하여 탐구하는 일을 통해 일정한 성과를 얻을 수 있을 것이다.

2. 연구 방법 및 범위

다의어의 의미 확장 양상과 그 원인을 규명하기 위하여 다의 확장의 전 과정을 발생적인 시각으로 고찰할 것이다. 이는 한 어휘의 초기 상태로부터 의미의 유연성이 보장되는 속에서 새로운 의미가 획득된다는 입장을 유지하는 것이다. 또한 앞서 의미가 확장되기 위하여 어떠한 촉발자가 확장의 매개로서 작용해야 함을 제시하였다. 이와 같은 관점으로부터 새로운 설명의 개념들이 요구될 경우 이를 적극적으로 제시하여 발전시키고자 한다.

다의 확장의 원인에 대해서는 앞서 울만의 의미 변화의 원인을 언급한 바 있지만, 이를 좀더 체계 언어학(이론 언어학) 내에서 소화하기 위하여 '문체적 차이'라 부를 만한 관점을 통해 접근할 것이다. 사전(辭典)에서 한 어휘를 정의하는 술어와 분석 대상 어휘간의 차이가 곧 의미 확장을 유발하는 원인이라는 가정을 설정한다.

또한, 다의어 연구의 거시적인 목적과 관련하여 의미 범주에 대한 검토

그는 언어철학적 문제, 의미에 대한 심리학적 근거, 기호학적 성과 등을 포괄하면서 의미론의 정체성을 정립하고자 하였다.

를 진행할 것이다. 의미 범주는 이 글에서 중요한 설명의 방법으로 채택될 것이며, 2장에서 범주 개념의 유형을 분석하고 어떠한 입장을 취할 것이며 어떠한 범주를 설정할 것인지에 관하여 논의한다.

분석 대상 어휘를 선정하는 방법으로는 양적인 방법과 질적인 방법을 함께 사용한다. 본고에서 적용하는 양적인 방법이라 함은 사전(辭典) 자료 가운데 해당 어휘의 실제 빈도수가 일정한 기준을 넘어설 뿐만 아니라, 그 어휘가 가진 하위 의미의 개수가 상당히 많은 항목을 대상으로 하는 것을 말한다. 질적인 방법이라 함은 이렇게 추출된 어휘들을 의미 영역의 차원에서 주관적으로 선택하는 것을 말한다. 본고에서는 체언과 용언에 한하여 대표적인 몇 어휘들을 추출하고 이를 구체와 추상이라는 의미 영역의 두 기준에 따라 분류하여 설명할 것이다.

또한, 대상 어휘의 범위는 실질어 또는 내용어에 한정한다. 언어를 내용어와 기능어 또는 실질어와 형식어로 나누어볼 때, 일반적으로 다의어 연구는 내용어 또는 실질어(이하 실질어휘)에 대하여 전형적으로 연구되었다. 인지 의미론적 연구에서 문법형태들에 대하여도 내용어 또는 실질어와 동일한 맥락에서 접근한 내용이 있지만, 이들은 실질어휘에 적용한 접근법의 확장 적용이라는 측면에서만 의의를 가질 뿐 그 자체로 실질어휘 분석에 영향을 줄 만한 연구 대상이 되지는 못한다. 이와 같은 맥락에서 이 글에서 분석할 다의어는 실질어휘로 제한되며, 단지 비교 분석의 대상 속에 기능어가 어쩔 수 없이 포함된 경우에만 고려할 것이다. 이는 설명언어로서 역할을 할 의미 범주들이 전형적으로 실질어휘에 근거하여 작성된 것이라는 점에도 부합한다.

각 장별로 전개할 내용은 다음과 같다.

우선 2장은 다의 분석의 이론적 토대를 다지는 데 할애하였다. 다의어가 갖는 성격을 정리하고 다의 발생의 양상과 원인으로 양분하여 접근해야 할 필요성을 찾는다. 또한 설명언어로서 사용되는 의미 범주에 대한 고찰을 통해 기존의 범주들을 제시하고 이를 존재론적 범주와 인식론적 범주라는 이름으로 구분할 것이다. 또한 다의어 연구에서 새롭게 제기되는 개념으로서 '최초의미'와 '이미지소' 개념을 설정하고 이것의 이론적 근거를 수립하며, 기존 개념 가운데 '스키마' 개념을 섭렵할 것이다.

3장에서는 다의 발생의 양상을 실제 선정된 어휘를 대상으로 분석한다. 체언에 대해서는 명사를 대상으로 분석하고 용언은 동작동사와 상태동사를 구분하여 각각 구체와 추상의 분류에 따라 분석할 것이다. 하위 의미 하나 하나에 대해 각각 의미 범주와의 관련성을 유지하면서 분석을 진행한다. 새로이 설정된 '최초의미'와 '이미지소' 개념, 그리고 기존 개념인 '스키마' 개념을 적용하여 분석한다.

4장에서는 다의 발생의 원인이 문체적 표현 욕구를 만족시키려는 데에서 출발한 것임을 논증하고, 이러한 문체적 표현 욕구의 구체화를 위해 정의항의 어휘와 피정의항의 어휘를 유의어적 관련어로서 비교 검토하는 방법을 취할 수 있음을 논증할 것이다. 또한 짝 범주 개념을 활용하여 발생의 원인을 규명해 볼 것이다. 이를 위하여 '짝 범주' 개념으로서 전수태(1997)의 반의어 분석 과정에서 추출된 범주들을 출발점으로 삼고 실제 어휘 분석을 통하여 새로운 범주를 산출해 나간다. 사전(辭典)에서 다의 의미를 기술한 술어를 비교 어휘로 삼아서 대상 어휘와의 차이를 밝히며 그와 같은 방법으로 작성되는 차이들이 곧 다의 발생의 원인이 된 것임을 가설을 통해 정립한다.

결론에 해당하는 5장에서는 앞선 논의를 정리하고 향후 전망을 모색한다. 의미 발생의 과정에서 부수되거나 또는 새로운 의미를 발생시키는 언어 구조적인 측면을 살펴보고, 이러한 문제가 다의 발생을 연구할 때 규명해야 할 사항임을 언급할 것이다. 이는 다의어 연구가 순전히 의미론의 영역에 국한될 수만은 없으며 내용으로서의 의미와 형식으로서의 구조간의 상관성 문제에까지 나아가야 함을 말하는 것이다.

3. 선행 연구

기존의 다의어 연구는 통시적인 변화를 중심으로 한 유형과 울만의 다의어 관련 서술을 소개하고 이를 간단히 적용하는 유형, 그리고 개별 어휘를 대상으로 그 다의 의미를 구체적으로 설명하는 유형, 그리고 마지막으로 인지 의미론적 접근으로 분석하는 유형 등으로 전개되었다. 이를 크게는 울만에 기초한 구조주의적 접근과 인지주의에 기초한 접근의 두 종류로 나눌 수 있다.

1) 구조주의적 접근

이숭령(1962)에서는 원의(原義)와 부의(副義)라는 이름으로 파생되기 전의 의미와 파생된 후의 의미들을 구분하였다. 또한 다의어가 어찌하여 일어나는가에 대하여는 한 어사의 사용빈도의 격증(激增)으로 문맥적 의미가 발달되어 몇 개의 새로운 의미가 얻어지는 것이라고 하고 있다(p.16). 또한 울만의 적용의 이동(shifts of the application)을 주로 언급하고 있다.

빈도의 격증이 문맥적 의미 발달의 원인이 될 수 없음은 자명하다. 만일 그러하다면 상위빈도를 취하는 모든 어휘들이 다의어로 발달되어야 하지만 그렇지 않은 예들도 얼마든지 있다. 이를테면 '중요하다'와 같은 어휘는 상위 빈도어지만 그 의미는 단일한 것으로 이해된다. 사용 빈도의 많고 적음은 결과적 현상이지 원인의 요소가 되지 못한다.

한편, 이숭령(1975)는 다의에 관한 통시적인 변천을 고찰한 논문으로, 'ㅂ 들'에 관하여 중세국어 자료를 중심으로 그 다의를 분석하였다. 그 결과 (1) '생각의 감정적인 사고'에 해당하는 인정, 세정과 같은 정, 심정, 만족 기호 홍취의 심정 등의 의미, (2) '생각의 의지적인 사고'에 해당하는 소원 소망, 지향 의욕, (3) '생각의 이지적인 사고'에 해당하는 의미 해석 규정, 취지 사연 등의 의미가 있음을 밝히고, 후대로 갈수록 (1), (2)보다는 (3)의 의미가, 그 중에서도 의미 해석 규정이 강력히 두드러졌음을 밝히고 있다.

천시권(1977)에서는 '다의성에서 가장 문제가 되는 것이 구체적으로 어떤 語에 대하여 어떠한 기준으로 다의성을 분석하느냐 하는 것'이라고 규정하고, 우선 단일한 일반적 의미로 볼 때와 다의 의미로 볼 경우를 분간하는 몇 가지 특성을 제시하였다. 그에 따르면, '다의라고 보여지는 개개의 의미

가 모두 같은 차원에 속해 있고(나무에 대해 소나무, 버드나무…), 동일 차원에
속해 있는 개개의 의미가 그 자신이 가지고 있는 특징에 의해 서로 구별
되고(아이에 대해 사내아이, 계집아이…), 개개 의미의 시차적 특징을 모두 합하
면 그것이 속해 있는 차원의 영역을 남김없이 망라하는 경우(사내아이+계집
아이=아이…)에는 단일한 일반적 의미인 것으로 판정하고, 그럴 수 없는 경
우를 다의어로 판정한다. 그러나 이들은 어휘 내적 차원에서 제시된 예들
이며 다의어 문제와 직접 관련되지는 않는다.

한편, 그는 다의어의 또 하나의 문제로 동형이의어와의 구별 문제를 들
고 있다. 이에 대해서는 일본인 학자 國廣哲彌의 기준을 다음과 같이 제
시하고 있다.

① 전이(shift), 부분전용(partial transfer), 비유적 전용(metaphoric transfer), 환유적
전용(metonymic transfer), 구체화 전용(reifying transfer) 등의 관계에 있는 것은
다의어다.
② 전이, 전용관계가 아닌 경우는 공통의 語意的 의미 특질이 없다면 동형이
의어다.
③ 전이, 전용 관계가 아닌 경우 다른 의미 분야(semantic field)에 속하는 것은
동형이의어다.
④ 공통의 語意的 의미 특징이 있어도 다른 형식류(form-class)에 속하는 것은
동형이의어다.

천시권(1977)에서는 '오르다'의 다의를 분석하는 과정에서 '기본적 의미'
와 '주변적 의미'라는 용어를 채택하여 쓰고 있으며, 이를 의소와 이의
(allosememe), 항상체와 변이체의 관계로 파악하여 음운론에서의 음소와 이음
의 관계와 동형으로 인식하고 있다(p.9). 결국, 기본적 의미설에 대하여 이
상적인 형태이나 실제로 문제가 많은 것이라고 지적하고, 용법설에 대해서
는 語의 의미에 대한 완전한 습득이라는 현상을 포착할 수 없다고 부인한
뒤 다의성설을 옹호하고 있지만, 설명의 도구로서 기본적 의미라는 것을
채택할 수밖에 없었던 것을 말해주고 있다. 이는 다의성설이 다의 현상에
대한 직관적 이해를 기술하기에는 적합하지만, 그 발생의 과정을 설명하는
데에는 부적합하다는 인식이 바탕된 것이라 하겠다.

남성우(1980)에서는 울만(Ullmann 1957:117)을 인용하여 다의를 의미분석의 중축(中軸)이라고 규정하고, 공시적으로는 '한 어휘가 하나 이상의 뜻을 가진다'는 것을 말하며, 통시적으로는 '한 어휘가 그 이전의 뜻을 가지고 동시에 하나 또는 여러 개의 새 뜻을 얻는 경우'를 말한다고 하였다.[6] 또한, 울만에서 제시된 다의의 발생 근원으로서 적용의 이동, 특수화, 일반화, 은유, 환유의 다섯 가지를 들고 그 각각을 근대국어 자료로서 예증하고 있다.[7]

또한 池上嘉彦(Ikegami 1977)에서 하나의 어휘소와 결부되는 두 의의소간의 관련성을 문제로 할 때 자의성의 원리를 강조하는 입장과 유연성의 원리를 강조하는 입장으로의 구분이 있음을 소개하고 있다.

자의성의 원리를 강조하는 입장은 두 의의소가 결부되어 있는 것은 전혀 우연이며 문제는 두 의의소간의 관련성에 있게 된다. 이는 다시 공통의 의미 특징이 있는 경우와 없는 경우로 나뉘는데, 전자의 경우는 공통의 의미 특징(X)에 시차적인 a, b 등이 달리 결합됨으로써 형성되며 이는 다르매스뜨때에르의 용어에 입각해 보면 방사(放射) 구조에 대한 재론이 된다. 후자의 경우는 공통의 의미 특징이 없는 경우로 전이(transfer)에 해당하며 이는 전통적으로 연쇄(連鎖)에 대한 다른 이름이다.

유연성의 원리를 강조하는 입장은 두 의미간에 관련성을 규정하고 있는 의미 특징은 무엇인가 하는 것에 주목한다. 이러한 입장에서는 임의의 두 의미간에 무언가의 관련성이 인정되기 때문에 공통의 의미 특성을 어떤 식

---

6) 김태자(1984)에서도 이 구절은 그대로 인용된다. 국어 다의어 연구에서 울만(Ullmann 1957, 1962)이 미친 영향이 얼마나 큰지 알 수 있다.

7) 울만(Ullmann 1962:222~243)에서는 적용의 이동, 어떤 사회적 환경에서의 특수화, 비유적 언어(은유, 환유), 재해석된 동음이의어들, 외국어의 영향이라는 항목으로 일부 변화하였다. 그 체계 상의 간명성에 있어서는 이전의 근원이 좀더 우월하게 보인다. 그러나 다섯 가지의 근원도 포괄적인 개념으로서의 은유(隱喩) 곧, 감춤과 드러냄 혹은 부각과 은폐라는 인지적 관점 아래에 대부분 귀속시킬 수 있게 된다. 일반화와 특수화란 개념은 직접적으로 감춤과 드러냄이라는 점을 말하고 있으며, 환유는 이미 포괄적인 은유 개념속에 포섭될 수 있음이 알려진 사실이고, 적용의 이동이라는 것은 근원적 개념이라기보다는 결과적 현상에 가까운 용어이기 때문에 배제된다고 볼 때 이러한 관점은 성립하게 된다.

으로든 포착하려고 한다고 하겠다. 그러나, 池上嘉彦(Ikegami 1977)에서도 자의성의 원리가 유연성의 원리에서 일반화된다고 하였으므로, 두 입장으로의 구분의 유효성은 상실된다고 할 수 있다.

李乙煥·李庸周(1975:105~106)에서는 기본적 의미와 문맥적 의미를 구분하고, 기본적 의미란 주의(主意), usual meaning, primary meaning, general meaning 등으로 불리우며, 언어사회에 공통으로 인식되고 비개인적인 의미라고 하였고, 여기에 개인적인 요소 곧, 감정이나 태도, 기분 등의 환기적 가치 또는 감정 가치가 더하여진 것을 문맥적 의미라고 하였다. 그러나, 여기서 말하는 기본적 의미는 사전에 등재된 의미를 통칭하고 있는 것이어서, '기본의미와 파생의미'를 구분하지 않는 것이므로 주의를 요한다. 기본의미와 파생의미에 해당하는 술어로는 중심적 의미와 주변적 의미(p.131)라는 개념을 별도로 사용하고 있지만, 기본적 의미와 문맥적 의미를 다시 이들과 같이 쓰고 있어서 전술한 개념과 혼동을 보이고 있다.

한편, 李乙煥·李庸周(1975:130)에서는 다의어에 관하여 '대체로 구체적인 의미를 가지는 語는 다의어가 되는 일이 적고 추상적인 의미를 가지는 語에 많은 것이다. 그러나 문맥 여하에 따라서는 구체적인 의미를 가지는 語도 다의어가 된다.'라고 하고 있으나 실은 오히려 정반대가 아닌가 한다. 또한 李乙煥·李庸周(1975:131)에서는 다의어 현상이 나타나게 되는 으뜸 요인으로 인간의 심리적 요소를 들면서, "인간은 지상에 객관적으로 존재하는 여러 사물, 자연적이든 사회적이든 일어나는 현상을 서로 비교, 대조하여 유사점, 상이점을 가려내는 본능적 심리작용이 은연 중 태동되어 있는 것이다"고 함으로써, 인지 작용 또는 언어 주체의 인식, 추론 등의 주관적 요인을 가장 중요한 요인으로 인정하고 있음이 주목된다.

좀더 상세히 고찰해 보면, 유사 개념에 관하여 신체어는 <형태적 특징>과 <기능적 특징>을 유사점으로 들고, 동물어·식물어·자연어에 대해서는 <형태적 구조>, <특징>, <성격>, <습성>, <외관> 등을 유사점으로 취하며, 인륜관계·신분·관직어에 대해서는 <지위>와 <역할>을 들고, 구체어와 추상어에 대해서는 특기할 유사점이 없이 언어 발달의 경향 곧, 구체어에서 추상어로 발달하는 경향이 있음을 들고, 감각어에 대해서는 감각들간의 유사에 의한 공감각 현상을 그 유사점으로 하며, 보통어(여기서 보통어의 예는 위의 항에 속하지 않는 일반 명사를 말한다)에 대해서는 그저 '유사점이 있을 경우 의미를 전이시킨다'고 하고 있다.

이를 정리해 보면, 신체어, 동물어, 식물어, 자연어, 인륜관계, 신분, 관직어 등에 대해서는 뚜렷한 유사점을 제시하고 있고, 감각어에 대해서는 뚜렷한 유사점은 아니지만 감각간의 관습적 상응이라는 특성을 제시하고 있지만, 구체어 - 추상어, 보통어에 대해서는 이렇다 할 유사점을 제시하지 못하였다. 이는 구체어 - 추상어, 보통어 등에 대해서는 분명한 개념으로 추출할 만한 인자(factor)를 발견하는 것이 쉽지 않음을 말해주고 있는 것이라 하겠다.

또한 근접 관념에 관하여 공간적 인접과 시간적 인접, 인과적 인접을 들고, 공간적 인접의 경우 '제품과 산지, 제품과 재료, 용기와 내용, 전체와 일부, 주체와 거처'등의 항을 기록하고 있고, 인과적 인접의 경우 '주체와 작품, 주체와 제품, 주체와 행동, 주체와 특징, 속성' 등을 들고 있다.[8]

허 웅(1981:205~209)에서는 다의어 연구의 두 가지 차원을 정리하고 있는데, 그에 따르면 '뭇뜻을 기술하는 방법'으로 첫째는 중심의미와 주변의미를 벌여놓는 것으로서, 중심의미를 주축으로 하여 주변의미로 번져나간 것을 차례대로 벌여놓는 것이다. 이와 같은 방법을 사용할 때 제기되는 문제는 우선 무엇을 기준으로 중심의미를 잡는가 하는 것과, 이로부터 번져나간 의미들을 배열할 때 중심의미로부터의 어떠한 근접성에 따라 정렬하는가 하는 것이 된다.

두 번째 방법은 추상적인 뜻으로서의 의소(sememe 義素)를 설정하고 이것이 쓰임에 따라 여러 가지 조금씩 다른 뜻으로 변이된 것이라고 풀이하는 방법으로써, 모든 변이의미에 공통된 것을 추상하여 그 추상한 의미로서 의소를 삼는 데 주안점을 두게 된다. 그런 뒤 여타의 변이의미에 대해서는

---

8) 이들 환유 구조를 이루는 짝 개념은 인지언어학의 발전에 지대한 영향을 미치고 있다. 예를 들면 포코니어(1994:Chapter 1, 4~6)의 경우 'Plato is on the top shelf.'라는 문장이 'The books by Plato are on the top shelf'로 이해되는 것에 대하여 정신 공간(mental spaces)에서의 동일화 원리로서 '작가와 작품'이 연결된다고 설명하는 식으로 이론화에 사용되고 있음을 알 수 있다.

결합하는 어휘의 부류나 군에 따라 임의로 그 모양을 달리하는 것으로 인식하는 것이다.

전자의 방법이 구체의미들 간의 전개 발전의 관계와 상호 간의 근접성에 관심을 둔다는 점에서 다분히 발생론적 입장이라고 할 수 있는 반면, 후자의 경우는 구체적인 의미로부터 추상적이며 포괄적인 하나의 의소를 설정하는 데 관심을 둔다는 점에서 기능적 입장이라고 규정할 수 있을 것이다. 현대의 인지 의미론자들의 관심이 발생론적 입장을 선호하는 것과 비교할 때 구조주의는 상대적으로 후자의 입장에 충실한 것이라 할 수 있으며 이로부터 연구의 목적과 방법에 차이가 나타나게 되는 것이다.

김태자(1984)에서는 다의어와 어원과의 관련성을 중시하여 중세어를 참고하면서 그 발생 원인과 의미 변화를 살피고 있다. 그러나 그 어원을 추적하는 것도 의미 변화의 실제 역사를 건설하는 데에 완전히 적절한 것은 아니어서, 오히려 어원 설정에서 의미의 상관성에 의한 유연성이 발견되는 시기를 기점으로 하게 되고, 그렇게 설정한 경우라도 '언중의 직관이 뒷받침해 주어야 한다'는 단서를 붙이고 있다.

홍승욱(1984)에서는 '다의 현상이 왜 일어나는가? 다시 말해서 왜 하나의 어휘는 하나의 의미만을 가지지 않고, 여러 가지의 의미를 가지게 되고 이것은 어떻게 해서 생성되는가?'라는 질문을 통해 다의 현상에 대한 기호론적 접근의 한 양상을 보여주고 있다. 그는 '다의 현상은 왜 일어나는가'에 대하여 김봉주(1982:8)을 원용하고 있는데 그 전개 방식은 '의미는 개념이다 → 개념은 동일한 속성을 가진 대상들로부터 추상한 일반적 관념이다→ 공통의 속성으로부터 추상하기 때문에 개념은 복잡한 조직이다 → 그러므로 한 어휘의 의미는 속성들의 수만큼 많다'로 되어 있다(p.209). 계속하여 비트겐슈타인의 용법설을 따라 '모든 개념은 다른 대상들 사이의 동일속성을 추상한 것이므로 그 자체가 모호하여 개념들간의 경계가 분명하지 못하다.' 라고 하고 아직 실현되지 않은 잠재 의미까지 인정하고 있다.

康琪鎭(1985)에서는 울만(Ullmann 1962)에서 설명한 의미적 유연성 개념이 불명확함을 문제삼고, 다의어 문제에서 의미적 유연성이란 추상적인 의미로부터 유도가 가능한 의미라고 함으로써 '기본의미 설정과 그로부터의 유도'라는 실제적 과정이 보다 중요한 것임을 주장하고 있다.

김송원(1986)에서는 하나의 어휘에 대한 다의어 분석의 기본적인 형식을 제시하여 보이고 있다. 여러 가지 차원으로 분화된 어휘 '풀다'에 대하여 1) '풀다'의 제반 의미를 통어적인 면에서 파악하기 위해 예문별로 그 사전적인 의미와 풀이말을 제시하고, 2) 파악된 의미들의 공통 특질을 통하여 '풀다'의 기본의미를 귀납하며, 3) 의미 변화의 유형과 계기를 파악하고 있다. 이는 마치 사전편찬자들이 한 어휘의 다의적 뜻풀이를 진행하는 과정에서 어떤 기준으로 다양한 예문들에 실현되는 '풀다'의 의미를 분리 기술할 것이며, 무엇을 제 1의 의미로 상정할 것인가 하는 등의 실천적인 문제를 그 단계에 따라 분석하고 있는 양상을 띠고 있다.

또한, 전통적으로 방사와 연쇄라는 관점을 적용하여 30개 정도로 나누어진 하위 의미들을 5개의 군으로 묶어내고 있으며, 그 각각의 군이 의미 변화의 유형에 있어서 은유, 제유, 확대와 축소 등의 어느 유형에 주로 관여하고 있는지에 대해서도 분석 기술하고 있는 터이다. 그러므로, 김송원(1986)의 논의는 개별 어휘의 다의 분석에 대한 표준적인 형태라고까지 할 만한 것으로 판단된다.

강기진(1987)에서는 '먹다, 맞다'의 예를 통하여 주로 기본 의미를 설정하고 그로부터 파생의미를 추리해내는 것을 설명하고 있다. 여기서는 킨스너(1979:26~32)을 인용하여 '하나의 기호에는 하나의 기본 의미가 있으며, 그때의 의미는 보다 추상적이고 융통성이 있는 것으로 화자, 청자 대화시 주어진 상황과 그 기호와 의미의 짝이 쓰인 맥락, 그리고 세상일에 대한 우리의 지식 등을 토대로 한 추리과정을 통하여 무한한 의사 전달이 가능하다'고 하고 아래와 같이 간단히 도식화하였다.

기호 → 기본의미 - 추론9) - 파생의미

'의미론에서의 화용론적 추론의 역할(The Role of Pragmatics Inference in

---

9) 본문에는 '추리'라고 되어 있으나, 번역용어 상 추리보다는 추론을 선택하는 것이 옳다고 판단하여 필자가 수정하였다.

Semantics)'이라는 제목이 말해주듯이 킨스너(1979)는 세상지식, 문의 맥락, 화청자의 상황 등이 파생의미를 도출해내는 데 영향을 미침을 말해주고 있다.

홍재성(1987)에서는 '찾아오다/찾아가다'를 '러' 연결어미문과의 결합가능성'을 중심으로 하여 두 개의 서로 다른 어휘로 나눌 것 곧, 동형어(또는 동음이의어)로 볼 것을 제안하였다.

다의어와 동형어(또는 동음이의어) 문제는 두 언어 이상을 비교할 경우, 대부분의 다의어는 서로 다른 별개의 어휘 표현과 통사 구조를 갖는 것과 대응하기 때문에 보편개념적으로 다의어보다는 동형어(또는 동음이의어)가 일반적인 것이라 할 수 있다. 이에 비하여 한 언어 내부에서 볼 때는 동일한 어휘형태 속에 묶여진 의미인가 아니면 다른 어휘로 분리되어 실현되는가 하는 것은 전혀 별개의 차원이며 동시에 어떤 의미가 한 어휘의 다의의미로 실현되었다는 사실이 상대적인 중요성을 띠게 된다. 따라서 한 언어 내부에서는 한 어휘의 모든 쓰임에 있어서 특별히 그 의미적 관련성을 짓기 어려운 경우가 아니면, 동형어(동철동음어, 동음이의어) 처리보다는 다의어 처리를 선호하는 것이 올바르게 생각된다.

그러나, 한 어휘의 하위 의미들은 그 자신이 취할 수 있는 통사구조나 결합 표현, 또는 의미 내용에 있어서 완전한 독자성을 띤다. 그리하여 어떤 하위 의미로 실현된 바로 그 의미로 다른 하위 의미를 표현할 수는 도무지 없는 것이다. 예를 들면,

    ① 우리는 사과를 맛있게 먹었다(음식물).
    ② *우리는 한 골을 맛있게 먹었다(축구경기).

①의 '먹었다'의 의미와 결합적 제약은 ②와 다르기 때문에 '맛있게'라는 부가어가 ②에는 결합될 수 없다. 뿐만 아니라 '음식물을 씹어서 위속으로 넘기다'의 의미 자체로는 ②의 '먹다'의 의미가 전혀 될 수 없는 것이다. 가능하다고 한 경우라도 '맛있게'라는 표현의 의미 전이를 상정하지 않고는 불가능하다.

그러므로 홍재성(1987)처럼 특정한 통사구조의 특징을 주된 원인으로 하여 다의어를 동형어로 처리한다는 식의 방안은 다의어에 대하여 본질적인

것이 될 수 없다. 다만 그에게서 의미적 분화의 다양한 통사적 실현의 중요성만을 발견할 뿐이다. 이러한 관점에서 남기심(1995)은 중심의미와 전이의미가 독자적인 통어적 공기 제약과 문법적 제약을 받는 것을 보이고, 바로 전이의미의 획득이 그러한 제약 속에서 이루어진다고 하고 있다.

김태곤(1989)에서는 울만(Ullmann 1957, 1962)의 다의 현상과 의미 변화 기제들을 그대로 중세국어의 몇몇 어휘들을 통하여 예증하고 있다.

이현근(1992)에서는 제 학자들의 이론적 다의어론을 비교하면서, 다의어에 대하여 어느 정도 제약적인 기본 의미 입장과 모든 어휘는 저마다의 다의를 열린 체계로 가질 수 있다는 두 입장을 종합하려고 시도하였다. 또한, 다의어에 대하여 원형 범주에 따른 인지적 접근과 전통적인 입장을 요약 기술하면서, 1) 모든 어휘는 다의어다 2) 다의어 구조는 기본의미가 있고 주변의미가 있으며 부정(不定)적인 open - ended이며 위계적 3차원 구조이고, 인지구조를 반영한다고 하였다. 이현근(1992)에서는 또 자질 이론으로 다의어를 분석하고자 하는 시도는 다의어가 갖는 섬세한 차이를 보이는 데에 부적절함을 보인 여러 영어학자들의 논의를 소개하고 있다. 이 가운데 '다수의 자질로 다의어의 미묘한 차이를 나타내야 한다면 차라리 설명적 방법을 쓰는 것이 낫다'는 에코(Eco 1979:176)의 견해도 소개되어 있다.

조남신(1993)에서는 다의어의 어휘의미계층과 사전에서의 다의어 의미 배열 기준에 대하여 언급하면서, 공통의미 - 기본의미 - 파생의미, 직접적 의미 - 전이적 의미, 기본적인 명명의미 - 파생적인 명명의미 등의 구도를 설명하고 있다. 또한 사전 기술에서의 다의어 의미 배열 기준에 관하여, 빈도수에 의한 배열법과 기본의미에 의한 배열법이 있음을 들고 빈도수에 의한 배열법의 경우 그 기준이 객관적이라는 장점이 있지만 공시적 관점에서 어휘의 의미들이 가지는 체계성이 왜곡될 우려가 있다고 하였다. 따라서 실용성이 강조되는 학습 사전에서는 취할 수 있는 방안이되 공시적이고 규범적인 일반 사전에서는 부적절하다고 하였다. 조남신(1993)에서는 특히 다의어의 기본의미를 설정하는 점에 관하여 '심리언어학적으로 잘 확인되는데, 기본의미는 문맥과 무관하게 지각할 경우 머리에 처음으로 떠오르는 의미'(p.257)라고 하고 있다.

　박영순(1994)는 '대다, 가다, 보다, 서다, 들다'의 의미를 고찰하면서 이들이 파생시킨 다의 의미를 하나의 기본 의미에 포함하게 될 때 발생하는 무리한 접근을 지양하고, '최소의 다의어와 동음이의어'라는 방식을 통해 분석하였다. 여기서는 하나의 중심의미를 인정하되, 이러한 중심의미에 수렴될 수 없는 하위 의미들을 별도로 묶어서 사전에 표시할 것을 제안하고 있다.

　남기심(1995)에서는 다의적인 낱말이 흔히 보이는 예외적인 문법현상과 그 다의성 사이의 관계에 대하여 살피고 있다. '본고에서 원의미니 파생의미니 하는 용어 대신 중심의미와 전이의미라는 용어를 쓰는 것은 이 두 의미 사이의 관계를 공시적인 관계로 보고자 하기 때문이다.'(p.158) 그는 전이의미로 된 어휘가 그 뜻 그대로 피동문이 형성될 수 없는 것과 서술형과 관형형의 비대칭적 관계(예, 새까만 후배/*후배가 새까맣다, 사소한 일로 원한을 사다/*사소한 일로 산 원한), 결합하는 논항과 조사 선택에 있어서의 제약 등을 예증하고 있다.

　최호철(1995)에서는 다의어 논의의 한 방향이 될 수 있는 기술의 방법을 발견할 수 있는데, 그것은 다르매스뜨때에르에서 방사와 연쇄로 다의 현상을 설명했던 것과 유사하다. 곧, 다의 의미들간의 친연성을 따져서 그들간의 관계를 도식적으로 밝혀주는 것이며, 또한 연쇄 의미를 촉발하는 하위의 의미 매듭을 설정해 주는 작업이다. 언어 현상을 기술하는 데에 초점이 놓여있긴 하지만 발전적인 논의를 시작하는 출발점이 될 수 있다.

2) 인지주의적 접근

　이기동(1986)은 '보다'에 대하여 인지적 도식을 작성하는 방법으로 다의 현상을 기술하고 있다. '보다'는 행위를 세 부분의 과정, <과정의 처음 : 과정의 중간 : 과정의 끝>과 연결시키고 미래지향, 과거지향과 같은 지향 개념을 사용하여 본동사로서의 '보다'와 보조동사로서의 '보다'를 설명하고 있다. 이 가운데 주목을 끄는 것은 의미의 스펙트럼 개념과 같이 변화의 중간 단계를 예문을 통해 구성해 보는 방식에 있다. 곧, '나는 <u>그가 잘 할</u>

지 잘 못할지를 가만히 보고 있었다 → 지켜 보았다 → 풀어보다'의 과정을 통해 보조동사로 변모되는 흔적을 추적하고 있다.

이기동의 일련의 연구는 구체적인 의미를 통하여 도식화 또는 영상화한 것이 의미를 가시적으로 그리고 형상적으로 나타내 보인다는 점에서는 장점이 있다고 하겠으나, 기타 추상적이거나 심리적이거나 주관적으로 변모되는 파생의미들에 대해서는 언어화자의 직관적 판단에 의존하게 된다는 것이다.

그러나 더욱 중요한 것은 그렇게 영상화된 도식은 일종의 추상화 과정을 통한 의미를 가시적으로 보인 것이라는 점에서 추상화작업의 일종으로 존재한다. 그런데, 이렇듯 추상화된 영상이 어떻게 개별적인 하위 의미로 구체화되는지에 대하여 영상화된 도식 자체 내에 추가적으로 설명되고 있는 정보는 없다는 점이다. 따라서 의미에 대한 형식화를 추구하고 있는 듯이 보이지만, 결국 하나의 선언 또는 상징적 형상화에 그칠 가능성이 높다.

이기종(1995)에서는 '떨어지다'에 대하여 인지 의미론의 바탕-윤곽 모형과 은유의 방식을 통하여 다의 의미에 대한 망상 모형을 구축하고 있다. '떨어지다'의 원초적 의미를 '개체로부터의 이탈'로 설정하고, 이로부터 공간화 은유, 추상화과정, 상하 개념의 공간개념 등이 작용하여 여러 가지 하위 의미가 생성된다고 하였다.

이종열(1996)에서는 인지문법적인 관점에서 다의 현상에 접근하는 한 모델을 볼 수 있다. 이동동사 '가다'를 대상으로 의미 확장의 관점이 아니라 추상적인 기본의미로부터 문맥적으로 선택되며 영상도식적으로 상징화할 수 있는 현저성의 차원에 따라 설명하고 있다. '가다'의 기본의미를 나타낸 기본도식으로부터 '가다'의 원형의미를 나타내는 원형도식이 산출되고, 이로부터 결합하는 논항의 부류에 따라 구체적 대상의 객관적 이동(사람, 동물, 사물), 구체적인 대상의 주관적 이동(금, 주름, 흠집), 추상적인 대상의 객관적 이동(시간, 현상, 상태, 소식, 지위 등), 추상적인 대상의 주관적 이동(심리적 실체) 등으로 설명된다.

임지룡(1996)은 낱말의 의미 모형(단의미 모형, 다의미 모형, 절충 모형), 단의어와 다의어, 다면어와 다의어, 다의어와 동음어 등을 종합적으로 검토하고 다의 확장의 모형에 대하여 '원형의미 → 확장의미'의 시각으로 기술하였다. 또한 의미 확장의 양상에 대하여는 하이네 외(1991)의 몇 가지 방향을 소개하며 이를 적용하고[10], 다의어의 비대칭성에 관하여도 고찰하였다.

단 의미 모형은 1형태 1의미 가설에 따라 의미에 대해 추상적인 접근 방식을 취하게 된다고 하였고, 다의미 모형은 용법설에 기반하여 사전 편찬 과정에서 여러 개의 하위 의미들을 인정하는 방식을 말하며, 절충 모형은 유기성이 높은 경우에는 문맥적 변이로 보고 유기성이 먼 경우에 한하여 다의어로 인정하는 방식이다. 다면어[11]란 동일한 물체를 여러 측면에서 보는 것과 같으며 지각상으로는 하나의 통일체(gestalt)를 이루는 것이다.

한편 임지룡(1996)에서는 다의 확장의 원리에서 원형의미와 확장의미 간의 비대칭성을 논하면서 원형의미란 '다의적 범주를 대표할 수 있는 기본적이고 전형적인 의미'를 말하며 확장의미란 '파생적이고 전이된 의미'라고 하였다. 그리고 이 두 의미간에는 비대칭적 관계가 존재하는데, 원형의미는 무표적인데 반해 확장의미는 유표적이고, 원형의미에 비하여 확장의

---

10) 임지룡(1996)에서 소개하고 있는 Heine 외(1991)의 의미 몇 가지 방향을 소개하고 이를 적용하였다.

    PERSON > OBJECT > ACTIVITY > SPACE > TIME > QUALITY
    (사람 > 대상 > 활동 > 공간 > 시간 > 질)
    1) 사람 → 짐승 → 생물 → 무생물
    2) 구체성 → 추상성
    3) 공간 → 시간 → 추상
    4) 물리적 → 사회적 → 심리적

    -

    5) 일반성 → 비유성 → 관용성
    6) 내용어 → 기능어

11) 다면어의 개념은 주목할 만하다. 이는 다의어와의 구별 문제만을 제기하지는 않으며, 오히려 인지적 관점에서 볼 때 다의어와 구별되면서도 동일한 시각 아래 관찰할 수 있는 대상이라는 점에서 중요하다. 비슷한 관찰이 생성어휘부 연구에서 제기되는데, 강범모(2001)에서는 생성어휘부에서 다루는 다의어 문제를 소개하면서 복합 타입(complex type) 또는 점타입(dotted type) 개념을 언급하였다. 곧 '문(door)'이 [물체]이기도 하면서 드나드는 [공간]이기도 하다는 측면은 동시에 기술해주어야 하는데 이때 이들이 바로 복합 타입인 것이다. 이는 어휘 '문'에 대한 언어학적 의미만이 아니라 그것이 가리키는 언어 외적 대상이 체험적 속성까지 표시해준다는 것을 말해준다. 본고에서는 이미지소(imageme)의 개념으로 이들을 통합하고자 하였다.

미는 어휘적 제약, 문법적 제약, 낮은 사용 빈도, 인지적 비현저성 등의 특성을 갖는다고 하였다.

배도용(2001)은 신체어 '손, 머리, 눈'을 대상으로 그 의미 확장의 방향을 밝히고 낱말의 세 가지 국면 구조인 형태면, 구성면, 기능면의 측면에서 다의 분석을 진행하였다. 개념 영역의 은유적 전이 방향으로 '대상/공간, 공간/소유, 공간/시간'의 영역 겹침과 연쇄 현상을 분석하였다. 또한 대상 어휘 모두 구체적인 낱말이었으므로 구체적인 사람이나 대상의 영역에서 추상적인 시간의 영역으로 의미 확장이 진행되었음을 밝히고 있다. 사전 뜻풀이 상에서 참고할 수 있는 다의어 배열 원리에 관해서도 언급하였는데, 이는 하위의미들간의 상호관계면에 주목한 것으로 '같은 국면에 속하는 의미는 인접하게 배열한다'는 원칙을 통해 엿볼 수 있다.

임지룡(2001ㄴ)에서는 '사다/팔다'를 대상으로 인지 의미론적 입장에서 이들의 의미 확장을 어떻게 설명할 수 있는지를 제시하고 있다. 두 동사가 관여하고 있는 스크립트는 상거래 스크립트이며 이로부터 부각과 은폐의 은유적 방식을 통해 의미 확장이 이루어지며 확장된 의미는 각각 은유적이며 체험적인 이유에 따라 서술적으로 설명하고 있다.

이들 인지 의미론적 다의어 연구는 전반적으로 의미 확장의 방향성을 구체화하는 작업이 진행되고 있음을 알 수 있다. 인지주의적 관점은 어휘 의미론에서 다의어 연구를 중요한 주제로 다시 한 번 부각시킨 공로가 있다. 다만 분석 대상 어휘가 여전히 구체적인 의미 영역에 속한 것이어서 기존 견해의 적용이나 부분적 구체화의 수준에 그치는 점은 극복되어야 할 문제라 하겠다.

3) 생성 · 표상주의적 접근

생성 · 표상주의적 접근은 대부분 자켄도프(1995)의 개념 구조 이론과 푸쩨쭙스키(1995)의 생성 어휘론의 표상 방법을 소개하고 이를 몇몇 예를 중심으로 적용하는 방식으로 진행되고 있다. 또한 이들의 문제의식은 다의어라고 알려진 대상에만 국한되는 것이 아니라 다면어나 문맥적 변이 의미까지도 표상하려고 한다.

　이예식(1999)은 카츠(1972)의 성분 분석 이론과 자켄도프(1995)의 개념 구조 이론, 그리고 푸쩨쫍스키(1995)의 생성어휘론이 어떻게 다의 문제를 처리하는지를 보여주고 있다. 특히 푸쩨쫍스키(1995)의 생성어휘론을 자세히 소개하고 있는데, 사전 구현에 있어서 '사건구조, 논항구조, 자질구조(Q-structure), 어휘계승구조' 등을 HPSG의 틀을 원용하여 역동적으로 조직하는 하고 이를 통하여 다의 현상이 갖는 세 가지 문제, 곧 '언어적 환경에 따른 의미 변화, 핵심 의미 공유, 한 의미의 다통사적 구조의 실현' 등을 해결할 수 있다고 하였다. 그러나, 기술에서 중심적인 구조인 자질구조의 정보를 기술하는 원칙이 무엇인지에 대한 언급이 없는 것을 보완해야할 사항으로 지적하고 있다.

　김지홍(1999)에서도 푸쩨쫍스키(1995)의 표상 방법을 소개하고 있는데, 특히 명사 표상의 경우 '동사와 결합될 수 있는 방식을 명사의 의미 속에 미리 집어넣는 것'(p.50)을 특징적으로 지적하였다. 아울러 동사 표상의 경우를 설명하면서 동사들 사이의 확장이나 품사 전환이 일어나는 것을 설명하기 위해 어휘 개념 구조를 상정함으로써 보편적인 인간 이성으로부터 연역될 수 있는 것다는 제안을 소개하였다. 그러나, 의미 확장과 품사 전환 등에 대해서는 인간 언어 능력에 기인하는 것인지 일반 인지 능력의 속성에 따르는 것인지는 더 연구가 필요함을 말하였다. 이러한 언급은 표상의 문제를 처리하는 방식이 원인이나 동기의 문제를 해명하는 데까지 적용되기는 어렵다는 사실을 암시하는 것이다.

　양정석(2001)에서는 자켄도프(Jackendoff)의 개념의미론을 바탕으로 다의어를 해명하는 방법을 나타내 보인다. 술어해체 분석과 의미역 관계 가설 등에 입각하여 다양한 의미 영역으로 실현되는 동일 술어를 하나의 어휘 개념 구조로 표상하고 여기에 보충 해석 규칙[12]과 같은 장치를 사용하여 의미 영역의 변화를 설명한다. 그런데, '한눈/시선/정신/마음을 팔다'와 같은 경우는 상황맥락에 따라 변이되는 것이고 이들을 개념 구조 안에 표상하는

---

12) '사람'을 사고파는 행위는 '[thing X]→[thing X, ＋상품성]'과 같은 보충해석규칙으로 설정할 수 있다(양정석 2001:61).

것은 의미 영역 표지 전승과 같은 가정된 규칙을 통해 표지만 변경하는 식으로 설명한다. 결국 개념의미론적 입장에서의 다의어 연구는 주어진 이론 체계 내에서 확장된 의미를 어떻게 표상할 수 있는가에 관한 논의이며, 어떤 절차나 방법을 통해 다의가 발생되는지에 대한 근원적 질문에 대해서는 '상황 맥락'과 같이 통념적인 설명에 그친다.

강범모(2001)에서는 생성어휘부 이론이 '사건구조, 논항구조, 특질구조(Q-structure), 어휘계승구조'를 통해 단어의 의미를 기술하는데, 이 가운데 다의어와 관계없는 어휘계승구조를 제외한 나머지 세 구조를 바탕으로 '사다/팔다'를 분석 예시하고 있다.[13] 한편, 강범모(2001:30)에서는 생성어휘부 이론이 다의어의 모든 뜻을 통합하여 기술하지는 않으며 하위 의미들 가운데 규칙적이고 생산적인 다의성만을 통합하는 것이 목표라고 하였는데, 이는 생성어휘부의 다의어 접근이 다의어 자체에 대한 설명보다는 표상 중심적인 측면에 치중하고 있음을 말하는 것이다. 실제로 분석하고 있는 '팔다'의 경우, '한눈을 팔다, 정신을 팔다, 쌀을 팔다' 등이 '팔다'의 다의임에도 불구하고 다만 이 의미들을 관용적 용법이나 숙어로 다루어야 한다고 처리하였다.

다의어 연구사를 정리하면서 두 줄기의 연구 방향이 있음을 알 수 있는데, 그 하나는 울만(Ullmann)의 의미론을 바탕으로 하여 그것의 적용과 해설

---

13) 이 가운데 생성어휘부 이론에 입각하여 기술한 '사다' 기본 의미의 세 가지 구조를 보자(강범모 2001:29 참고).

    [사다]

사건구조 =	사건1	=e1:과정
	사건2	=e2:상태
	선후제약	= <
	중점	= e1
논항구조 =	논항1	= x:사람
	논항2	= y:구체물
	당연논항3	= a:사람
	당연논항4	=b:돈
{격구조 =	격틀	= 'x - 가 (a-에게ㅣ로부터) y - 를 (b - 에ㅣ로) ~'}
특질구조 =	형상	= 가지고_있음(e2, x, y) ∧ 가지고_있지_않음(e2, x, y) ∧ …
	작인	= 사는_행위(e1, x, y, a, b)

의 방향을 걷는 유형이고, 나머지는 인지 의미론적 연구로서 다의 파생의 과정에 대하여 인지적 도식을 적용하려는 유형이다. 전자의 흐름과 관련하여서 주로 논의된 문제는 1) 다의어와 동음이의어의 구별 문제 2) 기본 의미와 파생 의미 설정의 문제 3) 기본의미와 관련한 용어의 문제 4) 사전상의 배열과 뜻풀이 문제 등을 들 수 있고, 후자의 흐름과 관련한 문제로는 1) 원형의미와 관련한 용어의 문제 2) 인지적 이미지 도식 3) 은유와 환유 작용의 구체적 원리 설정 등을 들 수 있다.

그런데, 이 두 가지 연구의 방향을 단일한 관점의 발전과정으로서 이해할 경우 주로 현상을 기술한 '적용의 이동, 은유, 환유' 등의 술어를 사용한 전자의 경향에 대하여, 그 작용의 방식을 구체화하려는 시도로서 인지 의미론적 설명방식이 위치해 있음을 알게 된다. 곧, 적용의 이동이라는 현상이 어떠한 원리에 입각하여 일어나며, 은유와 환유의 구체적인 방식은 무엇인가를 논한 것이 인지 의미론의 다의어 접근 방식이라고 하겠다. 흔히 구조주의적 연구와 인지주의적 연구를 서로 단절된 두 접근법으로 받아들인다. 그러나, 기존의 이론 체계에서 설명하기 어렵거나 설명력의 빈곤을 나타내는 지점에서 새로운 연구 방법론이 나타난다는 일반적인 이론 발전의 양상을 고려할 때 이들 두 접근 방식을 의미론 연구의 단일한 발전과정에 자리매김할 수 있을 것이다.

물론, 위의 두 가지 연구의 방향이 이와 같이 단일한 발전 과정으로서만 파악될 수 없는 점이 있다. 그것은 이들이 의미 현상을 바라보는 근본적인 시각의 차이에 기인하는데, 곧 구조주의와 인지주의라는 별개의 관점으로 나타난다. 이들은 전형적으로 다루는 자료에서부터 구별된다. 곧, 구조주의에서는 일반적으로 문자적 의미라고 알려진 문장을 주로 다루는 데 반하여 인지주의에서는 비유적 의미로 알려진 은유문을 주로 다룬다. 그리하여 전자의 경우 은유문은 의미 충돌 현상을 가져오는 것이어서 정상적인 언어학적 예문으로 취급하지 않는 반면, 후자의 경우 문자적 의미라고 알려진 문장까지도 은유문의 일종일 뿐이라고 본다.

다의 문제에 관한 한 구조주의적 입장은 다의 의미들간의 관계를 기술해주는 방향을 주로 취하는 반면, 인지주의적 입장에서는 한 어휘소(개념소)

로부터 여타의 다의 의미로 확장하게 되는 근거 또는 절차에 초점을 맞춘다.

그런데, 다의어 관련 논문에서 나타나는 한 가지 공통점은 분석 대상 어휘가 대부분 구체적인 의미 영역에 한정된다는 점이다. 개론서에 등장하는 명사 '손, 머리, 길' 등과 연구사에서 나타나는 동사 '가다, 오다, 보다, 먹다, 풀다…' 등이 모두 사물 명사나 행위동사, 이동동사들에 해당하는 점은 이를 잘 나타내준다. 이는 비단 다의어 연구에 제한된 특성이 아니며 의미론 뿐만 아니라 언어학 전반에 걸쳐서 나타나는 특성이라 하겠다. 여기에는 몇 가지 이유가 있겠으나 구체적인 의미 영역에 속한 어휘를 대상으로 할 때 설명과 이해의 명확함과 편이성을 얻을 수 있고, 그리고 연구자의 주관적 인상 개입이 최소화될 수 있다는 등의 장점에 기인한다.

그러나, 이렇게 구체적인 의미 영역에 대한 접근을 반복할 경우, 접근법에 대한 반성이나 그것에 바탕하여 진행되는 이론적 발전을 모색하기는 어려울 것이다. 일반적으로 새로운 언어학적 이론들에는 새로운 예문들이 문제시된다는 점을 생각해 볼 때 분석 대상 어휘의 다양화에 대한 요구는 당연하다 하겠다. 이런 점을 고려하여 본고에서는 구체적인 의미영역과 함께 추상적인 의미영역에 속하는 어휘들을 각각 선택하여 분석을 진행하고자 한다.

본고의 주된 목적 가운데 하나는 다의어 문제가 다의 현상에 대한 기술적 수준에 그치거나 이론 적용의 수준에만 머물지 않고 이론적 반성 또는 이론적 발전을 추구하는 것이다. 비트겐쉬타인이 의미의 가족유사성 개념을 밝힐 때 명기한 아래 언급은 본고의 문제 의식과 그 맥을 같이 한다.

> '무언가 공통적인 점이 있어야 하고 그렇지 않으면 그것들은 "게임"이라 불리우지 않을 것이다'라고 말하지 말고 이 모든 것에 공통적인 어떤 것이 있는지를 자세히 살펴보라(Wittgenstein 1978:31~33) - 테일러 「인지언어학이란 무엇인가 p.46 에서 재인용.

하나의 어휘와, 그것과 관련되는 여러 가지 대상들 사이의 관계에 대하여 언급한 비트겐쉬타인의 진술을 다의어 연구와 관련지어 다시 써보면 다음과 같이 될 것이다.

"하나의 의미에서 다른 하위 의미들이 파생되거나 확장되었다고 말하지 말고
구체적으로 어떤 과정을 통해서 그러한 의미 전개가 가능한지를 자세히 밝혀보라"

　한편, 기욤(Guillaume 1973:213)에서 지적했듯이 '전통언어학이 너무 지나
치게 '직접 관찰'의 테두리에 머물렀던 경향'을 벗어나야 한다. 다의어 분
석이 현상 기술적인 수준에 그쳐온 것도 이러한 경향에서 기인한 것이다.
이는 정확한 관찰이 정확한 이해를 가져온다는 입장에 근거하고 있지만,
이제 '최대의 관찰, 최고의 강력한 관찰은 강력한 이해로부터 나온다'는
기욤의 언급에 주목할 필요가 있다. 이 점은 소쉬르에서도 언어 연구에서의
'관점'의 중요성에 대한 언급을 통해 개진된 바 있다. 다음 장에서는 다의
현상을 분석하기 위하여 어떠한 관점으로 접근할 것인가 하는 접근의 방법
론과 이론적 관점을 정립할 것이다.

　인지주의적 관점에 의해 더 많은 관심이 주어진 다의어 연구는 최근 새
로운 전기를 마련하고 있다. 한국언어학회 2001년 여름연구회는 '현대의미
론과 다의어'라는 기획을 통해 다의어를 연구하거나 기술하는 제 관점들을
한 자리에 모았다. 최근 사전학 뿐만 아니라 자연언어처리 분야에서도 관
심을 모으고 있는 워드넷에서 다의어를 표상하는 방법, 생성어휘부에서 다
의어를 고찰하는 문제, 인지 의미론에서 다의어에 접근하는 방법, 의미를
중심에 둔 통사이론으로서의 개념의미론이 다의어를 취급하는 관점, 그리고
마지막으로 사전 기술의 주된 문제로서의 다의어 기술과 배열 문제를 다루
는 사전편찬학에 대한 멜축 Mel´čuk의 연구 등을 통하여 '사다/팔다' 동사
를 중심으로 다양한 관점을 선보이고 있다.

　이러한 연구의 활성화는 의미론 내부에서 인지 의미론 연구가 다의어
문제를 중요하게 다룬 점에서 기인하며, 다른 한편으로는 자연언어처리와
관련된 전자사전 연구, 워드넷 연구와 같은 성과에 힘입은 바 크다. 홍재
성·김현권(2001:66)에서는 다의어에 대하여 이론적 접근, 실천적 접근, 응
용적 접근의 세 가지 관점이 있다고 하였는데, 최근의 연구 성과를 종합해
보면, 이론적 접근에서는 인지주의적 관점이 주된 역할을 하였고 실천적
접근에서는 사전편찬적 관점이, 그리고 응용적 접근에서는 자연언어처리의
관점이 이러한 다의어 연구의 활성화를 가져온 것임을 알 수 있다.

　본고는 이 가운데 사전편찬학적 관점과 자연언어처리적 관점, 그리고 생성주의적인 관점은 모두 기술이나 표상의 관점에 해당한다고 보고 이러한 기술이나 표상의 문제보다는 다의어와 관련된 이론적 문제들을 다루고자 한다.

제 2 장 다의어 분석을 위한 이론적 토대

연구 대상의 성격은 연구의 방식과 서술의 체계를 결정하는데 영향을 미친다. 그러므로 다의 확장의 양상과 그 원인을 규명하기 전에 먼저 다의어의 특성을 파악할 필요가 있다. 이 장에서는 연구 대상으로서의 다의어가 갖는 내적 성격을 검토하고, 그로부터 요구되는 범주 문제와 새로운 개념의 필요성에 대하여 논할 것이다.

1. 다의어의 특성

1) 다의 의미의 범주적 특성

다의어란 하나의 어휘가 둘 또는 그 이상의 의미를 갖는 것을 말한다. 다의어는 한 어휘가 자신과 결합하는 다른 어휘와의 관계에 따라 기존 의미와는 구별되는 의미를 가지면서 의미 확장을 이룬다. 그러므로 기술

(description)이라는 입장에서 볼 때, 한 어휘와 결합하고 있는 다른 어휘가 무엇이며 어떠한 부류에 속해 있는가를 이해하면 여러 의미들 가운데 어떤 의미가 실현된 것인지를 알 수 있게 된다. 다의어의 예로 명사 '힘'의 사전 풀이를 살펴보면서 확인해 보자.

[힘]

① ㄱ. (동물이나 사람이) 다른 사물을 움직이게 하는 능력. ¶ 힘의 세기로 한다면 황소가 어른이지, 사람이 어른일 수가 없지./그 낯선 아저씨가 문득 손아귀의 힘을 풀며 철이의 손목을 끌어 당겼다.

　ㄴ. (자연 현상이나 기계가) 사물을 움직이게 하는 능력. ¶ 해일이 일어날 때 파도의 힘은 어마어마하다./자동차가 힘이 모자랄 때에는 저 단 기어로 운전하세요.

② 가만히 있는 물체를 움직이게 하거나 움직이는 물체의 상태를 변화 또는 정지시키는 작용. ¶ 물체에 힘을 가하면 힘의 방향으로 가속도가 생긴다.

③ (활동, 작용, 기능 등을) 할 수 있게 하는 능력. ¶ 수철이는 정신 수련으로 닦은 힘으로 공부에 열중하고 있다.

④ 폭력이나 권력. 세력. ¶ 결국은 우리를 힘으로 굴복시키려 했던 일본은 미국이라는 힘에 의해 무너졌다.

⑤ 도움이나 의지가 되는 것. ¶ 나의 시간을 아껴 주었지만 너의 편지야말로 내게 큰 힘이 되었었다./명훈은 그 누구의 힘도 빌지 않고 혼자서 학교 문제를 처리하려고 마음먹고 있었다.

⑥ 정성이나 노력. ¶ 전자업체들 대부분이 그러하듯 기술 도입과 시설 투자에 힘을 쏟아 왔었다./내 소신을 펼 날이 올 것을 믿고, 기능을 익히는 데만 힘을 기울였다.

⑦ 자신감이나 용기. ¶ 여기에서 힘을 얻어 우선 우거진 잡목을 개척하고 나무를 베어 자그마한 거처부터 마련하기로 했다./목소리가 걸걸하니 힘이 있었고 여전히 번쩍이는 눈빛에 힘이 넘치고 있었다.

⑧ 기운. ¶ 혜경이 피아노를 치고 난 무대는 아직도 강력한 힘과 열정이 흘러 넘친다.

⑨ 튼튼하거나 단단한 정도 ¶ 구부리는 부분은 감겨 있는 철사의 힘만으로는 지탱하지 못한다.

첫 번째 ①번 의미의 풀이말 가운데 괄호 속에 들어 있는 '동물이나 사람, 자연 현상이나 기계' 등의 술어들은 널리 알려진 범주이므로 일반적으로 자질화할 수 있는 결합어에 해당한다. 이와 같은 결합어들은 다른 어휘의 다의 의미들 속에서도 자주 발견되는데, 이들 범주의 보편성을 말해주는 것이라 하겠다. 그런데, ⑤번과 ⑥번 의미의 풀이말 속에 있는 '정성이나 노력, 자신감이나 용기' 등의 술어들을 보면, 이들 범주는 보편적이라기보다는 어휘 '힘'에 특정적일 것으로 간주될 것이다. 이들은 소수의 부류 항들과 결합하여 탄생하는 의미에 해당하며, 따라서 범주에 해당한다기보다는 부류(class)에 속한다고 하겠다. 사전적 기술에서 ' - 하는 따위, - 의 일종'과 같은 풀이말들도 대개 두 번째 유형에 속한다. 간단히 정리해 보면, 범주(Category)는 비교적 포괄적이며 상대적으로 계층구조의 상위를 차지하는 부류 명칭들을 말하는 데 반해, 부류(Class)란 어떠한 의미상의 공통성으로 인하여 묶일 수 있는 어휘항들의 집합을 말하며, 범주와 비교할 때 상대적으로 하위 교점을 차지하는 것을 말한다.

　마지막으로 위의 어휘 '힘'에서는 볼 수 없지만 1~2개의 결합어에 따라 달라지는 의미를 가지는 것이 있다. 어휘 '보다'의 경우 '(소변/대변)을 보다'의 용법에서는 '누다'의 의미를 갖도록 하는 결합어가 한두 개로 극히 제한적임을 확인할 수 있다. 이와 같은 유형은 범주나 부류의 차원에서가 아니라 특정한 어휘 자체가 새로운 의미를 파생, 확장시키는 범주로서 기능할 수 있다는 것을 예증하는 것이다.[14] 이와 같은 결합 의미 영역의 포괄성에 따라 다의를 발생시키는 환경을 세 가지 등급으로 나누어 보면 아래와 같다.

---

14) 개별 어휘가 의미 확장을 일으키는 범주기능을 하는 것은 다의어 뿐만 아니라 언어간 어휘 분화 양상의 차이를 살펴봄으로써 확인할 수도 있다. 영어에서 'put on' 또는 'wear'는 그 자신의 목적어로 의류(衣類)에 속하는 모든 것과 결합할 수 있지만, 국어의 경우는 '옷'의 경우 '입다'로, '모자'의 경우는 '쓰다'로, 그리고 '신발'의 경우는 '신다'로 각각 구분된다. 이를 새롭게 '옷류', '모자류', '신발류'라고 하여 부류적 범주에 해당하는 것으로 취급할 수도 있겠지만 종적 부류 개념과 실제 지시물의 다양성은 엄연히 구분하여야 한다. 그러므로 이러한 예들 역시 개별 어휘의 결합이 어휘 분화를 촉발한다는 점에서 **개별 어휘의 범주 기능**은 보편적인 언어 현상으로 증명된다 하겠다.

① 일반적으로 자질화할 수 있는 결합어들에 따른 의미
② 소수의 부류 항들과 결합하여 탄생하는 의미
③ 1~2개의 결합어에 따라 달라지는 의미

만일 다의어 분석을 첫 번째 등급의 예들에 한정하여 진행한다면 어느 정도 체계적이고 제한된 범주에 의한 결과를 얻어낼 수 있을 것이지만, 다의어 연구란 한 어휘 내에서 발생한 의미의 차이를 모두 분석해야 하기 때문에 [범주적 분화→ 부류적 분화→ 고립적 분화]를 모두 포함해야 한다. 이것은 다의어 연구에서 사용할 수 있는 범주의 제약성이 처음부터 유연한 방식으로 접근되어야 함을 말하는 것이다. 부류적 분화나 고립적 분화의 경우 이를 범주에 의하여 설명하기가 쉽지 않기 때문에 기존에 이미 알려진 범주명 이외에 새로운 범주가 제시되거나 새로운 관점이 제시되어야 할 것이다.

2) 다의어를 보는 두 차원

한편 다의어는 두 가지 차원으로 접근될 수 있다. 그 첫 번째는 어휘소 A와 그것의 하위 의미들간의 관계에 관한 것이며, 두 번째는 개별 하위 의미들과 그것이 속한 의미 영역간의 관계에 관한 것이다. 전자는 어휘소의 원래 의미와 그것의 파생, 확장 의미들간의 유연성과 유사성을 규명하는 문제를 제기하며, 후자는 이들 하위 의미가 파생, 확장되는 원인 문제를 제기한다. 이를 간단히 도식적으로 나타내면 다음과 같다.

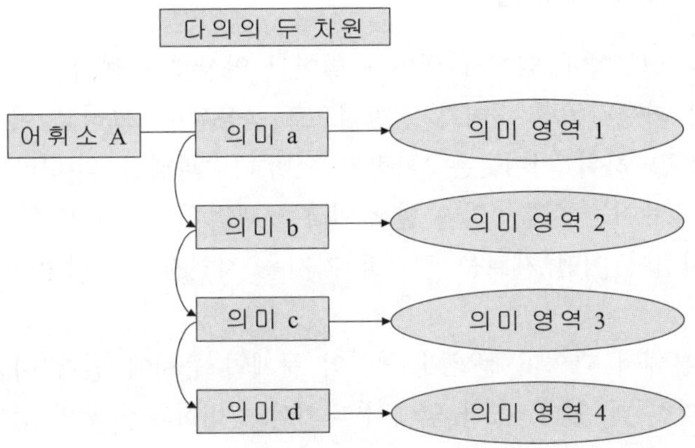

변화되기 전의 어휘 의미의 상태 A – a(어휘소 A, 의미 a)가 새로이 추가된 다의 의미 b를 포함한 변화된 후의 상태 A′ – ab로 될 때, 이전의 상태 A – a는 언제나 새로운 다의 발생에 대한 조건이자 이미 구축된 의미 세계로서 존재한다.

어휘소의 원래 의미와 그로부터 파생, 확장된 의미들 간의 관계를 통해 의미 발생의 유연성을 발견하며, 이러한 유연성이 어떤 요소에 근거하는지에 대하여 탐구할 수 있다. 새로운 의미를 창조하려는 언어 활동 주체가 기존 표현이 갖는 어떤 의미적 요소를 촉매로 하여 그와 결합되는지를 밝히는 것은 다의어 연구의 주요한 관심이었다.

후자의 문제의식은 본고에서 새롭게 제기하는 것으로, 특정한 하위 의미와 그 의미가 속해있는 의미 영역의 상관 관계에 관한 것이다. 이는 어떤 새로운 의미를 창조할 때 그와 유사한 의미를 담당하는 다른 어휘 또는 표현이 이미 존재하고 있다는 점과 관련이 있다. 따라서 이들 표현들 간의 관계와 시차성을 규명하는 것은 바로 다의 의미 발생의 원인이자 언어 활동 주체의 표현 욕구의 정체를 밝히는 것이라 할 수 있다.

3) 의미 발생의 관점

다의어를 연구함에 있어서 의미가 벌어진 양상에 대해서는 '의미 확장'이나 '의미 파생' 등의 술어가 일반적으로 통용된다. 그리고 이러한 양상에 따라 개별 하위 의미들은 '확장된 의미'나 '파생된 의미'라는 이름을 갖는다. 본고에서는 이를 '의미 발생'이라는 관점에서 보고자 하였으며, 이와 같은 관점이 어떤 새로운 결과를 가져올 것인지에 대하여 언급하기로 한다.

앞서 서론에서 다의어 문제가 언어의 문제인 동시에 언어 사용 주체의 문제임을 말한 바 있다. 또한 앞에서 다의어는 변화되기 전의 상태와 변화된 후의 상태들이 존재한다고 하였다. 여기에 덧붙여 의미를 새롭게 만드는 것은 언어사용주체이며, 그 언어사용주체가 대상세계 또는 외부세계와 접촉하는 과정에서 한 어휘에 하나의 의미만 존재하던 것이 두 개의 의미 이상으로 분화되는 것이다.

이미 다의로 분화한 결과를 명명할 때에는 '의미 확장'이나 '의미 파생'이라는 명칭이 적절하지만, 그렇게 분화되는 과정이나 절차를 주목할 때에는 '의미 발생'이라는 개념이 적절한 것으로 판단된다. 또한 다의로 분화한 결과를 주목할 때는 완결된 형태로서의 다의어의 구조 문제가 대두되지만 분화되는 과정이나 절차를 주목할 때에는 언어사용주체가 어떤 범주적 근거에 의해 대상세계를 파악하는가 하는 인식의 방법이나 인지적 문제가 대두된다.

한편, 가능한 발생의 결과들 가운데 어떤 것은 언어세계로 용인되고 어떤 것은 텍스트에서만 허용되거나 단발적으로 또는 일시적으로만 존재하는 현상도 관심의 대상으로 새롭게 부각된다. 왜냐하면 단발적으로 존재하든 언어세계로 용인되든 모두 인식이나 인지적 관점에 의해 언어 표현에 나타난 것이라는 사실과, 그럼에도 불구하고 어떤 것은 언어세계로 편입되고 어떤 것은 일시적으로만 존재하고 사라진다는 사실 때문이다.

이제 '의미 발생'이라는 관점이 향후 분석을 진행할 때 어떠한 영향을 미치게 되는지 살펴보자. 다르매스뜨때에르(1886:66~74)에서는 다의어 구조를 방사와 연쇄의 두 차원으로 규정하였으며 이는 아래와 같이 그림으로 나타낼 수 있다.

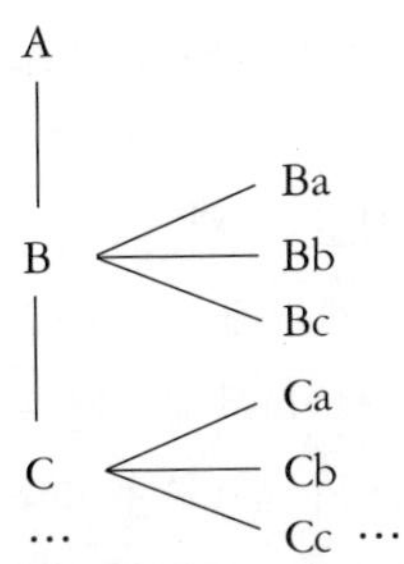

위와 같은 구조는 현시점에서 다의 확장이 완성된 상태를 하위의미들간의 관계를 중심으로 도식화한 것으로 방사와 연쇄가 복합적으로 나타나는 일반적인 다의어 구조를 잘 포착해 주고 있다. 그러나, 의미 발생의 관점에서는 한 어휘가 가졌던 처음의 의미 상태에서부터 나머지 모든 하위의미들이 발생한 근거가 제공되어야 한다. 따라서 '의미 발생'의 관점에서는 아래와 같이 방사적 구조를 선택하게 된다.

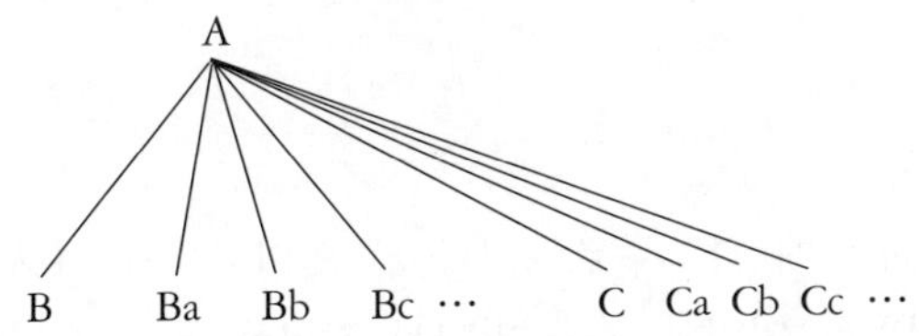

위의 그림은 하위 의미들이 모두 처음의 의미 상태, 곧 하나의 어휘에 하나의 의미만 소유하던 상태에서 출발하여 발생된 것이라는 점을 잘 보여준다. 또한 하위 의미들 간에 서로 친연성이 높은 의미들은 상호간의 사선 거리가 가까운 것으로 표현되고 있으므로 방사와 연쇄를 통합한 것이 가리키는 점을 모두 표현하고 있다.

위 그림이 나타내는 장점은 하위 의미 B나 C에서 출발한 듯이 보이는 Ba, Bb, Bc, Ca, Cb, Cc 등의 의미를 설명하기 위해 중간 의미를 출발점으로 하지 않아도 된다는 점이다. 만일 이들 중간 의미로부터 친연성이 높은 하위 의미들을 설명해 내려 한다면, 두 개의 단계를 모두 거쳐야 한다. 곧 A로부터 B와 C로 각각 분화되는 근거를 우선적으로 보여주어야 하며, 그런 다음 B나 C에서 Ba, Bb, Bc, Ca, Cb, Cc 등의 의미로 가는 근거를 설명해야만 한다.

그러나 이렇게 되면 설명 절차의 복잡성도 문제가 될 뿐만 아니라, 처음의 의미 상태를 갖던 A와 그로부터 어떤 계기에 따라 발생한 Ba, Bb, Bc, Ca, Cb, Cc의 관계를 분명히 할 수 없는 점이 문제시될 수 있다. 논리적으로 보면 '$\alpha \to \beta$로 가고 $\beta \to v$로 가면 $\alpha \to v$가 된다'는 점은 당연한 것처럼 보인다. 그러나, 발생의 논리를 적용하는 것은 이와 같은 논리적 형식에 의거함으로써 암묵적인 동의를 얻어내는 데 있지 않다. 오히려 실제로 처음의 의미와 하위의미들간의 의미적 유연성을 구체적으로 연결하고 관련성을 실증하는 것이 필요한 것이다. 이와 같은 입장은 언어 사용 주체의 인식 또는 인지적 관점을 세밀화한다는 측면에서 볼 때도 적극적으로 고려해야 할 것으로 보인다.

2. 의미 범주

언어학에서 범주(category) 개념은 주로 통사론과 의미론에서 사용되고 있다. 통사론의 경우는 어휘를 의미와 기능 면에서 정의한 품사 개념이 범주에 해당하여 흔히 문법 범주라는 이름으로 명사, 형용사, 동사, 부사 등을 지칭한다. 변형생성문법에서는 이들 범주 개념을 확장하여 명사구, 동사구와 같은 구 개념까지 포괄하고 있으며 따라서 N, NP, V, VP, A, AP, Adv, AdvP, P, PP, Aux 등이 모두 범주다. 그러나, 품사 개념과 그것의 확장을 전통적인 언어학적 범주로 인정하는 것과 달리 전혀 새로운 기본 범주를 구성하는 경우도 있다(조성식 1990:183). 할러데이(Halliday)의 체계 언어학의 경우는 '단위(unit), 구조(structure), 부류(class), 체계(system)'의 네 가지 범주로 설명하려고 하였다(차진순 편역 1987:2~5).

의미론적 범주에 관하여 언급하려 할 때 적지 않은 어려움을 발견하게 된다. 통사론적 범주들은 단위들 사이의 관계로부터 규정되고, 이들 관계의 수는 한정되어 있으므로 그 설정이 비교적 용이하지만, 의미론적 범주들은 최하위 단위로서의 개별 어휘들에 대해서도 관여해야 하기 때문에 범주 정립의 시도는 제대로 진행되고 있지 못한 실정이다. 그리하여 통사적 범주를 우선 선택하고 그 하위 부류 개념으로 의미론적 기반에 따라 명명하여 구분하는 것이 주된 연구의 방법이 되었다. 이와 같은 난점으로 인하여 의미 범주의 종류와 수의 문제(의미자질의 수와 종류의 문제로 알려져 있지만 실제로는 범주의 문제이다)가 제기되기는 하였으나, 그 해결의 실마리는 묘연하다.

그러나, 의미 범주에 관한 고려가 없이는 의미론의 '느슨하고 지루한' 성격을 벗어나기 힘들뿐만 아니라, 학문적 발전을 모색하는 일 또한 벽에 부딪치게 마련이다. 따라서 필자는 의미 범주에 대한 본격적인 검토를 통하여 다의어 연구의 객관적 시각을 일구어내는 기반으로 삼고자 한다. 이를 위하여 우선 출발점으로서의 철학적 범주에 대하여 살펴본 후, 언어학에서의 의미론적 범주를 귀납적으로 고찰한 다음 이들을 전체로서의 의미론적 범주로 종합해내고자 한다. 아래에서는 다음의 세 가지 검토 사항을 중심으로 의미 범주에 대한 논의를 전개하고자 한다.

(1) 범주와 부류, 항
(2) 존재론적 범주, 인식론적 범주, 의미론적 범주
(3) 의미론적 범주의 세 가지 상위 유형

1) 범주와 부류, 항

범주(Category) 개념은 고대 플라톤 철학에서 처음으로 전개되었다. 플라톤은 모든 개념들을 범주로 환원하여, 이 범주가 인식에 대해 갖는 의미를 해명하려 하였다. 한편, 칸트에 따르면 범주의 기능에 대하여 '직관의 다양을 의식 내에서 종합하는 과정에서 필요한 매개'로서의 역할로 설명하였다.

[직관의 다양→ 범주→ 의식화]의 과정을 거침으로써 개별적인 대상이 범주를 통하여 통일적, 종합적 시각으로 파악될 수 있도록 하는 것이다. 철학에서의 이와 같은 범주의 기능은 의미론에서도 마찬가지로 적용된다. 테일러(1995:59)는 범주의 유용성에 관한 언급에서 범주란 '세계의 무한한 변이를 처리 가능한 부분들로 환원시킬 수 있게 해주는' 유용성을 가지고 있다고 하였다.

범주에 대한 이러한 관점은 곧 개별 어휘들을 대상으로 하여 이들을 유사성의 관점에서 동일한 범주로 묶어내며, 이로부터 전체 의미의 체계를 파악하려는 과정에도 그대로 적용된다. 의미 구조 또는 의미 현상에 대한 체계적 진술의 과정을 [개별 어휘→ 의미 범주→ 체계 파악]으로 요약할 수 있기 때문이다. 다만 개별 어휘의 양이 많은 탓에 이들에 대한 전반적인 범주 귀속이 이루어지기 어려운 점과, 제한된 범주의 종류와 수(數)로는 세분된 구체적 어휘들을 모두 수용할 수 없는 한계점 때문에 이와 같은 범주 분류 작업이 진행되고 있지 못한 형편이다.

이렇듯 범주의 기능이 다양한 현상들을 의식 내에서 종합하는 매개로 사용하는 것이거나 무한한 변이를 처리 가능한 부분들로 환원시킬 수 있게 해 주는 것이라는 점에서 볼 때, 원리적으로 범주의 종류나 수가 제약적일수록 그 범주를 통해 다양한 현상들을 파악하고자 하는 언어 주체에게는 명확한 이해가 가능하게 될 것이다. 그러므로 어떤 관점을 취하더라도 의미 범주의 단순화는 지향해야 할 태도 중에 하나라 하겠다.

그러나, 앞서 다의어의 특성에서도 살펴보았지만, 다의 현상의 경우는 좀더 유연한 입장을 취하지 않을 수 없다. 다의어에서 발생하는 의미는 그것이 의미단위로 인정할 만하다는 언중 또는 사전편찬자의 판단이 있을 경우 그것이 어떤 결합의 범위를 가지든지에 상관없이 규명해야 할 대상으로 취급되기 때문이다.

2) 존재론적 범주, 인식론적 범주, 의미론적 범주

어휘의 의미론적 현상을 설명하는 데에 중요한 한 가지 측면은 그 어휘가 속해 있는 의미 영역의 문제이다. 나이다(1975)에 따르면, 의미 영역이란 일정한 의미 성분들을 공유하는 의미집합(결코 단일어에 반영된 의미에 국한되지는 않은 것)으로 이루어진다. 또한 설정된 의미 영역이 얼마나 적절하며 또 얼마나 넓은가, 그리고 계층적 구조 내의 어떤 층위에서 기능을 수행할 수 있는가의 문제는 오로지 그 언어의 전체 구조에 달려 있다

최경봉(1996:18~19)에서는 의미 영역 또는 의미 분류에 대하여, 나이다(1975)를 비판적으로 검토하고, 존재론적 입장에서 어휘가 지시하는 대상의 존재론적 특성을 함께 고려할 것을 주장하였다. 나이다(1975)에서는 어휘의 의미 분류와 자연적 분류법의 차이를 지적하고 우선적으로 전자에 근거하여 의미 영역을 설정할 것을 논했지만, 최경봉(1996)에서는 어휘가 세계를 표현하는 것이라는 점에서, 어휘의 의미 분류가 갖는 특성과 어휘가 지시하는 존재론적 특성을 같이 고려하는 태도를 취할 것을 언급한 것이다. 이와 같은 견해는 의미 연구의 기반에 관한 문제로서 신중히 다루어져야 한다.

한편, 널리 알려진 의미 영역의 최상위 범주는 실체, 속성(추상), 사건, 관계의 네 가지로 대표된다. 이들 각각에 대해서 대응하는 문법 범주는 실체에 대하여 명사가, 속성(추상)에 대하여 형용사가, 사건에 대하여 동사가, 그리고 관계에 대하여 부사나 조사(전치사)로 나타난다. 그런데, 이들 의미 영역이 문법 부류에 각각 대응하는 것은 우연한 일이 아니다. 사실 위의 네 범주들은 언어학 또는 의미론에서 정립한 술어들이 아니라 철학과 논리학에서 주로 상정한 것을 받아들인 것이다. 대표적으로 라이온즈(1977)의 언급을 통하여 이들 의미론적 분석에서 존재론적 범주가 도입되어야 할 필요성을 찾아보자.

전통적으로 명사는 실체(entities)를 외연하고, 동사나 형용사는 일차 속성이라고 일컫는 것을 외연하며, 부사는 이차 속성 또는 더 높은 삼차 속성을 외연한다고 말해진다. 여기서 일차 속성이란 개별자(또는 개체)에 관한 것들이며, 이차 속성이란 일차 속성에서 비롯되는 것을 말한다. 전통적인 품사 정의에서 의미론적 부분은 특정 언어에서 지시하거나 외연하는 방식과는 상관없이 실체(entities), 속성(properties), 행위(actions), 관계(relations)들을 실체화하는 가능성을 전제한다. 그것은 어떠한 중립적인 존재론적 틀(neutral ontological framework)을 받아들일 것을 전제한다

(pp.439~440).

중요한 것은 존재론적으로 미결정된 것은 특정 언어의 문법적 범주에서 다른 방식으로 결정될 여지가 있다는 점이다. 예를 들면 상태(states)는 행위로 묶여질 수도 있고 성질로 묶여지거나 실체로 묶여질 수 있다. 명사와 동사와는 별개로 형용사 범주가 존재하는 언어에서조차 특정한 명사나 형용사 또는 동사가 모두 상태성(stative)일 수 있다(peace와 know를 비교하라). 이것은 의미론적 차이가 언어의 문법적 구조에 부분적으로 영향을 미친다는 것을 말한다. 또한 품사나 표현 부류의 정의와 연관된 종류의 의미론적 차이는 특정 언어의 구조와는 무관하게 부분적으로 존재론적인 차이에 따라 결정될 수 있다(p.449).

라이온즈는 의미론적 범주가 존재론적 범주에 기반해야 한다는 것을 말하고 있는 듯이 보인다. 이것은 연구자의 차이나 분석 대상의 차이에 따라 다양하게 제시될 수 있는 의미론적 범주의 성격을 극복하고 좀더 엄밀한 기반 위에 근거하고자 하는 노력을 반영하는 것이다.

한편, 라이온즈와 최근의 연구에서 존재론적 범주에 대한 언급은 진행되고 있지만[15], 그에 대응하는 인식론적 범주에 대한 언급은 찾아 볼 수 없다.

(1) 기존 범주의 실례들

아래에서 제시된 존재론적 범주는 두 가지로 다시 구분할 수 있다. 아리스토텔레스와 자켄도프의 경우는 의미론적인 차원과 언어적인 실현이라는 두 측면이 상호 작용하면서 성립된 범주들이다. 따라서 이들은 반드시 어휘론적 입장에만 국한되지 않고 문장의 형식과 그 배경으로서의 의미론적 차원이 고려된 것이다. 반면, 워드넷의 경우는 어휘론적 차원에 한정하여

---

15) 다음 절에서 보게 되겠지만 워드넷(WordNet 1.5)과 같은 의미망 구축의 토대는 존재론적 범주 개념이며, 이러한 존재론적 범주나 개념은 인공 지능 연구나 최근의 자연언어 처리 개념에서 광범위하게 도입되고 있다. 박우석(2000)에 따르면, 이러한 현상은 개별 언어적 차이를 넘어서 "지식 공유의 필요성"이 제기된 데 원인이 있으며 이를 위하여 "공유된 존재론"이 요구되기 때문이다. 그런데 이러한 목적을 위한 적절한 존재론적 범주의 선택은 의미론 내에서의 의미 자질의 종류와 수 문제와 동일한 문제에 직면한다. 다만, 존재론적 범주 설정 논의가 의미 자질에 관한 논의보다 적극적인 입장에 있는 것은 인공지능이나 자연언어처리 등이 특정한 문제 해결의 목적을 가지고 진행되기 때문에 언어 보편적인 범주 설정의 부담을 피하면서도 유용한 범주 설정 또는 선택이 가능하다는 실천적인 이유에 기인한다 하겠다.

개별 어휘들을 분류하는 측면이 주로 개입한 것이다.

아리스토텔레스와 자켄도프의 범주명들은 모두 작용적인 단위로 기능할 수 있다. 예를 들면, '사건적, 실체적, 관계적, 사동적'과 같은 이름으로 어떤 언어적 표현의 변화를 설명하는 용어로 사용될 수 있다. 그러나, 워드넷에서 사용하는 범주의 경우는 '의복'이라는 범주가 어떤 특정한 작용을 일으키는 용어로 기능하지는 않는다. 다만, "어떠어떠한 서술어가 '의복'류의 명사와 만나서 어떤 다른 의미를 지니게 된다."는 정도의 기능을 하는 것이다.

① 아리스토텔레스의 10 범주

실체(substance)	양(quantity)	질(quality)
관계(relation)	장소(place)	시간(time)
위치(position or situation)	상태(state)	
능동(activity)	수동(passivity)	

아리스토텔레스의 10 범주 가운데 실체(substance) 범주는 가장 중요한 범주로서 제시되었으며, 이는 현대에 이르기까지 대부분의 범주가 명사 범주에서 파생된 것이라는 점과도 관련된다. 실체 범주를 중심으로 하여 상황이나 조건으로서의 장소, 시간 범주가 관련될 수 있음과, 이들에 작용하는 사건 범주로서 능동, 수동, 상태 범주 등이 관계함을 엿볼 수 있다. 나머지 범주들은 운동의 형태들이 장소 변화, 증감, 성질들의 변화, 생성과 소멸 등과 관련된다는 점과 관련된다.

② 자켄도프(1995)의 존재론적 범주

사물(thing)	사건(event)	상태(state)
행동(action)	장소(place)	경로(path)
속성(property)	분량(amount)	

자켄도프의 범주는 실제의 언어 구조로 실현되는 성분들에 대하여 개념적으로 파악한 것을 소수의 존재론적 범주로 귀속시킨 것이다. 예를 들면 'John ran toward the house'와 같은 문장에서 'John'과 'the house'는 사물

구성 성분에 대응하며, 'toward the house'는 경로 구성성분에 대응되고, 전체 문장은 사건 구성성분에 대응된다(자켄도프 1995:33).

아리스토텔레스나 자켄도프의 범주들은 언어학적 진술에서 상위 술어로 사용되는 것일 뿐만 아니라 철학적 범주에서도 주요한 관점이라는 점에서 대범주의 지위를 갖는다 하겠다.

③ 워드넷의 존재론적 범주(Ontology)

아리스토텔레스와 자켄도프의 범주는 대범주로서 제시된 것이며 일반적으로 언어학에서 주로 사용되는 범주이기도 하다. 그러나 오늘날 자연언어처리와 인공지능 등의 관점에서는 대규모의 어휘들에 대하여 전체적인 분류와 범주화가 요구되므로 그 범주의 수와 분류 대상 어휘의 수는 상당한 범위로 확대되었다. 워드넷의 존재론적 범주는 이러한 변이를 잘 보여주며, 결과적으로 거시적인 대범주보다는 소규모의 부류적 범주 개념이 대두되었다 하겠다.

Top	
1st Order Entity	2nd Order Entity
Origin(기원)	Situation Type
Natural(자연물)	Dynamic
Living(살아있는 것)	Bounded Event
Plant(식물)	Unbounded Event
Human(인간)	Static
Creature(상상적 창조물)	Property
Animal(동물)	Relation
Artifact(인공물)	Situation Component
Form(형태)	Cause
Substance(실체)	
Solid(고체)	Agentive
Liquid(액체)	Phenomenal
Gas(기체)	Stimulating
Object(대상)	Communication
Composition(합성)	Condition
Part(부분)	ExistenceExperience
Group(전체)	Location
	Manner

<table>
<tr><td>

Function(기능)
    Vehicle(탈 것)
    Representation(기호)
        Money Representation
        Language Representation
        Image Representation
    Software(컴퓨터 프로그램들)
    Place(장소)
    Occupation(직업)
    Instrument(도구)
    Garment(의복)
    Furniture(가구)
    Covering(겉표면)
    Container(용기)
    Comestible(음식물)
    Building(건물)

</td><td>

Mental
Modal
Physical
Possession
Purpose
Quantity
Social
Time
Usage

</td></tr>
</table>

일차 실체들은 기존의 명사 범주를 부류적 세부까지 확대시킨 것에 해당하며 각각의 번역어를 통하여 이를 확인할 수 있다. 이차 실체들은 명사와 동사에 대하여 동적인 내용과 상태적인 내용으로 이분하여 제시하고 있다.[16]

---

16) Dynamic situation을 외연하는 명사나 동사를 언급한다. 출생, 살다, 삶, 사랑, 죽다, 죽음 등 모든 이차실체들은 두 개의 다른 분류도식에 따라 구별될 수 있다.
  ·SituationType : 어떤 상황이 시간을 넘어선 개념적인 단위로 특징지어질 수 있는가에 따른 사건구조
  ·the SituationComponent : 어떤 상황을 특징짓는 가장 현저한 의미론적 부문들
  ·Vendler, Z(1967) *Linguistics and philosophy*. Ithaka : Cornell University Press에 의거
  ·SituationType은 어떤 상황이 시간을 넘어서 양화되거나 분할될 수 있는 방법을 반영하고 관련된 운동성(Dynamicity)을 반영한다. 그것은 사건 구조나 명사나 동사의 동작 속성(Aktionsart)에 따른 기본적인 분류를 표상한다. 기본적인 상황유형(SituationType)은 상태성과 동작성이다.
  ·the SituationComponent은 좀더 개념적인 분류를 나타내는데, 어휘의미에 대하여 직관적으로 정합적인 집합(intuitively coherent clusters of word meanings)을 결과한다. the SituationComponent은 기본 개념을 선택하는 데 적용되는 가장 현저한 의미론적 부문을 반영한다. 이것의 예로는 위치(location), 존재(Existence), 원인(cause) 등이 있다.
    SituationComponent에는 Usage(쓰임), Time(시간), Social(사회적),

이들은 단지 의미 분류를 진행하여 구분된 것이라기보다는 어떠한 통사적 구조나 실현의 양상을 달리하는 의미 부류를 추출한 것이라 할 수 있다.

그런데 이상에서 살펴본 기존의 존재론적 범주들이 어휘 의미론에 적용될 때에는 개별 어휘들의 의미 분류라는 입장에서 사용되어 왔다. 따라서 우리가 한 어휘의 하위 의미를 발생시키는 어떤 요인으로 작용하는 범주 곧, 작용적 범주와는 일정한 거리가 있다고 하겠다.17) 따라서 다의 의미 확장의 관점에서 하위 의미들간의 상호 관련성을 밝혀줄 수 있는 작용적 범주를 고찰할 필요가 있다. 그리하여 의미 영역적 차원의 범주 개념을 생각해 볼 수 있다. 연구사를 통해 다의 확장의 일정한 방향성을 제시한 것을 확인할 수 있는데, 예를 들면 '구체성→추상성', '물리적→사회적→심리적' 등과 같은 것이다. 이 용어들이 의미 확장을 설명하는 술어로 사용된 것이라는 점만으로도 이들이 변화를 일으키는 작용적 범주라는 것을 알 수 있을 것이다. 하르트만(1997:68~69)은 실재하는 것의 네 가지 위계 또는 층이라는 제목으로 다음과 같은 영역적 분류를 제시하고 있다.

하르트만의 실재하는 것의 네 위계 또는 네 층

가. 공간 - 물리적 운동 과정 : 자연과학
나. 생물 - 유기적 과정 : 생물학
다. 심적 과정 : 심리학
라. 정신적 - 역사적 과정 : 정신 과학 - 역사학, 법학, 문학, 예술학, 언어학

Quantity(양), Purpose(목적), Possession(소유), Physical(물리적), Modal(양상), Mental(심적), Manner(태도), Location(위치), Experience(경험), Existence(존재), Condition(상황), Communication(의사소통), Cause(원인), Agentive(행위자), Stimulating(동기적), Phenomental(자연적 상황) 등의 범주들이 있다.

17) '작용적 범주'라는 말은 분류를 목적으로 하는 범주들, 즉 [사람], [동물] 등의 범주와 달리 어떠한 의미론적인 작용을 하는 범주를 말한다. 인식론적 범주라고 할 수 있는 것들이 모두 이에 속한다 하겠다. 단순화시켜 예시해 보면, '사회'는 분류적 범주이나 '사회적'은 작용적 범주가 될 것이다. 어휘 분류의 목적에 사용되는 이들 범주 또는 부류 개념들은 다의 분석에서 해당 어휘의 의미 영역명을 밝힐 때나, 특히 서술어의 경우 그것과 결합하는 논항의 의미 부류 또는 의미 영역을 표시하는 데에서 사용된다.

왼쪽의 네 과정들은 의미 영역적 차원에서 이름붙여진 것이고 오른쪽의 학문명들은 그 각각의 과정들에 종사하는 대표적인 현대 학문의 이름들이다. 여기서 관심 사항은 '공간 - 물리적', '생물 - 유기적', '심적', '정신적 - 역사적'과 같은 위계의 이름들이다. 이 명칭들은 [A→B]로 전이되거나 변화, 발생된다는 관점을 밝히기에 적합한 술어들이다. 이와 유사하게 선행 연구를 검토하는 자리에서 Heine 외(1991)가 의미 확장의 몇 가지 방향을 소개한 사실을 확인하였다. 편의를 위해 제시한 의미 확장의 방향을 다시 써 보면 아래와 같다.

> ① 사람 → 짐승 → 생물 → 무생물
> ② 구체성 → 추상성
> ③ 공간 → 시간 → 추상
> ④ 물리적 → 사회적 → 심리적
> --------------------------
> ⑤ 일반성 → 비유성 → 관용성
> ⑥ 내용어 → 기능어

여기서 ①과 ③은 실체들을 분류해 놓은 것으로 워드넷에서 존재론적 범주라고 불렀던 개념과 동일하다. 그러나 ②과 ④은 하르트만이 제시한 네 가지 위계와 유사한 개념임을 알 수 있다. 설명 언어로 사용할 이 범주들은 비록 그 범주의 출처와 성격은 다르다고 하더라도 다의 현상을 규명하는 데에는 동등한 가치로 역할할 것이다. 왜냐하면 이들은 연관이나 변화의 개념을 가지는 화살표(→)를 포함하며 작용적 범주에 걸맞는 '~적(的)/~성(性)'과 같은 범주명을 갖고 있기 때문이다.

(2) 존재론적 범주

아래의 헤프너(1989:124)의 언급을 통해 '존재론적'이라는 말의 기능을 관찰할 수 있다. 그는 독일어에서 '신체'라는 어휘의 역사적인 세 가지 의미 변양을 제시하였는데, 그 첫째는 삶(leben)이라는 어휘와 비슷한 말로 쓰이는 경우로서, '종신연금(Leibrente)'와 같은 용법에서 나타난다. 둘째 의미는

'어떤 사람 자신, 개인적인'이라는 뜻으로 쓰이는 경우인데, '주치의(Leibarzt), 개인 요리사(Leibkoch), 전용 음식(Leibspeise), 개인 경호원(Leibwache)' 등과 같은 용법에서 드러난다. 세 번째의 용법은 오늘날 주로 사용되는 의미로서 '한 인간의 감각적이며 우선적인 현존재 매개물'로서의 의미를 가진다. 이와 같은 어휘 '신체'의 세 가지 의미의 모습에 대하여 '신체라는 어휘가 갖은 의미의 다층성은 신체 현상의 존재론적인 복합성을 암시한다.'라고 언급하고 있다.

다시 말하면 언어 의미의 다층성 혹은 다양한 분화 자체를 존재론적인 복합성과 직접 연결짓고 있는 것이다. 어휘장 이론의 경우 언어로서 세계를 분절시키고 의미를 분화시키는 것은 세계를 언어화하는 것이며 세계를 언어적으로 파악하는 것이라고 해석한다. 이러한 입장은 다분히 인식론적인 해석이라고 볼 수 있는 것이며, 이에 반해 헤프너(1989)의 견해는 그러한 언어의 의미 다층성 자체를 존재론적인 복합성으로, 좀더 분명히 말하면 해석(interpretation)이 아니라 사실(fact)로서 보고자 한다는 점에서 다르다.

한편, 케일(1979)은 이러한 존재론적 개념이 아동의 인지적인 발달 과정에서 어떻게 습득되고 구분되어 지는가를 연구하였다. 케일(1979)은 의미론적 발달과 개념적 발달을 '술어 - 논항'의 결합 가능성과 구별 가능성 여부를 통해 접근하였다. 그 결과 5살 아동과 7살 아동, 9살 아동에 대해 같은 '술어 - 논항' 짝을 제시한 결과 이들이 단계적으로 의미론적인, 또는 존재론적인 개념의 발달 절차를 보여주는 것을 확인하였다. 곧, 5살 아동의 경우 '살아 있는 것(living objects)과 그렇지 않은 것'과의 구별에 한정되던 것이, 7살 아동의 경우에는 '동물과 식물, 살아있지 않은 물리적 대상과 비물리적 대상'의 네 가지 영역으로 세분되었다. 9살 아동의 경우에는 사람과 동물의 구별과 사건과 추상적 대상물의 구별을 제외하면 성인의 것과 거의 같은 영역으로 나뉜다(pp.72~74).[18]

그런데 이 모든 현상들이 단지 고립된 의미론적 체계의 결과일 가능성은 거의 없어 보인다. 연구에서 사용된 '술어 - 논항'의 각 항에 대하여 어린이들이 알고 있는 의미(meanings)가 극적으로 변화하는 것이 사실이라 하

---

18) 이 연구에서 나타난 5세, 7세, 9세 아동들의 직관을 살펴보면 다음과 같다(pp.68~74).

더라도, 이와 같은 변화 발전은 단순히 고립적으로 일어나는 것이라기보다는 기저하는 존재론적 발달에 의해 강하게 이끌린다. 물론 존재론적 발전과 무관하게 생겨나는 다른 의미론적 변화들도 있지만, 존재론적 지식이 중요한 역할을 하는 것임은 틀림없는 것으로 생각된다(p.79).

　한편, 아동의 개념적 발달 유형이 특정언어 곧 영어에 밀접하게 연결된

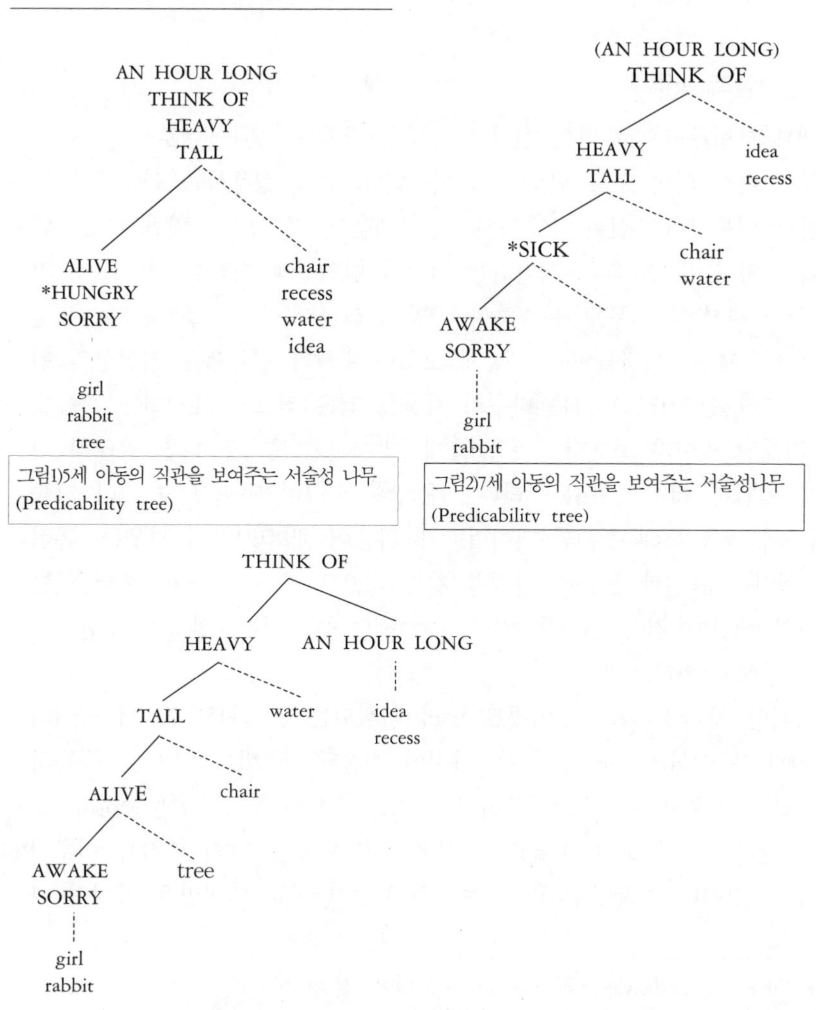

그림1)5세 아동의 직관을 보여주는 서술성 나무 (Predicability tree)

그림2)7세 아동의 직관을 보여주는 서술성나무 (Predicability tree)

그림3) 9세 아동의 직관을 보여주는 서술성 나무

것인지 아니면 특정 언어와 무관한 것인지에 관한 물음에 대한 언급에 주목할 필요가 있다. 케일(1979:84)은 '만일 존재론적 발전이 나무구조 배후에서 이끄는 힘이라면 언어에 독립적이라는 가설이 좀더 정확하겠지만, 반드시 그렇지는 않은 것은 특정 언어가 존재론적 지식의 구조에 영향을 미칠 수 있기 때문이다.' 라고 하였다. 이것은 존재론과 언어 또는 존재론과 인식론의 관계에 대하여 좀더 깊은 고려가 필요함을 말해주는 것이다.

(3) 인식론적 범주

존재론적 범주만으로 다의 현상을 모두 포착할 수 없는 예로서 색채 형용사의 문화적 의미 확장 현상을 들 수 있다. 색채 형용사는 언어마다 문화적인 의미를 달리 실현하고 있다. 곧, '새빨간 거짓말'은 일반적으로 빨간색이 가장 눈에 잘 띄는 색이라는 시각적 현저성에 기인한 것으로서, 거짓말의 '거짓성'이 너무도 분명하여 금방 드러난다는 의미를 색채로 표상한 것이다. 또한 '사람들이 새까맣게 모였다'에서의 검은색은 거리상의 원근법에 따라 먼 거리에 있는 다수의 사물을 검은 점으로 표시하는 관습을 따라 전개된 것이라 하겠다. '마음이 새까맣게 탔다'는 또 다른 양태적 징표에서 기인한 것인데, 이는 '타다 - 재(災) - 검정'이라는 그을리거나 그슬린 사물의 색을 통해 추론된 것이며, '네 마음이 새까맣다'의 경우는 '흑심(黑心)'이라는 표현과 동등한 가치를 갖는 것으로, 죽어 가거나 죽어 있는 유기체의 색깔이 검은 현상에 기반하여 '생명력이 없는＝선하지 못한' 마음을 표상하게 된다.

문화적인 차이에 따라 언어별로 달리 실현되는 또 다른 예로서 국어의 '뚱뚱하다'와 영어의 'fat'을 보자. 사전에 기술된 첫 번째 의미가 '뚱뚱하다'인 영어 형용사 'fat'은 '뚱뚱하다'의 도식 구조로부터 '①뚱뚱하다 ② 기름기 많다 ③두툼하다 ④넓다 ⑤부유하다'과 같은 다의 확장을 이루어 내었다.[19] 그러나 한국어 형용사 '뚱뚱하다'는 단일한 의미만을 가지며 다

---

19) fat (http://kr.engdic.yahoo.com/result 야후 영어사전 참고)

　　─adj. (~ter, ~test)

　　① 뚱뚱한, 살찐, 비만[비대]한(↔lean, thin)(▶노골적인 표현이며, 완곡하게는 stout,

의로 전개되지 않았고, 오히려 이 어휘들이 각각의 구별되는 어휘 표제어로 창조된 것을 본다. 결국 어떠한 의미를 가진 어휘가 다의 확장을 이룰 것인가 아닌가에 대한 판단은 언어적 결과를 보지 않고서 예측되거나 판단될 수 있는 것이 아니다. 다의어 분석을 한정된 수의 범주가 이미 주어져 있는 것처럼 접근한다거나 공리적인 체계로 접근해야 한다고 주장한다면 이는 다의 현상이라는 분석 대상의 본질을 제대로 인식하지 못한 결과로 볼 수 있다.

---

plump를 많이 씀).
- a fat man 뚱뚱한 남자.
- get fat 살찌다.
- Laugh and grow[be] fat. (속담) 웃고 살쪄라. 웃으면 복이 온다.

② <동물이> 살찐, (시장용으로) 살찌운.
- Fat hens lay few eggs. (속담) 살찐 닭은 알을 낳지 않는다.

③ <요리 등이> 기름기가 많은, <고기가> 지방이 많은, <그림물감이> 기름이 많은.
- a low fat diet 기름기가 적은 요리.

④ (어떤 요소·성분을) 다량으로 포함한.
- fat clay 유성(油性) 점토
- fat coal 다휘발분 석탄.

⑤ <토지가> 기름진, 비옥한(fertile).
- fat land 옥토

⑥ <지위·입장이> 유리한, <일·거래 등이> 수지맞는, 이득이 많은.
- a fat job[loan] 유리한 일[대출금].

⑦ (口) 넉넉한, 유복[부유]한, 부자의(rich) : (美俗) 일시적으로 돈이 있는.
- a fat profit 큰 이익.
- grow fat on a big fraud 엄청난 사기로 이득을 보다.
- He wont get fat on his salary. 그의 급료로는 부자가 못 될 것이다.

⑧ 두툼한 : 폭 넓은 : <활자 등이> 획이 굵은 : 큰.
- a fat book with a stout binding 장정이 튼튼한 두툼한 책.
- a fat tie 굵은 넥타이.
- fat type 굵은 활자.
- heave a fat sigh 크게 탄식하다.

⑨ 많은, (…이) 풍부한(plentiful) (with…).
- a fat harvest 풍작.
- The hills were fat with grass. 언덕에는 목초가 무성했다.

⑩ (俗) 우둔한, 멍청한(dull) : 게으른.
- a fat laugh 멍청한 웃음.

그러나, 어떠한 사태를 표현하는 다른 방법이 있을 때 군이 표현의 효과만을 위하여 새로운 대상에 적용된 의미라면, 이와 같은 정도의 목적을 통해서 한 어휘의 하위 의미로 정착되기는 어렵다. 왜냐하면, 표현의 효과를 위한 많은 기교나 표현들은 대부분 어휘의 확장된 의미로 인정되지 않고 그때 그때의 텍스트나 맥락에 따라 부수된 의미로 인식되기 때문이다. 그런데, 색채 형용사들의 문화적 의미 확장은 물론 일부 색깔에 한정되어 있지만, 확장된 의미 모두가 단위 의미로 인정되고 있음을 볼 때, 특정 사태에 대한 양태적 징표를 색깔로서 해석하고자 하는 인식론적 작용이 존재하고 있다는 가정을 하지 않을 수 없다.

    [희다]
      ① 눈이나 회가루의 빛깔과 같다. ¶흰 구름 / 흰 종이
      ② 밝고 깨끗하다. ¶달빛이 희다
      ③ (하는 말이) 실속이 없거나 희떱다. ¶희고 싱거운 소리

‘희다’의 사전상에 풀어놓은 첫 번째 의미는 직유의 문형으로 사용하여 전형적인 대상을 언급하면서 정의되고 있다. 그런데 이를 보면 일반적인 정의라고 하기에는 어려운 점이 드러나는데, 그것은 전형적인 대상과 직유의 문형을 사용한 데에서 비롯한다. 일반적인 정의법을 분석적인 정의법이라고 한다면 이 경우는 분석적이라기보다는 묘사적 또는 현상 기술적이기 때문이다. ‘흰 색’ 그 자체에 대한 정의 또는 풀이로서는 ②와 ③의 의미 파생을 이룰 근거가 부족해지며 이로 인하여 의미 스펙트럼이나 추가적 지식을 매개로 해야 할 필요성이 생긴다.

우선 위의 첫 번째 의미에서 ‘빛깔’이라는 술어를 사용한 것은 훌륭한 선택이라고 하겠다. 그것은 ‘색깔’과 구별되면서 의미 확장의 가능성을 훨씬 더 풍부하게 예측할 수 있기 때문인데, 사물이나 대상이 가지고 있는 색(色) 개념이 물감이나 크레파스의 흰색 개념에 가까운 반면, 햇빛에 의해 비추어지는 사물이나 대상의 색(色)이라는 개념은 빛의 색 개념에 가깝다. 위 사전의 용례를 통하여 [흰 종이 → 흰 구름 → 흰 달빛]과 같은 빛 개념의 단계적 증가를 의미 스펙트럼으로 구축할 수 있다. 이 의미 스펙트

럼의 마지막 단계에 있는 '흰 달빛'으로부터 인상적 이미지가 추출된다. 인상적 이미지란 사물의 속성이 주관의 감상에 영향을 미치는 것을 말한다 하겠다. 이와 같은 인상적 이미지가 '밝고 깨끗하다'라는 술어의 의미 내용이며, 이로써 최초의미로부터 두 번째 의미로의 확장이 성공한다. 그러나, 세 번째 의미인 '(하는 말이) 실속이 없거나 희떱다'는 색깔의 존재론적 차원에서는 도무지 그 발생의 근거를 찾을 수 없다.

아폴테(1991:3)에서는 사람의 인식 발달에 관한 연구를 통해 다음과 같은 관점을 제공한다.

> 우리와 친숙한 세계, 곧 내 근처의 세계는 내가 그것을 만질 수 있고 그것을 움직일 수 있고 그것을 느낄 수 있으며 그것을 잡을 수 있고, 그것을 가질 수 있는 세계이다. 그것은 저기에 있다. 그것은 저항(resistance)을 제공한다. …(중략)… 우리는 이런 세계에 들어가며 그것을 우리 주변에서 경험한다. 그것은 우리를 둘러싸고 있다. 이와 같은 경험은 지각을 필요로 한다. 지각하기 위해서 우리는 몇 가지 감각적인 판단 양식(sensory modalities)을 사용한다. 가장 복잡한 판단 양식은 '*접촉 운동 감각적 체계(tactile - kinesthetic sensory system)*'이다. 우리는 이것을 느낌(feeling)이라고 말한다. 느낌은 우리에게 우리의 환경을 인식하기 위한 기본적인 정보를 제공한다. 느낌과 함께 우리는 또한 듣고 보고 냄새 맡으며 맛본다(p.3).

또한 존재론적 범주만으로는 인지 발달 또는 언어 발달을 고찰하는 데에 한계가 있음을 보여주는 언급을 찾아볼 수 있는데 다음과 같다.

> 대상(object) 그 자체는 인지 발달에 중요하지 않으며, 다만 그 대상이 '그것에 대해 행동하는 것'(acting upon)을 돕거나 '원인과 결과'(causes and effects)를 찾는 것을 도울 때만 중요하게 된다(p.300).

다시 말하면 대상의 존재 양상이나 그 자체의 성질이 문제가 아니라 주체의 인지적 장치와 요구에 따라서 대상이 파악된다는 것이다. 그러므로 존재론적 범주가 그 자체로서 언어에 반영된다기보다 파악과 관련되는 인식론적 범주의 개입과 중재가 중요하게 드러난다고 하겠다.

그런데, 색채 형용사와 같이 언어별 차이를 문화적 차이라고 해명하고 넘어갈 수도 있을 것이다. '문화적'이라는 용어는 의미론적 기술로 공략하기 어려운 문제에 부딪칠 때 사용할 수 있는 피난처가 되어 왔다. 그러나, 우리가 다의 의미를 발생적인 관점에서 연구하고 있는 한, '문화적'이라는 용어를 사용하기는 어렵다. 왜냐하면 그 술어는 결과적인 상태에 대하여 포괄적으로 언급하는 것이지, 발생의 양상이나 원인에 대해서 설명해주는 것이 아니기 때문이다. 언어상의 변화와 작용은 문화나 구조에 의해 제약되고 일정한 방향으로 나아가게는 하지만 그것 자체가 변화나 작용의 주체가 되지는 못하기 때문이다.[20]

그러나 인식론적 범주라는 이름으로 제시한 기존 범주들이 존재하지 않았기 때문에 여기서는 그 개념 도입의 필요성을 정당화하는 것으로 마무리할 수밖에 없다. 다만, 소극적이나마 개별 어휘가 가리키는 대상의 속성으로 간주할 수 없거나 존재적 국면보다 '관점'이라는 측면이 강조된 경우를 인식론적 범주 아래에 묶을 수 있을 것이다. 3장에서 구체적인 어휘들을 분석할 때 이와 같은 '파악'과 관련된 인식론적 범주의 일면을 살필 수 있을 것이다.

한편, 이와 같은 인식론적 범주는 인지 의미론적 관점에서 어느 정도 제시되고 있다. 예를 들면 주관화(subjectivization)나 인지적 현저성 개념 등이 그것이다. 주관화나 인지적 현저성 개념은 전체적인 인지적 경향을 기술하는 개념이며 이것이 내용성이 풍부한 개념으로 발전되기 위해서는 구체적

---

20) 바이스게르버는 중간세계라는 이름으로 객관세계와 존재론적 위치 등에 관하여 그 관계를 다음과 같이 정립하고 있다.

　　　　외계, 즉 객관 세계는 정신적인 여러 가지의 형성과 변형의 과정을 겪은 뒤에 인간에게 있어서, 그리고 인간의 의식(정신) 속에서 하나의 존재론적인 위치를 획득하게 된다. 여기에 개입되는 것이 정신적인 중간세계이며, 이 중간세계는 외계와는 전혀 별개의 세계로서, 그러면서도 외계와의 관계를 맺으면서 인간의 정신과 함께 언어를 창조하고 형성하는데, 그렇게 창조되는 언어가 바로 언어공동체를 지반으로 하는 모국어인 것이다(배해수 『국어내용연구』 5, pp.14~15에서 재인용).

'객관 세계가 정신 속에서 모종의 변형과정을 겪은 후에 하나의 존재론적인 위치를 획득한다.'는 언급은 존재론적 범주와 인식론적 범주의 상관 관계를 통해 범주적인 시야를 넓히고자 했던 우리의 시도와 그 맥을 같이 한다. 다만, 정신적인 중간세계라는 이름으로 통합하기보다 존재론적 범주와 인식론적 범주로 구분하여 접근하는 것이 좀 더 범주 설정과 그 근거를 확보하는 데 유익할 것으로 생각한다.

인 세분화가 진행되어야 한다. 본고에서 염두에 둘 인식론적 범주는 바로
이러한 세분화, 구체화의 일면을 보여줄 것이다.

3) 의미론적 범주의 세 가지 상위유형

위에서 존재론적 범주와 인식론적 범주를 구별하고 그 각각의 특성에
대하여 논한 바 있다. 그런데, 이 두 범주는 실제에 있어서 엄격한 구별을
유지할 수 있는 대상이 아니다. 특히나 이들이 대상 세계의 존재 양상에
관한 것도 아니고 주체의 인식 양태에 관한 것도 아닌 '언어 기호'에 적용
될 때는 더욱 그렇다. 언어는 대상 세계를 반영하지만 단순한 모방이 아니
며 주체의 인식 양태에 의해 굴절되지만 그것에 의해 완전히 지배되지도
않는다.

하르트만은 전면적인 형태는 아니라 하더라도 인식 범주와 존재 범주의
합치가 있음을 언급하고 있다. 결국 각각의 범주적 독자성도 인정되지만
이들이 공유되는 공간도 있다는 것이며, 이와 같은 공유의 공간은 언어 체
계에 적용될 때 더욱 부각된다고 하겠다.[21] 라이온즈가 보편적인 존재론적
범주를 의미론적 범주의 기반으로 삼고자 했을 때 그것은 의미론적 설명
언어가 임의적 범주가 아니라 보편적 범주에 바탕해야 할 필요성을 제안한
것이다. 그러므로 이 두 범주의 독자성을 염두에 두면서도 의미론적 범주
라는 이름으로 재구성할 수 있도록 노력해야 한다.

앞으로의 논의를 위하여 범주를 다음과 같이 세 가지 상위 유형을 갖는
것으로 취급한다.

① 단일 범주 : 실체, 속성, 관계, 양상, 사물, 동물, 사람 등과 같이 어
휘나 개념이 부류를 묶어내는 상위 개념으로서의 단일한
범주들. 흔히 어휘의 분류 작업에 사용되며 이들은 존재

---

21) 이런 경향은 워드넷에서 설정한 존재론적 범주 개념을 통해 확인할 수 있다. 그 속에
서 제시되고 있는 범주는 대부분 의미 분류에서 제시된 범주들과 교차되는 것이 많다.

론적 범주와 일맥 상통한다.

② 관계 범주 : 관계를 나타내는 범주로서 인과 관계처럼 <원인 - 결과>,
　　　　　　　<행위 - 행위자>, <주체 - 상태>와 같은 주체가 가지는
　　　　　　　일상적 지식의 형태가 된다. 환유적인 인접성은 이와 같
　　　　　　　은 관계 범주에 의거하는 것이며 또한 인식론적 범주의
　　　　　　　'파악'이라는 관점에 부합하는 것이다.

③ 짝 범주 : 반의어와 같이 서로 대비되는 범주로서 이는 의미 발생의
　　　　　　주된 요인으로 작용할 수 있다. 곧, '이성적 : 감성적',
　　　　　　'공식적 : 비공식적' 등등. 이와 같은 대비는 구조주의 의
　　　　　　미론이 변별적 자질이나 시차적 특성에 주목한 것과 관련
　　　　　　되며 이와 같은 짝 범주 설정을 통하여 분석해야 할 언어
　　　　　　현상이 언어의 구조적, 체계적 현상으로 해석될 수 있다.

4) 범주적 오류(category mistake)22)

일관성과 체계성을 이유로 단일한 접근의 방식을 의미의 영역이 다른
어휘들에 적용할 때에 생겨나는 문제를 바로 잡기 위하여 '범주적 오류'의
개념이 도입될 필요가 있다. 구체적인 동작을 표상하는 어휘와 관념적인
내용을 지시하는 어휘의 의미 확장을 동일한 분석의 틀로 제시할 수 있는
가? 또한 구체적인 동작을 표상하는 어휘들이라 할지라도 개별 어휘가 독
특하게 나타내는 의미들이 충분히 고려되어야 하지 않을까? 이와 같은 의
문에 대하여 '범주가 다르면 그 범주에 속하는 어휘의 행동 양상이 다를

---

22) 범주적 오류(category mistake)는 '속성의 귀속이나 사물의 분류상에서의 혼동'을 말한다.
　　예를 들면 잠자는 것이 격렬하다거나 어떤 도시가 그것의 건물들 이상의 것이 아니다
　　라고 가정하는 것은 범주적 오류를 범하는 것이다(Confusion in the attribution of
　　properties or the classification of things. Thus, to suppose that sleep is furious or that a city is
　　nothing more than its buildings is to commit a category mistake.), (The Dictionary of
　　Philosophical Terms and Names;www.philosophypages.com/dy/ 참고).

수 있으며 이것을 굳이 일관된 시각에서 분석할 경우 오류를 범할 수 있다는 개념이 바로 범주적 오류 개념이다.

> "범주적 오류란 실제로는 A라는 논리적 유형이나 범주(혹은 유형들이나 범주들의 범위)에 속하는 정신 생활의 사실들을 엉뚱하게 B라는 유형이나 범주에 귀속시키는 것을 말한다."(라일 Ryle 1994:19).

일례를 들면, 어린 아이가 1개 사단(師團)의 행진을 구경하는 경우, 그 아이가 보병대대, 포병대대, 기병대대 등을 하나하나 지칭한 다음, 사단은 언제 지나갈 것이냐고 묻는다면 범주적 오류에 빠지게 되는 것이다. 아마도 이 아이는 사단이란 것이 자기가 보았던 여러 대대들과 동열(同列)의 것이라고 상정했을 것이다. 그러나 각급 대대들을 봄으로써 사단의 행진을 본 것이라는 점을 깨닫게 되면 자기가 저지른 오류가 무엇인지 알게 된다. 그 행진은 보병대대, 포병대대, 기병대대, 그리고 또 하나의 사단이 행진한 것이 아니라 한 사단의 보병대대, 포병대대, 기병대대가 행진한 것이다(라일 Ryle 1994:20).

만일 어떤 두 가지 용어가 동일한 범주에 속할 경우, 양자를 연결하는 제 3의 명제를 구성하는 것은 온당하다. 그래서 한 구매자가 왼손장갑과 오른손장갑을 샀다고 말한다면 이는 논리적으로 하자가 없다. 그러나, 왼손장갑과 오른손장갑 그리고 한 켤레의 장갑을 샀다고 말한다면 이는 논리상 적절하다 할 수 없다(라일 Ryle 1994:26~27).

데카르트의 범주적 오류라고 지적된 철학에서의 오류는 '육체와 마음이 존재하고 있고, 각기 상응하는 물리적 과정과 정신적 과정이 발생하며, 육체의 운동에는 기계적 원인과 정신적 원인이 있다는 것이다.'라는 점에 있다(라일 Ryle 1994:19). 정신적 과정이 발생하고 있다는 것은 사실이다. 그러나, 그 정신적 과정이 '물리적 과정이 발생하고 있다'는 것과 동일한 유형이나 종류가 아니라는 점이 중요하다.[23]

---

23) 이와 같은 분석의 결과로서 라일은 두 가지 귀결을 내놓는다. 첫째, 마음과 육체의 이분법은 사라져야 할 것이며, 둘째, 마음의 상태와 과정을 물질의 상태와 과정으로 환원하든지, 혹은 물리적 세계를 마음의 상태와 과정으로 환원하는 등의 관념론과 유물

마음이 존재하고 있고 이와는 다른 논리적 맥락에서 육체가 존재하고 있다고 말하는 것은 온당하다. 하지만 이것이 온당하다고 해서 두 개의 전혀 다른 부류의 존재자(existence)가 있다는 뜻은 아니다. 왜냐하면 「존재자」란 말은 「색깔있는」(coloured)이나 「성별의」(sexed)처럼 유(類)개념이 아니기 때문이다. '밀물이 「올라오다」(rising), 희망이 「부풀어오르다」(rising), 평균수명이 「상승하다」(rising)'에서의 '올라가다(rising)'가 상이한 의미를 가지듯이 여기에서 「존재한다」(exist)도 서로 다른 의미를 갖는다(라일 Ryle 1994:28).

범주적 오류 개념은 우리가 문법 범주로서의 명사, 동사, 형용사, 부사간의 차이를 반영하는 곳이나, 자연적, 생물학적, 심리적, 정신적 영역에 속한 의미 영역 간의 차이를 반영할 때에 있어서의 유용한 근거로 작용할 수 있다. 다시 말하면 구체적인 행위 동사와 관념적인 동사는 그 의미 확장의 양상이 다르며, 그에 따라 설명의 방식도 달라야 한다는 것이 범주적 오류 개념으로 자연히 설명되는 것이다.

앞으로 현재까지 언급되고 있는 범주 또는 부류의 주요 항목들을 가지고 분석을 진행하되, 필요에 따라 이들 개념을 확장할 수 있도록 하기 위하여 발견적 접근(heuristic approach)의 입장을 취하기로 한다.

3. 최초의미와 이미지소

1) 기존 개념 분석

다의 현상을 설명할 때 언제나 등장하는 의미의 짝 개념이 있다. 기본의미와 파생의미, 중심의미와 주변의미, 원의미와 비유의미 등이 그것이다. 논자에 따라서 서로 다른 용어를 선택하여 사용하고 있으나 그 강조의 초

론은 잘못된 문제제기에 답한 것과 같은 꼴이다. 한편, 데카르트의 이분법과 그러한 사고의 경향이 가져다 준 긍정적인 역할에 대해서도 언급하고 있다. 물리학에서 힘(forces)의 신화가 목적인(目的因)에 관한 낡은 신화를 무너뜨리고 과학적인 혁신을 이루었고, 인간학과 심리학에서는 숨은 작용, 충동, 기능 등의 신화가 지배, 복종, 불복종 등의 낡은 신화를 무너뜨리고 진보를 이룩했다.

점이 다를 뿐 그러한 구분을 통해서 유지하려고 하는 목적과 접근의 방식은 상호 중첩되어 있다. 따라서 이들 가운데 어떠한 용어를 선택하여 사용할 것인지 하는 용어 선택의 문제가 그리 심각한 것이 아니라고 말할 수 있을 것이다.

그러나, 이들 개념이 상호 중첩되는 성격을 띤다고 하더라도 용어의 이름이 무엇인가에 따라 받아들이는 사람에게 환기되거나 강조되는 것이 다르므로 주의를 기울여야 하겠다. 필자는 우선 이들 각 짝 개념들을 검토 비판하여 그 문제점을 밝힌 후, 이 가운데 어느 것을 선택하기보다는 연구의 목적을 분명히 드러낸다는 입장으로 새로운 개념어를 도입하기로 한다. 기존에 사용되고 있는 기본 개념의 짝들을 제시하면 다음과 같다.

중심의미(central meaning)와 주변의미(marginal meaning)
공통의미(common meaning)와 개별의미(individual meaning)
추상의미(abstract meaning)와 구체의미(concrete meaning)
관용의미(usual meaning)와 임시의미(occasional meaning)
기본의미(basic meaning)와 파생의미(derivational meaning)
문자적 의미(literal meaning)와 비유적 의미(figurative meaning)[24]
원형의미(prototype meaning)와 확장의미(extended meaning)

(1) 중심의미(central meaning)

중심의미는 주변의미(marginal meaning)와 짝을 이루는 것으로 불룸필드(1933:149)에서 정리되어 있다. 어떤 말을 들었을 때 가장 일반적으로 떠오르는 의미를 중심적 의미라고 하고, 특수한 조건 하에 떠올리게 되는 의미를 주변적 의미라 한다.[25] 여기서 특수한 조건이라 함은 주로 문맥적인 조

---

24) 이 가운데 김봉주에 따르면 원의미(primary meaning), 주의미(main meaning), 중심의미(core meaning)등이 K.O. Erdmann(1925) 등에서 불리어 왔다고 하였으나, K.O.Erdmann(1925) Die Bedeutung des Wortes, Leipzig를 확인하지 못하였다.

25) "매우 많은 언어학적 형태가 하나의 전형적인 상황보다 더 많은 것에 대해 사용된다. 영어에서 우리는 군대의 長 head에 대해 말하고 행진의 선두 head에 대해 말하고, 家長으로서의 head 등에 대해 말한다. (중략) 이러한 변이 의미 가운데 가장 현저한 사항은 이 의미들 가운데 하나는 *정상적이거나 중심적인 것*이고(*normal, central*), 나머지 하나는 *주변적이거나 은유적이거나 전이된 것*(*marginal, metaphoric, transferred*)

건을 말하는 것이지만 비언어적 맥락, 이를테면 사회문화적 관습에 따라 달리 이해되거나 해석되는 의미들도 포함된다.

그런데, '중심 - 주변'의 개념은 다의 의미로 실현된 개개의 의미들이 독자적인 것이라는 점에서 주변성이나 부수성의 규정이 적절하지 못한 것으로 판단된다. 불룸필드가 예로 든 머리(head)의 경우를 다시 보면, '행진의 선두'나 家長의 의미로 쓰이는 문맥에서 사람이나 동물의 신체의 일부로서 일반적으로 규정되는 head의 의미로는 전혀 해석될 수 없다. 게다가 신체의 일부로서의 head도 실상 구체적인 특정 문맥 속에서 실현된다는 점에서 '중심 - 주변'의 짝 개념은 적절하지 않음이 증명된다.

한편, 개념어들의 이름에 대한 비판이 그 내용에 대한 비판이 되지는 않는다. 다시 말하면 '어떤 말을 들었을 때 가장 일반적으로 떠오르는 의미'라는 내용 규정은 어떠한 개념어를 선택한다고 하더라도 용인될 만한 것이다.

(2) 공통의미(common meaning)

신현숙(1986:154)에서는 '동사와 동사를 관련지으려면 두 동사를 구별지어 주는 개별의미를 생각할 수 있다.'고 하고, 공통의미는 유의어들간에 공통적으로 소유하고 있는 의미로 사용하며, 한 어휘의 개별 의미를 이루는 개념 속에 기본 의미적 차원의 추상의미가 있고 그에 대한 다의 의미를 구체의미로 다루고 있다. 따라서 이런 개념의 공통의미는 다의어 분석의 재료로는 적당하지 않다. 그것은 다의어를 어휘들간의 관계 의미가 아니라 한 어휘 내부의 의미 관계를 말하기 때문이다. 신현숙(1986)의 공통의미 개념은 낱말밭 이론과 닿아 있다.

(3) 추상의미(abstract meaning)

한편, 김민수(1988:163~164)에서는 '추상적인 의소(義素)와 구체적인 이의(異義)는 유사성을 갖고 있어서'라 함으로써 추상의미와 구체의미라는 관점을 소개하는 동시에, 주의(主義 : Hauptsinn)와 부의(副義 : Nebensinn)라는 관점

이라는 데 대한 우리의 확신과 일치한다. 주변적 의미는 비유적 의미(metaphoric meanig) 혹은 전이 의미(transferred meaning)로 불리기도 한다."(불룸필드(1933:149의 내용 일부).

으로 다시 의소(義素)와 이의(異義)를 동등시하여 두 가지 짝 개념을 연관시키고 있다. 그리하여 추상의미를 주의(主義)와, 구체의미를 부의(副義)와 대등한 개념으로 취급한다.[26)

(4) 관용의미(usual meaning)와 임시의미(occasional meaning)

서구의 역사언어학에서 어휘의미의 변화를 원리적으로 설명하기 위하여 사용된 용어이다. 임시의미는 관용의미에 비하여 매우 일상적이며 좀더 풍부한 내용을 가지며, 훨씬 더 주변적이다(Paul 1880:75).

(5) 기본의미

최호철(1996)에서는 음운론에서 기저음의 설정 과정에서 논의되었던, 추상음소를 기저음으로 설정하는 방식과 구체적 이음 가운데 하나를 기저음으로 설정하는 방식의 발전적 논의를 바탕으로 하여, 기본의미 역시 구체적으로 나타나는 이의(異意)들 가운데 하나로 설정할 것을 제안하였다. 이는 어휘 의미론에서 기본적인 개념으로 인정되어 온 '기본의미'가 사실은 전혀 모호한 개념이었음을 암시하는 주장으로 받아들일 수 있다. 즉, 문법의 다른 부문인 음운론이나 형태론, 통사론 등에서는 기본 개념 혹은 기본 단위가 여타의 복합 개념 및 단위를 파생시키는 방식을 취하여, 그 과정의 엄격성 자체도 주요하게 다루어지는 데 반해, 의미론에서의 '기본의미'는 그런 방식을 취하기는 하되 그 과정은 '의미는 형식이 아니라 내용이기 때문에' 불가능한 것으로 이해되어 '기본의미'가 단지 편의적 술어로 사용되고 있는 것이다. 기본의미를 구체적인 이의 중의 하나로 규정한 것은 기본의미의 구체화를 시도한 것이다.[27)

---

26) 신현숙(1986:6)에서는 추상의미를 어떤 상황에서도 변하지 않는 핵심적이면서도 추상적인 의미로, 구체의미를 연상할 수 있는 의미로 규정한다.

27) 그러나, 이렇게 구체적인 이의 가운데 하나를 기본 의소로 잡는다고 할지라도 그 기본 의미로부터 여타의 분화된 의미를 도출하는 것이 논리적으로 보장되어 있지는 않다. 두 개의 다른 이의인 'A + [가다]'와 'B + [가다]'에서 A와 B의 영역상의 변화는 [가다]의 의미조차 다름을 상정하게 한다. 일례로, 구체적이며 물리적인 동작으로서의 [가다]를 기본의미로 잡을 경우, 정신의 하위 영역으로서의 '관심'과 결합하면(ex. 음악

(6) 문자적 의미(literal meaning)와 비유적 의미(figurative meaning)

비유적 의미는 흔히 비문자적 의미(nonliteral meaning)라는 이름으로 정의되기도 하는데, 이 구분법은 수사학이나 문체론 등의 분야에서 주로 채택하고 있다. 의미론에서 사용할 때에는 역시 비유적 의미를 주된 연구 주제에서 제외하려는 의도에서 언급하는 것이 보통이다.

그러나, 위에서 언급한 대부분의 개념들은 다의 의미의 확장 과정에 주안점을 두고 있다기보다는 의소 파악 곧, 한 어휘소의 주된 의미를 설정하는 문제에 관심을 두고 있으며, 의미의 확장 과정에 주목한다고 하더라도 그 구체적인 해석의 방법을 마련하는 것과는 거리가 먼 것이었다. 연구사 검토를 통하여 드러났듯이 울만이 정리한 다의 확장의 제 원인들을 적용시키는 데에 열심을 내거나, '일반화, 구체화, 은유, 환유'와 같은 포괄적인 해석에 대하여 그들의 구체화된 적용의 원리를 모색하는 데에 실패한 것이 이를 말해주고 있다. 그러한 구체화는 인지 의미론자들의 작업에서 새삼 중심적인 주제가 될 때까지 기다려야만 했던 것이다.

(7) 원형의미

원형의미에 관해서는 이미 김봉주(1988:34) 주 11)에서 언급한 바 있는데, 원형의미와 확장의미로 구분하여 다의 의미를 파악하는 것은 그 방법 면에서는 옳지만, 원형의미를 실제로 사용되는 의미 즉 구체적으로 표면화된 것이 아니라, 모든 확장의미를 낳게 하는 추상적인 기저형'으로 재설정한 것이 잘못이라고 하였다. 이러한 비판에 관해서는 그 비판의 대상이 되는 논자가 언급되어 있지 않아 정확한 관점을 파악하기가 쉽지 않으나, 단지 필자는 여기서 원형의미를 채택한 인지 의미론자들의 원형의미 개념에 대한 비평을 행하고자 한다.

에 관심이 간다), 구체적인 [가다] 의미는 온전한 부분으로 남아있지 않고 그 일부나 또는 그와 관련된 도식만 남게 된다. 그러므로, 우리가 나중에 제안할 최초의미 개념과 이미지소 개념을 통해 이러한 문제를 보완할 수 있다.

"원형은 범주의 전형적 실례이고, 다른 여러 실례는 그것들의 원형과 유사하다는 지각에 의하여 범주에 속하게 된다. 즉, 구성원 자격의 정도는 유사성의 정도에 근거한다. 이와는 대조적으로 도식은 추상적 특성화인데, 이는 도식이 정의하는 범주의 모든 구성원들과 완전히 양립 가능하다(따라서 구성원 자격은 정도의 문제가 아니다). 즉, 도식은 구성원들의 공통성을 구현하는 통합적 구조이고, 이 구성원들은 구체성과 세부성이 더 큰 개념들이며 그 개념들은 대조적인 방식으로 도식을 정교화한다(래너커 Langacker 1987:371).

우선 원형 의미에 대하여 그것이 '범주의 전형적 실례'라는 관점과 '추상적 도식'이라는 관점이 대립하고 있다. 래너커의 인지문법의 경우는 후자를 채택하여 이론을 전개해 나가고 있지만, 원형이 전형적 실례라는 관점이 보다 보편적으로 알려져 있다. 추상적 도식을 채택하는 경우의 문제점은 몇 가지 측면에서 제기될 수 있지만, 가장 대표적인 것으로는 의미론 연구회(1995)에서 지적한 것처럼, 그 추상적 도식과 관련될 수 있는 어휘의 부류가 구체적이며 물리적인 영역을 포함하고 있는 가시적인 대상의 경우에 한정되어 있다는 점이다. '가다, 보다'와 같은 어휘들에 대해서는 추상적 도식을 영상화하여 작성해 볼 수 있지만, '사랑하다, 아름답다'와 같은 추상적인 어휘들의 경우에는 이러한 도식화 또는 영상화가 불가능한 것이다.

한편, 원형 의미를 '전형적 실례'로 보는 관점의 경우에는 비트겐쉬타인이 지적한 것과 같이 공통된 속성을 지닌 구성원만이 동일한 이름 하에 범주화되는 것이 아니라는 현상을 잘 반영하고 있다. 또한 그 하위 의미들 가운데 어떤 것은 좀더 중심적인 가치를 지니는 반면 다른 것은 중심 가치와는 좀 거리가 먼 의미로 이루어져 있다는 통상적인 인식에 대해서도 잘 포착해 주고 있다.

그런데, 다의 의미를 설명하는 구체적인 작업에 있어서는 전형적 실례로 기술되는 의미 풀이에 대하여, 그 뜻풀이를 이루고 있는 요소들의 부각과 은폐의 과정28)으로 해명하고 있다. 본고의 분석과정에서 드러나겠지만, 이

---

28) 부각과 은폐라는 개념은 은유(隱喩)의 본의에 해당한다. 곧, '감춤과 드러냄'의 개념이 바로 은유인 것이다. 인지 의미론 또는 인지언어학이 은유 현상(물론 환유와의 관련도 있음)에 주로 의존하고 있는 것과 관련된 개념이라 할 수 있다. 레이코프의 일련의 저술이 '모든 언어의 현상은 은유이다'라는 명제를 건설하는 데에 집중해 있는 점이 이

경우 역시 추상적 도식의 설명 방법과 마찬가지의 한계점을 가지게 된다. 부각과 은폐의 설명 방식이 제대로 적용되기 위해서는 해당 어휘의 원형 의미를 이루는 뜻풀이가 각각의 구성요소로 분할될 수 있어야 하며, 그 분할된 요소가 개별적인 의미 확장의 촉매로 충분히 역할할 수 있어야 한다. 그런데, 이와 같은 요구에 가장 적절한 예들이 구체적이며 물리적인 의미 영역과 관련한 부류라는 사실이다. 이를테면 '가볍다'는 '무게가 적다'가 첫 번째 의미인데, '무게가 적다'라는 의미기술 그 자체를 아무리 쪼개어도 부각되거나 은폐되는 요소는 [무게], [적다] 이외에는 더 찾을 수 없다.

한편, 임지룡(1996:249)에서는 원형의미란 '다의적 범주를 대표할 수 있는 기본적이고 전형적인 의미'를 말한다고 하였다. 이러한 정의에서 추출되는 원형의미의 특질은 [+대표적][+기본적][+전형적]이 될 것이다. 여기서 대표적이라는 것은 기본의미, 중심의미 등의 개념에서도 확인할 수 있는 것이며 기본적이라는 것은 개념적으로 볼 때 '기본의미'에서 더 강조되는 것이다. 문제가 될 수 있는 것은 '전형적'이라는 특질인데, 전형적이라는 것은 여러 가지 변이의미들 가운데 해당 어휘 의미의 중심적 실례의 특질들이라 할 수 있는 것이다.

그런데 이렇게 전형적 특질들에 의거하여 원형의미를 정하려 할 때에 이는 사전적인 의미 기술 방식과는 거리가 멀고 오히려 의미 자질적인 명세표에 의거하여 다소 추상적인 특질로 기술하는 것이 마땅하다. 곧, '먹다'의 첫 번째 사전 의미 '(음식물을) 입을 통하여 배속에 들여보내다.'는 의미가 나머지 의미에 대해 원형의미로 상정되는 것이 아니라, '먹다'의 다의 의미 전체와의 관련성 속에서 이 첫 번째 의미 기술에서 특질화할 수 있는 전형적 의미들이 제시되고 그것으로부터 나머지 의미들과의 거리 관계를 밝히는 것이 '원형' 개념에 비추어 온당한 흐름이라 하겠다. 그러나, 임지룡(1996)에서는 사전의 첫 번째 의미를 원형의미로 설정하고 있을 뿐 본래의 원형 개념과의 관련성을 충분히 드러내고 있지 못하다.

를 잘 대변해 준다.

2) 최초의미 개념

최초의미는 기본의미, 중심의미, 원형의미 등의 개념과 유사하지만 되는 개념이다. 간단히 최초의미와 여타의 의미 개념과 차이가 나는 것은 다른 개념이 본질적이라든지 고유하다든지 하는 가치 평가적인 개념이 포함되어 있는 반면에, '최초의미'는 논리적 우선성의 개념만을 포함하고 있다는 점이다.

최초의미 개념은 바르트에 의존한다.

> 고유한 의미란 어휘의 최초 의미이다. 즉, 그것은 어휘가 애초에 만들어졌을 때 그 지시 대상으로 삼았던 것을 의미하고 있을 경우에 해당한다. 그러나, 고유한 의미는 아주 오래된 의미일 수는 없고(오히려 고어는 낯선 느낌을 준다), 문채의 창조 바로 직전의 의미라고 할 만하다. 그래서 한 번 더 말하자면 고유한 의미, 진정한 의미는 선행하는 의미(아버지 의미)이다.
>
> - 김 현 편(1985) 『수사학』 참고, 재인용 -

주의할 점은 '최초'라는 말의 뉘앙스가 통시적으로 실재한 최초의 의미를 뜻하는 것이 아니라는 점이다. 만일 통시적인 최초의 개념으로부터 출발하려고 한다면 사전의 의미 배열에서 시작할 것이 아니라 중세, 근대 문헌에서 특정 어휘가 사용된 용례를 분석하고 그 과정에서 분석되어 나온 의미들에 대해 시대적 변천 과정을 추적하는 작업이 진행되어야 할 것이다. 본고에서 '최초의미' 개념을 설정한 목적은 이와 같은 통시적 실재로서가 아니라, 공시적이며 논리적인 파생의 출발점 기능을 위한 것이다.

李乙煥·李庸周(1975:130)에서는 사전의 첫 번째 의미를 통시적 관점에서 파악하고 있는데 '사전의 맨 처음의 의미는 원래 태초부터 지닌 1차적인 것이고, 다음의 것들은 파생적, 2차적인 의미가 나타나 있는 것을 쉽게 경험한다'고 언급함으로써 그와 같은 관점을 잘 보여준다. 이렇게 통시적으로 사전의 첫 번째 의미를 파악하게 되면 어원적 고찰은 필수적으로 요구되는 것이다. 그러나, 본고에서는 이와 같은 통시적 관점은 취하지 않으며 다만, 여타의 하위의미들로 발생 확장되기 전의 논리적 우선성을 갖는 것으로 보려는 것이다. 결국 시간적으로나 역사적으로 앞선 시기에 실재한 의미로서가 아니라 1차적이거나 우선적이라는 측면에서 최초의미 개념을 설정하는 것이다.

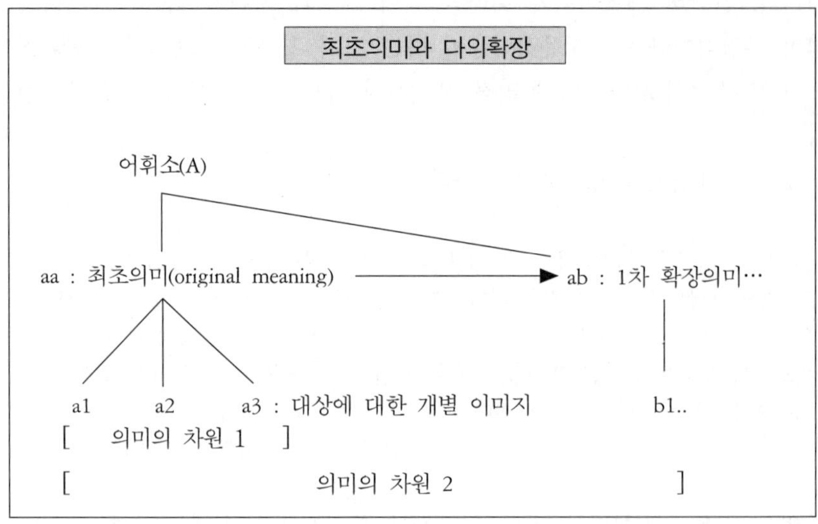

　변화되기 전의 어휘 의미의 상태 A – a(어휘소 A, 의미 a)가 새로이 추가된는 언제나 새로운 다의 발생에 대한 조건이자 이미 구축된 의미 세계로서 존재한다. 새로운 의미로의 확장은 언제나 경험 또는 체험을 거쳐서 진행된다고 가정된다. 그러면 한 어휘소에 대하여 최초로 설정되는 의미는 구체적인 경험 또는 체험에 관련되는 것으로서 나타나야 한다. 경험 또는 체험이란 언어 주체의 인식의 원리가 어떠한 대상에 작용하여 파악해 가는 과정을 포함한다. 만일 새로운 표현 욕구에 의하여 새로운 의미가 생겨난다고 가정해 보면, 이는 새로운 표현 욕구를 기존의 표현이 충족시킬 수 없다는 판단이 개입해 있는 것이다. 그것이 무의식적으로 진행될지언정 분명한 것은 기존의 표현과 새로운 표현의 내용을 비교하여 부족한 점을 파악한다.

　이제 새롭게 발생한 의미는 파롤적인 발화로 실현된 것이며 나중에 언중의 동의를 거쳐 랑그의 일원으로 편입되는 과정을 밟게 될 것이다. 일반적으로 이러한 문제를 '파롤의 랑그화'라고 규정하고 있는데, 이 문제 역

시 다의 현상을 발생론적으로 설명하려고 할 때에 가장 분명하게 제기된다.29)

한편, 다의 현상에 대하여 발생론적으로 접근하는 것은 공시적인 현상으로서의 다의 문제와 시간적 변이로서의 의미 변화의 문제를 통일적으로 묶어낸다. 아래에서 다의 의미를 설명하는 두 단계 곧, 최초의미와 그로부터 창조된 의미는 역사적이거나 시간적인 우선성이라기보다는 논리적인 우선성과 관련한다.

음운론에서 음성, 이음과 음소의 관계 그림을 닮은 것이며, 서로 다른 여러 개의 대상물과 그에 대한 인상 - 이의 - 의미(최초의미)의 관계와 대응된다. 의미의 차원 1에서 의미의 차원 2로 전개되기 위한 모든 조건은 의미의 차원 1에서 비롯되어야 한다는 관점이 발생론적 관점이 되겠다. 따라서 이로부터 단지 기호적 차원에 머물 것이 아니라 대상과 그 대상에 대한 인상(요소 1), 유의어적 관련어들간의 순전한 기술적 연쇄(요소 2), 존재론적이며 인식론적인 측면(요소 3) 등을 다각도로 고려하여야만 한다.

다의 현상에 대한 최초의미 설정과 발생론적 관점의 타당성을 입증하는 증거의 하나는 서술어의 경우 자신이 가지는 하위 범주화나 문법적인 특성이 각각의 의미마다 다를 수 있다는 점이다. 예를 들면 형용사 '좋다'의 경우, '기분이 좋다'와 '사과가 맛이 좋다'처럼 하위 범주화가 다르거나, '크다'의 경우와 같이 형용사로서의 '크다'와 동사로서의 '크다'가 구분되는 점, 동사로서의 '보다'가 본동사로서의 '보다'와 보조동사로서의 '보다'가 서로 다른 의미와 하위 범주화 속성을 가진다는 등이다.

이 가운데 [본동사 → 보조동사]로의 전개 과정에 대해서는 최근 문법화(grammaticalization)라는 이름이 붙여지면서 그 역사적이며 논리적인 변화발생

---

29) 이러한 파롤의 랑그화 문제는 인식의 과정이 대상에 적용되는 인식론적 현상이 마치 객관적으로 이미 존재하고 있는 것처럼 여겨지기 위해 존재론적 현상으로 전환되는 것으로 해석할 수 있다. 통상적으로 다의의 하위 의미로서의 의미 영역은 마치 그것이 실제로 존재하는 것처럼 생각될 때가 많다. 그러나, 이 두 현상은 분명한 경계선을 가진다기보다는 의미의 스펙트럼과 같이 그 어휘 또는 의미의 이어짐이 갑작스럽게 분리되는 곳에서 처리의 필요성 때문에 구분되는 측면이 있다. 언어의 관습화와 체계 속으로의 편입 등과도 연결되어 이 문제의 해결은 쉽지 않다.

의 관점이 받아들여지고 있지만, 나머지 경우는 마치 동일한 어휘소가 갖는 실현 방식의 두 가지 양상과 같이 취급되고 있다. 그러나, 의미 확장의 과정이 새로운 의미를 획득하는 과정이라고 하는 측면에서 볼 때 이들에 대해서도 논리적 우선성이 존재하고 그로부터의 변화발생이라는 관점을 적용하는 것이 마땅할 것이다. 그리하여 이전에 없던 하위범주화틀이 새로운 의미를 얻는 순간 새롭게 발생·획득된 것으로 파악하여야 한다.

의미내용과 의미표현으로서의 기의와 기표가 하나의 기호를 이룬다는 기호학적 관점에서 볼 때, 최초의 기의가 기표와 연결된 어떤 기호는 새로운 의미작용을 거치면서 그 전체가 새로운 의미 내용으로 전환되고, 이렇게 전환된 의미 내용에 대하여 그에 적당한 의미 표현이 새로이 창안됨으로써 새로운 기호가 탄생하게 된다.

바르트는 장미꽃다발과 정열의 관계를 다음과 같이 해석하였다. 곧, 물질적 대상으로서의 장미꽃다발(의미 내용)에 대하여 장미꽃다발이라는 의미 표현이 대응하여 최초의 표현이 성립되었는데, 그 후 기호로서의 장미꽃다발이 이제 단지 기표로서의 공허한 역할만을 하게 만드는 어떠한 의미 작용의 영향으로 새로운 의미 내용이 채워짐으로써 제 2의 기호 곧 '정열'을 뜻하는 기호로서의 장미꽃다발로 상승하게 된다.[30]

---

30) 일찍이 다르매스뜨때에르(1886:35)에서도 '모든 명사는 처음에는 대상이 가진 속성의 하나를 집어내어 이를 지시하기 때문에, 이 단계의 명사는 속성어라고 할 수 있다. 그러나 그 후 대상 전체의 표상을 불러일으키게 되었을 때에는 하나의 실체어가 되는 것이다'라고 하여, 어휘가 어원적 의미를 잃어버린다는 지적으로 이를 의미 변화의 근본적인 조건이 된다고 말한 것과 상통하는 면이 있다. 현대 기호학적 용어들은 이와 같은 관찰에 대한 좀더 체계적인 진술에 해당할 뿐이라고 할 수 있다.

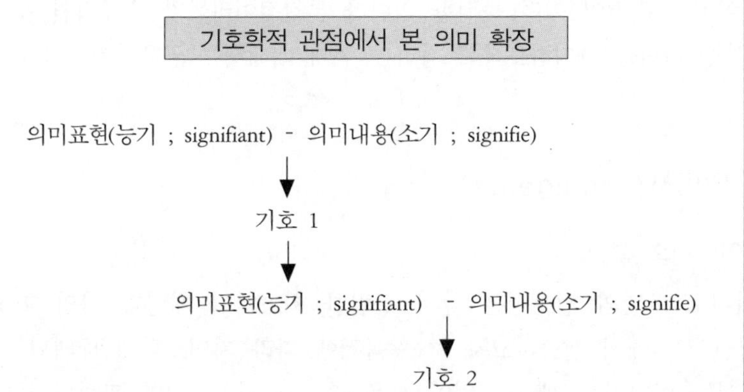

기본의미 또는 중심의미 등의 개념을 취하지 않는 이유를 다르매스뜨때에르에서 찾아보자. 그는 대상의 속성에 기초하여 명명하는 명사의 어원적인 명명법에 주목하면서 '한가지 이상한 것은 이 속성이란 것이 반드시 본질적인 것, 대표적인 것이 아니라도 좋다는 것이다'(p.32)라고 하고 있다. 예로써, 공책(cahier)이라는 어휘의 원래 뜻은 '네모난(종이)'라는 뜻밖에는 없다는 것이다. 어휘의 명명법과 관련된 이 진술은 다의 확장이 발생하기 전에 한 어휘소가 가리키는 의미의 상태를 나타내는 것으로 재인식될 수 있다.

한편, 李乙煥·李庸周(1975:130)에서는 '사전의 맨 처음의 의미는 원래 태초부터 지닌 1차적인 것이고, 다음의 것들은 파생적, 2차적인 의미가 나타나 있는 것을 쉽게 경험한다'고 언급하고 있다. 원의미(源意味)는 그 번역어가 primary meaning이 되는데(김봉주 1988:31 참조), primary라는 것은 '주가 되는'으로 해석될 수 있어서 이미 가치가 주어진 개념어라 할 수 있다. 그러므로 단순히 논리적 우선성을 가지는 처음 의미라는 입장을 만족시키지는 못하는 것을 알 수 있다. 따라서 논리적 우선성의 입장을 유지하기 위하여 최초의미 개념을 사용하되 영어 번역어로서는 'original meaning'을 택하는 것이 좋겠다. 이미 원개념의 번역어로서 'original concept'가 사용된 적이 있으므로 이 번역어 채택에 아무런 무리가 없을 것이다.

한 어휘의 특정한 의미로부터 나머지 확장된 의미들이 도출될 수 있는 토대를 찾아야 한다는 목표에는 다른 연구들과 동일한 입장을 취한다. 그러나, 이러한 관점이 어떤 특정한 의미가 본질적이라든가 대표적인 것이라든가 하는 지위를 차지하도록 조장하는 점에 대해서는 공유하지 않는다.[31]

3) 이미지소(imageme)

(1) 이미지소 설정

이미지소 개념의 필요성은 앞서 정립한 최초의미 개념과 다의 확장을 발생적인 시각에서 접근하고자 하는 목적에 따라 자연스럽게 배태되는 것이다. 이는 이미지소 개념이 언어 사용 주체가 최초의미와 관련된 하나의 어휘를 또 다른 의미와 관련되도록 하기 위해서 무엇을 보며 무엇을 생각하며 어떤 비언어적이거나 언어적 관련을 갖게 되는가 하는 문제에 대한 시안적인 답이 되기 때문이다. 흔히 [구체→추상]과 같은 도식을 다의 연구나 그밖의 의미론 연구에서 설명 술어로서 사용한다. 그런데, 구체적인 것이 추상적인 것으로 변화되거나 확장되기 이전에 언어 사용 주체는 이렇게 변화 확장되어야 할 어떤 요소를 우선적으로 발견해야만 한다.

구체적인 대상이 추상적인 대상으로 된다는 설명이 모든 구체적인 대상 어휘에 일괄적으로 적용되지는 않는다는 점만을 통해서 볼때도, 언어 사용 주체의 선택과 판단이 개입한다는 점은 분명하다. 이와 같이 언어 사용 주체가 의미론적 변이를 진행하기 위해서 '보는 무엇, 생각하는 무엇, 관련짓는 무엇' 등을 아우를 수 있는 개념으로 이미지소(imageme)를 제안하는 것이다.

---

31) 발생생물학의 성과를 참조해 보자. 생식 세포가 분열할 때 염색체 감퇴(chromosome diminution) 현상이 일어나는데, 이것은 새로 형성되는 핵이 본래의 유전자에서 상당수의 유전자를 상실한 염색체를 가지는 현상을 말한다. 이렇게 염색체가 감퇴된 생식세포는 체세포를 형성하고 이후 하나의 생식 세포가 계속 증식하여 다수의 생식세포를 이루게 된다(이양림 1992:42~43). 여기서 '새로 형성되는 핵은 본래의 유전자에서 상당수의 유전자를 상실한 염색체를 가진다'라는 말은 다의어의 최초의미로부터 나머지 하위 의미로 확장되는 과정에도 적용될 수 있다. 또한 정의된 의미가 본질적이라는 의미를 띠는 기본의미 개념이 최초의미 개념으로 대체되어야 하는 이유 또한 이로부터 발견할 수 있다.

마르땡(1993:112)에서는 '체험의 보편소'라는 개념을 제안하였다.

> 체험의 보편소들이란 오히려 물리적이고 생리적이며, 인류 문화적인 세계의 어
> 떤 여건들이 인간의 삶 위에다가 생각할 수 있을 정도로 너무나 강한 제약을 가
> 하고 있기 때문에, 이런 여건들이 언어 속에서 아무런 흔적도 남기지 않는다고 하
> 는 것은 있을 수 없다는 생각으로부터 기인되는 것이다.

신체의 모양새, 즉, 서고, 눕고, 앉는… 등의 신체가 취할 수 있는 자세들, 신체가 허용하는 움직임들, 피곤, 배고픔, 갈증과 같은 생리적 감각들, 청각이나 시각, 촉각에 의한 지각 작용, 중력에 대한 체험, 신체의 방향과 그로 인한 공간의 조직, 액체나 고체의 접촉, 낮과 밤의 교체, 늙음과 죽음… 바로 이 모든 것이 그 무엇보다도 피할 수 없는 체험들이다

그러나, 인지 의미론에서 '체험'이라는 용어를 제출하였을 때, 그리고 기타 인지과학에서 배경지식(background knowledge)이라는 개념을 등장시켰을 때 곧바로 그 용어의 설명력에 의문을 제기하지 않을 수 없었다. 왜냐하면 이들 용어의 포괄성은 과학적인 분석력을 갖추기에는 너무도 광범위한 외연을 갖기 때문이다. 따라서 '체험' 또는 '배경지식'이라는 용어가 설명력을 가진 메타술어로 사용되기 위해서는 이들에 대하여 적절한 구체적 분할 작업이 요청된다고 하겠다.

체험의 개념은 인간의 '신체성'이 학문적인 개념으로 등장한 철학적 근거 위에 도출된 것이다. 헤프너(1982)에서는 인간 존재의 기초 차원들로서 1) 언어 2) 사회성 3) 역사성 4) 신체성을 들고 있다. 전통적으로 '추론, 판단, 명제'와 같이 합리적이고 이성적인 개념이 학문적인 술어의 주류를 이루었다면 현대에 와서는 '신체성 - 체험'과 같이 이전에는 학문적인 개념에서 배제되었던 것이 학문적인 술어가 되고 있는 것이다.

한편, 최경봉(1996)에서도 이와 유사한 개념의 필요성이 제기되고 있다. 그는 어휘 의미론의 연구가 주로 어휘의 관계와 체계를 밝히는 데에 관심을 두고 어휘의 기능 문제에 대하여는 주목하지 않음으로 하여 어휘와 지시 대상 사이의 관련성을 파악하지 못하였다고 지적하였다.

　　어휘의 의미 속성이 고찰 대상에서 제외됨으로써, 언어학적으로 의미가 있는 어휘와 지시 대상 사이의 관련성을 파악하지 못한다. 특히 명사는 사물이 중심이 되는 만큼 명사의 의미 구조를 밝히기 위해서는 해당 명사가 가리키는 대상의 속성이 일정한 체계를 갖추어 기술되어야 한다(p83).

　　이러한 문제 의식은 의미망이라는 개념과 그에 바탕을 둔 최근의 사전 (辭典) 작업에서 실질적인 내용으로 포함되기에 이르렀다. 전통적인 하의 관계, 유의 관계, 반의 관계 항목에 추가적으로 '부분 - 전체' 관계가 기술 항목으로 등장한 것이 이를 말해주는 것으로, 다른 관계와는 달리 '부분 - 전체' 관계의 경우는 순수한 언어적 관계라고 할 수 없으며 오히려 대상들 간의 실제적 관계에서 비롯되기 때문이다.

　　　의미 분류에서의 의미 영역은 세계 속에서 사물의 존재 영역이 인간의 인식 틀과 겹쳐진 것을 나타낸다(p.79)… 결론적으로 명사의 의미 분류는 명사를 존재론적인 측면에서 그리고 인식론적인 측면에서 하위 분류하는 것이다. 따라서 명사가 어떻게 세상에 속해 있으며, 선험적으로든 경험적으로든 인간이 그것을 어떻게 인식하고 있는가를 보여주는 것을 목적으로 해야 한다(p.81).

　　최경봉(1996)의 이와 같은 인식은 어휘 관계를 주로 연구한 어휘 의미론의 전통과 구조주의 의미론의 또다른 축인 의미장 이론을 검토함으로써 구축된 것인데, 전자는 언어의 형식과 기능에 주안점이 있으며, 후자는 동적 내용 이론으로 불리어지듯이 세계를 파악하는 인간의 인식과 세계의 언어적 내용 구조에 관심이 있다.

　　이미지소의 구체적인 내용으로는 1) 감각에 의해 지각되는 것과 2) 관습적인 논리에 따라 연결되어 있는 유의어적 관련어 개념 3) 사건 현상의 체험적 구조로서의 스키마(schema) 등으로 구체화될 수 있다. 1)은 행위나 지각과 관련된 어휘를 통해서 확인될 수 있고 2)는 '알다, 생각하다' 등과 같은 관념어휘를 통해 확인될 수 있으며, 3)은 전반적인 대상에 걸쳐서 확인된다.[32]

---

32) 존재론과 인식론으로서가 아니라 '존재론적, 인식론적'이라는 술어가 언어학에서 타당하다. 또한 하르트만의 경우처럼 신체의 강조를 통하여 존재론적 국면과 인식론적 국

(2) 소(素) 개념 검토

이미지소 개념을 설정함에 있어서 과연 소(素)란 무엇인가에 대한 관찰
이 요구된다. 현대 언어학에서 이러한 소(素) 개념을 가장 생산적으로 사용
한 사람은 블룸필드(1933)과 파이크(Pike 1972)이다.

> 어휘형태(lexical forms)의 경우에, 우리는 최소의 유의미한 단위를 형태소
> (morpheme)로 정의하며 그 단위의 의미를 의미소(sememe)이라고 하였다. 이와 마찬
> 가지로 최소의 유의미한 문법적 형태를 통사소(tagmeme)이라고 부를 수 있으며, 그
> 통사소의 의미를 인식소(episememe)라고 할 수 있다(블룸필드 [Language] p.166).[33]

어휘소, 형태소, 의(의)소, 음소 등의 개념은 언어학 내에 오랜 전통으로
자리잡고 있지만, 그밖의 개념들 곧, 통사소(tagmeme)[34], 인식소(episememe),
행위소(behaviourieme)[35], 활동소(acteme)[36], 동작소(kineme)[37], 발화소(uttereme)[38] 등

면이 상호 의존적이라는 관점이 취해질 수 밖에 없다. 언어는 중간세계라는 관점에서
이미지소(imageme) 역시 대상에 관해서만, 또는 주체의 인식 작용에 관해서만 존재하는
것이 아니라, 중간세계적 성격으로서 존재한다.

33) 발화 'run!'은 두 개의 문법적인 자질(taxemes) 곧, 감탄의 어말 피치 조정과 부정법 동
사를 사용한 선택적 자질을 가지고 있다. 감탄 어말 피치의 통사소는 어떤 어휘적 형
태와 함께 나타나고 그 어휘 형태에 문법적 의미 곧 인식소, 예를 들면 '강한 자극'과
같은 의미를 부여한다. 하나의 문법소(tagmeme)는 하나 이상의 taxeme(문법특성소)로 이
루어진다. 예를 들면 John ran: poor John ran away: the boys are here: I know
등의 형태에서 우리는 몇 개의 문법특성소(taxeme)를 발견한다. 어떤 구성성분들은 명
사구 표현의 형태부류에 속하여 John, poor John, the boys, I 등에 해당하고 나머지
다른 구성성분들은 시제절 술어 표현 곧, ran, ran away, are here, know을 이루고
있다. 만일 우리가 John ran!이라는 표현을 감탄 억양으로 말했다면, 우리는 세 개의
문법소(tagmeme)를 가진 복합적인 문법 표현을 가지게 된다. 그 첫째는 '강한 자극'이
고 그 둘째는 '대상이 행위를 수행함'이며, 마지막으로는 '완전하고 정상적인' 발화라
는 인식소를 가진다. 이로 보건대 인식소(episememe)는 문법의 의미역관계와 발화자의
의도, 문체적 효과 등이 포함된 개념으로 이해할 수 있다.

34) 문법소(tagmeme)은 그 부류 전체가 한 사건으로써 한 번에 모두 발생할 수 없기 때문
에 형태소에 비해서 훨씬 덜 구체적인 것처럼 보인다. 그러나 이 문법소는 언어학자의
단순한 개념적인 구성물이 아니며 정상적인 참여 행위자로 '객관적인 emic 단위'라고
주장된다(Beaugrande 1991:103).

35) 파이크는 최상위 초점 행위의 emic 단위로서 행위소(behaviourieme)에 몰두했는데, 이것
은 문화적인 자료가 그것의 시작과 끝, 지향적인 원소로 발견되는 그런 방식으로 문화

의 개념들은 블룸필드와 파이크에 의해 제시된 개념으로만 존재하고 있다. 이와 같은 차이는 체계 언어학에 소속될 수 있는 성격의 소(素)인가 아니면 비언어학적인 성격의 소(素)인가에 따라 후자의 경우는 배제된 사실에서 비롯된다. 이러한 성격의 일단을 드러내주는 표현을 보그란데(1991:90)에서 찾아볼 수 있다.

> 파이크의 통사소적(tagmemic) 접근은 주로 이론적인 정당화에 집중하고 있으며, 이론과 방법론 사이의 진동을 추구하면서 여러 가지 계층과 층위를 설정하는 과정에서 소쉬르의 랑그와 파롤로의 이분법을 포기한다. 그는 언어학적 구조와 사회의 구조 사이의 유추를 탐구함으로써 자기 자신의 (언어학적) 훈련을 내버려두는 위험과 맞섰다. 언어학자들은 언어 자료를 비언어적 활동에 동반하는 단일한 계층적 구조로 다룸으로써 고차원적인 추상과 일반화로까지 자신들의 초점을 상승시켜야 한다(Beaugrande 1991:90).

우리가 새로운 소(素) 개념을 설정하기 전에 이것이 언어학적 증거를 가지는지 아니면 사회적이거나 기타 비언어학적인 증거를 갖는지를 파악하는 것이 중요하다. 그러나 이보다 더욱 중요한 것은 연구의 목적을 만족시키기 위해 필요한 소(素) 개념이 무엇인가를 아는 것이다. 구조주의 언어학에서 비언어학적 개념이라고 하여 배제한 소(素)들은 실제로 그렇게 간단히 취급할 성질의 것이 아니다. 구조주의 언어학에서 이들이 배제된 것은 어떤 식으로든지 체계 언어학 내의 설명 방식을 고수할 목적으로 인지적이거나 심리사회적인 요소 등과 관련있는 개념들을 배제하는 방향을 취했기 때문이다. 다의 의미 확장의 양상과 그 원인을 밝히려는 본고의 목적에 따라 파이크와 같이 좀더 개방적인 소(素)의 개념을 취하는 것은 당연한 귀결이다.

적 세팅에 관련하며, 내부 참여자나 관찰자의 언어적이거나 비언어적인 행위에 관련된다. 행위소의 크기와 그들의 종결은 연구자의 분석이 자의적으로 끝나기보다는 완전해질 때 행해질 것이다(Beaugrande 1991:106).

36) 한편 활동소(acteme)는 행위소 내부에서 인간 활동의 최소 분절 또는 구성성분이다(Beaugrande 1991:106).

37) 언어적 활동소는 음소이며 비언어적 활동소는 동작소(kineme)이다(Beaugrande 1991:106).

38) 또한 언어적 행위소는 발화소(uttereme)이며 이는 비본질적인 상황 속에서 참여자 초점을 받는 단위를 말한다(Beaugrande 1991:106).

일반적으로 소(素) 개념은 '어떤 언어적 상위 단위를 설명하기 위한 최소의 유의미 단위'라고 정의될 수 있다. 그리하여 어휘형태들의 결합 관계를 설명하기 위해 설정된 최소의 유의미 단위가 형태소가 되는 것이다. 그런데 이러한 전형적인 구조주의적 정의를 '이미지소'와 같이 좀더 개방적인 개념으로 재정립하기 위해서는 언어내적 단위들간의 관계를 벗어나, 한 어휘가 가리키는 대상 세계의 속성들과, 대상 세계를 관찰하는 주체의 속성, 그리고 언어 내부가 함께 고려되어야 할 것이다.

그러면 다의 현상을 분석할 경우에는 출발점으로서의 하위 단위는 최초 의미에 대응하고, 설명 대상으로서의 상위 단위는 확장된 의미에 대응한다. 그리하여 최초의미로부터 확장된 의미로 진행하는 과정에 필요한 소(素)가 바로 이미지소(imageme)가 되는 것이다.

4) 이미지소와 스테레오타입, 스키마

다의 현상을 분석하기 위하여 필요한 또 하나의 개념은 스키마(scheme) 개념이다. 그런데, 스키마 개념의 필요성은 사전적 정의의 속성에서부터 비롯되는 것이라는 점을 주목해야 한다. 사전적 정의는 마르땡(1993)의 표현을 빌자면 '최소정의'로서 관련되는 다른 어휘들과의 변별을 목적으로 정의한다. 구별을 위한 시차성에 주목하여 정의하는 것이 사전적 정의의 목적이므로, 사전적으로 정의된 내용으로부터 파생, 확장되는 하위 의미들의 근거를 발견하려는 방법은 제약될 수밖에 없는 것이다.

마르땡(1993)는 최소정의와 스테레오 타입에 의한 정의를 비교설명하고 있다. 간단히 아래에서 발췌한다.

· 최소 정의
   엄격한 기능주의에 입각하여 언어학적 변별성만을 목적한다. 이는 언어학적으로는 변별적이지만, 객관적으로는 육화성(desincarnee)이 없다.
· 스테레오 타입 정의
   언어학적 변별성을 갖는 최소 내용을 넘어서, 그렇게 명명된 대상을 실제로 확인할 수 있을 만큼의 충분한 재현을 목적으로 한다. 이는 자연류 사물

정의에 합당하며, 최소 정의의 불안정성에서 출발하였다.

사전학자는 재현하고자 하는 목표와 더불어, 더욱 합당한 정의 방도를 배제하지 않으려고 고심함으로써 최소정의로부터 스테레오 타입 정의로, 서서히 넘어가게 되는 것이다. 스테레오 타입으로 선택할 수 있는 속성들은 언어학적 내용으로부터 백과사전적인 내용으로 넘어가는 하나의 축을 형성한다(pp.74~83).

그러나 마르땡(1993)의 이와 같은 언급이 새로운 것은 아니다. 이미 오그덴과 리차드(1924:104)에서 상징적 정의와 사실적 정의라는 이름으로 말을 정의하는 것과 사물을 정의하는 것의 차이를 제시하고 있는 것을 살펴볼 수 있다.

· 사실적 정의 : 정의하려는 지시물을 다른 사물과 비교구별하는 여러 가지
　　　　　　　　특성을 열거하는 정의
· 상징적 정의 : 정의하려는 말과 똑같은 지시물을 갖는 한 조의 말, 곧 한
　　　　　　　　층 이해하기 쉬운 상징을 대용하는 정의

한편, 스테레오 타입은 퍼트남(Putnam)에서 제안한 용어인데 풀만(Pulman)에 따르면 다음과 같이 정의된다. 스테레오타입이란 X가 무엇처럼 보이거나 무엇과 같이 행동하거나 무엇이다(what an X looks like or acts like or is)라고 하는 하나의 관습적인(그래서 종종 잘못되기 쉬운), (상당히 부정확할 수 있는) 관념이다. 나는 관습적인 생각과 관련되어 있으며 그것은 부정확할 수 있다. 나는 그와 같은 관습적인 생각이 '호랑이(tiger)'나 '금(gold)'과 관련되어 있으며, 더욱이 이것이 '개념'이론에서 유일한 진리의 요소라고 제안한다(Putman, pp. 249~250).

그런데, 이와 같은 스테레오타입은 순전히 개별적이며 관습적인 사실에서부터 고도로 이론적 기반 위에 있는 용어에 이르기까지 다양한 종류의 정보를 포함한다. 그렇다면 어떤 종류의 정보가 스테레오타입에 나타날 수 있으며, 어떻게 제한될 수 있는가? Putnam은 한 어휘의 의미는 통사론적 표지, 의미론적 표지, 스테레오타입, 외연 등의 유한한 목록(곧 벡터vector) 하

에 있는 내항으로 나타내진다고 하였다. 어휘 의미의 정신적 표상에 관한 구조적 속성들(Pulman p.151) 그리하여 Putnam에 따라 물(water)의 의미를 정상적인 형식으로 기술해보면 아래와 같다.

의미정보 어휘	통사 표지	의미론적 표지	스테레오타입	외연
물(water)	·물질명사 ·구상명사	·자연종 ·액체	·무색의 ·투명한 ·무미의 ·갈증을 가시게 하는	·H2O(불순물이 들어간)

우리의 개념을 통해 보면 위 표의 통사 표지와 의미론적 표지는 범주와 부류에 해당하는 것이며, 스테레오 타입에 해당하는 것은 전통적으로는 '물'의 개념의 속성이면서 사전적 정의 속에는 포함되지 않은 것에 해당한다. 제안된 이미지소(imageme) 개념 속에 스테레오 타입적인 내용이 포함될 수 있음을 알 수 있다. 구체적인 사물을 가리키는 어휘 내에서는 이렇게 이미지소 혹은 스테레오 타입적인 내용으로 설명이 가능하지만, 현상이나 작용 등을 나타내는 어휘들에 대해서는 좀더 개념들간에 상호 관련된 구조적 개념이 필요하게 된다.

마크 존슨은 '스키마(Schema)'의 개념을 새로 수정하면서 그것의 신체적 특성을 강조함으로써, 이를 광범위한 언어 현상으로서의 은유, 또는 더욱 확장하여 언어 자체에 적용하고자 한다. 스키마에 대한 통상적인 이해는 '일련의 사건에 관한 일반화된 도식'과 같이 정의하는 것으로서, 스크립트(script)를 이해하는 것과 유사하다. 유명한 식당 스크립트처럼 어떤 행위나 상황을 구조화된 지식구조나 순서적인 배열로 보는 것이다. 마크 존슨은 스키마에 대하여 객관적인 사건이나 상황의 구조와 같은 개념으로 보는 관점을 비판할 뿐만 아니라, 스키마를 이미지나 심상과 같이 주관주의적으로 해석하는 것과도 분리할 것을 강조하였다. 이미지나 심상과 같은 개념은 언제나 개별적인 사물에 관계가 있다는 점에서 일반화할 수 있는 개념이 아니라는 것이다.39) 그러면 결국 스키마란 '개개의 심적 이미지가 형성되는 수준보다도 더욱 일반적이고도 추상적인 수준에서 심적 표상을 조직하는 구조'(p.78)로서 정의된다.40) 결국 개별적인 대상에 구속되는 이미지나 심상의 제약성을 벗어나며 동시에 일반성을 갖춘 것으로 파악하고 있다.

- 의미있게 조직된 경험의 신체화된 패턴(마크 존슨 p.72)

한편, 스키마(scheme)의 개념을 신체적 경험을 포함하면서도 좀더 일반적이고 추상적인 구조로 정의하기 위하여 '개개의 심적 이미지'를 배제시킨 존슨과는 달리, 본고에서는 이미지소 개념 속에 이러한 개개의 심적 이미지까지를 포함한다. 혹자는 이러한 개개의 심적 이미지의 주관성과 개별성을 근거로 이를 설명의 근거로 채택하기 어렵다고 할 지도 모른다. 그러나, 아래에서 제시되고 있는 푸쩨쫍스키(1995)의 네 가지 역(role) 개념이나 명명법에 관한 고찰, 은유적 해석을 위하여 심적 이미지에 상당하는 술어들이 광범위하게 채택되고 있음을 알 수 있다. 명명법에 관한 예를 굳이 사용한 것은 다의 현상이 새로운 의미 내용에 대하여 이미 존재하고 있던 이름을 부여한다는 점에서 일종의 명명 현상에 속하기 때문이다.

임소영(1994:74~85)에서는 꽃이름의 의미 유형을 파악하는 가운데 다음과 같은 준거들을 사용하여 분석하였다(이들을 정리한 표가 제시되어 있으나, 한두 개의 예들로 간단화시킨 것이어서, 필자가 재정리하였다).

---

39) 이미지에 대하여 우리는 이미 이미지소 개념을 정립할 것을 제안하였다. 마크 존슨이 이미지에 대하여 그것의 주관성과 심리적인 성격을 탓으로 이를 제외하고 좀더 추상적인 도식 개념을 선택한 것은 필자의 관점과 다르다. 도식 개념을 그 필요성에 따라 수용하여 활용하되, 이미지에 대한 마크 존슨의 언급은 제외한다. 한편, 마크 존슨의 도식 개념의 상대적인 추상성은 어휘 '힘'을 분석할 때 잘 드러나며 그것이 유연한 개념으로 발전되어야 함을 확인할 수 있을 것이다.

40) 그는 이와 같은 도식 개념을 이미 칸트가 '상상력의 비명제적 구조'라는 정의로서 제시하였음을 언급하였다. '개념을 지각표상에 결부시키는 상상력의 구조' 또는 '이미지를 구성하기 위한 수속이며 신체 경험에서의 지각적 패턴을 수반하는 것' 등으로 설명하였다.

[내부준거](어떤 꽃이 가지고 있는 자체 내의 형태나 속성)

    [형태]   [모양] : 줄맨드라미, 가시연꽃, 털진달래, 마디꽃, 층층이꽃

            [색]   : 흰민들레, 노랑원추리, 반들진달래

            [길이] : 키다리민들레, 긴잎별꽃, 긴옥잠화

            [굵기] : 가는잎구절초, 가는하늘지기

            [크기] : 말나리, 좀민들레, 왕벚꽃, 큰엉겅퀴

            [넓이] : 넓은잎구절초, 좁은잎엉겅퀴, 좁은잎돌꽃

            [수]   : 겹철쭉, 삼잎국화, 흰천엽무궁화

    [속성]   [성질] : 개꽃, 참꽃, 개나리, 참나리, 개해당화, 참작약

            [상태] : 앉은뱅이꽃, 앉은부채

[외부준거](식물 자체 내의 속성보다는 외부에 있는 다른 존재의 양상에 준거하여 명명)

    [형태]   [모양] : 할미꽃, 양귀비, 부처꽃, 불두화, 비바리골무꽃(사람의 모양)

                  새우난초, 잠자리난, 두루미꽃, 매발톱꽃, 부레옥잠

                  (동물의 모양)

                  붓꽃, 나팔꽃, 며느리주머니, 고깔제비꽃, 옥잠화

                  (물건의 모양)

            [색]   : 연지골무꽃, 밀짚꽃, 와당꽃, 금붓꽃, 금은화, 옥란

            [크기] : 애기나리, 각시붓꽃, 난쟁이패랭이

    [속성]   [성질] : 나도바람꽃, 개양귀비, 해바라기, 하늘나리, 북향화

            [상태] : 사향제비꽃, 사향수레꽃, 끈끈이딱지꽃, 신이, 용담

            [기능] : 벌레잡이제비꽃, 울타리꽃, 씨름꽃, 향수화, 만병초,

                  투골초

            [장소] : 양지꽃, 응달골무꽃, 산민들레, 절꽃, 울릉국화(서식지)

                  서양민들레, 당나리, 대만철쭉, 왜철쭉, 일본할미꽃(원산지)

                  금강초롱꽃, 검산초롱꽃, 대청부채, 한라구절초(발견지)

            [시간] : 달맞이꽃, 수련, 월하미인(하루 중의 개화시간)

                  봄맞이꽃, 보춘화, 앙춘화, 망춘화, 추국(일년 중의 개화시간)

                  백일홍, 천일홍, 무궁화(개화기간)

    여기에 또한 이들 명명 방법이 복합적으로 작용하여 탄생한 이름들도 분류하였다.[41]

---

41) 임소영(1994)는 인지과정과 정보처리라는 관점에서 꽃이름을 분석하고 있는데, '지각 (perseption) → 인지(cognition) → 명명(naming)'의 과정으로 명명 과정을 설정하였다. 이 는 Carroll(1985:21~33)을 따른 것인데, 일반적으로 설정될 수 있는 도식이라 할 수

    [모양+색] : 은방울꽃
    [서식지+색] : 솜양지꽃
    [모양+성질+성질] : 참개별꽃
    [모양+크기+색] : 흰각시붓꽃
    [모양+모양+크기] : 애기낚시제비꽃
    [모양+속성+모양+색] : 흰수염며느리밥풀꽃

    이와 같은 자료분석을 토대로 임소영(1994:85)는 결론적으로 '꽃을 <지각>할 때 가장 기본이 되는 것은 [시각]이고 가장 빠르고 중요하게 <인지>하는 요소는 전체나 부분의 두드러진 [모양]이며, 주로 [외부준거]를 사용하여 <명명>한 것임을 알 수 있다'고 맺고 있다. 이로써 [모양]을 비롯한 대부분의 형태가 시각에 기초한다는 점을 통하여 여러 감각들 가운데 시각이 가장 우세함을 확인케 하며, 또한 [외부준거]를 주로 사용하고 있다는 점을 통하여 다른 개념이나 다른 범주의 이름을 사용하여 명명하는 비율이 높다는 점을 확인하게 된다.

    이밖에도 김윤학(1996)의 땅이름 생성과정에 대한 연구에서도 '위치, 모양, 유물·유적 및 건물, 동물, 식물, 관념, 전설, 사람, 땅의 성질, 사물, 물, 신구(新舊), 풍흉(豊凶)' 등의 명명의 요소를 정리하고 있고, 정동환(1993)에서는 복합어를 이루는 요소들간의 의미 관계를 분석하면서 '위치, 모양, 시간, 빛깔, 성별, 목적, 생산물, 종사하는 대상, 혈연, 소유, 원인, 근원, 상태, 혼합, 수단, 포함, 단위, 재료, 방향, 방법, 용도, 차례, 지시, 강조'[42) 등의

있다. 다만, 복합적으로 명명된 이름을 정보처리과정의 관점에서 마치, 실제로 1단계에서 4단계까지의 처리과정을 거치는 것처럼 기술한 것(p.85)은 문제시될 수 있다는 점만을 지적해두기로 한다.

42) 정동환(1993)에서는 복합어를 이루는 요소들간의 의미 관계를 분석하고 있으며, 특히 종속복합어에 대해서는 Henzen(1965)를 참조하여 다음과 같이 이들의 의미 관계를 발전시켜내고 있다. 아래에 종속합성어의 결합 의미를 정리한 것을 페이지 31~32을 참고하여 보이면 다음과 같다.
    1) 위치　　　(예 : 산 – 돼지[산에서 사는 돼지])
    2) 모양　　　(예 : 개구리 – 참외[개구리 모양의 참외])
    3) 시간　　　(예 : 철 – 새[철을 따라서 사는 새])
    4) 빛깔　　　(예 : 파랑 – 새[푸른 빛깔을 띤 새])
    5) 성별　　　(예 : 암 – 새[암컷의 새])

설명언어를 채택하고 있음을 볼 수 있다. 이들 용어들 가운데 많은 부분은 시각적인 개별적 이미지와 관련된 것이라는 점이 확인되며, 명명 과정이 [지각→ 인지→ 명명]의 단계로 설정되는 한, 지각과 경험적 요소의 개별성이 관련되는 것은 필수불가결한 선택이 될 것이다.

그런데, 지각과 경험된 대상에 대해서는 개별적인 시각적 이미지에 의거하여 그 모양과 색깔로 대표되는 형태들을 이미지소로 하여 명명 과정이나 다의 확장이 진행될 수 있다. 그러면 이와 같은 시각적 이미지를 보유하지 않는 어휘들의 다의 확장에 대해서는 어떻게 될 것인가? ‘알다, 생각하다’와 같은 관념어휘들은 시각적인 이미지를 소유하지 않는다. 또 한 어휘의 의미 내용이나 그 지시 대상이 행위의 동기나 행위의 결과, 그것에 대한 감정적 상태 등과 다양한 관련을 맺고 있는 경우는 어떻게 될 것인가?

여기서 개별적인 시각적 이미지와는 다른, 좀더 포괄적이며 구조적인 개념의 필요성을 직감할 수 있는 것이다. 이것이 바로 스키마가 도입 보강되어야 할 이유가 된다.

한편, 이미지소 설정은 두 가지 의미 유형 곧, 인지적 의미와 연상적 의

---

6) 목적   (예 : 사냥 - 개[사냥하기 위한 개])
7) 생산물   (예 : 고무 - 나무[고무를 채취하는 나무])
8) 종사하는 대상 (예 : 옹기 - 장수[옹기를 파는 장수])
9) 혈연   (예 : 조카 - 딸[형제 자매의 딸])
10) 소유   (예 : 갓 - 끈[갓의 끈])
11) 원인   (예 : 눈 - 사태[눈으로 말미암은 사태])
12) 근원   (예 : 눈 - 싹[눈에서 나온 싹])
13) 상태   (예 : 불 - 볕[몹시 뜨겁게 내리 쬐는 볕])
14) 혼합   (예 : 가시 - 덤불[가시가 섞인 덤불])
15) 수단   (예 : 눈 - 짓[눈으로 하는 짓])
16) 포함   (예 : 똥 - 독[똥이 담긴 독])
17) 단위   (예 : 말 - 술[한 말 가량의 술])
18) 재료   (예 : 가죽 - 신[가죽으로 만든 신])
19) 방향   (예 : 동 - 쪽[해가 떠오르는 쪽])
20) 방법   (예 : 공 - 것[거저로 얻은 물건])
21) 용도   (예 : 땔 - 나무[불때는 데 쓰는 나무])
22) 차례   (예 : 첫 - 째[맨 처음의 차례])
23) 지시   (예 : 저 - 승[저 세상])
24) 강조   (예 : 어느 - 누구[‘누구’의 강조어])

미 가운데 그동안 접근하기 어려웠던 연상적 의미를 이론 안으로 끌어들이는 효과를 갖는다. 연상 개념을 막연한 언어 활동 주체의 임의적이고 심리적인 현상으로 치부하지 않고, 이들 연상 개념이 존재론적이거나 인식론적인 기초 위에서 또한 의미론적인 근거 위에서 합리적으로 규정될 수 있는 가능성을 열어 줄 것으로 판단된다.

5) 이미지소의 인문학적 기반

이미지소에 대하여 마지막으로 고려되어야 할 것은 이미지소가 언어 활동 주체에 관하여 어떤 정신적, 심리적 근거를 가지고 있는가 하는 문제이다. 위에서도 심적 이미지의 주관성에 대하여 잠깐 언급한 바 있듯이, 만일 이미지소 개념이 언어 활동 주체의 정신적, 심리적 근거에 기초해 있지 않으면 그것의 주관성으로 인해 과학적인 논급의 대상이 되기 어렵기 때문이다. 이를 위해 다소 철학적이고 다소 문학적인 개념으로서의 이미지를 살펴볼 필요가 있다.

엘리아데(M.Eliade)는 '사실 대부분의 사람들은 이 이미지에 대해서 이야기하지 못할 것이다. 덜 똑똑하기 때문이 아니라, 우리의 분석적 언어에 대해서 별로 중요성을 부여하고 있지 않기 때문이다. 그렇지만 이러한 이미지들은 분석적 언어보다 훨씬 유효하고 확실하게 사람들에게 다가간다.'([이미지와 상징], p.21)고 하였다. 이러한 진술은 어떠한 개념이나 범주로 설명되지 않는 것을 이미지에 의존하여 포착한다는 말로서 전형적으로 주관적인 이미지 개념이자 문학적인 관점에서 내려진 정의라 할 것이다.

이러한 이미지 개념을 통해 이미지소(imageme)를 언급함에 있어서 두 가지 긍정적인 토대를 마련할 수 있다. 그 하나는 의미론연구회(1997)에서 지적되었듯이 인지언어학에서 사용한 영상도식(image schema) 개념의 경우, 여전히 시각적 이미지에 국한된 것이라는 느낌을 벗어날 수 없는 데 반하여[43], 문학적 측면에서 사용되는 이미지 개념은 감각적인 것 뿐만 아니라

---

43) 본래 영상 도식은 시각적 이미지 뿐만 아니라 다른 감각적 이미지를 포함하고 여기에 이들 이미지를 개념화할 수 있는 구조화, 도식화 능력까지 포함한다. 그러나, 인지 문

내적이며 정신적인 것까지도 포괄한다는 점이다. 이는 앞서 우리가 '이미지소의 구체적인 내용으로 1) 감각에 의해 지각되는 것과 2) 관습적인 논리에 따라 연결되어 있는 유의어적 관련어 개념 3) 사건 현상의 체험적 구조로서의 스키마(schema) 등으로 구체화될 수 있다.'고 언급한 것을 지지해줄 수 있는 기반인 것이다.

또 하나의 긍정적인 토대는 이와 같은 이미지 개념이 상상력 개념과 조우함으로써 인문학적 기반에 굳건히 기초하게 된다는 점이다. 다시 엘리아데의 서문을 살펴보자

> 이미지를 되살림으로써, 순수한 상태의 이미지를 관조할 수 있고 그들의 메시지를 흡수할 수 있다. 민간 속담에서는 개인의 건강, 내적 생활의 균형과 풍요를 위해서 상상력이 중요하다는 것을 자주 말해 왔다. (중략) 상상력을 가지고 있다는 것은 내적 풍요, 이미지의 자발적인 부단한 흐름을 향유한다는 것이다. (중략) 상상력을 가진다는 것은 세계를 그 전체성 속에서 바라본다는 뜻이다. 개념에 저항하는 모든 것을 지시해주는 것이 이미지의 힘이자 사명이다[이미지와 상징], pp.23~24).

인용문에서 보는 것처럼 이미지는 상상력의 풍부한 원천에 따라 세계를 자발적으로 보게 하며 개념이 나타내기 어려운 모든 것을 지시해준다. 따라서 이미지를 얻게 하고 조장하는 것은 정신적 개념으로서의 상상력이다. 상식적이고 무질서하며 종잡을 수 없는 상상력 개념과 구별하기 위하여 칸트의 상상력 개념을 다시 언급할 필요가 있다.

칸트는 경험된 모든 것을 종합하고 그로부터 지식을 성립시킬 수 있는 원천적인 능력의 개념으로 상상력 개념을 사용하고 있다. 우선 반복되지 않으면 인식될 수 없다는 점에서 '재생적 상상력' 개념이 나오고, 이러한 지각이 여러 사람들과 공유될 수 있는 지식으로 성립하기 위하여 이들 지각을 총합하는 '산출적 상상력' 개념을, 그리고 이들을 구조화하고 도식화

법에서 이를 실제 작업에 구현할 때 그림 도식에 의존하고 있다는 점과, 이것이 시각적인 장치에 국한될 수 밖에 없다는 점 등이 이와 같은 인상을 주는 것이다. 그러나, 반성되어야 할 사항은 연구자들 또한 시각적 그림 도식에 의존하는 과정에서 본래의 취지를 잃어버리기 쉽다는 점이다.

하는 작용을 위하여 '도식적 상상력' 개념을 제시하였다(존슨 [마음속의 몸] 6장 참조).

그러나 이와 같은 문학적, 철학적 개념으로서의 상상력 개념이 갖는 긍정적인 기반에도 불구하고 이것을 언어학적 분석의 도구로 사용하기 위해서는 일정한 제한을 가하지 않을 수 없다. 이미지를 분석적인 도구로 사용하기 위하여 세 가지 차원으로 구분한 본고의 입장이 문학적 관점에서는 용납되지 않는 것이지만44), 방법론적인 요구와 목적에 따라 이러한 개념 분할이 필요하다.

---

44) 엘리아데는 '의미 작용의 집합으로서의 이미지 그 자체가 진실한 것이지, 이 의미작용 가운데 어느 하나, 또는 관계되는 수많은 차원 중의 어느 하나가 진실한 것은 아니다. 하나의 이미지를 한 가지 관계와 맺어줌으로써 구체적인 한 개의 용어로 해석하는 것은 이미지를 훼손시키는 것보다 오히려 더 나쁜 일이며, 인식의 도구로서의 이미지를 절멸시키고 폐기시키는 일이다[이미지와 상징] pp.18~19).'라고 하였다. 이와 같은 입장은 문학적이거나 철학적인 입장에서 옹호될 만한 내용이라 하겠다. 그러나, 이미지 개념이 문학적 담론의 전유물이 될 필요는 없으며 언어학적 시각에서 새롭게 재규정된 이미지 개념은 오히려 우리 인식의 도구를 풍부하게 할 것이라고 생각한다. 따라서 이 들 장르에서 사용하는 이미지 개념을 최대한 수용하되 언어학적, 의미론적 체계 안에 편입될 수 있도록 재정의함으로써 언어 현상에 접근하는 우리의 관점을 확장시킬 수 있다.

제 3 장 다의 발생의 양상

1. 분석의 실제

1) 대상 어휘 선정

다의어의 분석에 앞서 분석할 대상 어휘를 선정하는 작업이 우선적인 과제임은 두 말할 나위가 없다. 어휘 선정은 여러 가지 각도에서 진행될 수 있는 것이어서, 우선 특정 품사만을 대상으로 할 경우나 특정 의미 영역에 속한 어휘들을 대상으로 할 경우와 같이 질적(質的)인 기준에 따를 수도 있으며, 상위 빈도의 어휘를 대상으로 하거나 가장 많은 수의 다의 의미를 가진 어휘를 대상으로 하는 따위의 양적(量的) 기준에 따를 수도 있다. 또한 분석 대상 어휘를 선정하는 데에는 분석의 목적이 무엇인가 하는 연구 목표에 지대한 영향을 받는 것이 사실이다.

다의어 연구사를 통해 우리가 알 수 있는 것은 대부분의 연구자들이 다의 의미로 벌어진 하위 의미의 수가 많은 하나 또는 소수의 어휘만을 선택하여 분석하고 있는 점이다. 이러한 경향은 다의 현상을 설명·기술하기 위한 하나의 모형적인 작업에 집중하였기 때문이라고 할 수 있다.

분석 대상 어휘는 크게 체언과 용언으로 대별하고, 그 각각에 대하여 구체와 추상이라는 관점으로 1~3개의 어휘를 선정하였다. 이는 대상 어휘 선정의 질적 기준에 의거한 것이다. 우선 양적 기준으로는 정광 외(2000)에서 [남북비교언어사전]이 제시한 빈도수 10,000 안에 포함되어 있는 어휘라는 점과, 하위 의미로 분화된 정도가 가장 높은 어휘들을 기준으로 택하였다. 빈도수 10,000등이라는 기준은 해당 어휘가 고빈도 어휘라는 점을 말해주는 것이며, 분화의 정도가 가장 높은 수준이라는 기준은 다의 발생이 활발히 일어난 어휘임을 말하는 것이다.

이를 좀더 구체적으로 보이면 가급적 확장된 하위 의미의 개수가 6개 이상이 되는 항목을 택하였다는 말이 될 것이다. 이는 만일 하위 의미의 개수가 2개인 경우를 다의 발생에 있어서 소분화된 부류로 하고, 3~5개인 경우를 중간 수준으로 분화된 것, 그리고 6이상으로 분화된 것을 대분화된 부류로 할 경우 대분화된 어휘들로 맞춘다는 것을 나타낸다.[45) 이에 따라 아래와 같이 항목을 선정하였다.

>   체언 - 구체 : 손
>   추상 : 앞, 관계, 힘
>   용언 - 동작동사 - 구체 : 먹다, 돌다
>   추상 : 알다, 생각하다
>   상태동사 - 구체 : 가볍다
>   추상 : 없다, 급하다

---

45) 고려대 민족문화연구원에서 편찬 중인 총 30만 어휘의 국어사전 자료를 통해 다의어와 그 하위 의미의 개수를 추출해 보면, 하위 의미 개수가 2인 항은 34,646항이며, 하위 의미가 3~5개 이하인 어휘들은 9,023항이며, 하위 의미의 개수가 6개 이상인 어휘는 899항으로 나타난다. 추출 범위는 하위 의미의 개수가 2~15개를 가진 항목을 대상으로 한 것이므로 오차가 있겠지만 전체석으로 6개 이상으로 하위 분화된 어휘는 900항을 넘지 않을 것으로 보인다.

2) 사전(辭典) 선정

분석 대상 어휘가 선정되고 나면 실제 분석 자료를 제공하는 사전을 선택하고 조정해야 한다. 본고에서는 뜻풀이 전문 사전을 표방한 「조선말대사전」(1992)을 위주로 하였고, '생각하다'의 경우는 「연세한국어사전」(1998)의 뜻풀이를 사용하였다.

「국어대사전」(1996)과 「우리말큰사전」(1992)이 간행될 당시만 해도 뜻풀이는 세분화되지 못하고 통합적인 양상을 띠고 있었다. 그러나 「조선말대사전」(1992)에서는 상당한 수준으로 뜻풀이가 정교화되고 세분화된 것을 여러 가지 용례를 통하여 확인할 수 있으며46) 이러한 뜻풀이의 세분화 추세는 최근 출간된 사전들에도 많은 참고가 되었다. 특히 코퍼스를 이용한 사전이 간행되면서 사전의 올림말 선정이나 뜻풀이 면에서 정교화되고 세분화되었다. 예를 들면 종래의 경우 '생각하다'는 '생각'의 파생어로 처리하여 독자적인 뜻풀이가 없었던 점에 비하여 「연세한국어사전」(1998)에서부터 코퍼스 용례 분석에 기초하여 파생어휘가 독자적인 의미 분화를 갖는 경우를 별도 표제어로 올리고 있다. 이와 같은 처리 방식은 「표준국어대사전」(1999)에서도 그대로 채택되고 있다.

한편, 정 광외(2000) 『남북비교언어사전 CDROM』에서는 「조선말대사전」(1992)과 「표준국어대사전」(1999)을 중심으로 남북사전의 뜻풀이를 비교 대조하였다. 빈도수 10,000등 이상에 속하는 어휘를 중심으로 뜻풀이가 일치하는 것과 일치하지 않는 것을 구분하여 제시하고 차이점에 대하여 약술하고 있다. 그런데 두 사전의 하위 의미의 편차는 거의 미약한 것으로 나타나고 있다. 이는 새로운 사전 집필 방식으로서의 코퍼스 용례 분석과 사전 편찬시 활용되는 기존 사전을 참고하는 등의 이유로 인한 결과로 해석된다.

본고에서 「조선말대사전」(1992)을 참고하는 과정에서도 남북한 차이에

---

46) 「조선말대사전」(1992)은 뜻풀이 사전이라고 할 정도로 비교적 하위 의미가 세분된 사전이다. 이러한 특성을 반영하는 한 예는 D라는 기호를 사용하여 완전한 단위 의미로 인식되지는 않았지만 독립적인 의미로 변화될 가능성이 있는 의미를 사전 기술에 반영하고 있는 점이다. 「국어대사전」(1996), 「우리말큰사전」(1992)와 「조선말대사전」(1992)의 뜻풀이 비교는 이정식(1997ㄱ) 참조

의하여 존재하지 않거나 받아들이기 힘든 뜻풀이에 대해서는 분석 과정에서 제외하였다. 또한 「조선말대사전」(1992)에서 사용하는 문법 술어를 국어 학계에서 통용하는 것으로 바꾸고(예, 규정어 → 관형어), 용례가 사상성(思想性)을 띠는 부적합한 것일 경우에는 수정하여 제시하였다.

2. 체언의 의미 발생 양상

1) 구체명사(1) : [손]

(1) 사람의 팔목 끝에 달린 무엇을 만지거나 잡거나 하는 부분. ¶손과 발.
(2) <도움이 되는 힘이나 그런 힘을 가진 대상>임을 나타낸다. ¶많은 기술적 문제들이 당신의 손을 기다리고 있소
    D('~의 손으로, ~의 손에'형으로 쓰이어) 무엇을 해결하는 '힘'이나 '수단' 등의 뜻. ¶내 문제는 내 손으로 해결해야지.
    D('~의 손으로, ~의 손에'형으로 쓰이어) 무엇을 소유하고 있는 대상임을 나타낸다. ¶성공과 실패는 당신 손에 달려있다.
(3) 로보트 같은 데서 움직여서 일을 하는 부분.
(4) '일손이나 노력자'의 뜻. ¶손이 많다 / 손을 나누다.
    D 손으로 하는 일의 품. ¶이 일이 보기보다는 손이 많이 든다.
(5) (도구나 기구의) 손잡이. ¶맷돌의 손.
(6) 식물의 덩굴들이 의지하고 뻗어올라가게 대주는 나무나 새끼같은 것. ¶수세미 오이가 두어치 가량 자라자 할머니는 나뭇가지로 손을 해주었다.
(7) 포도나 머루같은 식물에서 다른 물체에 감기어 줄기를 고착시키는 실 같은 것. ¶호박 넝쿨의 손이 뻗다.
(8) '부정적인 세력이나 야심'을 비겨 이르는 말. ¶악마의 손을 뻗치다.

신체명사 '손'은 신체의 부분을 지시하는 것이 최초의미가 된다. '손'에 관해서는 기존의 개론서뿐만 아니라 몇몇 연구를 통해 그 확장의 구조나 양상이 밝혀진 바 있다. 배도용(2001:43)에서는 신체명사 '손, 머리, 눈'을 분석하면서 이들이 형태면, 기능면, 구성면이라는 세 가지 국면구조에 의거하여 의미 확장이 일어난 것으로 제시하고 있다. '손'의 국면구조는 아

래와 같다.

    '손'의 국면구조
      가. 형태면 : 팔목 끝에 달림
      나. 구성면 : 손목, 손등, 손바닥, 손가락, 손톱, …
      다. 기능면 : 무엇을 만지거나 잡거나 하다.

이와 같은 국면구조는 푸쩨쭙스키(1995)의 생성어휘론에서 제안한 Q - 구조의 4가지 역(형상역, 기능역, 구성역, 작인역) 개념을 원용한 것이다. 이러한 분석의 틀은 체언 특히, 구체 - 사물 명사의 경우에 적절히 적용되지만, 추상명사나 용언의 경우에는 적용되지 않는 단점이 있다. 따라서 본고에서는 체언과 용언을 동일한 시각에 의해 분석하려는 입장에서 이미지소와 스키마 개념을 통해 위의 세 가지 국면을 포괄하게 된다.

【최초의미】
① 사람의 팔목 끝에 달린 무엇을 만지거나 잡거나 하는 부분.
명사 '손'의 최초의미는 일반적인 어휘의 의미라기보다는 '손'이라는 이름이 가리키는 대상을 외연적으로 정의하고 있다. '사람의 팔목 끝에 달린 부분'은 외연적인 정의를 나타내며 '무엇을 만지거나 잡거나'는 용도나 기능적인 정의를 나타낸다.

② 〈도움이 되는 힘이나 그런 힘을 가진 대상〉임을 나타낸다. ¶많은 기술적 문제들이 당신의 손을 기다리고 있소.
어떤 동작이나 직접적인 행위를 하는 데 있어서 중요한 신체의 기관은 '손과 발'이다. 그 중에서도 특히 '손'은 그 중요도의 차원에서 가장 현저하다. 이러한 기능적 [현저성]은 '어떤 대상에 대하여 미치는 가장 큰 영향력'이라는 점에서 '도움을 주는 대상'의 역할을 취할 수 있게 된다. 한편, '도움'은 '주고 받는' 행위를 염두에 두는 것이므로 [주체와 주체의 관계]에서 발생한 의미라 하겠다.

D ('~의 손으로, ~의 손에' 형으로 쓰이어) 무엇을 해결하는 '힘'이나 '수단' 등의 뜻. ¶내 문제는 내 손으로 해결해야지.

기능적 현저성에 의한 의미 발생이라는 관점에서는 두 번째 의미와 동일하다. 다만, 이것은 [주체와 대상간의 관계]에 적용된 것이라는 점에서 다르다.

D ('~의 손으로, ~의 손에' 형으로 쓰이어) 무엇을 소유하고 있는 대상임을 나타낸다. ¶성공과 실패는 당신 손에 달려있다.

기능적 현저성에 의한 의미 발생이라는 관점과 [주체와 대상간의 관계]라는 면에서는 앞서 풀이한 의미와 동일하다. 다만 중요한 기능을 하는 것이므로 그것에 따라서 일의 성패가 좌우된다는 시각이 개입하였다. 곧 어떠한 [행위의 결과]를 염두에 두는 데에까지 유연성의 범위가 확장되었다.

③ 로봇 같은 데서 움직여서 일을 하는 부분.

사람의 손과 로봇의 손이라는 형태적 유사성에 입각하여 발생한 의미이다. 유정물의 신체의 일부로서의 손이 아니라 로봇이라는 새로운 지시대상이 탄생한 데에서 의미 발생의 가능성이 마련되었다.

④ '일손이나 노력자'의 뜻. ¶손이 많다 / 손을 나누다.

제유(synecdoche)에 의해 '일하는 사람'의 의미로 '손'이 사용되었다. [부분 - 전체] 관계에 의거하며, 동시에 기능적 [현저성]도 여전히 관여하고 있다. 왜냐하면 [부분 - 전체] 관계에서 전체를 가리킬 수 있는 부분은 현저성을 갖는 부분이어야 하기 때문이다.

D 손으로 하는 일의 품. ¶이 일이 보기보다는 손이 많이 든다.

어떤 일을 하는 데에 손동작을 놀리는 횟수 또는 그러한 수고를 나타낸다. '손'의 모든 기능은 손동작으로 이루어진다. 이는 지시대상으로서의 '손'이 갖는 잠재적 행위기능과 '손동작'이 갖는 실제적 행위 기능이 동일시되는 것을 말해주는 것이며, [대상 - 기능] 관계에 의거한 환유에서 비롯한다.[47)]

⑤ (도구나 기구의) 손잡이. ¶맷돌의 손.

이 의미에서는 '손'과 '손으로 잡는 부분'이 동일시되고 있다. 형상적 관점에서 볼 때 몸과 손의 관계를 통해 볼 때 '손'은 움직이거나 잡을 때 나머지 몸의 부분과 분리된다. 또한 '손'과 '작용 대상'과의 관계에서 볼 때 '손'을 통해 대상에 작용을 가한다는 기능적 이미지소가 도구나 기구를 사용할 때에도 손잡이를 통해 사용된다는 것과 유사성을 갖는다.

⑥ 식물의 덩굴들이 의지하고 뻗어 올라가게 대주는 나무나 새끼같은 것. ¶수세미 오이가 두어치 가량 자라자 할머니는 나뭇가지로 손을 해주었다.

이 의미는 '손'의 활동 가운데 특정한 양태에서 의미 발생의 근거가 마련된 것이다. 무엇을 쓰러지지 않고 넘어지지 않게 지탱하며 떠받치는 데서 사용되는 '손'의 동작을 말한다. '손'의 풀이말 가운데 '잡는' 동작이 구체화된 예라 하겠다.

---

47) 의미 발생에 대한 의미론적 설명을 통사론적인 환경의 영향관계로 설명할 수도 있다. 다르매스쓰때에르(1886;46~52)는 의미변화의 논리적 조건을 고려하는 자리에서 뜻의 제한이 이루어진 제유 현상을 설명하기 위하여 '한정소 - 피정소' 관계를 도입하고 있다.

    1) la fete de l"Ascension de Dieu(예수의 승천절)

    1′) la fete de l"Ascension(승천절)

    2) ville capitale(으뜸되는 도시)

    2′) une capitale(수도)

la fete de l"Ascension(승천절)는 Dieu(예수)의 피정소이며 Dieu는 한정소이다. 또한 ville(도시)는 capitale(으뜸되는)의 한정소이며 capitale는 피정소이다. 이때 1)과 1′)은 한정소 Dieu(예수)가 생략되면서 피정소의 의미가 풍부하게 되었고('예수'의 의미를 포함하게 된 점에서), 2)와 2′)는 역의 관계로서 피정소 ville가 생략됨으로써 한정소 capitale의 의미가 풍부하게 되었다. 다르매스쓰때에르는 한정소 - 피정소 관계에서 비롯된 단어 의미 확장을 통사적인 표현에도 적용하려고 하였다. 그리하여, C'est un homme(남자다)라 하는 말이 un homme energique(씩씩한 남자)를 뜻하게 되는 것도 한정소 - 피정소의 생략과 풍부화를 통해서 설명하고 있다.
이런 방식을 그대로 '손 - 손동작'의 관계에 적용하면 '손(동작)'에서 피정소 '동작'이 생략되면서 '손'에게 자신의 의미를 넘겨주게 되고 결국 '손'의 의미가 풍부해진 것이라 할 수 있다.

⑦ 포도나 머루같은 식물에서 다른 물체에 감기어 줄기를 고착시키는 실같은 것. ¶호박 넝쿨의 손이 뻗다.

역시 '손'의 '잡는' 활동이나 동작이 [구체화] 된 예이다. 넝쿨이 공중으로 뻗어갈 때 의지하면서 타고 올라갈 대상이 있어야 하고, 그 대상을 잡아 감으면서 올라가는 것이 바로 넝쿨의 손이기 때문이다.

⑧ '부정적인 세력이나 야심'을 비겨 이르는 말. ¶악마의 손을 뻗치다.

'손을 뻗치다'는 구성은 의미 발생을 가져오지 않으며 다만, 부정적인 세력을 뜻하는 명사 수식어가 선행할 때만 이와 같은 의미를 발생시킨다. 따라서 이 의미는 '손'이 발생시킨 의미라고 할 수 없으므로 분석에서 제외된다.

2) 추상명사(1) : [앞]

    Ⅰ. (1) 향하고 있는 방향의 쪽이나 곳. ¶앞을 보다 / 집앞에 있는 큰 길.
       (2) (시간상으로나 차례로 보아) 먼저. ¶앞에서 한 이야기.
       (3) 장래나 전망. ¶앞이 환히 열리다 / 다가올 앞을 내다보다.
       (4) 편지, 공문, 초대장 같은 데서 받는 사람이나 기관의 이름 밑에 쓰이어) '에게'의 뜻을 나타내는 말. ¶교장 선생님 앞.
       (5) 사람의 생식기가 있는 부분. ¶앞을 가리우다.
       (6) =앞대 ¶차를 타고 앞으로 나가면 나갈수록 논이 더 많다.
       (7) x망건앞
       (8) 사람이나 동물의 눈. ¶앞이 멀다.
    Ⅱ. (1) (<앞으로>형으로 쓰이어) '이제부터 뒤에'의 뜻을 나타낸다. ¶앞으로 또 만나 이야기합시다.
       (2) (<앞에>,<앞에서> 형으로 쓰이어) 직접 당한 환경이나 조건. ¶어떤 난관 앞에서도 흔들리지 말자.
       (3) (<앞에>형으로 쓰이어) 행동이 미치는 대상을 가리키는 말. ¶우리 앞에 있는 과제.
       (4) (<앞에>,<앞으로> 형으로 쓰이어) 차례지는 몫. ¶한사람 앞에 세 개씩 돌아가다.

‘앞, 뒤, 옆, 위, 아래, 전, 후, 좌, 우’ 등은 방향을 나타내는 명사이다. 방향을 나타내는 명사이므로 개별적인 실체를 가리키는 명사와 구별된다. 그 방향 자체가 눈에 보이는 가시적인 것이 아니므로 추상적인 대상이라고 할 수 있다. 또한 ‘방향’을 가리키기 때문에 다른 실체 명사들에 비하여 실질적인 의미와 함께 기능적인 의미가 강한 특성이 있다.

어휘소 [앞]이 방향을 나타내는 어휘들 가운데에 ‘전면(前面)’을 가리키는 것 이외에 더 분석될 만한, 따라서 자신의 의미를 구성하고 있는 추가적인 요소는 없다. 그러므로 ‘방향’과 관계된 스키마를 끌어옴으로써만이 다의 확장의 실마리를 찾을 수 있는 것이다.

최초의미로서의 ‘앞’은 우리 몸과 밀접하게 관련되어 있는 점에 주목하여야 한다. 신체의 앞면과 뒷면이 비대칭적인 것도 ‘앞’의 특성의 일부이다. 곧 우리의 감각 기관인 눈과 코와 귀, 입 등이 모두 앞면을 차지하고 있고 팔은 앞쪽에서 뒤쪽으로 돌릴 수는 있지만 뒤쪽에서 앞쪽으로 돌릴 수는 없는 등, 모든 것이 앞면이 형상적으로나 기능적으로 발달되어 있다.

특정 사물의 앞부분 또는 앞면은 그 사물의 용도에 따른 목적에 부합하여 기능적으로 조직된 곳이 앞쪽으로 규정된다. 그리하여 집앞은 언제나 집앞이어서 큰 출입문과 창문이 달려 있다. 또한 책상의 앞면도 서랍장과 발과 무릎이 들어갈 수 있도록 되어 있는 쪽이 앞쪽이다. 그러나, 나무와 같이 그 앞뒤가 고정적으로 존재하지 않는 사물의 경우는 관련된 사람이 볼 수 있는 곳인가 그 사람에게 가리운 곳인가에 따라서 그 앞과 뒤가 결정된다.

또한 우리 신체 가운데서도 눈(시각)과 가장 밀접하게 관련된다. 그리하여 눈이 향하는 쪽이 곧 앞쪽인 것이다. 그러면 눈과 주체인 사람, 그리고 눈에 의해 향해지는 방향, 눈에 의해 향해지는 곳의 세 가지가 어휘 ‘앞’의 최초의미를 구성하는 세 가지 이미지소라 할 수 있다. 최초의미는 사전 의미 가운데 첫 번째 의미에 주로 해당되지만, 이 경우에는 ‘나 - 중심’이라는 인지적 성격에 따라 사람에 관계된 것을 첫 번째 의미에서 분리해 내고 이를 출발점으로 삼기로 한다.

[주체 - 눈]→향하는 (곳)

I ① 향하고 있는 방향의 쪽이나 곳. ¶앞을 보다 / 집앞에 있는 큰 길.

그러면 사람이나 사물 모두를 하나의 의미로 묶어낸 첫 번째 의미의 경우부터 설명해야 한다. 예문의 첫 번째는 최초의미에 해당하는 예문이지만 두 번째 예문은 이미 최초의미로부터 확장된 것으로서 직접적으로 사람과 관련되지 않고 대상 사물(집)과 또 다른 사물(길) 간의 방향 관계를 나타내고 있다. 그런데, 이와 같은 구도는 이미 최초의미를 이루고 있는 이미지 소를 통해서 충분히 암시된다. '주체의 눈'(대상 사물)과 '그것이 향하는 행위'(관계)와 '그렇게 향해지는 곳'(다른 사물)이 존재하는 것이 이미 전제되어 있었다. 다만, [사람과 사물의 방향관계] → [사물과 사물의 방향관계]로 확장시킨 것이 두 번째 예문인 것이다.

한편, '집앞'은 '앞을 보다'의 경우와 달리 특정한 일부분의 영역에 관계된다는 점을 고려해야 한다. 곧, '집앞'은 집에서부터 그 앞으로 향해져 있는 모든 영역에 대해서가 아니라, 집과 그 집의 영역과 직접 관계되는 근거리의 부분만을 한정하는 의미를 가지고 있다.

② (시간상으로나 차례로 보아) 먼저. ¶앞에서 한 이야기.

두 번째 의미는 공간 관계로서의 방향성 보다는, 시간적인 차원이나 순서의 차원에 대한 의미이다. 그리하여 [공간 ⇔ 시간]의 관계가 적용된 예라고 하겠는데, 이것이 아무런 연결고리가 없이 진행된 것은 아니다. 시간상의 '먼저'는 공간적인 순서관계를 통하여 그 중간단계의 스펙트럼을 가진다.

유사한 대상들이 순서를 지어 늘어서 있을 경우의 앞과 뒤에 대한 결정은 몇 가지 참조 사항이 있다. 그 하나는 늘어서 있는 대상이 자체적으로 방향성을 가지고 있는가 없는가이다. 앞쪽과 뒤쪽이 대상 자체로 정해진 경우는 그 향해진 방향이 '앞'이며 그 역방향이 '뒤'가 된다. 또 하나는 말하거나 판단하는 주체가 줄지어 늘어서 있는 대상들의 어느 곳에 있는가 하는 것이다. 그리하여 '앞'이라고 말하는 주체가 서있는 곳에 가까운 대상일수록 '앞'의 규정을 받게 된다. 마지막 참조 사항은 기준점이 되는 대상 사물의 위치와 관계되는데 기준점에 가까울수록 '앞'의 규정을 받는 것이다.

③ 장래나 전망. ¶앞이 환히 열리다 / 다가올 앞을 내다보다.

세 번째 의미는 '앞'이 사람의 눈과 관계되어 있으며 그것이 전면(前面)을 향한다는 점과 관계된다. 그리하여 우리가 걷는 발걸음은 눈이 향하고 있는 곳으로 나아가게 된다. 그곳은 아직 지나가지 않은 곳이며 몇 분 또는 몇 초 후에 지나갈 곳이다. 그러므로 조금 후에 지나가게 될, 닥치게 될 일에 대한 언급이다. 이로부터 '미래의 다가올 일'로서의 '장래나 전망'이라는 의미가 연결된 것이다. 역시 [공간 ⇔ 시간] 관계가 적용된 것인데, 특히 미래의 시간에 대한 것과 연결되었으며, 공간 관계일 때에는 특정한 공간 영역에 대한 언급이었으나, 시간 관계에 있어서는 일어날 '행위나 사건'에 대한 언급이 된다.[48]

그런데, 주목할 것은 '앞'과 반의어 관계에 있고 반대 방향을 나타내는 '뒤'의 경우도 '장래의 일'을 나타내는 의미를 가진다는 점이다.[49] 각주 '뒤'의

---

48) 어떤 실체와 그 실체가 나타내는 현상 또는 행동, 속성 등은 존재론적으로 연결되어 있다. 실체가 있음으로 그것의 현상이나 행동, 속성이 발현된다. 한편, 인식론적인 파악의 순시는 역으로 진행되어 어떤 실체를 파악하는 것은 그것의 현상이나 행동, 속성을 오감과 지각 작용에 따라 접촉함으로서 진행된다. 그러므로, 실체나 그것이 존재하는 공간적인 영역이 그것의 현상이나, 행위, 사건 등에 결합되거나 범주적으로 연결되는 것은 일반적인 사실이라 하겠다.

49) [뒤]

　① 무엇이 향하고 있는 방향과 반대되는 방향이나 곳 또는 등이 향한 곳. ¶뒤를 돌아보다 / 집의 뒤로 돌아가다

　② (시간상으로나 차례로) 다음이나 미래 ¶뒤에 들은 이야기

　③ 대를 이을 자손이나 후손 ¶뒤가 끊기다

　④ (어떤 것의) 끝이나 마지막이 되는 부분 ¶이 책은 앞부분 보다 뒤로 갈수록 재미있다

　⑤ 뒤끝이나 뒷일 ¶뒤를 부탁한다

　⑥ (움직이거나 활동한 다음에 나타난) 자취나 흔적 ¶손을 댄 뒤가 조금도 나타나지 않는다

　⑦ 어떤 사물 현상이 진행된 다음의 작용 또는 그 결과 ¶뒤가 좋다

나. 의 풀이말을 보면 '다음이나 미래'를 의미하고 있음을 볼 수 있다. 시공간적인 [선후(先後) 관계]와 [먼저 - 나중 관계]가 범주적으로 [앞 - 뒤] 관계와 밀접하게 연결되는 현상을 어떻게 설명할 수 있을까? 우선 최초의미와의 관계에서 직접 추론되지는 않는다. 최초의미로부터 선후 관계나 먼저 - 나중 관계로 발전한 것에는 분명 다르매스뜨때에르가 정리한 연쇄 관계가 개입하고 있다. 즉, 하나의 일관된 의미에서 유사의미로 방사 파생된 것이 아니라, 새로운 파생의 출발점으로서 기능하는 하위의 기둥의미가 생겨난 것이다.

④ (편지, 공문, 초대장 같은 데서 받는 사람이나 기관의 이름 밑에 쓰이어) '에게'의 뜻을 나타내는 말. ¶교장 선생님 앞.

네 번째 의미는 특정 문서의 종류에 국한하여 쓰이는 용법으로서, '누구 앞'과 같이 형식적으로도 굳어진 표현이다. 텍스트에 의해 보강되는 의미는 '누구 앞(에 이 편지를 보내주세요)' 또는 '누구 앞(에 이 편지를 드립니다)'와 같이 될 것이다. 언어 형식의 간결화는 특정한 텍스트의 맥락적인 압력에 의해 이루어진 것이다. 굳이 보강된 의미를 기술한 것은 최초의미로부터의 관련성을 찾는 데에 도움이 되기 때문인데, '누구 앞' 곧 '누구의 (눈에 보이는 곳에) 이 문서(편지)를 놓아 달라'는 것으로 풀이되는 탓이다. 이렇게 하여 최초의미와의 관련성이 '앞'의 스키마에 연결된 것이 확인된다. [맥락적 압력에 의한 간결화]는 언어 의미 확장에 관여하는 하나의 언어학적 장치

---

⑧ 좋지 않은 감정이 있은 다음에 연장되는 그 감정의 작용 ¶뒤가 없는 사람
⑨ (겉으로 드러나지 않은) 안속이나 뒷면 ¶뒤에 숨은 노력
⑩ (어떤 일이 되도록) 안받침하거나 뒤를 대주는 힘 ¶뒤를 대다 / 뒤가 든든하다
⑪ 북쪽의 방향 ¶우리 마을에도 사과밭이 적지 않지만 뒤로 들어가면 더 많답니다
⑫ =뒤밭 ¶뒤에 심은 파와 마늘
⑬ 사람의 '궁둥이'를 이르는 말 ¶뒤가 무거운 사람
⑭ 사람의 '똥'을 에둘러 이르는 말. ¶뒤가 마렵다
⑮ x 망건 뒤

위의 하위 의미들 중에 특히 ② '(시간상으로나 차례로) 다음이나 미래 ¶뒤에 들은 이야기'라는 의미는 '시간 상으로 나중'의 일이며 현재로서는 전개되지 않은 사건에 대한 언급이므로 '미래의 다가올 일'과 등가의 의미를 갖는다. 뿐만 아니라 ③④⑤⑦ 등 '뒤'의 나머지 의미들도 '아직 진행되지 않은' 사건에 대하여 언급하고 있는 것이다.

에 해당한다고 하겠다.

⑤ 사람의 생식기가 있는 부분. ¶앞을 가리우다.

다섯 번째 의미는 금기어에 대한 우회적이며 완곡한 언어 표현 수법의 영향으로 생겨난 것이다. 반의어 '뒤'의 ⑭번 의미에서도 '똥'을 의미하는 것으로 '뒤가 마렵다'는 표현을 사용하고 있음을 확인할 수 있다. 중요한 것은 언어의 표현 수법의 영향으로 생겨났다는 사실이 아니라, 가리키고자 하는 원래의 언어 형식과 '앞' 또는 '뒤'라는 형식간의 내용적 유사성을 밝히는 것과, '앞'의 최초의미 또는 스키마와 다섯 번째 의미간의 상관 관계를 밝히는 데 있다. 이러한 두 가지 문제는 모두 사전 풀이말의 '부분'이라는 표현을 통해 해결되는데, '앞'이나 '뒤'가 모두 '앞부분'과 '뒷부분' 의미를 포함함으로써 발생한 의미라는 점이다. 이를 인지적인 관점에서 재기술해 보면, '앞과 뒤'는 일정한 공간상의 선형적 관계로서 우선 인식되지만, 이를 공간상의 영역 관계로서 파악할 수 있으며, [선 ⇔ 면 또는 입체]의 상관관계는 앞선 논의에서도 확인한 바 있는 인식론적 범주이다.

⑧ 50)사람이나 동물의 눈. ¶앞이 멀다.

여덟 번째 의미는 '앞'의 최초의미가 갖는 기본 구조 '[주체 - 눈]→향하는 (곳)'에서 가장 중요한 '눈'을 환유적으로 나타낸 것이다.

Ⅱ ① (〈앞으로〉형으로 쓰이어) '이제부터 뒤에'의 뜻을 나타낸다.
    ¶앞으로 또 만나 이야기합시다.

Ⅱ에 기술된 '앞'의 의미는 모두 통사적 형식의 측면에서 제한된 구성과 그런 구성이 일관되게 갖는 특정한 의미에 대한 것이다. 그 첫 번째로서 '이제부터 뒤에'의 뜻을 갖는 '앞으로'를 살펴보자. '앞'과 '뒤'의 상호적인 관계는 Ⅰ의 ③을 설명하면서 이미 언급한 바이다. 기준점 또는 기준 위치에서부터 닥쳐올 미래에 대한 것과 이미 끝낸 과거에 대한 것으로

---

50) ⑥은 북한에서만 사용하는 용법이며, ⑦은 북한에서도 사용되지 않는 말이므로 분석에서 제외하였다.

양분할 수 있다. 이를 시공간적인 양상으로 파악하면 '앞으로'의 표현을 취하게 된다. 그러나, 이것을 현재의 기준점 또는 기준 위치를 현저한 것이나 우선적인 것으로 가치부여를 하면, 앞으로 행할 일은 부수적이거나 나중의 위치를 점하게 되므로 '뒤에/다음에 또 만나 이야기합시다'와 같이 실현될 수 있는 것이다. 그러므로 [(비가치적) 대상 ⇔ 가치적 대상]의 관계를 통해 '앞'과 '뒤'의 상호 교환 가능성이 성립되는 것이라 하겠다.

② (⟨앞에⟩, ⟨앞에서⟩ 형으로 쓰이어) 직접 당한 환경이나 조건. ¶어떤 난관 앞에서도 흔들리지 말자.

Ⅱ의 두 번째 의미는 ('어려운 환경/조건'을 당하다 ↔ '어려운 환경/조건' 앞에 있다)로 나타낼 수 있을 만큼 그 풀이말과 예문의 표현이 [문체적 변이 관계]에 가까운 기술로 나타나 있다. 물질적인 실체가 아니라 정신적이거나 관념적인 어려움을 당하는 것을 말하며, 따라서 '앞' 역시 시공간적인 의미로서가 아니라 관념적인 의미를 표현한 것이다.[51] 최초의미와의 관계를 살펴보면, '[주체 - 눈]→향하는 (곳)'에서 '향하다'라는 지향적인 상태보다는 '향하는 곳'이라는 분명한 실체가 강조되는 것에 관련된다. 다시 말하면 시공간적인 지향의 상태가 아니라 향하는 곳에서 발견되는 '대상들'에 주안점이 맞춰진 것이다. 따라서 [영역 ⇔ 실체]의 관계를 정립할 수 있으며, 이를 별도로 '실체화 또는 대상화'라는 이름으로 규정할 수도 있겠다.

③ (⟨앞에⟩형으로 쓰이어) 행동이 미치는 대상을 가리키는 말. ¶우리 앞에 있는 과제.

Ⅱ의 세 번째 의미는 예문을 통해 볼 때는 두 번째 의미와 크게 다르지

---

51) 그러나, 여기에는 중요한 논점이 있는데, 과연 이 때의 '앞'이 관념적인 의미인가 아니면 '난관'이라는 관념적인 대상을 실체적이면 사건적이고, 시공간적인 의미로 은유적으로 파악한 것인가 하는 점이다. 만일 이를 은유적인 파악이라고 하면, 비은유적인 표현형식이 존재해야 한다는 말이 된다. 그러나, '난관'이라는 표현과 결합하는 어떤 것도 (이를 은유적이고 하면) 은유적인 표현들 뿐이다. '난관이 있다, 난관을 넘어서다/극복하다/이기다, 난관에 부딪치다…'. 그러므로, 이와 같은 표현들은 본래의 표현형식(문자적 표현)이 별도로 있고 그것을 은유적으로 파악한 것이 아니라, 본래적 표현형식이 이와 같이 존재하고 있는 것이라고 하는 것이 온당한 듯하다.

않으나, '직접 당하다'와 '행동이 미치다'라는 차이를 보여주고 있다. '직접 당하다'는 '어떠한 문제와 만나다'라는 [접촉]의 사실을 나타내는 것이며, '행동이 미치다'는 [접촉 후의 영향]이 고려된 것이라 할 수 있다. 둘 이상의 사물이 접촉하면 상호 영향관계가 생겨나는 것은 존재론적인 사실로 생각된다. 한편, '과제'는 중립적인 표현인데 반하여 '난관'은 과제 수행의 난이도가 고려된 것이라는 점이 각각의 예문을 통한 차이점이다. 이것은 ②의 경우 영향을 미칠 수 없을 지도 모르지만, ③의 경우 영향을 미칠 가능성이 남아 있는 것으로 파악할 수 있게 한다.

최초의미와의 관련성을 생각할 때, ②와 ③은 문제의 [선명도]에 있어서의 차이를 보여주며, 관련성 자체는 동일하다.

④ (〈앞에〉, 〈앞으로〉 형으로 쓰이어) 차례지는 몫. ¶한사람 앞에 세 개씩 돌아가다.

Ⅱ의 네 번째 의미의 풀이말 '차례지는 몫'은 '앞에' 단독적인 풀이라기보다는 '씩'과 한데 어우러져서 나타나는 의미이다. '한 사람 앞에' 전체가 관용적으로 굳어진 표현에 속하기도 하며 이를 다시 쓰면 '한 사람당' 또는 '각 사람마다' 등으로 된다. 최초의미와의 관련성으로는 첫 번째 의미로서의 '집앞'과 동일한 기반을 갖는다. 그리하여 '한 사람의 바로 직접적으로 닿을 수 있는 전면에'를 뜻하게 됨으로써 '그 사람의 몫'이라는 의미로 확장된 것이다.

3) 추상명사(2) : [관계]

(1) 사물 현상들 사이에 맺어지는 이러저러한 얽힘이나 그것들의 연관. ¶역량 관계 / 대비 관계
(2) 사람들 사이에 서로 얽혀 맺어진 연계. ¶관계를 맺다 / 관계를 끊다 / 가족 관계
(3) 남녀 사이의 정교
(4) 무엇에 관련이 있는 것. ¶관계 국가들의 국제 회의.
(5) (규정어 다음에 '관계로'의 형으로 쓰이어) '때문에', '까닭으로'의 뜻. ¶동

해안 일대는 풍치가 아름다운 관계로 휴양소들이 많다.
⑹ ((수학)) 몇 개의 대상들과 관련된 명제. ¶관계 명제.

‘관계’와 같은 추상적인 어휘 부류의 경우, 최초의미와 그것의 구성 요소로부터 확장된 의미를 형성해 가는 식의 과정적 진술을 전개해 나가는 것이 쉽지 않음을 확인할 수 있다. 그것은 어휘소 ‘관계’ 개념 자체가 처음부터 추상적인 의미로서 탄생한 결과이며, 최초의미에 기반한 설명법이 구체적인 어떤 것으로부터 추상적인 확장 또는 비유적인 전이를 설명하려는 구도 속에 존재하기 때문에 적절한 공략법이 되지 못하는 까닭이기도 하다.

그러나, 그렇다고 하더라도 최초의미 정의와 그 정의를 이루고 있는 구성 요소로부터 아무런 단서를 발견할 수 없는 것은 아니다. 첫 번째 의미인 ‘사물 현상들 사이에 맺어지는 이러저러한 얽힘이나 그것들의 연관.’이라는 정의로부터 이들 요소를 추출해 보자.

【최초의미】
① 사물 현상들 사이에 맺어지는 이러저러한 얽힘이나 그것들의 연관.
  ¶역량 관계 / 대비 관계
우선 ‘사물 현상들 사이에’라고 했기 때문에 논리적으로 두 개 이상의 대상항에 관련된 것을 알 수 있다. 그리고 ‘맺어지는 이러저러한 얽힘이나 그것들의 연관’이라는 말에 대해서는 표제어로서의 어휘소 ‘관계(關係)’와 동의어 내지 유의어인 ‘얽힘’, ‘연관’으로 풀이되고 있는데, 이 부분에 대해서는 역시 구체적인 설정이 불가능하다. 결국 ‘어떠한 둘 이상의 항 간의 얽힘이나 연관’이라는 의미가 되므로 다음과 같이 설정될 수 있겠다.

[A항   ⇔   B항]

다의 의미의 확장이 새로운 이미지소의 발견 또는 창조에 근거한다고 가정하였기 때문에 최초의미 자체가 추상적인 기술을 취하는 어휘소의 경우 특별한 추가적 해석을 필요로 한다. 이미지소의 발견 또는 창조는 언어 사용주체의 경험 또는 체험과 밀접하게 관련되어야 하는데, 출발점 자체가 추상적이므로 이후의 의미 확장의 근거로서 경험 또는 체험의 구체적인 기반을 설정하는 데에 문제가 생긴다.

추상적인 최초의미 도식이 '구체화'를 경험하는 데에 필수적인 것은 무엇일까? 의미론 논의에 도입된 많은 용어들 가운데 객관성의 차원에서 상대적으로 부족하게 보이는 인지적 '현저성', '전경 - 배경'과 같은 개념들은 이 부분을 설명하는 데에 유효하다. 최초의미의 추상성은 의미 영역의 넓이라는 측면에서 가장 포괄적인 위치를 점하게 되므로, 그러한 포괄적인 영역이 '구체화'를 통해 한정된 의미 영역에 적용되기 위해서는 배경의 위상으로서의 추상적 포괄성이 전경이자 인지적 '현저성'으로서의 구체 영역 곧, '사람들 사이'의 영역과 대비되는 것이다.[52]

② 사람들 사이에 서로 얽혀 맺어진 연계. ¶관계를 맺다 / 관계를 끊다 / 가족 관계

```
[A항          ⇔        B항]
 |                      |
사람                   사람
```

③ 남녀 사이의 정교.

또한 '사람들 사이의 관계'가 '남녀 사이의 관계'로 더욱 세분되는 데에는 '사람들 사이의 관계' 가운데 가장 전형적인 관심사가 '남녀 문제'라는 인지적 우선성이 또한 그 촉발자로서 역할한 것이라고 할 수 있는 것이다.

```
[A항          ⇔        B항]
 |                      |
사람 - 남(男)          사람 - 여(女)
```

---

52) 문제는 이와 같은 '현저성', '전경 - 배경'이라는 개념 자체가 아니라, 이들 개념을 구성하거나 보충할 수 있는 세밀한 인지적 구조들을 구성하는 것이다. 다시 말하면, 추상적인 '관계'가 '사람들 사이의 관계'로 구체화되는 데에는 '나(我) - 중심'이라는 인지적 구조의 그럴듯한 확장으로서의 '사람 - 중심'이라는 인지적 우선성이 그 촉발자로서 역할한 것이라고 할 수 있다.

따라서 우리의 관심사는 바로 이러한 인지적인 우선성을 어떤 관점에서 어떤 범위로까지 설정할 수 있겠는지 하는 데에 놓이게 된다.[53]

④ 무엇에 관련이 있는 것. ¶관계 국가들의 국제 회의.

네 번째 의미 '무엇에 관련이 있는 것'은 최초의미의 추상성을 그대로 이어받고 있다. 또한 표제어 '관계'의 유의어인 '관련'이 '관련 단체'와 같은 복합명사구 구성을 취하는 것과 동일한 구조를 취한다. 그러면 네 번째 의미의 특성은 최초의미의 추상성을 그대로 상속받는다는 점과, 일정하게 고정된 통사적 표현 형식을 갖는다는 것이 된다.[54] 그런데 '관계 국가'는 곧 '국가들간의 얽힘이나 관련'을 의미하는 것이므로, 풀이말의 '무엇에 관련이 있는 것'은 통사적 형식에 이끌린 것일 뿐 그 자체가 추상적인 것은 아니다. 따라서 이를 국가와 같은 '단체 명사'에 확장된 것으로 볼 수 있다.

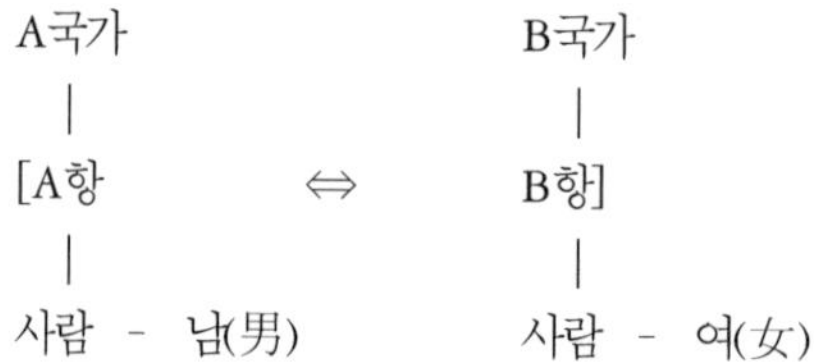

⑤ (규정어 다음에 '관계로'의 형으로 쓰이어) '때문에', '까닭으로'의 뜻. ¶동해안 일대는 풍치가 아름다운 관계로 휴양소들이 많다.

---

53) 어떤 주제를 가지고 의미론적 술어를 구성하든지에 상관없이 이러한 범주의 종류와 수에 관한 문제는 끈질기게 남겨진다. '의미자질'에 관해서, '의미영역'에 관해서, '의미범주'에 관해서 한결같이 그와 같은 헤어나올 수 없는 문제에 부딪치고 만다. 이 시점에서 전혀 다른 차원에서 이 문제를 볼 필요가 있다. 그것은 과연 의미론 논의에서 이와 같은 범주의 종류와 수의 문제가 반드시 해결되어야 할 '진정한 문제'에 속하는가에 대한 의심이다. 언어의 재귀성 곧, 언어로서 언어 자신을 설명할 수 있다는 특성이 언어가 갖는 우수한 점들 가운데 하나라고 알려지고 있지만, 의미론 논의에 있어서는 무한순환적 정의의 오류 문제를 제기하는 부정적인 논거가 될 뿐이었기 때문이다.

54) 이는 이후 다섯 번째 의미와 여섯 번째 의미에도 그대로 적용되는 특성이 된다. 이렇듯 통사적 표현 형식이 의미의 확장을 유도하는 경우에 대해서는 별도의 장(章)에서 다룰 것이지만, 일단 간략하게 해명해 보기로 한다.

다섯 번째 의미는 '-한 관계로'라는 통사적 형식에 의존하는 것으로 선행하는 관형절의 수식을 받는 동시에 부사격조사 '로'가 결합하여 전체적으로 부사어구를 이룬다. 그런데 '동해안 일대는 풍치가 아름다운 관계로…'를 살펴볼 때, 이전의 의미 확장과는 전혀 다른 특징을 발견하게 된다. 이전의 의미들은 주로 두 개 이상의 대상들간의 관계를 직접 나타낸 것에 불과하지만, 이 의미는 주어 '동해안 일대'와 그곳의 서술적 속성 곧, '풍치가 아름답다' 사이의 관계를 설정하고 있는 것이다. 다시 말하면 두 개의 서로 다른 대상들간의 관계로부터 하나의 대상과 그 대상의 속성 간의 관련성에 대하여 언급한다.

물론 대상과 대상의 속성 간의 관련성이라고 하더라도, 이 구성으로부터 전개된 의미는 원인이나 이유를 나타내는 구절로 발전된 것이 사실이다. 대상의 속성이라는 표현은 특정 대상이 갖는 고유한 속성을 의미하는 것이 보통이므로, 원인이나 이유의 구절로 한정되기까지 일정한 추상화가 진행된 것이라 하겠다. 예문을 통하여 이러한 추상화의 근거를 확인해 볼 수도 있다. 곧, '동해안 일대는 풍치가 아름다운 관계로 휴양소들이 많다'에서 '휴양소들이 많다'는 것이 어떠한 사태의 결과로서 나타나는데, 전통적으로 원인과 결과는 포괄적인 관계 개념 속에 속해 있는 것으로 인정된다.[55] 인지적 도식 가운데 하나로 [대상과 대상간의 관계' ⇔ 대상과 그 속성간의 관계]와 같은 투영 구조를 설정할 수 있을 것이다.

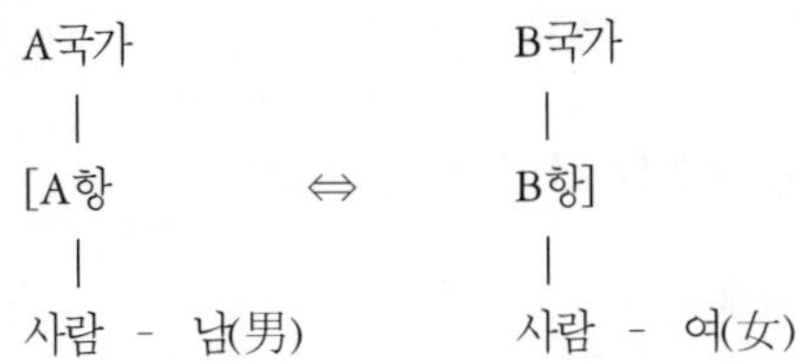

---

55) 결국 예문 '동해안 일대는 풍치가 좋은 관계로 휴양소가 많다'에서는 두 가지 의미적 구성이 나타나게 된다. 그 첫째는 주어와 서술어 관계로서 '동해안 일대'와 '풍치가 좋다'의 관계이며, 그 둘째는 원인절과 결과절의 관계로서 '풍치가 좋다'와 '휴양소들이 많다'의 관계이다. 물론 여타의 예문은 주어가 생략된 형태로서 '원인 - 결과'의 개념만을 드러내는 수가 많다. 그러나 이때에도 원인절과 관련된 주어 개념을 설정할 수 있다.

⑥ ((수학)) 몇 개의 대상들과 관련된 명제. ¶관계 명제.

마지막 여섯 번째 의미는 '수학'이라는 전문분야에서 사용하고 확정된 의미이다. 분야별 전문용어의 대부분을 차지하는 품사는 명사이며, 그밖에 동사가 사용되지만 소수에 불과하다. 전문 용어는 인간의 의도적 명명이라는 점에서 자연언어와 일정한 차이를 가진다. 뿐만 아니라, 전문 용어는 그 용어를 창안하거나 발견해낸 사람과 그 사람의 언어권 및 그 분야의 특수성까지 고려하여 명명된다는 점을 감안할 때, 일반적인 의미 확장과는 다소 구별해야 할 필요성이 생긴다. 그러나, 자국어에서 번역 용어로 채택한 것이든 자국어에 맞는 조어법과 의미 이해에 따라 새로이 창안한 것이든 간에 이들이 공히 동일 언어권 내의 의미 확장과 사용 범위 내에서 이루어진다는 점은 여전히 인정된다.

'몇 개의 대상들과 관련된 명제'라는 풀이는 수학 전문용어 '관계명제'를 그대로 풀이한 것이다. 이 가운데 '명제'를 제거하면 '몇 개의 대상들과 관련된'이 남고 이는 최초의미를 이루고 있는 구성요소와 근본적으로 동일하다. 수학은 모든 학문들 가운데 추상적 관계를 가장 엄격히 적용하는 분야로 알려져 있으며, '공리(axiom)나 정리'라는 개념이 이를 잘 나타내준다. 세계에 대한 의미론적 해석이나 존재론 등에 의지하지 않고 오직 이성의 논리적 형식화에 근거하기 때문에 어휘소 '관계'의 의미가 극단적으로 추상화된 것이라고 할 수 있겠다.[56]

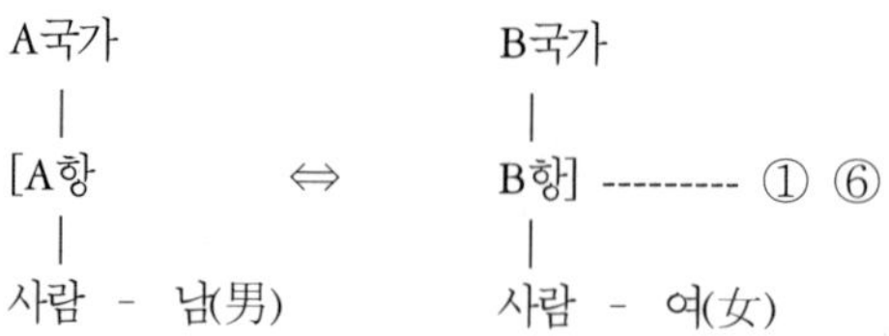

---

56) 관련 개념과 술어들을 비교해 볼 때 '관계(關係)'는 다음과 같은 개념의 전이 과정을 보여준다.
   [사물현상들 사이 → 사람들 사이 → 남녀 사이(이상 축소확장) → 관련있는 무엇(의미상의 추상화) → 구문기능적 추상화 → 장르적 안정화]

4) 추상명사(3) : [힘]

(1) ① (동물이나 사람이) 다른 사물을 움직이게 하는 능력. ¶ 힘의 세기로 한
다면 황소가 어른이지, 사람이 어른일 수가 없지./그 낯선 아저씨가 문
득 손아귀의 힘을 풀며 철이의 손목을 끌어 당겼다.

  ② (자연 현상이나 기계가) 사물을 움직이게 하는 능력. ¶ 해일이 일어날
때 파도의 힘은 어마어마하다./자동차가 힘이 모자랄 때에는 저단 기어
로 운전하세요.

(2) 가만히 있는 물체를 움직이게 하거나 움직이는 물체의 상태를 변화 또는
정지시키는 작용. ¶ 물체에 힘을 가하면 힘의 방향으로 가속도가 생긴다.

(3) (활동, 작용, 기능 등을) 할 수 있게 하는 능력. ¶ 수철이는 정신 수련으로
닦은 힘으로 공부에 열중하고 있다.

(4) 폭력이나 권력. 세력. ¶ 결국은 우리를 힘으로 굴복시키려 했던 일본은 미
국이라는 힘에 의해 무너졌다.

(5) 도움이나 의지가 되는 것. ¶ 나의 시간을 아껴 주었지만 너의 편지야말로
내게 큰 힘이 되었었다./명훈은 그 누구의 힘도 빌지 않고 혼자서 학교 문
제를 처리하려고 마음먹고 있었다.

(6) 정성이나 노력. ¶ 전자업체들 대부분이 그러하듯 기술 도입과 시설 투자에
힘을 쏟아 왔었다./내 소신을 펼 날이 올 것을 믿고, 기능을 익히는 데만
힘을 기울였다.

(7) 자신감이나 용기. ¶ 여기에서 힘을 얻어 우선 우거진 잡목을 개척하고 나
무를 베어 자그마한 거처부터 마련하기로 했다./목소리가 걸걸하니 힘이 있
었고 여전히 번쩍이는 눈빛에 힘이 넘치고 있었다.

(8) 기운. ¶ 혜경이 피아노를 치고 난 무대는 아직도 강력한 힘과 열정이 흘러
넘친다.

(9) 튼튼하거나 단단한 정도 ¶ 구부리는 부분은 감겨 있는 철사의 힘만으로는
지탱하지 못한다.

'힘'은 실체 명사가 아니라 현상이나 속성을 나타내는 명사이다. '힘'에
관해서는 마크 존슨이 정리한 전형적 경험의 패턴이 있으므로 우선 그것을
참고하여 힘의 스키마로부터 출발하도록 하자.

【스키마】
1) 힘은 언제나 <상호작용>을 통해서 경험된다.

2) 힘은 어떤 방향으로 <이동하는 운동>을 수반한다.
3) 힘은 일반적으로 단일한 <운동의 길>이 있다.
4) 힘에는 <기점 혹은 원천>이 있다.
5) 힘에는 힘의 <정도 내지 강도>가 있다.
6) 힘에는 언제나 <인과성의 구조 혹은 연쇄>가 수반된다.

‘힘’이 가리키는 대상 그 자체는 하나의 작용 또는 에너지로 나타나는 것이기 때문에 하나의 단일한 분해될 수 없는 덩어리와 같기 때문이다. 그러나, 그 ‘힘’을 둘러싼 요소 곧, ‘힘의 원천, 힘의 작용, 힘의 작용의 결과’ 등이 종합적으로 ‘힘’의 스테레오타입적 정의를 이룰 수 있으며, 이것이 또한 마크 존슨과 같이 인지 의미론적 입장에서 ‘힘’과 같은 어휘를 표상하는 방식으로 영상화라는 시각적 장치로서 제시한 것이라 할 수 있다. 시각적 장치를 사용한 것 자체가 어휘 일반에 적용될 수 있는 것이 아니기 때문에 그 제약성이 지적될 수밖에 없지만, ‘힘’과 같은 어휘의 의미 내용에 대해서는 그와 같은 방식이 타당하다. 왜냐하면 힘이란 ‘하나의 작용을 일으키는 어떤 것’이기 때문에 그 구체적인 실현의 이미지를 통해서 거꾸로 추론될 수 있는 것이기 때문이다.

위에서 제시한 힘의 스키마는 바로 힘에 관한 영상화가 보여줄 수 있는 특징을 언어로서 재기술한 것이다. 이는 힘의 뜻풀이 속에서 직접 추출되지 않으며, 힘의 작용이 낳는 특성들을 몇 가지 관점에서 포착함으로서 제시될 수 있다. 유사한 예로 ‘불(fire)’을 들어보자. ‘불’에 대하여 어떠한 사전적 정의를 내릴 수 있을 것이다. 그리하여 ‘물질이 높은 온도로 빛과 열을 내면서 타는 현상.’(금성판 국어대사전)이라고 정의할 수 있다. 그러나 이러한 최소 정의로서는 불의 속성을 잘 나타내고 있지 못한데, 그 불의 속성 가운데 하나인 ‘뜨겁다’라는 것이 표면에 드러나 있지 않은 점과 ‘불’이라는 현상이 다른 대상의 상태를 변화시킨다는 속성 역시 은폐되어 있다.[57]

---

57) 최근 언어학적 지식과 백과사전적 지식이라는 용어를 구분하여, 사전적 정의를 언어학적 지식에 대응시키는 한편, 그것을 둘러싼 특성에 관한 세부 기술에 대한 것을 백과사전적 지식에 대응시키는 방안이 기호학 분야에서 제기되었다. 이는 마르땡(1993)에서

그런데, 위에서 정리된 스키마는 ②으로부터 구체적으로 추출되는 것이라 할 수 있다. 첫 번째의 의미의 두 양상인 '사람이나 동물, 자연현상이나 기계'로부터도 이와 같은 추출 작업이 진행될 수 있지만, 물체들간의 힘의 관계가 좀더 객관적이며 물리적인 현상이기 때문에 이를 전형적인 것으로 본 것이다.[58] 힘의 최초의미를 설정하는 문제는 설명의 방식에 변화를 가져온다. 물체에 작용하는 힘이라는 의미를 최초의미로 설정한다면, '노력이나 의지'와 관련된 부분에 대해서는 인식론적 차원에서 덧씌워진 도식이라고 해야 할 것이다. 물체에 작용하는 힘에 대한 존재론적 차원에서는 이와 같은 주체적 개념이 포함되지 않는 때문이다.

마크 존슨이 그러나, ②를 최초의미로 상정하는 것은 '나-중심'이라는 인지주의적 차원으로 볼 때는 좀 이상한 것이 될 수 있다. 왜냐하면 '나-중심'의 측면에서는 ①의 ㉠이 우선적으로 선택될 것이기 때문이다. '노력이나 의지'라는 범주가 없던 것이 추가되는 것보다는 먼저 존재하고 나중에 변경되는 것이 부담이 덜하다는 측면을 고려하여 여기서는 최초의미를 첫 번째 의미로 상정하기로 한다.

【최초의미】
① ㉠ (동물이나 사람이) 다른 사물을 움직이게 하는 능력. ¶ 힘의 세기로 한다면 황소가 어른이지, 사람이 어른일 수가 없지. / 그 낯선 아저씨가 문득 손아귀의 힘을 풀며 철이의 손목을 끌어 당

제시한 '최소정의'와 '스테레오타입적 정의'라는 이분법과도 일치하는 것이다. 그런데, 우리의 관심은 의미 확장의 요소 또는 근거로 사용되는 것이 백과사전적 지식 또는 스테레오타입적 정의에 해당하는 기술의 요소들이라는 사실에 있다. 이로부터 다의 의미로의 의미 확장의 근거로서 포섭하여 설명할 수 있는 대상의 폭이 넓어진다.

58) 첫 번째 의미로 ①과 ② 가운데 어느 것을 설정하는가 하는 점에서 사전편찬자들의 이견이 있을 수 있다. ②의 의미는 좀더 논리적이며 메타적 진술로 받아들이기 쉽다는 점에서 첫 번째 의미로 상정할 수 있을 것이다. 물론, 자연 현상이나 기계, 사람과 동물이 발생시키는 힘의 현상도 일상적이기 때문에 첫 번째 의미로 상정하는 데 특별한 문제가 없다. 다만, 둘 이상의 의미가 모두 구체적이며 물리적인 현상에 관한 것일 때, 우선 순위의 문제가 생길 수 있는데, 이를 조정하는 기준으로는 사용빈도의 차이와 일상생활의 친연성과 같은 기준을 제시할 수 있을 것이다.

겼다.

① ⓛ (자연 현상이나 기계가) 사물을 움직이게 하는 능력. ¶ 해일이 일어날 때 파도의 힘은 어마어마하다. / 자동차가 힘이 모자랄 때에는 저단 기어로 운전하세요.

①의 두 번째 의미는 힘을 가하는 주체가 유정물이 아니라 자연 현상이나 기계 등의 무정물로 변환된 것이다. 주체의 영역이 확장되었을 뿐 그 구체적인 풀이의 내용과 작용의 양상은 동일하다. 다만, 언어학에서 그 주체가 의지적인 주체인가 비의지적인 주체인가에 따라 서술어의 의미역 명칭이 다르다는 점과, 전통적인 수사법적 논의 속에서는 이러한 유(類)들을 의인화라고 명명했던 것이라는 점을 지적해 둔다. 그리하여 [유정물 ⇔ 무정물] 또는 [의지적 ⇔ 비의지적]인 관계를 상정해 볼 수 있다.

② 가만히 있는 물체를 움직이게 하거나 움직이는 물체의 상태를 변화 또는 정지시키는 작용. ¶ 물체에 힘을 가하면 힘의 방향으로 가속도가 생긴다.

두 번째 의미는 힘의 두 가지 양상이 제시되고 있는데, 하나는 정지한 물체를 움직이게 하는 것이며, 다른 하나는 움직이는 물체를 정지시키는 작용이다. 이 둘 모두 '물체의 존재 또는 동작의 상태를 변화시키는 어떤 것'이라는 개념으로 종합될 수 있다. 앞서 마크 존슨의 '힘'에 관한 스키마가 이러한 용법에서 가장 잘 적용된다는 것을 언급한 바 있다. ①의 ㉠ⓛ이 [주체와 대상 간의 관계]를 유지하고 있었다면, 여기서는 [객체와 객체 간의 관계], 그리고 그 둘 간에 나타난 상태의 변화 또는 작용에 초점이 있다. 이와 같이 하여 '힘'의 사건이 객관화 또는 객체화된 것이 두 번째 의미인 것이다.

③ (활동, 작용, 기능 등을) 할 수 있게 하는 능력. ¶ 수철이는 정신 수련으로 닦은 힘으로 공부에 열중하고 있다.

세 번째 의미는 '힘'이 발현된 현상이나 작용에 대한 것이 아니라, 어떠한 현상이나 작용을 발현할 수 있는 (잠재적) 능력을 나타내고 있다. 예문을 통해서 보면 이러한 능력은 상승되거나 발전될 수 있는 것이다. 마크 존슨의 스키마 구조와의 관련을 살펴보면, '힘에는 (4)<기점 혹은 원천>이 있다.' (5)'힘에는 힘의 <정도 내지 강도>가 있다.'와 연결되는 것을 확인할 수 있다. 여기에 이르면 주체와 대상 또는 객체와 객체의 관계로 나타나는 실체들간의 관계는 축소 은폐되고, 잠재적인 발현 가능성에 초점이 주어지게 된다.

④ 폭력이나 권력. 세력. ¶ 결국은 우리를 힘으로 굴복시키려 했던 일본은 미국이라는 힘에 의해 무너졌다.

네 번째 의미는 [사회적 관계] 속에서 나타나는 힘의 관계를 포착한 것이다. 의미의 영역이 사회적 관계로 확대되자마자 새로운 관계 곧, [주체와 주체의 관계]가 등장한다. 앞서의 [주체와 대상의 관계], [객체와 객체의 관계]가 또 한 번의 범주 확장을 이루어 내는 것이다. 한편, 앞서 ① - ③까지의 의미는 힘의 속성을 가진 주체 또는 대상이 관여한 데에서 비롯한 의미였으나, 이 의미는 힘의 속성 그 자체가 드러난 것이다. 곧, '누구(x)가 행사하는 폭력, 누구(x)가 가진 권력, 누구(x)가 가진 세력'과 같이 나타나 풀이말로 사용된 '폭력, 권력, 세력' 등의 어휘의미 속에는 속성의 소유자가 나타나지 않으며, 다만 통사 구조상에서 실현되고 있다.

⑤ 도움이나 의지가 되는 것. ¶ 나의 시간을 아껴 주었지만 너의 편지야말로 내게 큰 힘이 되었었다 / 명훈은 그 누구의 힘도 빌지 않고 혼자서 학교 문제를 처리하려고 마음먹고 있었다.

다섯 번째 의미는 [심리적 관계] 속에서 나타나는 힘의 [작용 또는 영향력]에 대하여 포착한 것이다. '도움이나 의지'가 바로 정신적이며 심리적인 영역에 해당하며 이들은 주체가 어떠한 행위를 할 수 있기 위해서 기본적으로 필요한 정신적인 바탕을 말한다. 다시 말하면, <대상의 상태에 변형을 가하거나 대상의 움직임에 영향을 주는 것이 '힘'>이라는 사실은 거꾸로 인식하면, <그와 같은 상태 변형이나 움직임의 변화를 주기 위해서는 '힘'과 같은 요소가 필요하다>는 것이 됨을 알게 된다.

한편, 예문을 통해 보면 스키마 '5) 힘에는 힘의 <정도 내지 강도>가 있다.'와의 관련성을 통하여, '나의 힘'에 추가적으로 덧보태지는 '힘'을 포착하고 있음을 알 수 있다. <힘이 증가하면 할수록 그 힘을 가지고 행할 수 있거나 처리할 수 있는 일의 규모가 커진다>는 [관습적인 사실]은 다섯 번째의 의미로 의미 확장이 이루어질 수 있는 체험적 사실인 것이다. 말하자면 둘 이상의 힘이 한 데 모아지는 상황을 표상한 것이라 할 수 있다.

⑥ 정성이나 노력. ¶ 전자업체들 대부분이 그러하듯 기술 도입과 시설 투자에 힘을 쏟아 왔었다./내 소신을 펼 날이 올 것을 믿고, 기능을 익히는 데만 힘을 기울였다.

'정성이나 노력'은 일관성 있게 진행하거나 추진하는 일에 소용되는 것이므로, 예문에서도 '힘을 쏟다', '힘을 기울이다'와 같이 나타난 것을 보게 된다. 앞서 ⑤의 의미가 어떤 시점에서 둘 이상의 힘이 한데 모아지는 것과 관련된다면, 여섯 번째 의미는 시간적인 연속성 위에서 특정한 힘의 [지속적인 작용]과 관련된다. 스키마를 통해서는 '2) 힘은 어떤 방향으로 <이동하는 운동>을 수반한다.'와 비교할 때 '이동하는'으로부터 '지속성'의 근거를 발견할 수 있다.

⑦ 자신감이나 용기. ¶ 여기에서 힘을 얻어 우선 우거진 잡목을 개척하고 나무를 베어 자그마한 거처부터 마련하기로 했다./목소리가 걸걸하니 힘이 있었고 여전히 번쩍이는 눈빛에 힘이 넘치고 있었다.

일곱 번째 의미는 ⑤의 의미와 같이 이미 존재하던 힘에 덧보태지는 힘과 관련한다. 그만큼 이들 두 의미들간의 변별성의 정도는 낮아진다는 말이 되겠다. 그러나, 풀이말들 간의 차이를 통해 보면, '도움이나 의지'는 한 주체에게 힘이 덧보태지면서도 그 힘을 보충해 주는 또 다른 주체가 전제되어 있는 것인 반면, '자신감이나 용기'는 힘이 덧보태진 그 주체에만 초점이 맞춰진 것이라는 점에서 구별된다. ⑤의 의미를 [이타적 성격]으로 이름한다면 일곱 번째 의미는 [주체적 성격]이라는 이름을 대응시킬 수 있을 것이다.[59) 스키마와의 관련성은 ⑤와 동일하다.

⑧ 기운. ¶ 혜경이 피아노를 치고 난 무대는 아직도 강력한 힘과 열정
   이 흘러 넘친다.

여덟 번째 의미는 마크 존슨이 작성한 스키마로는 그 관련 고리를 찾기
가 어려우나, 체험적으로는 분명한 사실에 근거한다. '기운'은 객관적으로
나타나거나 보여질 수 있는 성질 대상과 같이 오감(五感)에 의해 접촉되는
것이 아니라 육감(六感)에 의지하여 감각되거나 지각되는 것이라 할 수 있
다. 이러한 이유로 인하여 마크 존슨이 객관화된 물질 세계의 작용 양상으
로부터 작성한 '힘'의 스키마는 '기운'이라는 개념 또는 영역에 접근할 수
없는 것이다.

강력한 힘이나 '분위기' 등은 체감될 수 있다. 그러므로 어떠한 힘의 움
직임에는 반드시 '기운'과 관계되는 요소가 동반되는 것을 알 수 있다. 이
와 같이 [동반되는 요소]를 통하여 의미 확장이 성립된다.

⑨ 튼튼하거나 단단한 정도. ¶ 구부리는 부분은 감겨 있는 철사의 힘만
   으로는 지탱하지 못한다.

마지막 아홉 번째 의미는 발현되거나 작용하는 힘으로서의 개념이 아니
라, 그 사물 자체 내에서 사물을 이루고 있으며, 그 사물을 특징지어주는
개념으로서의 개념이다. 따라서 '힘'의 기본 도식에서 상정한 것과 같은
'작용의 대상'에 해당하는 요소가 없는 것이다. 마치 목재의 오래 견디는
성질로서의 내구성(耐久性) 개념과 같다. '힘'의 다의 의미들 가운데 ③에
서 분석하였던 '(잠재적) 능력'이 가장 근접한 범주가 될 것이지만, ③에서
는 '잠재적인 발현 가능성'과 같이 발현 또는 작용의 개념을 포함하고 있
으므로 아홉 번째 의미와 구별된다.

---

59) '이타적 성격'이나 '주체적 성격'으로서 '도움이나 의지'와 '자신감과 용기'간의 차이
   를 구별한 것이 다의 확장의 어떠한 범주로 귀속될 수 있는지에 대해서 의구심이 일
   어날 수 있다. 이는 범주적으로 닫힌 개념으로 인정되기 어렵다는 직관적 판단에 기인
   하며, 피상적인 문체적 술어라고 치부될 수도 있겠다. 그러나, 이들의 차이와 그 차이
   에 대한 이와 같은 인식론적인 구별이 다의 의미를 확장시키는 근거라는 것은 부인될
   수 없을 것이다.

3. 용언의 다의 발생 양상

♣ 동작동사의 다의 발생 양상

1) 구체동사(1) : [먹다]

I (타)

⑴ (음식물을) 입을 통하여 배속에 들여보내다. ¶밥을 먹다/사과를 먹다.

⑵ 제것으로 차지하여 가지거나 공으로 얻어 가지거나 이익이나 소득을 내어 차지하다. ¶부산물을 먹다/수입금을 먹다.

⑶ 남의 것을 빼앗아 차지하거나 침략하다. ¶그들은 우리나라를 먹으려고 호시탐탐 노리고 있다.

⑷ (어떤 생각이나 감정 같은 것을) 품다. ¶큰 마음을 먹다/결심을 다져 먹다.

⑸ 나이가 더해지거나 어떤 나이에 이르다. ¶나이를 먹다.

⑹ (경기 같은 데서) 점수를 잃다. ¶그들은 상대편에게 전반에만 두 골 먹었다.

⑺ (욕, 핀잔, 책망 따위를) 듣거나 (부끄러운 일이나 욕을) 당하다. ¶욕을 먹다/골탕을 당하다.

⑻ 물기 같은 것을 잘 빨아들이다. ¶물이 많이 먹는 논판.

⑼ (일부 도구의 이름과 함께 쓰이어) 소재를 깎거나 자르거나 갈거나 하는 작용을 하다. ¶톱이 나무를 잘 먹는다.

⑽ ('말'과 함께 쓰이어) 더듬다. ¶말을 먹다.

⑾ ('귀'와 함께 쓰이어) 소리가 들리지 않게 되다. ¶귀를 먹다.

II (자)

⑴ (어떤 사물이) 벌레나 균 같은 것에 의하여 헐어들어가다. ¶버짐이 먹다/좀이 먹다.

⑵ (바르는 물질이) 베어들거나 고르게 퍼지다. ¶칠이 잘 먹지 않는다.

⑶ (노력, 물자, 돈 같은 것이) 들거나 쓰이다. ¶원가가 많이 먹는다/품이 많이 먹는다.

III (말체)

⑴ (일부 용언의 '아/어/여' 형 다음에 쓰이어) '버리다', '치우다'와 같은 뜻을 나타낸다. ¶깜박 잊어먹다/까먹다.

⑵ (주로 의문문이나 부정문에서 용언의 '아/어/여' 형 다음에 '겠'과 함께 쓰이어) 앞에 오는 동사의 뜻을 강조하여 '내다', '배기다'와 같은 뜻을 나타낸다. ¶이거 답답해서 어디 견뎌먹겠나?

⑶ (용언의 '아/어/여' 형 다음에 쓰이어 부정적인 특성이나 결과나 상태로 되다. ¶못해 먹다.

⑷ (동사의 이음형 뒤에 쓰이어) 그 동사의 뜻을 속되게 이른다. ¶놀려먹다/ 시켜먹다.

① **【최초의미】** (음식물을) 입을 통하여 배속에 들여보내다.

엄밀한 의미에서 의소는 '[음식물을]+[입을]+[통하여]+[배속에]+[들여 보내다]'로 구성되어 있으며, 오직 이들은 적절히 원초소적 기능을 하여야 한다. 만일 정의된 이들 각 요소로부터 의미 파생을 설명하려고 해본다면 아무 소득을 얻지 못하게 되거나 의소를 이루는 각 어휘들의 순환성 때문에 더 이상의 진전을 획득할 수 없게 될 것이다.

이미지소는 최초의미에 대한 언어 사용주체의 경험과 그 경험을 둘러싼 제반 연결고리들이라 할 수 있다. 그러면, 위에서 최소한의 변별성을 위해서 기술된 첫 번째 최초의미는 의소로서의 기능을 위하여 제시된 것이기 때문에, 실제로 우리가 음식물을 먹는 행위와 관련된 것을 모두 함의하고 있지는 않음을 알 수 있다. 예를 들면 먹는 행위는 소화되는 것을 결과로 하면서도, 먹는 행위를 통해 먹는 사람이 만족감을 얻는다는 기초적인 사실조차 위의 최소정의에는 나타나 있지 않는 것이다. 그도 그럴 것이 최소정의는 '먹다', '마시다', '소화시키다' 등과 관련하여 '먹다'만이 가지는 특성이라고 생각되는 것들을 논리적으로 제약하여 추출한 것을 고유한 자기 기능으로 하기 때문인 것이다.

이미 우리가 최소정의로서의 의소적 특질만으로는 의미창조의 과정을 설명할 수 없음을 논하였다. 의미 창조는 언어 사용주체가 해당 어휘형태가 가지는 풍부한 개념적 관련성을 구체적으로 체험하면서 발생하는 언어 사건이기 때문이다.

음식물 - 먹다(행위)

② 제것으로 차지하여 가지거나 공으로 얻어가지거나 이익이나 소득을
   내어 차지하다. ¶부산물을 먹다 / 수입금을 먹다.
 두 번째 의미는 먹는 행위가 제 몸밖에 있는 음식물을 제것으로 취하여
제 몸속에 넣는다는 체험과 관련된다. 그러면서 신진대사를 위해 먹는다는
개념은 사라지고 금전적 이익이나 소득을 얻는다는 사실에 바탕하여 의미
창조가 진행된 것이다. 그 의미 영역은 생리화학적인 것에서 사회적 사건
으로 넘어가고 있다.

음식물　　　　-　　　　먹다(행위)
　|
제것

③ 남의 것을 빼앗아 차지하거나 침략하다. ¶구한말에 일본이 열강들을
   물리치고 대한제국을 덥석 먹어버렸지.
 세 번째 의미를 두 번째 의미와 비교해보면 '차지하다'는 개념을 공유하
고 있지만 '빼앗다, 침략하다'의 개념이 새롭게 추가된 것을 볼 수 있다.
그러면 '먹다'의 어떠한 체험적 관련성이 이렇게 추가된 의미를 포섭하면
서도 자기 동일성을 유지하고 있게 되었는가? 음식물을 먹는 행위는 먹을
수 있는 음식물의 소유권에 대해서도 우리의 체험을 불러일으킬 수 있다.
음식물은 개별적 소유권에 따라 자기 토지에서 생겨난 생산물을 먹는 것이
보통이지만, 때로 남의 것을 먹는 수가 있는 것이다.

남의 것
　|
음식물　　　　-　　　　먹다(행위)
　|
제것

④ (어떤 생각이나 감정같은 것을) 품다. ¶큰 마음을 먹다 / 결심을 다
  져 먹다.

　네 번째 의미는 앞선 ②③과 다른 방향에서 창조된 의미이다. 이것은
먹는 행위를 통하여 음식물이 몸속 장계통에서 한동안 소화작용을 일으킬
때 그 기간동안 장기에 머문다는 체험과 관련된 것이다. 의미 영역은 마음
과 의지와 같은 영역으로 전이되었다.

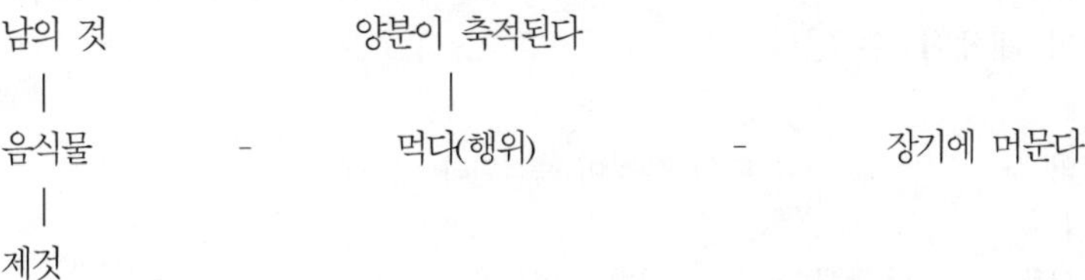

⑤ 나이가 더해지거나 어떤 나이에 이르다. ¶나이를 먹다.

　다섯 번째 의미는 먹는 행위가 몸을 자라게 하고 양분이 축적된다는 관
련성에서 비롯된 것이다.

⑥ (경기같은 데서) 점수를 잃다 ¶축구경기에서 그들은 전반에 한 골을
  먹었으나 후반에 세 골을 넣어서 삼대 일로 이겼다.

　여섯 번째 의미는 상당히 낯설게 느껴지는데, 왜냐하면 '먹다'는 가지고
취하며 획득하는 개념인 반면, 창조된 의미를 풀이한 용어는 '잃다'로 정
반대되는 개념이기 때문이다. 그러나, 본고에서 상정하는 이미지소 개념에
따르면 이러한 상황은 자연스럽게 도출되는 것이다. 먹는 행위는 음식물이
입속으로 들어가는 행위를 부분행위로 포함하고 있는데, 이러한 부분행위
가 그대로 의미창조의 단초 역할을 한 것이기 때문이다. 골문이 입으로,

골이 음식물에 각각 대응되어 형성된 의미이다. 한편, 먹는 행위는 손이 입으로 넣어 주는 과정을 통해 시작된다는 점에서 적극적이지는 않더라도 피동적 양상이 이미 존재하는 것으로 보아야 한다.

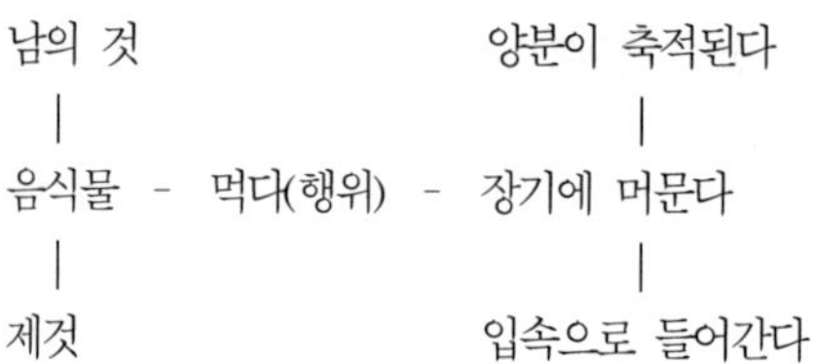

⑦ (욕, 핀잔, 책망 등을) 듣거나 (부끄러운 일이나 욕을) 당하다 ¶욕을 먹다 / 골탕을 먹다

　일곱 번째 의미는 ⑥과 유사하지만 '입속으로'라는 제약이 없이 광범위하게 '들어간다'는 이미지소에 초점을 두고 진행된 의미이다. 또한 음식물의 관점에서는 손에 의해, 다른 도구에 의해 수동적으로 '넣어지는 것'이며 장기의 관점에서도 음식물이 '받아들여지는 것'이다. 이로부터 일곱 번째 의미는 관련성을 획득하게 된다. 이를 ⑥과 연결하면 괄호 표현으로 다음과 같이 대체할 수 있다.

```
남의 것                    양분이 축적된다
  |                          |
음식물  -  먹다(행위)  -  장기에 머문다
  |                          |
제것                    (입속으로) 들어간다
```

⑧ 물기 같은 것을 잘 빨아들이다. ¶물을 많이 먹는 논.

　여덟 번째 의미는 먹는 행위의 주체와 관련된 것이다. 먹는 행위의 주체는 사람이거나 동물인 것이 일반적이다. 그 행위의 주체가 누군가에 따라 진행된 의미이다. 그리하여 이미지소의 관련 구조에 주체가 삽입된다.

```
남의 것                        양분이 축적된다   무정물(논,스폰지…)
 |                               |               |
음식물 - 먹다(행위) - 장기에 머문다 - 주체(사람, 동물)
 |                               |
제것                          (입속으로) 들어간다
```

⑨ (일부 도구의 이름과 함께 쓰이어) 소재를 깍거나 자르거나 갈거나 하는 작용을 하다. ¶톱이 나무를 잘 먹는다.

아홉 번째 의미는 먹는 행위 또는 동작의 주체와 관련된다는 점에서 ⑧과 무관하지 않다. 그러나, ⑧이 최초의미와 여러 측면에서 관련을 맺는 데 반하여 이 의미는 관련성이 상당히 적다. 예를 들어 만일 대패가 나무를 깎으면 대패 이빨 속으로 깎아낸 나무결들이 들어와 잘려나간다. 잘려나간 나무결들은 새롭게 쓰이지도 않으며 축적되지도 않으며 양분을 공급해주지도 않는다. 다만 잘려나가고 나면 쓸모없게 될 뿐인 것이다.

최초의미와의 관련성은 주체가 음식물을 먹을 때 사용되는 주된 부위이며, 그 부위를 통해 들어온다는 데에 있다. 최초의미에서 추측할 수 있는 입 속에 있는 이빨과 혀라는 부위(곧, 도구)가 씹는 작용을 한다는 점이 바로 아홉 번째 의미와 관련된 것이다. 그리하여 주체 안에 실제로 먹는 작용을 대표적으로 하고 있는 신체 부위를 추가할 수 있게 된다.

```
남의 것                        양분이 축적된다   무정물(논, 스폰지…)
 |                               |               |
음식물 — 먹다(행위) — 장기에 머문다 —  주체(사람, 동물)
 |                               |               |
제것                          (입속으로) 들어간다  이빨과 혀(씹는 작용)
```

⑩ (말과 함께 쓰이어) 더듬다. ¶말을 먹다.

열 번째 의미는 음식물을 먹고 나면 먹지 않고 있을 때 있던 음식물이 '없어진다'는 점과 관련된다. 있던 것이 없어지며 있어야 할 것이 없어지는 것이다. 최초 의미에서 주체는 생물학적 주체였는데, 여기서는 '말하는 주체'를 대상으로 하여 의미 관련성을 획득하고 있다. 그리하여 음식물이

먹는 행위를 통해 없어진다는 관점이 추가된다.

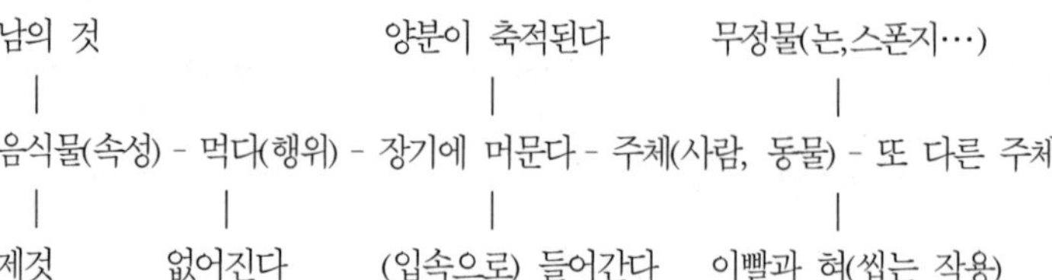

⑪ (귀와 함께 쓰이어) 소리가 들리지 않게 되다. ¶귀를 먹다.

열한 번째 의미 '귀를 먹다'는 사실 '소리를 먹다'는 말이므로 ⑩과 같은 유형이라 할 수 있다. 그리하여 '듣는 주체'를 대상으로 하여 확장되고 있는 것이다. 또한 ⑩도 마찬가지지만 이 의미는 대화하는 커뮤니케이션 상황 하에 놓여 있고, 따라서 둘 이상이 음식물을 먹는 상황과 관계있다. 최초의미와의 관련성을 보면, 한 사람이 먹을 음식물을 먹고 나면 나머지 사람은 먹을 것이 없다. 또한 먹어버린 음식물은 다시 원래 모습으로 재생되지 않는다. 먹고 나면 음식물은 더 이상 자기의 속성, 곧 먹음직스럽다든가, 색깔이 곱다든가 하는 것을 발할 수 없다. 따라서 주체의 수와 음식물의 자기 기능이라는 두 가지 관점에서 최초의미와 관련성을 가지므로 다음과 같이 추가할 수 있다.

이렇게 볼 때 의미 확장의 요소들은 그야말로 개념 연쇄적 측면이 있음을 알 수 있다. 그리하여 지금까지 '먹다'의 뼈대 개념을 「주체 - 음식물 - 먹는 행위」로 가정하였지만, 의미 전개의 관점에서 볼 때 주체와 관련한 개념 확장, 음식물과 관련한 개념 확장, 먹는 행위와 관련된 의미 확장을 제각기 이루고 있으며 단지 이들 세 요소를 넘어서서 구체화되고 있음을 확인한다. 이와 같은 양상을 통하여 분명히 언어 주체가 체험적으로 이미 지소를 따라 의미를 창조하는 과정을 조직해 나가고 있음을 확인하는 것이다.

2) 구체동사(2) : [돌다]

Ⅰ. 「자」

(1) (일정한 점을 중심으로 하고) 원을 그리는 방향으로 움직이다. ¶바퀴가 돌다 / 팽이가 돌다.

(2) 한곳에서 멀리 떠나지 않고 그 가까이에서 왔다갔다 하다.

(3) (일정한 범위의 안에서) 차례로 전하여지다. ¶회람이 돌다 / 승리의 소식이 온 마을에 돌다.

　　D (돌림병이나 전염병 등이) 퍼지다. ¶돌림감기가 돌다.

(4) (기계나 공장 같은 것이) 자기의 기능을 나타내어 움직이다. ¶수많은 공장들이 우렁차게 돌아가고 있다.

(5) (어떤 기능이나 작용이) 실현되거나 대상에 미치다. ¶소년은 똑똑하여 머리가 피뜩피뜩 잘 돈다.

(6) (돈이나 물자가) 유통되거나 융통되다. ¶자금이 돌다 / 상품이 돌다.

(7) (어떤 기운이나 눈물 같은 것이) 생겨서 나타나다. ¶감격의 눈물이 핑 돌다 / 아침 저녁으로는 제법 선선한 기운이 돈다.

　　D (바탕에 일정한 빛이나 윤기가) 어른거려 나타나다. ¶기름기가 돈다 /윤기가 돌다.

(8) (눈, 머리 등의 말과 함께 쓰이어) 정신을 차릴 수 없도록 아찔하여지거나 정신에 이상이 생기다. ¶눈이 핑핑 돌다 / 머리가 돌다.

(9) (어떤 생각이) 꼬리를 물고 자꾸 잇달리다. ¶생각이 머리 안에서 뱅뱅 돈다.

(10) (본래의 사상이나 입장, 지조들을 버리고) 반대편으로 넘어가다. ¶그깟 돈 몇 푼에 지주 편으로 돌아서 우리를 훼방하느냐!

(11) 향하고 있던 쪽에서 다른 쪽으로 방향을 바꾸다. ¶옆으로 돌아서 앉다.

Ⅱ. 「타」

(1) 무엇을 중심으로 그 주위를 원을 그리면서 둘러서 움직인다. ¶지구를 한 바퀴 돌다.

　　D 원을 그리면서 움직이다. ¶비행기가 공항 위를 돌다.

⑵ (여러 군데를) 차례로 들리다. ¶작업 반장은 그동안에 반원들의 집을 한바퀴 돌고 왔다.

⑶ (가까운 길을 두고) 멀리 에둘다. ¶그리 가면 무척 길을 돌게 되니 지름길로 가자.

D 자동사적으로도 쓰인다. ¶큰 길로 돌면 십리는 더 걷는다.

⑷ (일정한 범위의 안을) 이리저리 다니거나 왔다갔다 하다. ¶공장안을 돌다 / 순찰을 돌다.

어휘 '돌다'는 자타 양용 동사이다. 이렇게 양용으로 쓰이게 된 것은 역시 발생적 관점에서 볼 때 최초의미를 자동사적 성격으로 규정하면 타동사적 하위범주화 또는 논항 구조를 획득한 것이라고 할 수 있다. 물론 이러한 획득의 근거가 '돌다'의 최초의미 속에 나타나는 이미지소 가운데 발견되어야 할 것이다. 역시 사전의 첫 번째 의미 기술을 최초의미로 규정하는 것이 그것의 구체성과 동작성 등에 비추어 볼 때 타당하다.

【최초의미】「자」

I ① (일정한 점을 중심으로 하고) 원을 그리는 방향으로 움직이다. ¶바퀴가 돌다 / 팽이가 돌다.

'돌다'의 최초의미는 그와 같은 행위나 움직임이 나타내는 기하학적인 형상을 가지고 있다. 그리고 이런 형상은 의미 확장의 중요한 이미지소로 작용하게 된다. 역시 인지 의미론에서의 영상 도식에 의해 좀더 시각적으로 구상화될 수 있다. 사전에서 풀이된 최초의미는 '돌다'의 의미를 잘 기술하고 있는데, 이를 기본 구조로 다시 나타내면 다음과 같다.

기준점 - 원을 그리는 방향으로 - 움직이다

예문을 통해서 보면 이와 같은 움직임은 360도 이상의 회전 운동을 반복적으로 움직일 경우에 해당하는 것 같다. 그러나, 여기서 '원을 그리는 방향'이라고 한 것은 반드시 원의 모양을 취해야 함을 뜻하지는 않는다. 일정한 점을 중심으로 휘어지는 움직임에도 '돌다'를 사용할 수 있기 때문

이다. 다시 말하면 도는 각도가 360도이거나 180도, 90도, 45도 등의 크기로 낮아지더라도 모두 '돌다'라는 말로 나타낼 수 있는 것이다. 그리하여 '저 길모퉁이를 돌면 이내 정자가 나온다'라는 표현에서 확인할 수 있듯이 움직임 이전의 시선에서 움직임 이후의 사물이 보이지 않을 정도만 되면 어디든지 '돌다'를 사용할 수 있는 것이다.[60) 이것을 반영하듯 '원을 그리는 방향으로'라는 술어가 사용된 것이다.

【스키마】
　　1) 기준점이 있다.
　　2) 형상적인 모양과 관계한다.
　　3) 구심력과 원심력의 상호 작용 속에서 발생한다.
　　4) 180도를 도는 경우는 이전과 이후의 방향이나 상태가 반대가 된다.
　　5) 수평적 운동(팽이)과 수직적 운동(바퀴)에 모두 해당한다.

② 한곳에서 멀리 떠나지 않고 그 가까이에서 왔다갔다 하다.

두 번째 의미는 '개는 주인집을 떠나지 못해 주위를 빙빙 돌았다.'와 같은 예문에서 취해진 것이라 하겠다. 이미 두 번째 의미로 오면서 회전운동의 의미는 약화되고 있는데, '주위를 빙빙 돌았다'는 것이 반드시 집을 한 바퀴씩 계속 돌았다는 것을 뜻하는 것은 않으며, 집을 기준으로 하여 직선으로 또는 약간의 곡선 운동을 계속 수행하는 것에도 적용되기 때문이다.[61) '멀리 떠나지 않고 그 가까이에서'는 스키마 3)의 구심력과 원심력의 상호작용 속에서 근거지워진다. 회전의 의미는 '왔다갔다'에서 오는 동작과 가는 동작이 그치는 지점에서 180도 회전이 이루어지는 데서 찾아진다.

그러면, 최초의미와의 차이점은 우선, 최초의미가 등거리 운동과 같이 기계적으로 또는 수학적으로 정해진 운동(바퀴, 팽이)이라면, 두 번째 의미는 자연적이며 생물학적인 운동(유정물, 자연물)이라는 점일 것이다. 또한 최초의미가 [추상적]인 기준점에 있었다면, 두 번째 의미는 [공간적]인 기준점

---

60) 마라톤 경기에서 반환점을 돌아오는 경우는 180도만 회전하는 경우에 해당하며, 길모퉁이를 도는 것은 90도 이하의 경우도 허용된다.
61) 결국 '돌다'의 경우 기준점을 중심으로 하여 원근(遠近)의 움직임으로 움직인다는 사실이 더 중요하며, 회전의 양상이나 횟수는 보완적인 특질임을 확인하게 된다.

이라는 데 있다.

③ 일정한 범위의 안에서) 차례로 전하여지다. ¶회람이 돌다 / 승리의
소식이 온 마을에 돌다.

세 번째 의미는 움직이는 대상 또는 주체가 [언어나 언어적인 표현물]인
데에서 기인한다. 그에 따라 이러한 표현에 관련되는 대상은 [사람]에 한
정되며, 움직임의 직접적인 대상은 비실체물이다. 구체적인 사물이 아니므
로 시각적으로 확인될 수 없다. 뿐만 아니라 기준점이 추상화된 영역이어
서 풀이말에서도 '일정한 범위'라고 정의되고 있는데, 사람들의 모임이나
단체의 구성원들이 범위에 해당하며, 그들 '사이'가 기준점이 된다.

풀이말에서 '차례로'라는 술어는 마치 순서지어진 선적(線的) 운동만을
말하며 회전 운동과는 상관 없는 듯이 보인다. 그러나, 일정한 범위 내에
있는 구성원들에게 모두 적용되면, 처음과 끝이 다른 선적(線的) 운동이 아
니라 출발점과 끝점이 만나는 회전 운동의 성격으로 전이될 수 있다. 모든
구성원 또는 대부분의 구성원들에게 적용되는 일이면, 동그란 원(圓)의 만
족 상태 또는 그러한 이미지소와 만나게 되는 것이다.[62]

D (돌림병이나 전염병 등이) 퍼지다. ¶돌림감기가 돌다.

아직 옹글지 않은 뜻으로 제시되어 있지만 이미 전형적인 표현이다. '병
(病) 또는 질병'의 영역은 언어적으로 상당한 영향을 미치는 의미 영역 가
운데 하나이다. 비록 일반적인 대범주 이름으로는 알려져 있지 않지만, '죄
(罪) 또는 범죄'와 함께 언어학적 파생에 상당히 기여하는 영역이다. 위 ③
의 설명에 상당한 부분이 중첩되므로 자세한 사항은 ③을 참고하기로 한다.

④ (기계나 공장 같은 것이) 자기의 기능을 나타내어 움직이다. ¶수많
은 공장들이 우렁차게 돌아가고 있다.

---

62) 최초의미나 스키마를 통해서도 예측되기 어려운 이와 같은 [선적(線的) 운동과 회전
　　운동의 상호 교차는 일단 존재론적 범주라기보다는 인식론적인 범주 곧, 해석의 양상
　　과 관련된다고 해두는 것이 좋겠다.

네 번째 의미는 '돌다'라는 움직임을 주요한 속성으로서 취하고 있는 기계와, 그 기계를 포함하는 그릇으로서의 공장에 대하여 발생하였다. 이들은 수많은 [반복] 공정과 톱니 바퀴의 [회전] 운동으로 상징되는 기계 산업 사회의 대표적인 대상이다.

한편, 풀이말에서 '자기의 기능을 나타내어'라는 표현은 최초의미에서 직접 비롯되지는 않는데, 바퀴나 팽이의 예에서 이들이 비록 '도는 움직임'을 위해서 만들어진 것이지만 '도는 움직임'에 대한 현상적인 동작 상태의 기술에 불과하다. 이와 달리, 기계나 공장의 경우 '도는 움직임'은 활동적이며 목적적인 움직임의 의미를 강하게 가진다. 이러한 특성은 '*기계가 돌다/공장이 돌다'라는 표현이 아닌 '기계가 돌아가다/공장이 돌아가다'의 표현이 적절한 것에서도 알 수 있다.63) 이로부터 새로운 이미지소로 역할하는 [기능적] 특성이 도입되게 된다.

⑤ (어떤 기능이나 작용이) 실현되거나 대상에 미치다. ¶소년은 똑똑하여 머리가 피뜩피뜩 잘 돈다.64)

기둥뜻의 개념을 따르면, 다섯 번째 의미는 ④를 기둥뜻으로 하여 전개된 의미라 할 것이다. 그러나, 그렇다 하더라도 최초의미로부터 그 발생의 근거나 유연성을 확보해야 한다는 것은 당연한 명제라 할 수 있다. 일단 양태부사 '잘'의 부착은 어떤 대상의 기능이나 작용에 주목하게 하는 의미론적 재료가 된다. 최초의미의 예문 '바퀴가 돌다/팽이가 돌다'에도 '잘'을 결합하여 역시 '바퀴가 잘 돌다/팽이가 잘 돌다'를 구성해 보면 대상의 행위나 움직임에 관한 속성에 관한 개념이 강화되는 것을 쉽게 살펴볼 수 있다.

---

63) 자켄도프(1995)의 GO 함수에 대한 설명을 참조할 것.

64) '머리가 돈다'는 결합만으로는 긍정적인 의미의 '돌다'를 추출할 수 없다. '머리가 잘 돈다'와 같이 '잘'이라는 긍정적인 부사어와 결합하면서 부정적인 의미 '미치다/화가 나다'와 전혀 다른 의미를 얻게 된다. 거기에 '똑똑하여'라는 이유나 근거절이 부착되면 완벽한 의미 선정이 이루어진다. 이는 기존의 서술어와 논항 중시의 문법 연구가 기타 주변어에 대한 연구로 확장되어야 함을 말해 준다. 이와 같은 논리는 최근 RRG와 같은 문법에서 적극적으로 도입되고 있다.

그러나, '잘'의 부착으로 인한 결과가 아니고라도 '돌다' 자체의 의미가 지닌 [활동성]은 그것이 기능이나 작용에 연결될 것을 뒷받침해 준다. 다만, 최초의미에서 구체적인 물리적 사물에 적용되던 '돌다'가 사고(思考)나 이해를 담당하는 기관으로서의 '머리'에 적용됨으로써, [물리적]인 기능이 [정신적]인 기능으로 확대된 것이 다른 점이다.

⑥ (돈이나 물자가) 유통되거나 융통되다. ¶자금이 돌다 / 상품이 돌다.

여섯 번째 의미는 사회경제적인 영역에 대하여 확대된 의미이다. 풀이말로서의 '유통'과 '융통'은 모두 '흐르다'의 의미를 가지고 있는데, ③과 마찬가지로 선적(線的) 운동으로서 '흘러가버리는' 것이 아니라 하나의 단일한 통로 속에서 회전하는 운동에 대하여 진술된 것이다. 그리하여 하나의 사회 단위 또는 국가 단위 내부의 연결된 망 내에서 흐르는 것을 말한다.

그런데, 최초의미는 물리적인 기구나 도구가 움직이는 것에 관한 것이지만, 여기서는 액체의 움직임으로서의 [흐름]과 관계하고 있다. 곧 [회전 운동과 흐름의 상호 교차]가 발생한 것이다.

⑦ (어떤 기운이나 눈물 같은 것이) 생겨서 나타나다. ¶감격의 눈물이 핑 돌다 / 아침 저녁으로는 제법 선선한 기운이 돈다.

일곱 번째 의미는 구체적인 감각의 영역에서 확인되는 의미이다. 예문을 통해서 보면 첫 번째 '눈물'은 눈물이 실제로 원운동을 하는 느낌을 갖게 되며, 두 번째의 '신선한 기운'은 몸 전체에 두루 촉각에 의해 감각되어지는 실제의 기운이 있다. 다만, 첫 번째의 '눈물'의 경우 도는 움직임의 주체가 눈물이 되는데 반해, 기운의 경우는 기운이 실제로 돈다기보다는 그렇게 파악된 것이라는 점에서 차이가 날 뿐이다.

한편 이 의미는 최초의미와 함께 감각에 의해 실제적으로 확인될 수 있는 의미이다. '눈물'의 경우는 최초의미의 '기준점이 있는 원운동'이 액체라는 매질65)에 의해 행해지는 것이며, '기운'의 경우는 '기준점과 그것을

---

65) '매질'은 크게 고체, 액체, 기체 등의 부류에 의해 나누어질 수 있을 것이다. 이는 구체적인 물질 범주의 하위 부류에 해당하며, '돌다'의 움직임 주체를 살펴볼 때도 이들

둘러싼 원의 존재'와 같은 형상의 유사성에 따라 의미가 확장된 것이다.

D (바탕에 일정한 빛이나 윤기가) 어른거려 나타나다. ¶기름기가 돈다
／ 윤기가 돌다.

역시 아직 옹글지 못한 뜻이지만 단위화된 의미로 제시되었는데, 특이하
게도 도는 움직임의 주체로 나타난 주어 논항은 실제로는 전혀 그와 같은
움직임을 취하지 않는 것이라는 점이다. '그의 얼굴에 기름기(윤기)가 돈다'
는 표현이 그의 얼굴에 실제로 기름기(윤기)가 돌아가는 것은 아니다. 비유
적인 의미 확장이 언제나 이와 같은 비약을 초래하는 것이 사실이지만, 대
상이 정신적이거나 심리적인 것이 아닌 구체적인 시각적 대상에 대해 적용
된 것이라는 점에서 특이하다 할 수 있다.

한편, '기준점이 있는 원운동'과 같은 스키마와도 구별되는데, 그것은 풀
이말에서 '바탕'이라는 표현에서 알 수 있듯이, 장(場)이나 면(面)으로 인식
된 대상 전체를 언급하고 있다. 그러면, '돌다'의 활동성은 어디에서 발견
되는가? 그것은 풀이말의 '어른거리다'에서 추출될 수 있다. 흔히 '기름기
(윤기)가 도는 얼굴'은 빛의 반사를 받는 부분은 '번들번들'하고 나머지 부
분은 그렇지 못하다. 따라서 빛의 반사에 따라 그리고 보는 각도에 따라
반사되는 부분이 바뀌는 것이 움직이는 형태로 형상화될 수 있는 것이다.
그러면 이것을 [대상이나 주체의 움직임]에서 [대상의 속성(색)의 움직임]
으로 인식한 것임을 알게 된다.

⑧ (눈, 머리 등의 말과 함께 쓰이어) 정신을 차릴 수 없도록 아찔하여
지거나 정신에 이상이 생기다. ¶눈이 핑핑 돌다 ／ 머리가 돌다.

여덟 번째 의미는 환유적인 논항에 대하여 발생한 것으로, '눈'은 지각
작용을, '머리'는 사고 작용을 각각 가리킨다고 할 수 있다. 그러나, 환유
나 은유, 그리고 비유라는 용어로서 의미 확장에 대한 설명이 종결되는 것
이 아님은 누차 지적한 바와 같다. '돌다'의 이미지소, 정의, 스키마와의
어떤 관련성을 포착해야 하기 때문이다.

세 종류의 매질이 모두 확인된다.

우선 첫째 예문 '눈이 핑핑 돌다'를 살펴보면, 도는 움직임의 대상으로서 '눈'은 적당하지 않다. 의지적으로 '눈'을 돌릴 수는 있고, 도는 물체의 움직임을 따라가면서 볼 때 '눈'이 그 물체를 따라서 돌 수는 있지만, 해당 예문에서의 의미로 돌지는 않는다. 풀이말을 참고하면 '정신을 차릴 수 없도록 아찔하다'는 의미를 뜻하지는 않는다.66) 여기에는 [주체와 객체의 관계 역전]의 언어 표현 방식이 개입한다. 곧, 어지럼증으로 나 이외의 사물이나 눈에 보이는 것이 돌아가는 현상을 경험한다. 객체적인 사물에 대한 이와 같은 경험을 그 감각 경험의 일차 주체인 눈에서 발생하는 것으로 역전시킨 것이다.

둘째 예문도 유사한 방식으로 발생한다. 다만, 스키마 4)의 '180도를 도는 경우는 이전과 이후의 방향이나 상태가 반대가 된다.'는 것에 기초하여 원래의 정상적인 상태에서 전혀 비정상적인 행동이나 사고를 하는 것을 추상한 것이다.

⑨ (어떤 생각이) 꼬리를 물고 자꾸 잇달리다. ¶생각이 머리 안에서 뱅뱅 돈다.

아홉 번째 의미는 생각이 잇달아 일어나는 경험에서 발생하였다. 진행되는 일이나 생각은 우선 선적(線的)인 형상으로 추상화될 수 있으며, 각각의 생각은 선을 이루는 하나의 점들로 파악될 수 있다. [형상화]의 인식 방법이 적용되었다고 하겠다. 생각의 시작에서부터 결론에 도달하면 생각의 전개는 끝이 난다. 그러나, 어떤 생각에서 출발한 것이 결국 처음의 출발점으로 다시 순환되는 경험은 일상적인 것이다.

위에서 '꼬리를 물고'의 표현은 생각이 하나의 명제 또는 문장으로 제시될 경우, [주어부와 술어부]로 구성되는데, 그 다음의 생각에서 술어부가 주어부가 되고 새로운 술어부가 연결되는 방식을 [신체화의 은유적 인식 방법]에 따라 [머리부와 꼬리부]로 표상하는 데서 비롯되었다. 앞서 이와

---

66) 만화의 표현력을 통해서 이와 같은 어지럼증이나 정신을 차리지 못하는 것을 눈이 뱅글뱅글 돌아가는 것으로 나타낸다. 그러나, 이것이 정신을 차리지 못하거나 어지러울 때 실제로 눈이 돌아간다는 것을 형상화한 것은 아니다.

같은 처음과 끝의 맞물림을 ②, ③을 설명하면서 소개한 바 있다.

　⑩ (본래의 사상이나 입장, 지조들을 버리고) 반대편으로 넘어가다.
　　¶그깟 돈 몇 푼에 지주 편으로 돌아서 우리를 훼방하느냐!

　열 번째 의미는 ⑧과 같이 스키마 4)의 '180도를 도는 경우는 이전과 이후의 방향이나 상태가 반대가 된다.'는 것에서 비롯하였다. 물론 최초의 미에서 '원을 그리는 방향으로 움직임'이라는 이미지소도 그대로 포함된다. '돌다'의 논항 구실을 하는 어휘 곧, '편, 쪽, 사상, 입장, 지조'들은 모두 사람의 생각과 태도, 행위를 결정하고 선택을 하는 기준으로 작용하는 것들이다. 어떠한 방향을 가지고 있던 데에서 전혀 반대의 방향으로 입장을 바꾸는 것을 180도를 도는 경우와 동일하게 파악한 것이다. 아래 ⑪의 의미는 구체적인 사물과 사건에서의 양상을 보여주고 있다.

　⑪ 향하고 있던 쪽에서 다른 쪽으로 방향을 바꾸다. ¶옆으로 돌아서 앉다.

　열한 번째 의미는 위의 ⑩에서 살펴보았던 것과 동일한 형상을 구체적인 사물과 사건에 적용한 것이다.[67] 다만, '돌다'의 최초의미와 같이 90도를 돌든, 180도를 돌든 관계하지 않고 이전에 향하고 있던 쪽과 다른 쪽이기만 하면 모두 적용된다. 그리하여 '비스듬히 돌아 앉다 / 뒤로 돌아 앉다 / 옆으로 돌아 앉다' 등이 '돌다'에 대해 동일한 의미이며, 이는 마치 음운론에서의 자유변이와 같은 관계에 해당한다. 동일한 '돌다'의 의미에 대하여 그 결합어들에 따라 주변적인 양상만이 달라지는 것이다.

II 「타」
　① 무엇을 중심으로 그 주위를 원을 그리면서 둘러서 움직인다.
　　¶지구를 한 바퀴 돌다.

---

67) 사실 최초의미를 제외한 나머지 의미의 발생 순서도 논리적으로는 존재한다. 그리하여 최초의미로부터 기둥뜻과 같은 연쇄의 새로운 고리로 확장되고, 이 기둥뜻으로부터 새롭게 2차 파생의 근거가 마련된다고 하겠다. 그러나, 일단 최초의미와 나머지 확장 의미들 간의 관계를 밝히는 일에 주목하고 있으므로, 이와 같은 논리적 발생의 순서 문제는 다루지 않기로 한다.

Ⅱ의 전체 확장 의미는 모두 타동사이다. 지금까지는 주어 논항 하나만을 필수적으로 취하던 동사 '돌다'가 이제 목적어 논항까지 필수적으로 요구하는 동사로 확대된 것이다. 자동사의 최초의미와 비교할 때 그 차이점은 '일정한 점을 중심으로'가 괄호로 묶여서 술어 '돌다'의 의미에 내함된 것인데 반하여, 타동사는 '무엇을 중심으로'와 같이 자동사와 대동소이한 풀이말이 그대로 나타나 있다. 곧, 자동사로서의 최초의미에 내함되어 있던 '기준점'의 이미지소가 그대로 문법적으로 실현된 것이다. 이를 일단 '대상화'(objectivization)라는 언어적 메카니즘이 존재하는 것으로 상정해 보자. 그러면, 이러한 대상화는 어떻게 일어나는가?

우선, 1항 술어가 2항 술어를 취하게 된 것은 사물과 속성이라는 개념에서 사물과 사물, 속성과 속성의 관계 개념을 취하게 된 것이라 할 수 있다. '상품이 돈다 – 상품이 시장을 돈다', '몸 안에 피가 돈다/몸 안에 피가 혈관을 돈다' 경로(path) 개념이 포함된 자동사는 경로를 뜻하는 논항을 대상화시킬 수 있다는 것을 알게 된다.

3) 추상동사(1) : [알다]

(1) 모르던 것이나 잊었던 것이 무엇이며 어떤 것인가 등에 대하여 깨닫다.¶뜻을 알다 / 조국에 돌아와서야 비로소 나는 가장 귀중한 것 – 인간의 진정한 행복이란 것이 무엇인지 알았으며 체험하였다.

(2) 잊었던 것을 깨달아 새기다 ¶잊지 않고 알아내다 / 부탁한 것을 알고 있다
　　D 느끼거나 지각하다 ¶그는 집 근처 어딘가에 풀벌레가 미세하게 소리내고 있음을 알았다

(3) 어떤 사물 현상에 대하여 지식이나 기능을 가지다 ¶기계를 알다 / 자연과학에 대하여 잘 알다

(4) 어떻게 여기거나 이해하다 ¶이상하게 알다 / 귀중한 벗으로 알다

(5) 분간하거나 판단하다 ¶제 할 일은 제가 알아서 하다 / 자리를 지킬 줄도 알아야 하지만 때가 되면 물러설 줄도 알아야 한다는 거야.

(6) 낯이 있거나 익다 ¶아는 사람 / 알만한 사이

(7) (주로 토 '만' 뒤에 쓰이어) '소중히 여기다'의 뜻을 나타낸다 ¶일만 아는 사람 / 용철은 책만 아는 아이다. 그래서 그의 아버지는 체육도 좀 하라고

늘 타일렀다.

【최초의미】

① 모르던 것이나 잊었던 것이 무엇이며 어떤 것인가 등에 대하여 깨닫
다 ¶ 뜻을 알다 / 조국에 돌아와서야 비로소 나는 가장 귀중한 것 -
인간의 진정한 행복이란 것이 무엇인지 알았으며 체험하였다.

최초의미를 알다 ①로 설정한 것은 「우리말큰사전」과 「조선말대사전」
이 공히 이 의미를 첫 번째 의미로 설정한 것에 의지하는 바이며, 또한 나
머지 의미와의 관련성에서도 이것을 설정하는 것이 타당한 것으로 판단되
기 때문이다. 여기서 '모르던 것이나 잊었던 것'은 인지동사 '알다'라는 작
용의 대상에 해당하고, 그것을 '깨닫다'는 '마음으로 깨닫다'는 것이므로
'알다'가 심리작용과 관련되어 있음을 알게 된다. 그러므로, 다음과 같이
최초의미의 구조를 설정할 수 있다.

(모르던 것이나 잊었던) 대상 - '에 대하여' - 깨닫다

여기서 동작동사와는 다른 몇 가지 특징을 발견할 수 있는데, 첫째는
'알다'를 풀어쓴 '깨닫다'라는 술어는 실상 어느 것이 기초적인 풀이말인지
에 대하여 그 타당성이 의심스럽다는 점이다. '먹다'에 대하여 '떠넘겨 들
어가게 하다'로 풀이하거나 '가다'에 대하여 '움직이다'로 풀이하는 것은
그 사건의 구체적인 양태를 기술한 것이므로 풀이말에 그다지 큰 무리는
없다. 그러나, 인식동사 '알다'만 해도 벌써 풀이말의 타당성이 의심이 가
는데, 이는 나중에 몇몇 형용사의 풀이말처럼 유의어를 '고'로 연결해 놓
는다든지, 결국 순환적인 상호 참조풀이로 귀결되는 사전적 뜻풀이법의 실
상을 생각나게 하는 것이다. 그러나, 이는 어쩔 수 없는 결과이기도 한데,
이미지 창조와 관련된 논리는 유의어적 연결고리를 타고 진행되기 때문이
다. 바로 유의어적 동일상과 시차성을 타고 의미의 연쇄 파생이 일어나기
때문이다.

둘째는 '에 대하여'라는 것이 구조에 설정되어 있는데, 이것의 역할과
그 설정의 근거를 밝히는 점이다. 일반 동작동사의 경우는 주로 자동사의

경우 주격조사 '이/가'와, 타동사의 경우에는 목적격조사 '을/를'와 무표적으로 결합된다는 것을 알고 있다. 그렇기 때문에 이들 대상 또는 논항을 구조에 설정할 때 이들 조사를 개입시키지 않고 그 대상 또는 논항만을 설정할 수 있는 것이다. 그러나, '알다'의 경우 '을/를'과 결합함에도 불구하고 '에 대하여'를 설정하는 것은 '에 대하여'가 '을/를'의 의미를 함의하고 있으면서도 '을/를'보다 훨씬 더 구체화되고 제약적으로 보이기 때문이다. 따라서 의미 확대의 관련성을 생각할 때 '에 대하여'라는 단위를 소(素)로서 설정할 수 있는 것이다.[68]

② 잊었던 것을 깨달아 새기다 ¶잊지 않고 알아내다 / 부탁한 것을 알고 있다.

두 번째 의미는 최초의미에서 '잊었던' 대상에 초점이 주어졌고, 또한 '새기다', '기억하고 있다'라는 측면이 부각된 것이다. 비록 풀이말에 '깨달아'라는 성분이 있지만 이는 상대적으로 퇴색하고 '기억하다', '새기다'에 주목하고 있다. 다만, '깨닫다'는 성분 자체의 의미가 '깨달음 - 각인(刻印)'이라는 고리, 곧 깨달은 것은 쉽게 잊혀지지 않는다는 고리를 이루고 있음을 감안할 때 '새기다', '기억하다'의 의미가 연결되어 있음을 볼 수 있으며, 이에 근거하여 의미가 확장된 것이다. 따라서 다음과 같이 추가할 수 있다.

(모르던 것이나 잊었던) 대상 - '에 대하여' - 깨닫다
　　　　　|　　　　　　　　　　|
　　　잊었던 것　　　　　기억하다

D 느끼거나 지각하다 ¶그는 집 근처 어딘가에 풀벌레가 미세하게 소리 내고 있음을 알았다.

이 의미는 아직 온전히 여문 것은 아니지만, '알다'의 의미를 밝히고 이

---

68) '에 대하여'라는 이름은 'aboutness'라고 하여 화용론의 초점 또는 구정보를 나타내는 설명술어로 사용된 바 있다. 따라서 '에 대하여'가 구체적인 문장 표현에 있어서 반드시 목적격조사에 대당되는 것만은 아니며 주격조사에 대당되기도 한다.

미지소의 확장 과정을 아는데 유익하다. 최초의미가 정신적 과정에서의 깨달음으로서의 '알다'에 주로 관계하는 데 반하여, 이 의미는 감각적 과정에서의 인식에 관계하고 있다. 정신적 과정과 감각적 과정은 인식(認識)의 두세 가지 차원에 관련하고 있는 것으로서 일반적으로 '인식'(cognition)과 '지각'(perception)을 구분하는 논리와 일치한다. 그러므로 인식적 앎과 지각적 앎으로의 두 구분이 있을 수 있음을 알게 된다. 이로부터 다음과 같은 이미지소 확장을 가진다.

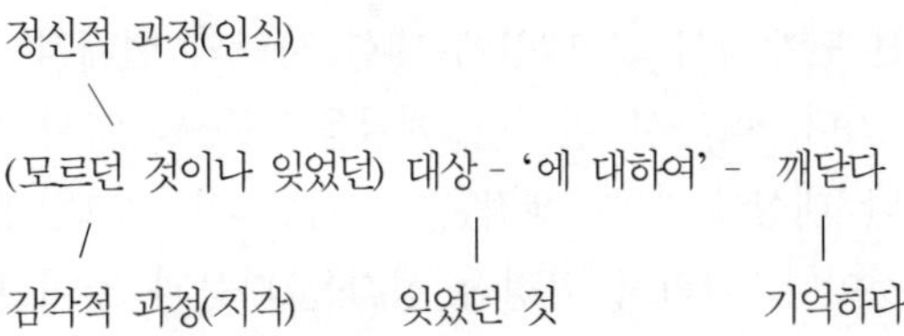

③ 어떤 사물 현상에 대하여 지식이나 기능을 가지다 ¶기계를 알다 / 자연과학에 대하여 잘 알다

　세 번째 의미는 구체적인 사물 현상에 대한 지식을 가지고 있다는 의미에서의 '알다'이다. 기계나 자연과학은 사람이 만들어낸 사물들이기 때문에, 이들에 대해서는 그 작동원리나 그 체계를 깨닫는다는 의미보다는 '습득한다'는 의미가 강하다. 이는 최초의미의 '깨닫다'가 깨달은 이후에는 그 깨달은 것을 유지한다는 행위를 논리적으로 함의하는 바이므로 생겨난 것이다. 이는 또한 '알다'라는 술어가 결합하는 연어적 구성으로서의 '알고 있'의 광범위한 존재를 통해서도 확인된다. 그러므로, 최초의미의 구조에서 '깨닫다'에 논리적 함의를 가시화 시킴으로써 다음과 같이 결합시킬 수 있는 것이다.

정신적 과정(인식)
　　＼
(모르던 것이나 잊었던) 대상 － '에 대하여' － 깨닫다 － 지식을 가지고 있다
　／　　　　　　　　　　　　│　　　　　　　│
감각적 과정(지각)　　　잊었던 것　　　　기억하다

④ 어떻게 여기거나 이해하다 ¶이상하게 알다. / 귀중한 벗으로 알다

네 번째 의미는 '알다'의 또 다른 관련성으로서의 '여기거나 이해하다'로부터 비롯한다. 최초의미는 '깨닫다'라는 행위를 취하는데 이는 '알다'와 관련된 어휘들 가운데 가장 정신적으로 고도의 단계에 속하는 것이다. 그러기 때문에 다른 나머지 의미들을 모두 포괄할 수 있는 것이다. 그런데, '깨닫다'는 행위는 문제가 되는 대상에 대하여 완전히 그 근본을 파악하게 된다는 의미를 가지는데, 이러한 '앎'은 실제로는 과정적으로 일어난다. 많은 '앎'의 과정 속에서 문득 '깨달음'이 얻어지는 것인데, 이 네 번째 의미는 바로 '앎'의 과정의 어떤 단계에서 그 대상에 대한 사람의 현재적 인식을 드러내는 것과 관련이 있다. 따라서 완전한 깨달음 또는 파악이 아닌 상태에서 과정적으로 일어난 대상에 대한 생각은 '여기는 것', '그렇게 이해하는 것'으로 드러나는 것이다. 따라서 과정적 성격을 다음과 같이 덧붙일 수 있다.

```
정신적 과정(인식)                          여기다(과정적 성격)
        \                                        \
(모르던 것이나 잊었던) 대상  - '에 대하여'----깨닫다 - 지지식을 가지고 있다
      /                    |                    |
감각적 과정(지각)        잊었던 것            기억하다
```

⑤ 분간하거나 판단하다 ¶제 할 일은 제가 알아서 하다 / 자리를 지킬 줄도 알아야 하지만 때가 되면 물러설 줄도 알아야 한다는 거야.

다섯 번째 의미는 최초의미의 논리적 확장 또는 세분화와 관련된다. 왜냐하면 최초의미에서 '해당 대상에 대해서 안다'는 의미는 기실 다른 것과의 차별성과 관련성 속에서 진행된다는 사실과 연결되기 때문이다. 표면적으로는 해당하는 대상에 관해서만 '알다'의 행위가 전개되는 것처럼 보이지만 인간의 사고작용은 그것과 관련된 개념 또는 대상들의 특징과의 사이의 동일성과 차별성을 파악하는 과정에서 특정 대상의 특징이나 지식을 '알게' 되는 것이다. 바로 이러한 논리적 사실로부터 '분간한다, 분별한다, 판단한다'와 같은 의미 내용이 실현된 것이다.

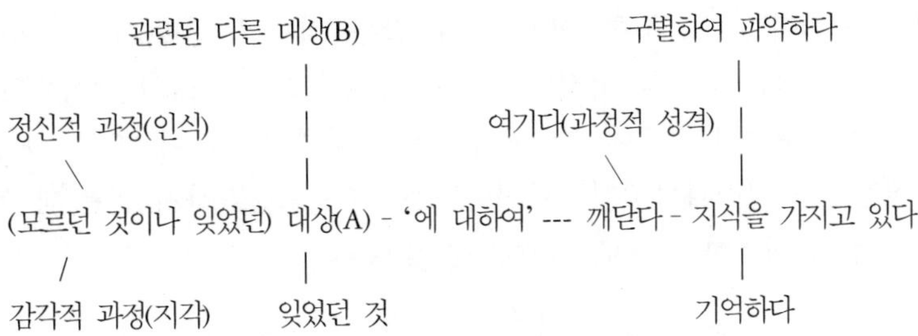

⑥ 낯이 있거나 익다 ¶아는 사람 / 알만한 사이

　여섯 번째 의미는 어떤 사물이나 사물 현상에 관한 것이 아니라, 어떤 사람에 대한 지식에 관한 것이다. 그런데 최초의미와의 관련성은 최초 의미의 기본구조를 그대로 따른다는 점이며, 추가적으로는 '알다'는 행위가 먼저 보거나 듣거나 경험하는 행위를 통해서 얻게 되는 결과적 행위라는 점을 생각할 수 있다. 사람에 대하여 여러 번 보거나 경험해 본 일이 '아는 사람/ 알만한 사이'와 같은 표현을 가져온다. 대상이 사람에 관한 것으로 특성화된 것이라는 점이 이 의미 특정적인 것이다.

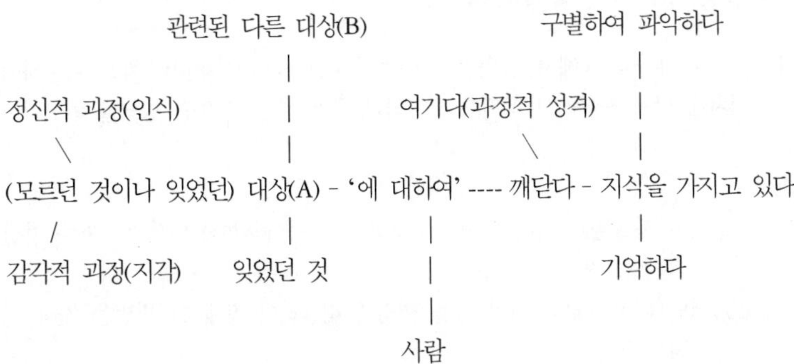

⑦ (주로 토 '만' 뒤에 쓰이어) '소중히 여기다'의 뜻을 나타낸다. ¶일만 아는 사람 / 용철은 책만 아는 아이다. 그래서 그의 아버지는 체육도 좀 하라고 늘 타일렀다.

　통사적 결합에 의해 특별히 규정되는 의미로서, 특수조사 '만'이 연어적으로 결합하여 발생한 의미이다. 위 ⑥의 경우보다도 더 제약적인 것으로 파악된다. ['알다' → '소중히 여기다']와 같은 의미의 연결고리가 어떻게 생성되는지에 대한 절차를 밝히기는 쉽지 않다. 그러나, 앎의 대상으로 삼을 만한 것은 무수히 많은데, 그 중에 '만'에 의해 제약되어 '오직 하나'에 특정지어진다는 관점과 [중심 - 주변] 또는 [중요 - 중요하지 않음]과 같은 인지적 패턴이 작용한 것으로 해석할 수 있다.

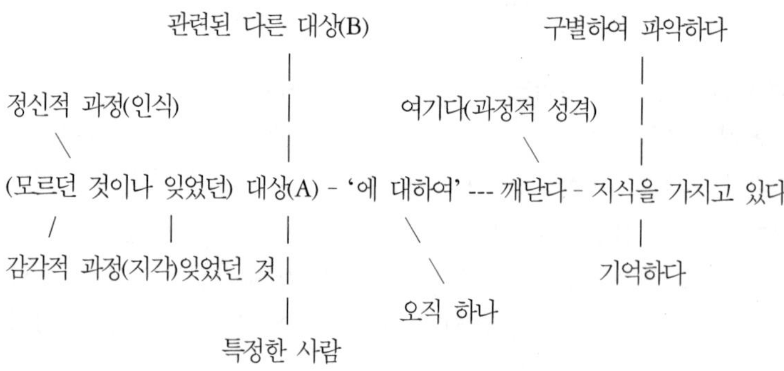

4) 추상동사(2) : [생각하다]

Ⅰ. (감각 기관을 통해서 단순히 느끼는 것이 아니고) 이성의 힘을 이용하여 이치에 맞게 헤아려서 따지고 판단하다. ¶인간은 생각하는 능력을 가졌다.

Ⅱ.

(1) 어떤 사실을 헤아리고 이치를 따지다. ¶특히 나이들면서 퍽 자주 자신의 죽음을 생각하게 됩니다.

(2) 어떤 대상, 개념, 사실 등을 머리에 떠올리다. ¶왜 그 방법을 진작 생각하지 못했지?

(3) 무엇에 관하여 기억을 살려서 머리에 떠올리다. ¶그때 일을 생각하면 지금도 얼굴이 화끈해요.

(4) 머리에 떠올려 상상하거나 어떤 것이 그러할 것이라고 짐작하거나 예상하다. ¶내가 생각하는 군인은 그런 것이 아니다.

(5) 어떤 것에 이롭도록 마음을 쓰다. ¶그 사람은 민족을 생각하고 국가를 위해 헌신해 왔다.

(6) (어떤 행동이나 판단을 위해) 어떤 대상을 마음에 두고 헤아리다. ¶그

　　냥 일어서고 싶었으나 바깥에서 기다리고 있을 할아버지를 생각하니
　　그럴 수가 없었다.
　(7) 어떤 의견을 마음에 두다. ¶그런 애를 때려서 다루려고 생각하면 안
　　돼요.

Ⅲ. 어떤 대상을 일정한 방식으로 판단하거나 여기다. ¶부장이 나를 무척 조용
　　하고 성실한 모범 사원으로 생각하고 있어.

　'생각하다'의 뜻풀이와 예문은 「연세 한국어사전」을 사용하였는데, 기존
의 남북한 사전의 경우 공히 '생각'이라는 명사에 제한하여 뜻풀이를 하고
'생각하다'는 그것의 파생어로만 처리하여 그 차별성에 주목하지 않았으나,
「연세 한국어사전」을 필두로 하여 '생각하다'가 '생각'과는 다른 의미 내
용으로 전개되고 있음을 보여주고 있다.69)

　Ⅰ로 제시된 첫 번째 의미는 가장 포괄적인 의미에 해당하며 일상적인
용법에서뿐만 아니라 전문적인 용법에서도 사용되고 있는 것이다. 그런데
이 '생각하다'가 사고(思考:thoughts)의 영역에 속해 있음으로 하여, 존재론적
으로나 인식론적으로 사고의 도식을 따라 그 의미가 전개되고 있음을 예측
할 수 있을 것이다. 이를테면 [생각 - 추론 - 판단 - 상상 - 기억] 등의 영역
연쇄가 그대로 도식화되어 존재하고 있는 것이다.

　'생각하다'와 같은 심리 사고 동사들은 물리적인 영역이나 구체적인 동
작, 상태에 관련된 개념과는 달리 어떠한 경험적 스키마 구조를 창출하기
가 쉽지 않다. 이는 심리 사고와 관련된 어휘들은 스키마가 호소력있는 형
태로 제시될 수 있는 영역이 아니기 때문이다. 따라서 이와 같은 부류의
어휘들에 대해서는 시나리오식 접근을 취하는 것이 올바르게 보인다. 곧, '
인식론적 차원에서 덧씌워지는 도식'이라는 개념으로 해명하는 방법이 좋
을 것이다.

　최초의미로 기술된 아래의 내용을 통해 보더라도 물리적이거나 구체적
인 영역의 부류와 구별되는 성격을 확인할 수 있다.

---

69) 이는 말뭉치(말모둠, 코퍼스)에 기반한 실제 자료를 바탕으로 그 출현 빈도와 용례에 주
　　목하였기 때문에 얻을 수 있는 성과라고 할 수 있다.

【최초의미】

I (감각 기관을 통해서 단순히 느끼는 것이 아니고) 이성의 힘을 이용하여 이치에 맞게 헤아려서 따지고 판단하다.

메타언어적 진술로 구성되어 있기 때문에 '이성, 이치, 판단하다' 등의 좀더 추상적인 어휘들이 정의항에 관련되어 있다. 최초의미가 경험 및 체험에 상응하는 구체적인 것으로 취해지는 것이 마땅하겠지만, 관념적인 어휘 영역의 경우는 그와 같은 기준을 만족시키기 어렵다. 따라서 '생각하다'가 갖는 의미의 가장 핵심적인 내용으로 인정되는 것을 취하고 그에 준하여 의미를 정의하는 것은 타당한 방법이 된다.

한편, '생각하다'와 같이 관념적인 어휘의 경우는 그만큼 정의 내용을 이루는 요소 하나 하나에 대한 동의의 수준이 높지는 않을 것이다. 이는 정의하는 사람의 관점이나 고려의 깊이 등에 상당히 영향을 받는 탓이며, 그 기술 내용이 구체적으로 증빙될 감각적인 대상이 없기 때문이다. 흔히 감각적이거나 물리적인 실제와 연결된 어휘들에 대한 정의는 사람들의 동의를 이끌어내는 데 별반 어려움이 없는 이유는 이들 기술이 떠올리거나 연상할 수 있는 실질적인 이미지 또는 상(像)이 있기 때문인데, 관념적인 어휘의 경우는 그렇지 못한 탓이다.[70]

어찌됐건 최초의미로부터 '생각하다'의 의미 확장 과정을 살펴보자. 우선 최초의미로 설정된 정의 내용으로부터 세 가지 요소 성분을 추출할 수 있는데 그것은 '이성(의 힘)'과 '이치에 맞게', 그리고 '헤아려서 따지고 판단하다'이다. 이 가운데 사전(辭典)간의 비교를 통해 알 수 있듯이 '이치에 맞게'의 경우는 그 필수적 요소로 보기에는 어려운 점이 있다. 그러나, 우선은 이것까지 수용하여 기본 구성을 아래와 같이 정하기로 하자.

---

70) 다른 사전의 '생각'에 대한 첫 번째 의미는 다음과 같다.
　　「조선말대사전」 : '(사유, 판단, 추리 등) 머리를 쓰는 것, 또는 그 결과'.
　　금성판 「국어대사전」 : 사람이 머리를 써서 사물을 헤아리고 인식하고 판단하는 작용.
　　한글학회편 「우리말큰사전」 : 마음속으로 헤아리거나 판단하거나 인식하는 일, 또는
　　　　　　　　그 작용.

[이성의 힘 - 이치에 맞게 - 헤아려서 따지고 판단하다]

어떤 것을 '생각한다'는 것은 그 어떤 것에 '마음이 있거나 관심이 있는 경우'인 것이 일반적이다. 아무런 관심과 마음이 없는데 그 대상을 생각한다는 것은 특별한 상황이 아니면[71] 성립되지 않는다. 이것은 ⑤, ⑥의 의미 확장을 설명할 수 있는 '생각하다'와 관련된 일반지식 또는 인지적 속성에 속한다. 그런데, 이는 최초의미의 규정에서는 직접 추출되지 않는다.

생각하는 이유 가운데 가장 근원적인 것은 이기적(利己的)이거나 이타적(利他的)인 욕망과 관련한다. 그러므로 생각의 방향은 '나(아) - 중심'으로 진행되든지 '너(타) - 중심'으로 진행되든지 한다. 이와 같은 인식의 두 방향은 '생각하다'의 의미 확장에 구체적으로 실현되고 있다. 그런데, 이와 같이 주체 개념이 개입되지 않은 중립적인 목적이 또한 존재하는데 그것은 '일이나 문제'등을 해결하기 위해 머리를 쓰는 것과 관련이 있다. 물론 중립적이라고 하기보다는 중간 단계의 목적이라고 하는 편이 더 사실에 부합할 것이다. 이렇게 하여 '목적' 개념이 접속되는데 바로 '생각의 목적'이 개입하는 것이다.[72]

II　① 어떤 사실을 헤아리고 이치를 따지다. ¶특히 나이들면서 퍽 자주 자신의 죽음을 생각하게 됩니다.

II의 첫 번째 의미는 최초의미 I 의 포괄적이며 비한정적인 개념이 구체적인 대상으로 제한됨으로써 발생한다. 일반적으로 이와 같은 전개를 [추상 → 구체]의 관계로 설정할 수 있다.[73]

---

71) 본인은 아무 관심이 없는데 그것이 대화자의 관심 영역 속에 있는 것이어서 대화 중에 잠깐 생각해 보는 경우나 특별한 생각의 의지가 없는 가운데 마음 속에 '일어나는' 갖가지 공상이나 상념들의 경우를 말한다.

72) '생각하다'의 의미 확장 과정을 스키마 또는 시나리오 방식으로 설명하려 할 때 그 과정을 가만히 살펴보면 이는 '생각하다'에 대한 분석적이며 철학적인 작업의 시초와 같이 보인다. 의미론이 감당해야 할 작업이 이와 같은 접촉 영역 속에 있음을 재확인한다.

73) 물론 대부분은 구체적인 의미가 추상적인 의미로 확산되는, [구체 → 추상]의 관계를 주로 언급하고 있다. 그러나, 이것은 최초의미가 구체적인 의미 영역 속에 있는 어휘들에 한정되는 것이며, 최초의미가 추상적인 의미 영역 속에 있는 어휘들은 그 역관계가 적용되는 것이다.

② 어떤 대상, 개념, 사실 등을 머리에 떠올리다. ¶왜 그 방법을 진작
　생각하지 못했지?

Ⅱ의 두 번째 의미는 '생각하다'와 관련된 논항의 부류별 차이에 의거
한 것이 아니라 '생각하다'의 서술 개념에 차이가 생겨난 것이다. 앞선 두
의미들은 모두 사고의 진행 또는 사고 과정이라는 [과정적 개념]으로 사용
되었지만, 이 의미는 '순간적이거나 즉각적인 생각의 일어남'과 같은 [발현
적 개념]으로 전개되었다. 우리는 대응하는 명사 '생각'이 취하는 구절 '생
각이 일어나다/생각이 나다/생각이 떠오르다/생각이 스쳐지나가다' 등과 같
은 표현을 통하여서도 이와 같은 [발현적 개념]의 관련성을 증빙할 수 있다.

③ 무엇에 관하여 기억을 살려서 머리에 떠올리다. ¶그때 일을 생각하
　면 지금도 얼굴이 화끈해요.

Ⅱ의 세 번째 의미는 사고(thoughts)의 영역 연쇄 곧, [생각 - 추론 - 판
단 - 상상 - 기억]과 같은 인접성의 고리를 통하여 전개된 것으로 '기억'의
요소가 결합되었다. 이와 같은 영역 연쇄는 실제적인 생각의 과정 속에 이
미 잠재되어 있다. 생각은 이전의 경험 또는 사고에 대한 인출(recall)의 과
정과 현재의 생각의 목적 등이 관련하여 진행되기 때문이다. 흔히 '생각해
내다'와 같은 표현은 '잊었던 기억을 다시 찾거나 떠올리다'와 같은 의미
가 되는 것도 이와 같은 '생각의 작용'에 연유한다.

④ 머리에 떠올려 상상하거나 어떤 것이 그러할 것이라고 짐작하거나
　예상하다. ¶내가 생각하는 군인은 그런 것이 아니다.

Ⅱ의 네 번째 의미는 ③과 상대적인 사건 시간에 관하여 의미 확장이
진행되었다. 곧, ③은 과거의 경험과 기억에 대한 '생각'이지만, 네 번째
의미는 미래의 시간에 진행될 수 있는 사건에 대한 '생각'이다. 이 시점에
서 '생각하다'는 활동에 대한 시간적인 분할 곧, [과거 - 현재 - 미래]의 삼
단계 분할을 참고할 수 있다. '생각하다'의 활동 자체는 발화시나 기준시
에 진행되는 것이되, 생각의 내용은 과거에 대한, 현재 처한 상황에 대한,
미래의 상황에 대한 것으로 구분될 수 있다. 그리하여 풀이말에서 '짐작하

거나 예상하다'는 자신의 자질로서 이미 '미래의 시간성'을 포함하고 있는
표현들이 사용된 것이다.

⑤ 어떤 것에 이롭도록 마음을 쓰다. ¶그 사람은 민족을 생각하고 국가
  를 위해 헌신해 왔다.

Ⅱ의 다섯 번째 의미는 '생각하다'의 도입부에서도 언급하였지만, '무엇
을 위하여 생각하다'와 같이 생각의 [이유 또는 목적]에 관련된다. 주로 유
정적인 대상 또는 준유정적인 대상이 논항으로서 결합하는데, 이는 '위할
수 있는 대상'에 한정되기 때문이다. 그리하여 사람이나 동물, 또는 준행위
자로서의 단체나 조직 등이 결합한다. 앞서 생각의 방향이 '나(아) - 중심'
으로 진행되든지 '너(타) - 중심'으로 진행되든지 한다고 말한 바 있다. 역
시 '생각'과 관련된 도식에 포함되어 있는 것임을 확인할 수 있다.

⑥ (어떤 행동이나 판단을 위해) 어떤 대상을 마음에 두고 헤아리다. ¶
  그냥 일어서고 싶었으나 바깥에서 기다리고 있을 할아버지를 생각하
  니 그럴 수가 없었다.

Ⅱ의 여섯 번째 의미는 '다른 사람의 입장에서 생각하기' 또는 '나의 경
험과 판단에 비추어 보아 다른 사람을 생각하기'와 같은 관습적인 생각의
방식과 관련된다. 이것이 바로 '헤아리다'로 나타낼 수 있는 의미가 되며,
부수적으로 '연민의 생각'이라는 개념이 연결될 수 있는 통로가 된다.

⑦ 어떤 의견을 마음에 두다. ¶그런 애를 때려서 다루려고 생각하면 안
  돼요.

Ⅱ의 일곱 번째 의미는 의견 또는 판단에 관련됨으로서 발생한다. 역시
사고(thoughts)의 영역 연쇄 곧, [생각 - 추론 - 판단 - 상상 - 기억]의 한 요소
를 이루고 있는 '판단'은 '정립된 생각 또는 결론적으로 다짐된 생각'을
나타내게 된다. 흔히 '내 생각에는'과 같은 표현이 판단의 하위 부분으로
서의 의견 또는 주장을 표현하는 것과 같은 맥락이다. 앞서 [과정적 개념]
과 [발현적 개념]으로서의 '생각하다'를 조망하였는데, 일곱 번째 의미를

통하여 '정립된 생각으로 덩어리 지어진 개념'이라는 뜻에서 [단위적 개념]이라고 이름할 수 있는 관점이 도출된다.

Ⅲ 어떤 대상을 일정한 방식으로 판단하거나 여기다. ¶부장이 나를 무척 조용하고 성실한 모범 사원으로 생각하고 있어.

마지막으로 Ⅲ의 의미는 [N1을 N2로 생각하다]나 [N1은 N2가/을 V-다고 생각하다]의 통사 구조를 취하는 것이다. 통사구조의 특성상 '어떤 대상을 이러저러한 속성이나 성격을 소유한 것으로 판단하는 것'을 뜻하게 된다. 그러므로 대상과 그것의 속성의 관계를 대상으로 판단작용을 하는 의미가 되며, 이는 앞서 특정한 실체나 추상적인 대상에 관련한 [실체적 개념]이 [관계적 개념]으로 변화된 것을 말해 준다고 하겠다. [실체적(대상적) ⇔ 관계적]의 범주는 일반적으로 적용되는 보편적인 개념 중의 하나이다.

♣ 상태동사의 다의 발생 양상

5) 구체동사(1) : [가볍다]

(1) 무게가 적다. ¶기름은 물보다 가볍다 / 가볍고 단단하게 만든 사기그릇.
(2) 중요성의 정도가 낮거나 적다. ¶이번 일은 결코 가벼운 일이 아닙니다.
(3) ('가볍게' 형으로 쓰이어) 크게 힘들임이 없이. ¶어깨를 가볍게 두드리다.
(4) 죄행이나 결함 또는 병세 같은 것이 대단하지 않다. ¶죄를 함께 범했는데 누구는 무겁고 누구는 가볍다고 할 수 있습니까?
(5) 무게가 없고 신중한 맛이 적다. ¶입이 가볍다 / 가벼운 사람.
(6) 몸이나 마음, 동작같은 것이 거뜬하고 경쾌하다. ¶아침햇살을 맞으며 동네를 달리는 내 마음은 하늘을 날 듯이 가벼웠다.
(7) 소리가 잔잔하면서 경쾌하다. ¶가벼운 손기척이 나더니 조용히 나들문이 열렸다.
(8) 행동이나 생각이 웅심깊지 못하고 경솔하다. ¶가벼운 생각.
(9) 움직임이 경쾌하고도 재고 빠르다. ¶가벼운 율동 / 가볍게 돌아가는 바람개비.
    D (기계 같은 것이) 다루기가 힘들지 않고 헐하고 쉽다. ¶자동차 핸들이 가볍다 / 새로 사다놓은 재봉침의 손맛이 매우 가볍다고 어머니는 못내 기

뻐하였다.

⑽ ('가볍게' 형으로 쓰이어) 대수롭지 않고 예사롭게. ¶아버지는 크게 웃으며 그만한 일을 뭘 그리 놀라느냐고 가볍게 말씀하셨다 / 작업 반장은 그를 나이가 어리다고 가볍게 보지 않았고 언제나 그의 의견을 귀담아 들어주었다.

⑾ 내용이 단순하고 경쾌하며 형식이 간결하거나 규모가 작다. ¶가벼운 단막극 / 노래와 춤으로 엮어 나가는 가벼운 작품 / 운동을 가볍게 하다.

⑿ 약하거나 가늘다. ¶바람이 가볍게 불다.

⒀ 심하지 않고 심상하다. ¶가벼운 미소 / 가벼운 운동.

⒁ 빛깔이 밝고 부드럽고 산뜻하다. ¶무거운 색과 가벼운 색을 잘 조화시켜야 옷차림에서 안정감이 나고 보기도 좋다.

⒂ 선율이 밝고 경쾌하다. ¶무거운 감이 있던 반주를 가볍게 고쳐 주었다.

　① 옷차림이나 화장이 요란하지 않고 산뜻하거나 경쾌하다. ¶가벼운 등산복 / 가볍게 화장을 한 그의 얼굴이 오늘따라 더 아름다와 보였다.

　② 해산하여 몸이 홀가분하다. ¶옥동자를 낳고 몸이 가벼워지다.

　③ 달린 식구가 없어 단출하다. ¶출장지에는 가족이 함께 가기보다 가벼운 몸으로 홀로 가는 것이 보통이다.

　④ ('가볍게' 형으로 쓰이어) 대하거나 다루는 품이 손쉽거나 어렵지 않다. ¶복잡한 기계를 가볍게 다루다 / 그는 일이 바쁘다는 핑계로 극장에 가자는 친구들의 권고를 가볍게 거절했다.

　⑤ 입맛이 산뜻하고 개운하다. ¶형근은 또 가슴 속이 든든해지며 이번에는 걸직한 막걸리는 그만두고 입 가볍고 상긋한 약주를 청하였다.

　　'가볍다'의 첫 번째 의미는 '무게가 적다'이며 이는 무게를 가지는 사물의 양적인 규정에 해당한다. 구체적인 물리적 양을 대상으로 첫 번째 의미를 선정한 것이므로 그대로 최초의미로 설정된다. 그런데 이 어휘가 20여 개의 하위 의미로 분기할 수 있는 토대를 '무게＋적다'라는 두 개의 정의 내용으로부터 모두 도출할 수 없다는 것은 분명하다. 대부분의 형용사가 그러하듯이 '가볍다'의 경우도 사물의 한 성질을 이루는 것 이외에 달리 분석할 만한 징표를 어휘 자체에서 추출할 가능성이 전무하기 때문이다.

　　그러면 무엇을 근거로 하여 20여 개의 하위 의미로의 확장을 설명할 것인가? 무게가 적은 대상과 그 무게를 느끼는 경험인식 주체인 사람, 그리고 지각하며 파악할 수 있는 갖가지 관계에서 여타의 의미 영역으로의 발전의 징표를 설정하는 방법을 사용하기로 한다. 무게가 적은 대상들이 세계에서 겪는 경험적 사실, 그리고 그러한 대상에 관계하는 사람의 체험적 사실 등이 관계할 수 있다.

우리가 '체험'이라는 말을 설명술어로 사용하기 원한다면 어떠한 언어적 현상들을 '체험'이라고 규정할 수 있는지에 대한 체험의 외연 한정이 먼저 이루어져야 한다. 이것은 마음의 작용과 심리적 경험을 제외하고 외적 경험들만에 한할 것인지 아니면 마음의 작용과 심리적이거나 생리적인 반응까지도 체험의 내용 속에 포함할 것인지를 결정하는 일을 말한다.[74]

'무게가 적다'라는 최초의미를 둘러싼 체험의 몇 가지 양상을 정리한 결과를 제시하면 다음과 같다.

【스키마】
1) 가벼운 물건은 바람에 쉽게 날린다.
2) 가벼운 물건을 드는 데는 많은 힘과 노력이 들지 않는다.
3) 가벼운 물건을 처리하는 데는 마음에 부담이 없다.
  ☞ [무게가 적은 물건은 – 하기에 쉬워하게 된다]

② **중요성의 정도가 낮거나 적다. ¶이번 일은 결코 가벼운 일이 아닙니다.**
두 번째 의미는 '중요성'이라는 범주로의 확장을 보여준다. [중요성(중요한 일) – *비중요성(덜 중요한 일)]의 구별은 인간의 삶에 선택이나 우선 순위의 문제에 큰 영향을 미친다. 뿐만 아니라, '중요성'이라는 것은 가치(價値, value)의 문제이므로 '무게가 적다'라는 물리적이며 사실적인 영역에서 '가치의 영역'으로 확장된 것을 알 수 있다. 그리하여 [사실의 영역 → 가치의 영역]이라는 의미 확장의 경로를 확인하게 된다.

한편, '가볍다'는 그 반의어인 '무겁다'와의 관계 속에서 '정도성'이라는 속성을 가진다. 그러므로, 이 어휘의 의미 확장에 동일하게 '정도성'의 속

---

74) 스키마에 입각한 의미와 그 스키마의 적용으로 인해 도출된 의미를 구분하고 전자로부터 후자를 해석해내는 입장을 취하는 것이 본고에서 채택한 작업 가설의 하나이므로 이에 대한 이론적 근거를 마련해야 한다. 일단 본고에서는 심리적인 영향이나 반응까지도 스키마에 포함되는 것으로 가정할 것이다. 그러나, 스키마에 어떤 내용들이 포함될 수 있는지에 대한 연구는 더 많은 자료 분석 과정에서 경험적으로 보완되어야 할 사항이라 하겠다.

성이 관여하게 될 것을 예측할 수 있다. '정도성'이라는 것은 불연속적인 증감을 의미하며 동시에 둘 이상의 대상들 간에 존재하는 '상대성'에 의존하는 개념이다. 따라서 대상 A와 대상 B의 관계에서는 B가 높은 정도성을 가지더라도, 대상 B와 대상 C와의 관계에서는 B가 낮은 정도성을 가질 수 있다는 말이 된다.

③ ('가볍게' 형으로 쓰이어) 크게 힘들임이 없이. ¶어깨를 가볍게 두드리다.

세 번째 의미는 우리가 마련한 스키마 2를 따라 전개되었다. 다만, '가볍게' 형으로 쓰인 통사적 형식에 의존해 있다는 점을 부수적 특징으로 하고 있다. 가벼운 대상이나 가벼운 일은 많은 힘이나 노력을 들이지 않고 그 대상의 위치를 옮기거나 처리할 수 있다. 한편, 이것은 ②에서의 가치 판단이 부정적인 것과 비교해 볼 때 새로이 [긍정적 가치]가 부여된 의미에 해당한다.

동일한 어휘소 내의 부정적 가치와 긍정적 가치의 이와 같은 공존은 '가볍다'라는 행위가 겪게 되는 각각의 장면 또는 상황에 의존할 것이지만, 구체적으로 보면 어떠한 일이 수행되기에 그 사물이나 현상의 '가벼움'이 [만족스러운 결과]를 얻게 되면 긍정적 가치를, [불만족스러운 결과]를 얻게 되면 부정적 가치를 얻는 것이다.

④ 죄행이나 결함 또는 병세 같은 것이 대단하지 않다. ¶죄를 함께 범했는데 누구는 무겁고 누구는 가볍다고 할 수 있습니까?

네 번째 의미는 우리말 어휘 '가볍다-무겁다'의 대응 한자어인 輕·重과 함께 일상적인 쓰임을 갖는다. 예를 들면 죄의 경중(輕重), 경범죄(輕犯罪), 중환자(重患者), 중증(重症), 경증(輕症) 등으로 나타나는 것이다. 한의학이나 동양적 세계관에서 '가볍다 - 무겁다' 쌍은 '깊다 - 얕다' 등과 함께 설명 언어 가운데 최상위 범주의 하나로 제시되고 있을 만큼 중요한 개념이다. 죄의 질이나 그 죄를 묻는 책임의 정도가 깊지 않거나 크지 않음을 말한다. 결국 다음과 같은 두 차원이 최초의미로부터의 확장의 동기가 된다.

　　(1) 어떠한 행위나 주체가 특정한 죄를 범하거나 병에 걸리기 쉽다는 차원
　　(2) 그 행위나 병의 결과가 다른 사람이나 몸을 심하게 헤치지 않는다는 차원

⑤ 무게가 없고 신중한 맛이 적다. ¶입이 가볍다 / 가벼운 사람.

　다섯 번째 의미는 개인의 특성에 관한 영역과 관계하며, 언행의 태도나 행동의 스타일에 관한 의미 내용이다. 스키마를 개념적으로 추상화했을 때 나타나는 [무게가 적은 물건은 - 하기에 쉬워 - 하게 된다]에서 그대로 그 관련성이 드러난다. 말을 놀리기에 쉽거나 행동을 결정하거나 수정하는 데 일관된 원칙이 부족하여 그 때 그 때의 상황이나 주위 사람의 말에 의해 자신의 계획이나 행동의 방향을 쉽게 수정하는 사람에 대하여 적용된 것이다.
　한편, 이 의미는 [긍정성 - 부정성]이라는 인식적 구조에 비추어 볼 때 부정적인 개념으로의 확장된 일례가 된다.

⑥ 몸이나 마음, 동작같은 것이 거뜬하고 경쾌하다. ¶아침햇살을 맞으
　며 동네를 달리는 내 마음은 하늘을 날 듯이 가벼웠다.

　여섯 번째 의미는 위에서 설정한 스키마 3에 의해 그 확장의 경로를 확인할 수 있다. 한자어 '경쾌(輕快)'와 유사한 의미 가치를 지니고 있으며, 몸과 마음이 동시에 관여하는 심리적·생리적 일치 작용의 하나라고 하겠다. 몸과 마음 곧, [심신(心身)의 상호 작용]은 객관적이며 과학적인 사실로 드러난 것인데, 이를테면 정신적인 스트레스가 육체적인 병을 유발하게 되며 육체적인 활동성의 부족이 정신적인 의지력을 감퇴시키는 등의 현상이 이것을 말해준다.
　한편, 이 의미는 [긍정성 - 부정성]의 개념에서 긍정적인 개념으로 확장되었다.[75]

---

75) 다섯 번째 의미에서는 부정적인 확장을 보이고, 여섯 번째 의미로의 확장에서는 긍정적인 의미를 띠게 되었다. 동일한 어휘소에 대하여 그것이 파생, 확장시켜내는 의미의 차원이 이렇게 상반된 현상을 가져오는 것은 그 어휘소의 최초의미가 적용되는 의미 영역과 도식적 개념이 상호 관계하는 함수와 같기 때문이며, 이것이 주로 가치 개념에 연결되기 때문이다. '성공하기 쉽다'와 '실패하기 쉽다'는 동일하게 '쉬운 일이지만' 그 의미 영역이 긍정적인 일인 경우와 부정적인 경우에 따라 '쉽다'의 의미 내용 역시 구별되는 것과 같다.

⑦ 소리가 잔잔하면서 경쾌하다. ¶가벼운 손기척이 나더니 조용히 나들문이 열렸다.

일곱 번째 의미는 '소리'에 관계하여 확장된 의미이다. 육중(肉重)한 기계가 움직이거나 물건(문 따위)이 움직일 때에는 그에 걸맞는 소리의 속성이 관련된다. 우리가 앞서 '가볍다'의 최초의미가 관련된 스키마를 마련할 때에는 이와 같이 관련될 수 있는 여러 속성을 모두 취하지는 않았다. 그것은 기본적 도식이 의미 확장 근거로서의 최초 의미 자체에 좀더 직접적으로 관련되어야 한다는 요구에 부합하여야 하는 동시에 여타 의미로의 확장의 가능성이 마련되어야 한다는 이중의 연관을 갖기 때문이기도 하다.

그러나, 특정 대상의 속성은 그것의 고유한 속성 뿐만 아니라 현상적 속성까지 관계되어 있으며, 종종 의미 확장은 이러한 현상적 속성에 관여한다. 어떠한 기계나 물건이 움직일 때 동반되는 소리는 그 대상 자체에 관련되어 있기는 하지만, 고유 속성이라고 할 수는 없다. 물이 흐르는 소리가 '졸졸졸' 나든지 '콸콸콸' 나든지 하는 속성이 물의 현상적 양태이기는 하지만 '흐른다'는 고유 속성과 비교할 때 부수적임을 알 수 있다.

⑧ 행동이나 생각이 웅심깊지 못하고 경솔하다. ¶가벼운 생각.

여덟 번째 의미는 상기(上記)한 다섯 번째 의미와 그 맥을 같이 한다. 역시 대응되는 한자어를 가지고 있어서 '경솔(輕率)'과 동등한 가치를 띠게 된다. 다만, 그 구별은 다섯 번째 의미가 '언행(言行)'에 직접 관련된 것이라면, 본 의미는 '언행' 이전의 사고(思考)에 좀더 관련된 것이라 하겠다. 이 의미는 우리가 설정한 스키마 가운데 스키마 1에 긴밀히 관련되어 있으며, 가벼운 물건이 바람에 쉽게 날리듯이, 어떤 사람이 행한 생각은 다른 사람의 주장이나 생각에 부딪혀 쉽게 거부되거나 부정된다. 쉽게 생각해서는 안 되는 일을 쉽게 생각할 때 '가볍다' 하며 '경솔하다' 하는 것이다. [긍정성 - 부정성]의 구조에서 부정적인 개념에 해당한다.

⑨ 움직임이 경쾌하고도 재고 빠르다. ¶가벼운 율동 / 가볍게 돌아가는 바람개비.

아홉 번째 의미는 심미적이며 능숙함이 낳는 현상으로서의 '가벼움'이다. 스키마 2와 스키마 3에 관계하는 것으로서 '마음에 부담을 주지 않는' 현상과 '많은 힘을 들이지 않고 행하는' 동작에 해당한다. 이 가운데 어떤 행위에 대한 많은 수고와 노력의 결과로서 능숙함과 익숙함이 얻어진 후에 행하는 행위는 심미적이며 예술적으로 다가오기도 한다. 체조 경기의 가벼운 몸놀림이나 장애물을 가볍게 뛰어넘는 경우를 만나면 긍정적인 것을 넘어서서 심미적인 가치를 자극하게 된다.[76]

D (기계 같은 것이) 다루기가 힘들지 않고 헐하고 쉽다. ¶자동차 핸들이 가볍다 / 새로 사다놓은 재봉침의 손맛이 매우 가볍다고 어머니는 못내 기뻐하였다.

이 의미는 아직 옹글지 않은 뜻이지만 단위화될 여지가 많은 의미로 제시된 것이다. 예문을 통해 볼 때 양자의 차이는 대상 곧, '사람과 사람', '사람과 기계(물건)'의 차이에 해당한다. 인공물 가운데에서도 '기계나 도구' 류에 한정된 것으로, 의미는 '손맛'과 같은 감각적인 파악에 초점이 주어진 것이라 하겠다. 최초 의미인 '무게가 적다'가 무게를 느끼며 감지할 수 있는 감각의 개입을 전제하고 있는 것이기에, 이와 같은 감각적 의미가 확장될 수 있는 것이다.

⑩ ('가볍게' 형으로 쓰이어)[77] 대수롭지 않고 예사롭게. ¶아버지는 크게 웃으며 그만한 일을 뭘 그리 놀라느냐고 가볍게 말씀하셨다. /

---

76) 노력이나 수고가 개입되지 않은 가벼움은 부정적인 형태로 남게 되지만, 노력이나 수고의 결과 얻어지는 가벼움은 마치 진리에 대한 [단순함과 복잡함]의 변증법과 같은 것이다. 수고하여 낳지 않은 단순함은 그저 단순함이지만 수고한 끝에 얻어지는 단순함이야말로 진리라는 것은 고래(古來)로 알려진 이치이다.

77) 특정한 통사적 형식이 언제나 일정한 의미만을 담당하는 경우가 있는 반면에, '가볍게'와 같이 여러 가지 의미를 담당하지만 '바로 이 의미'일 때에는 반드시 이러한 통사적 형식을 취하게 되는 경우도 있다. 전자를 통사적 형식이 의미를 통제한다면, 후자는 의미 내용이 통사적 형식을 통제하는 경우라고 하겠다.

작업반장은 그를 나이가 어리다고 가볍게 보지 않았고 언제나 그의 의견을 귀담아 들어주었다.

열 번째 의미 역시 스키마 2와 스키마 3으로부터 비롯한다. '마음에 부담이 없이', '힘들이지 않고' 어떤 일이나 사람을 생각한다는 의미이다. '대수롭지 않고 예사롭게'라는 부사어구 풀이말은 '보다, 여기다, 간주하다 – 행동하다, 처리하다' 등의 술어와 연관되는 것으로 '어떤 대상을 처리하거나 행동하기에 마음에 부담이 없는 것으로 본다'는 의미를 띠게 된다. 이것은 '가볍다'의 물리적 속성을 넘어서 인지적 속성 곧, 파악의 관점에서 나타나는 의미이다.

열 번째의 의미는 앞선 의미들과는 구별되는 차이를 드러내는데, 그것은 앞선 의미들이 행위 그 자체에 속해 있거나 그 행위로부터 얻게 되는 결과라는 측면이 표상된 것인데 반해, 이 의미는 어떠한 대상이나 현상을 인식하는 [인식의 태도]를 표상하고 있다. 곧 현재 진행되고 있는 일 자체의 경중이나 그 일의 결과가 주는 사실적 측면과는 일정한 거리가 있으며, 그것을 인식하고 판단하는 주체의 태도에 따라 혹은 '무겁게' 혹은 '가볍게' 인식할 수 있음에서 비롯된 의미이다.

주체의 인식태도에 따라 그 일의 경중 판단 자체가 결정되며, 그 태도의 결과는 앞선 의미들에 적용되던 것과 동일한 진행 속에 들어가게 된다. 그리하여 문제를 가볍게 보면 가벼운 마음으로 쉽게 풀어갈 수 있을 것이고, 문제를 어렵게 보면 무거운 마음으로 어렵게 풀어나갈 것이다. 최초의미로부터의 확장의 동기는 인식론적 동기에서 비롯된 것이며, '가볍다'의 최초 의미를 이루고 있는 성분이나 스키마에 따르지는 않는다.

[인식의 태도]와 같은 국면은 존재론적 범주이기보다는 인식론적 범주에 가깝다는 것을 받아들일 수 있다. 인식론적 범주가 개입하면 실제의 일이나 문제의 경중(輕重)은 그 태도의 여하에 따라 굴절을 겪게 된다.

⑪ 내용이 단순하고 경쾌하며 형식이 간결하거나 규모가 작다. ¶가벼운 단막극 / 노래와 춤으로 엮어 나가는 가벼운 작품 / 운동을 가볍게 하다.78)

열한 번째 의미는 '내용, 형식, 규모' 등이 '단순하고, 경쾌하고, 간결하며, 작다'로 풀이되며, 대상의 질적이거나 양적인 내용에 대한 언급으로 제시된 것이다. 상기(上記)한 스키마 3에서 비롯된 것으로 '마음에 부담이 없이' 볼 수 있거나 참여할 수 있는 대상이라는 점에 주안점이 있다.

열한 번째 의미는 최초의미의 감각적이거나 인식적인 내용에도 관계하고 있지만, 다른 한편으로는 사물현상 그 자체의 본질이나 본성에 대한 표현이다. 일반적으로 감각동사나 인식동사의 기본 구성은 [주체 – 감각/인식 – 대상]으로 된다. ⑩의 '인식의 태도'를 제외하면 대부분은 대상의 사실적 양상에 따라 '감각되어지고 인식되어진다'. 상대적으로 수동적인 방향에서 의미가 발생한다. 그러나, 본 의미는 대상 그 자체의 본질이나 본성이 적극적으로 의미를 발현해 내는 것과 관계하고 있다. 그리하여 부담없이 볼 수 있다는 인식적 측면과 함께 그 단막극 자체의 구성이나 내용성의 심미적 본질도 동시에 나타내고 있는 것이다.

최초의미와 직접적으로 비교해 보면, '무게가 적다'와 같은 속성은 어떤 사물의 1차적인 속성이 아니다. 그것은 양적 속성으로서 본성 또는 본질의 일부인 고유한 속성이 아닌 것이다. 그러나 '단막극의 내용이나 형식이 단순하고 간결하다'는 것은 그 단막극의 고유 속성을 표현하는 것이다. 단막극의 내용에 대하여 그 형식적인 구조에 대한 진술이기 때문이다. 1차적 속성이 아닌 것은 피상적이거나 수동적으로 감각되어지지만, 1차적 속성으로서의 것은 사물도 적극적으로 발현되고 주체도 적극적으로 파악해야 하는 것이다.

---

78) 예문의 중요성은 다의어 분석에서 새로운 조명을 받아야 한다. 뜻풀이 말이 해당 예문에 대한 설명이라는 점과, 또한 그 설명이 예문이 주는 세세한 의미의 차이를 모두 포괄할 수는 없다는 측면에서, 풀이말과 예문은 분석의 대상으로서 동등한 가치를 지닌다고 할 수 있을 것이다.

6) 추상동사(1) : [없다]

Ⅰ.

   (1) (어떤 사물 현상이나 사실 등이) 시공간적 및 객관적으로 일정한 곳에 자리를 차지하고 있지 않거나 존재하지 아니하다. ¶ 물이 없는 사막 / 집안에 아무도 없는 줄 알았는데 인기척소리가 난다.

   (2) (동작의 진행, 수행, 실현 등과 관련한 명사와 함께 쓰이어) 그러한 현상이 생기어 나타나거나 진행되지 아니하다. ¶ 노력이 없다 / 그동안 별다른 일 없었나? / 잠이 없다 / 바람이 없다.

   (3) 자체가 가지거나 갖추고 있지 아니하다. ¶ 모순이 없다 / 능력이 없다 / 순수한 물은 색도 없고 맛도 없다.

   (4) 많지 못하거나 변변치 못하다. ¶ 찬 없는 밥이지만 많이 들어주십시오

   (5) 매우 드물다. ¶ 만고에 없는 영웅 / 천하에 없는 역적놈.

   (6) 재산이 넉넉하지 못하여 가난하다. ¶ 없는 살림을 점차 꾸려나가다.

   (7) 살아 있지 아니하거나 살고 있지 아니하다. ¶ 지금은 없는 사람 / 부모 없는 고아.

   (8) (물건, 수단, 권리, 자유, 행복 같은 것을) 소유하거나 향유되어 있지 아니하다. ¶ 권리가 없다 / 땅이 없는 농민들에게 땅을 주다.

   (9) (구어체) '아무것도 바랄 것이 없다', '아무것도 남는 것이 없다'의 뜻을 나타낸다. ¶ 일이 잘못되기만 하면 그때 가선 없네, 없어!

   (10) (이유, 근거, 구실, 가능성과 같은 어휘와 함께 쓰이어) 까닭으로 성립되지 아니하다. ¶구실이 없다 / 근거가 없다.

Ⅱ.

   (1) (주로 ' - 수 없다' 형으로 쓰이어) 무엇이 '가능하지 아니하다'의 뜻을 나타낸다. ¶도무지 알 수 없는 일 / 흘러간 시간은 다시 찾을 수 없다.

   (2) '명사나 용언의 체언형 아래에 쓰이어' '하지 아니하다'의 뜻을 나타낸다. ¶ 지체 없는 대답 / *끄떡없는 의지.*[79]

---

79) 「조선말대사전」에는 동사로서의 '없다'를 세 번째 큰 의미구분으로 제시하고 있으나, 남한의 경우 이와 같은 용법을 사용하지 않으므로 제외한다. 동사로서의 쓰임은 다음과 같이 제시되어 있다.
Ⅲ. (동사로 쓰이어) '죽다'의 뜻을 에둘러 이른다. ¶지난 밤에 뜻하지 않게 건넌집 할아버지가 없었다는구만.

‘없다’의 첫 번째 의미는 다분히 메타언어적인 어휘들로 이루어져 있지만, 그 의미는 상당히 구체적이며 공간적일 뿐만 아니라 물리적인 측면에서 규정되어 있다. 따라서 이는 최초의미로 설정되는 데에 적당한 것으로 간주된다.

【최초의미】
① (어떤 사물 현상이나 사실 등이) 시공간적 및 객관적으로 일정한 곳에 자리를 차지하고 있지 않거나 존재하지 아니하다.

대상이 사물이나 사실이기 때문에 ‘존재하지 않다’와 결합될 수 있는 것이며, 그것이 사물이나 사실이기 때문에 시공간적이며 따라서 객관적이라는 한정을 받게 되며, 또한 그것이 사물이나 사실이기 때문에 일정한 장소에 존재하게 되는데, 이와 같은 존재 현상이 부정된 것이 ‘없다’의 최초의미인 셈이다. 그런데 ‘어떤 사물 현상이나 사실 등’이라는 규정은 그 외연이 너무 포괄적인 감이 있다. 최초의미를 표현하는 두 개의 예문들은 모두 ‘사물’에 한정되어 있고 또 그것이 정확한 규정으로 판단되므로, 다음과 같이 최초의미를 그 구성성분으로 나타낼 수 있겠다.

[어떤 사물 - 시공간적 / 객관적으로 일정한 곳에 - 존재하지 않다]80)

② (동작의 진행, 수행, 실현 등과 관련한 명사와 함께 쓰이어) 그러한

---

80) ‘없다’의 첫 번째 의미와 같은 것을 영상도식으로 나타내고자 하는 욕구가 충분히 있을 수 있다. 다소 긴 언어적 풀이를 사용하는 방식 보다는 시각적으로 간단하게 이해될 수 있는 장점이 있기 때문이다. 그리하여 ‘시공간적 및 객관적으로 일정한 곳’이라는 규정에 대하여 사각형 상자를 상응하는 영상으로 그리고, ‘있거나 존재하다’를 ‘지 않다’의 입장을 고려하여 그 사각형 속에 점선으로 원을 그릴 수 있다. 그러면 사각형 상자 안에 있어야 하거나 있을 수 있는 어떠한 대상, 곧 ‘원’으로 표상된 것이 그 자리에 존재하지 않는 상태를 묘사할 수 있게 된다. 그러나, 이와 같은 시각적 영상 표상은 이후 여타 다의 의미로의 확장과정을 설명하는 데에는 오히려 효율적이지 못할 것인데, 왜냐하면 다의 의미는 이미 다른 의미 영역 속으로 침투된 것을 뜻하는데, 이를 설명하기 위해서는 처음에 그린 영상 그림에 대하여 언어적인 규정을 부기(附記)하면서 다시 도입해야 하기 때문이다.

현상이 생기어 나타나거나 진행되지 아니하다.

두 번째 의미는 사물의 현상이나 서술성(또는 행위성, 동작성)을 지닌 명사와 결합하여 나타난 것인데, 이는 비공간적인 성격을 띤다. 최초의미가 실체의 시공간적 존재와 비존재에 대한 개념인 것에 대하여 이 의미는 어떠한 현상이 발생하기 전의 상태에서 발생한 상태로 나타나거나 어떤 행위가 진행되기 전의 상태에서 진행된 상태로 전개되거나 하는 데서 생겨났다. 그리하여 [사물→ 현상/행위]로의 확장이라고 할 수 있겠다. 그런데, 예문 중의 '바람이 없다'를 제외하면 모두 '사람'의 행위와 관련된 것을 확인할 수 있다. 또 하나의 확장 도식 [사물→ 사람]이 중첩된 것이다. 두 번째 의미는 사물의 현상과 사람의 행위가 범주적으로 단일한 것으로 묶일 수 있다는 것을 보여준다.[81]

[어떤 사물 – (시공간적 / 객관적으로 일정한 곳에) – 존재하지 않다]
    | |
현상이나 행위   발생하거나 진행되지 않다

③ 자체가 가지거나 갖추고 있지 아니하다. ¶ 모순이 없다 / 능력이 없다 / 순수한 물은 색도 없고 맛도 없다.

세 번째 의미는 한 대상 내부의 속성(property)에 대한 문제로 이전된 의미이다. 그것이 논리적 속성이건(모순이 없다), 내적 속성이건(능력이 없다), 외적 속성이건(맛, 색이 없다) 간에 이들이 한 대상 내부의 속성임에는 틀림없다. 곧, 한 대상이 어떠한 속성을 소유하고 있는가 하는 데에 초점이 모아진 것이다. 이러한 속성으로의 확장은 사물이 본래부터 속성을 소유한다는 점에서 최초의미로부터 관련되며, 이미 두 번째 의미인 현상이나 행위에서 좀더 직접적으로 관여된 것을 알 수 있다. 그리하여 [사물→ 속성]의 확장 도식이 마련된다.

---

81) 물론 이와 같은 이질적이라고 볼 수도 있을 범주의 중첩을 집필상에서 구분하여 두 개의 다른 의미로 나누고 별도의 하위 의미로 기술할 수도 있을 것이다. 그러나, '없다'라는 개념에 대하여서는 그 풀이말의 공통성과 유사성이 이 둘을 단일 범주속에 묶어낼 수 있도록 한 것이라고 보겠다.

속성   소유하지 않다
      | |
[어떤 사물 – (시공간적 / 객관적으로 일정한 곳에) – 존재하지 않다]
      | |
  현상이나 행위   발생하거나 진행되지 않다

④ **많지 못하거나 변변치 못하다.** ¶ 찬 없는 밥이지만 많이 들어주십시오.

네 번째 의미는 완전한 무(無)로서의 없음이 아니라, 있지만 충분히 있지는 않는 것을 말한다. 최초의미를 통해서는 엄밀한 의미에서의 무(無)를 적용할 수 있지만, 이후 확장된 의미들은 대부분 충분한 정도가 되지 못한 것을 나타낸 것이라고 볼 수 있다. 곧, '충분성의 결여 또는 부족'이라는 의미에서의 없음을 나타내고 있는 것이다. '노력이 없다, 잠이 없다, 능력이 없다' 등등의 모든 예들이 이를 말해 준다. 네 번째 의미를 예시한 예문의 경우, 찬이 충분히 있는데도 겸양적인 표현으로 볼 수 있지만, 이는 부차적인 특질일 뿐이며, '충분성의 결여 또는 부족'이라는 점이 관철된다.

그런데, 이와 같은 개념은 앞서 전개한 의미 확장의 구조에 어떻게 접속될 수 있겠는가? 앞선 의미들은 사물이 그 현상과 속성 등에 연결되어 있는 것이 일반적인 사실에 해당하므로 아무런 무리없이 접속되었지만, '충분성의 결여 또는 부족'이라는 점은 이들 모두에서 그 가지를 뻗을 수 있거나, 엄밀한 무(無)로서의 최초의미를 배제한다고 하더라도 '현상이나 속성'에 공히 연결될 수 있는 것이다. 그렇다면 이는 최초의미 구성성분의 첫 번째 요소로서의 대상적인 차원의 문제라기보다는 그것들의 존재 양상을 표현하고 있는 두 번째 요소 곧, '시공간적/객관적으로 일정한 곳에'라는 특성과 연결되는 것으로 판단된다. 다시 말하면 [장소적 제한(유무) → 충분성의 제한(유무)]으로 전개 확장된 것이라고 볼 수 있다는 말이 된다.

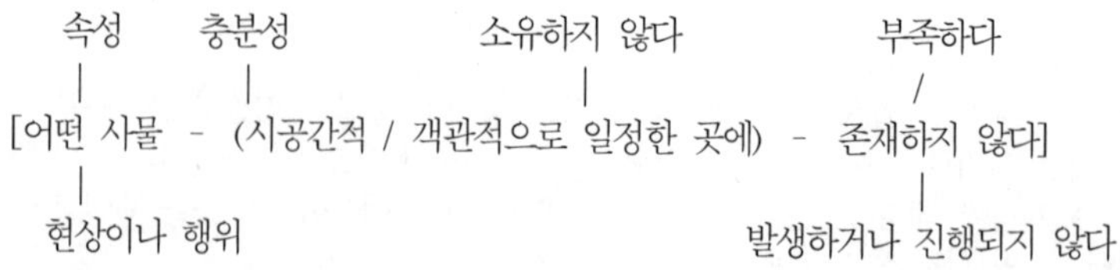

⑤ 매우 드물다. ¶ 만고에 없는 영웅 / 천하에 없는 역적놈.

　다섯 번째 의미는 어떠한 현상이 매우 드물거나 흔치 않음을 뜻한다. 앞선 네 번째 의미가 충분성이라는 상대적으로 질적인 규정에 관계되는 데 반해, 이것은 출현의 빈도라는 상대적으로 양적인 규정에 관련된다. '충분성'과 관련된 술어 '부족하다'에 공히 관련한다.

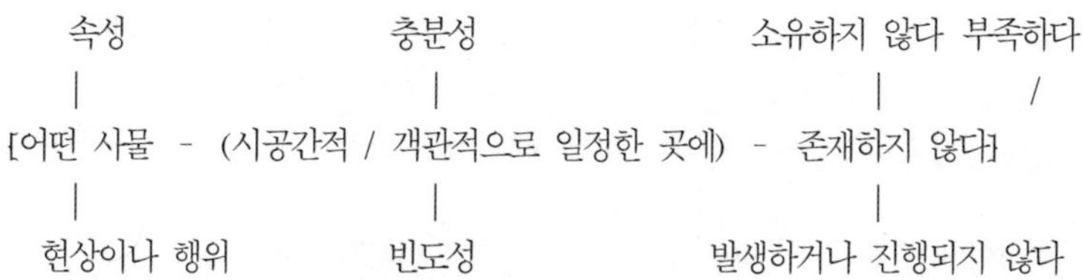

⑥ 재산이 넉넉하지 못하여 가난하다. ¶ 없는 살림을 점차 꾸려나가다.

　여섯 번째 의미는 '재산'이라는 대상에 특정적이나 '부족하다'는 성분이 네 번째와 다섯 번째 의미에 닿아 있다. '재산'이 부족하면 물질적인 만족을 누리지 못하게 되는데, 이 '만족'이라는 개념은 뒤에서 보게 될 여덟 번째 의미의 정신적인 만족이라는 범주와 상통한다.

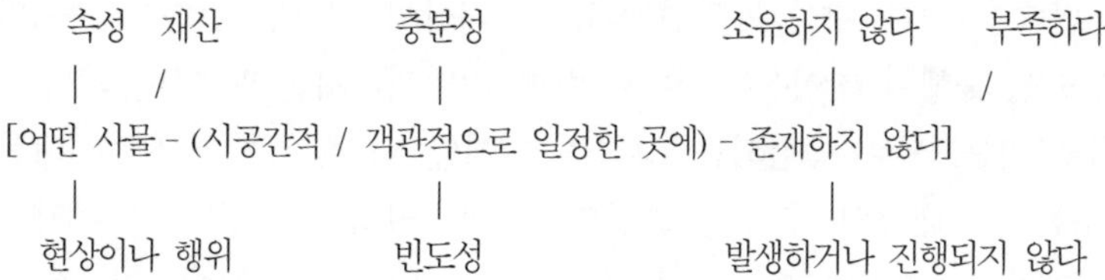

⑦ 살아 있지 아니하거나 살고 있지 아니하다. ¶ 지금은 없는 사람 /
　부모 없는 고아.

　일곱 번째 의미는 시간적 제약을 받는 대상에 관한 의미이다. 이 대상은 사람에 관련된 것인데, 생존(生存) 곧, '살아 있다'는 속성 규정에 대한 부정이 개념화된 것이다. 예문을 통해서 보면, '지금은 없는 사람'은 '지금은 살아 있지 않는 사람'을 뜻하며, '없는'='살아 있지 않는'에 그대로 대응된다. 통상적으로 '있다'와 '없다'가 대응되는 것임을 생각할 때, '살아 있다' 전체를 '없다'의 상대 개념으로 파악하는 것을 관찰할 수 있는데, 이는 '살아 있다'라는 개념 곧 생존(生存) 개념의 인식론적인 중요성을 함의하는 것이다. 살아 있으면 어떠한 영향력을 줄 수 있지만 그렇지 않으면 어떠한 영향력도 발휘할 수 없다. 사람과 사람의 관계 속에서는 단순한 존재의 문제보다는 생존의 문제가 더욱 중요한 것이다.

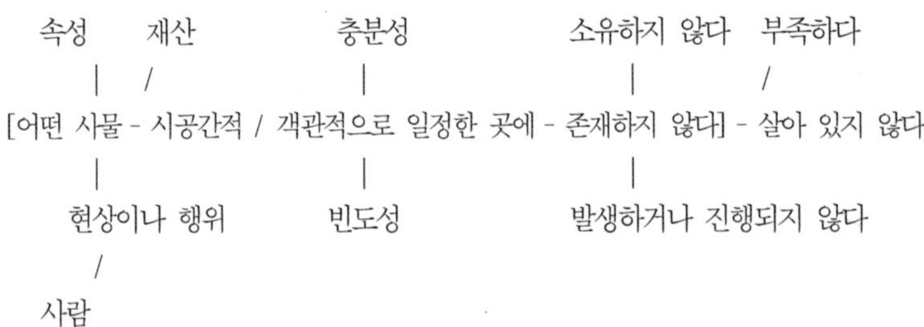

⑧ (물건, 수단, 권리, 자유, 행복 같은 것을) 소유하거나 향유되어 있지 아니하다. ¶ 권리가 없다 / 땅이 없는 농민들에게 땅을 주다 / 자유가 없다 / 나라 없는 백성의 서러움.

여덟 번째 의미는 사람의 공동체 생활 또는 일생에서 물질적이거나 정신적인 만족을 주는 대상과 관련된다. 그 대상이 있으면 만족을 주지만 그것이 없으면 불행이 찾아온다. 여섯 번째 의미의 '재산'과 이번 의미의 '땅이나 물건'과는 서로 중첩되는 성격을 띠지만, 구별되는 것은 그 대상 그 자체보다는 그 대상의 추상적 속성으로서의 '권리'라는 측면이 부각된 것이라는 점이다. 그러므로 이 의미는 전체적으로 '추상적이지만 정신적인 대상'들에 해당한다.

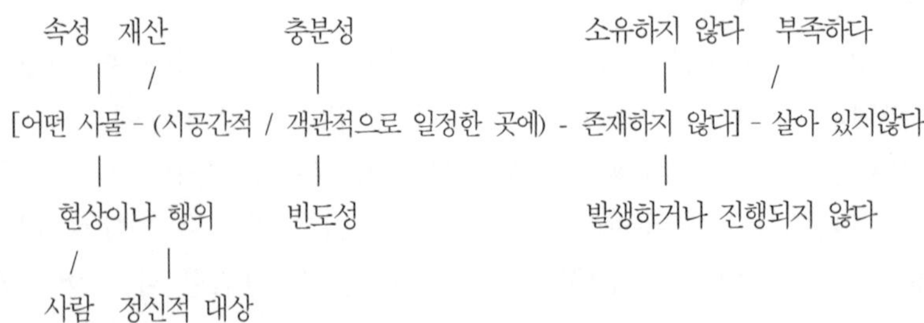

⑨ (구어체) '아무것도 바랄 것이 없다', '아무것도 남는 것이 없다'의 뜻을 나타낸다. ¶ 일이 잘못되기만 하면 그때 가선 없네, 없어!

아홉 번째 의미는 '아무것도 없다'라는 의미로, 구체적인 대상이 설정되어 있지 않다. 그런데, 이 의미는 앞선 의미들처럼 어떠한 대상에 관한 문제가 아니다. 오히려 이것은 어떤 일의 결과나 그로부터 얻거나 누릴 수 있는 이득, 혜택 등과 관계한다. 풀이말에서도 '바랄 것, 남는 것' 등으로 이와 같은 차이를 반영하고 있는 것을 볼 수 있다. 이는 구어체 상에서 보여지는 단순한 변이나 변용이 아니라 정확히 '없다'의 중요한 스키마적 특성이 반영된 것이다. '있는 것'은 상대적으로 긍정적인 영향을 미치지만 '없는 것'은 상대적으로 부정적인 영향을 미친다. 재산이 있거나 권리가 있으면 누릴 수 있지만, 그것이 없으면 속박된다. 사람이 생존해 있으면 당대인에게 영향을 미치지만, 죽으면 영향을 미치지 못한다. 능력이 있으면 일을 탁월하게 수행할 수 있지만 능력이 없으면 그럴 수 없다.

그러므로 아홉 번째 의미는 '없다'의 중요한 스키마적 특성을 반영한 것이며 따라서 결과적인 영향력이 확장된 것이라고 하겠다.

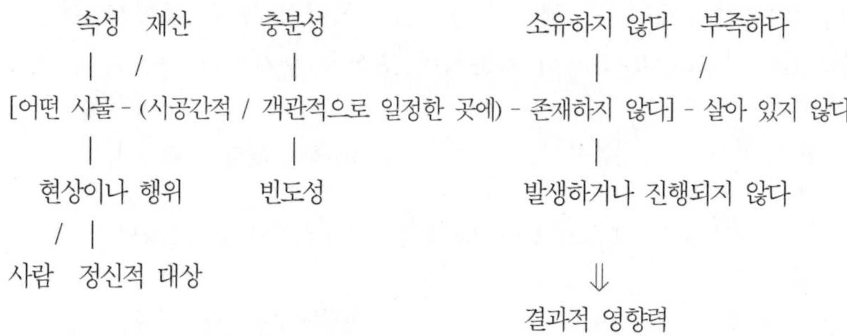

⑩ (이유, 근거, 구실, 가능성과 같은 어휘와 함께 쓰이어) 까닭으로 성립되지 아니하다. ¶이유가 없다 / 구실이 없다 / 근거가 없다.

열번째 의미는 '없다'가 가진 스키마적 특성이 앞선 아홉 번째 의미로 구체화되었을 때 전형적인 '인과 도식'이 개입함으로써 발전한 형태라고 하겠다. 곧, 결과적 영향력은 그것을 불러일으키는 원인적인 근거와 직접 연결되고, 그럼으로써 파생된 의미가 열 번째의 의미인 것이다.

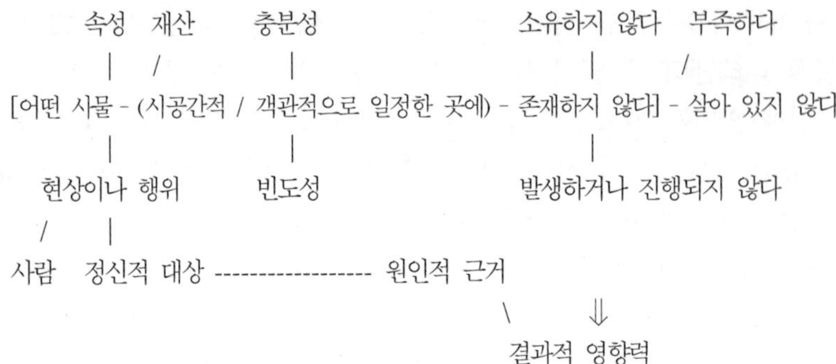

II ① (주로 '‑수 없다' 형으로 쓰이어) 무엇이 '가능하지 아니하다'의 뜻을 나타낸다. ¶도무지 알 수 없는 일 / 흘러간 시간은 다시 찾을 수 없다.

II. ①의 의미는 새로운 일반 도식 '가능성과 불가능성'이라는 도식이 개입되어 형성된 것이다. 통사론적 측면에서 굳어진 관용적 형식을 통해 비롯된 것이며, 영어 문법에서의 '양상 조동사'의 부정형에 해당한다. '가능성과 불가능성' 개념의 일반성이 중요한 범주적 지위인 것은 '가능 세계' 개념이나 '가능성 ‑ 개연성 ‑ 필연성'과 같은 철학적 범주 등에서 쉽게 확인할 수 있는 것이다.[82] 따라서 가능성의 도식을 추가하면 다음과 같다.

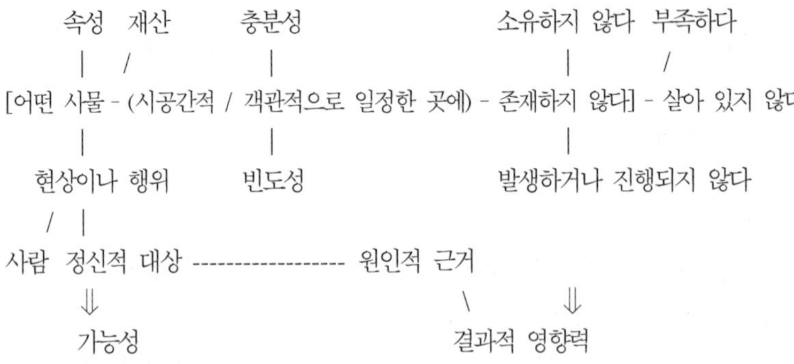

---

82) 물론 '가능성이 있다/없다'와 같이 단순히 어떤 사물과 관련된 자리에 '가능성'이라는 개념이 적용된 것에 불과하다고 볼 수 있지만, 단순한 적용이라는 설명은 해석된 것이 아니라 기술된 것일 뿐이라는 점에서 기각된다.

② '명사나 용언의 체언형 아래에 쓰이어', '하지 아니하다'의 뜻을 나타 낸다. ¶ 지체 없는 대답 / 끄떡없는 의지 / 흐트러짐 없는 동작.

Ⅱ의 두 번째 의미 역시 통사적으로 고정된 형식에서 비롯된다. 그 풀이말에서도 확인할 수 있듯이 '하다'와 결합될 수 있는 어기에 결합하거나 용언어 체언형에 결합하여 '하지 않다'의 의미가 되었다. 전자를 '서술성 명사'라고 하면 용언의 서술성은 용언에 있어서는 고유한 속성이므로 '서술성'을 부정하는 것이라고 할 수 있겠다. 이는 문법적 전성 곧, '체언화, 용언화, 부사화'와 같은 문법 범주의 상호 변환이라는 언어적 특성에 의해 확장된 것이다. 곧 대상이 되지 못하는 서술어가 체언화 어미가 결합함으로써 대상화되고 따라서 그것은 또 다른 서술어의 서술 대상으로서의 자격을 획득하게 된다.

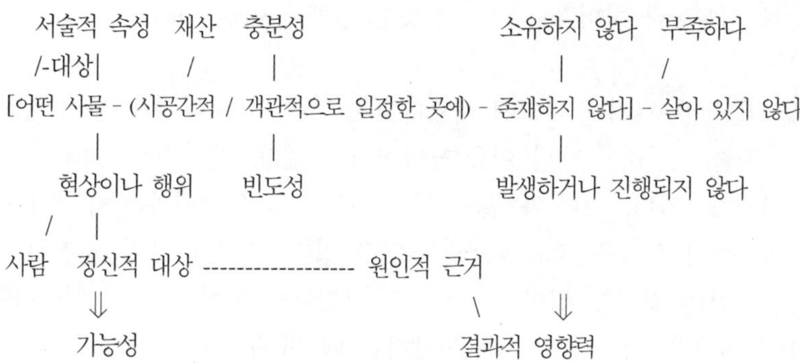

7) 추상동사(2) : [급하다]

(1) 서두르거나 다그쳐 빠르다. ¶급한 걸음 / 밥을 급하게 먹다

(2) (흐름이) 빠르다. ¶골짜기의 물이 급하다.

(3) (사정, 형편이) 머뭇거릴 겨를이 없다. ¶급한 일이 생기다.

(4) 기다리거나 참기가 안타깝고 답답하다. ¶급한 마음 / 성진은 마음이 급하여 급사소년에게 물었다.

(5) (병이) 심하고 위태롭다. ¶병이 급하다.

(6) (성질이) 참을성이 없다. ¶성미가 급하다.

　　(7) 몹시 딱하거나 군색하다. ¶사정이 급하다.
　　(8) 비탈진 정도가 심하다. ¶급한 계단을 오르내리다 / 물매가 급하다 / 고개가
　　　　급하다.

【최초의미】

① 서두르거나 다그쳐 빠르다. ¶급한 걸음 / 밥을 급하게 먹다

　'급하다'의 경우는 우선 최초의미 설정 문제에서 특별한 성격을 띠고 있다. 대개 첫 번째 의미로 설정되는 것으로는 구체적인 대상물과 관련한 것을 선택하거나 포괄적인 것을 취함으로써 분기 확장된 나머지 의미와 관련 짓기에 용이한 것을 취한다. '급하다'의 경우 ②와 ⑧의 의미는 구체적인 대상물과 관련된 것이다. 따라서 이 둘 중 어느 것을 취하여 [구체적 대상물②⑧ → 사람의 사태 판단의 양상① → 사건적 양상 ③⑤ → 심리적 상태④⑥]로 서술한다 하더라도 아주 잘못된 견해는 아닐 것이다.

　그러면 왜 '서두르거나 다그쳐 빠르다'라는 사람의 외적 행위를 첫 번째 의미로 상정한 것인지에 대한 이유를 알아야 하겠다. 일단 '급(急)하다'라는 어휘소 자체가 '가다, 먹다'와 같이 전적으로 외적인 행위와는 뚜렷이 구별되는 심리적인 성격을 띠고 있음을 알 수 있다. 그러나, 또한 순전히 심리적인 성격만을 갖지는 않아서 이미 그 사건적인 양상을 금방 알아차릴 수 있다. 말하자면 '급하다'는 어휘를 생각할 때 이 두 가지 성격을 거의 대등한 가치를 갖는 것으로 떠올릴 수 있는 것이다. 그런데 이 두 가지 성격을 공히 포괄할 수 있는 의미가 바로 '사람의 사태에 대한 지각·판단'에 있는 것이다. 사람이 관련되어 있으므로 심리적인 성격을 보장받을 수 있고 그것이 사태에 대한 지각·판단에 연루되어 있으므로 그것의 사건적 양상에 호소할 수 있는 것이다.

　이렇게 하여 이미 최초의미로 설정한 '서두르거나 다그쳐 빠르다'의 ① 번 의미가 나머지 확장된 의미로의 전개 가능성을 포괄할 수 있음이 밝혀진 셈이다.[83] 그러나, 최초의미를 설정하는 것만으로 다의 확장의 근거가 마

---

83) 혹자는 최초의미에서 이미 나중에 분화된 두 가지 다른 의미 영역을 설정하는 것이

련되지는 않는다. 이는 '급하다'가 의미영역 상 가지는 속성에 기인하는 것으로, 물리적이거나 구체적 사실의 영역과 달리 '급하다'를 이루고 있는 내부 요소들을 작성하기가 어렵기 때문이다.

그리하여 '급하다'의 스키마를 설정할 필요가 생긴다. '급하다'의 최초의 미는 '서두르거나 다그쳐 빠르다'이다. 어떠한 일을 서두르는 것(①)과 그 일을 하는 데 필요한 일정한 기간이 얼마 남지 않아 빠르게 되도록 하는 것(②), 그리고 마음이 초조하여 일을 다그치는 것(③) 등을 포함한다. 최초 의미의 실례인 '밥을 급하게 먹다'에 위의 세 가지 측면을 그대로 대입시킬 수 있다. 곧 밥을 먹는 일을 서두르는 것, 알려진 시간 제한은 없지만 논리적으로 설정될 수 있는 어떤 제한과 서두르는 행위의 모양이 빠른 것 등이 그것이다. '급하다'의 스키마는 다음과 같다.

【스키마】
1) 어떤 <제약>이 있다.
2) 사람의 <마음이 초조하다>.
3) 서두르는 <행동을 낳게> 된다.

[사람 - 시간적 제약 - 마음이 초조함 - 일을 서두르는] 모양

② (흐름이) 빠르다. ¶골짜기의 물이 급하다.

두 번째 의미는 주체가 사람에서 사물 세계의 외적 대상으로 옮겨지면서 생겨났다. [사람 → 사물(특히, 물의 흐름)]으로의 진행 방향을 확인하는 것이며, 이는 인식의 도식 구조에 일반적인 것이다. 이는 물의 흐르는 모양에 관한 것이며 공간적 제약을 받아서 물살이 빠른 것을 통해 최초의미와의 대응 가능성이 찾아지는데, 다만 최초의미와는 '마음이 초조함'의 부분을 공유하지 않는다.

순환적이라고 할 수도 있을 것이다. 그러나, 의미 영역의 실제 모습은 하나의 순수한 의미 영역에서 출발하여 다른 다양한 의미로 전개된다는 것만을 보여주지 않는다. 이는 한 어휘의 탄생 자체가 우리의 구분법에 비추었을 때 이미 두 가지 의미영역에 걸친 의미를 자신의 내용으로 하고 생겨난 것들이 있음을 볼 때 이상한 것이 아니다.

<pre>
        사물(물)의 속성(흐름)   공간적 제약
             | |
   [(사람) - 일에 관하여 - 시간적 제약 - (마음이 초조함 - 일을 서두르는)] 모양
</pre>

③ (사정, 형편이) 머뭇거릴 겨를이 없다. ¶급한 일이 생기다.

세 번째 의미는 사정이나 형편에 관계된 것이므로 일과 관계된 최초의 미의 그것과 상당히 유사하다. 그러나, '사정이나 형편'은 '일'보다 훨씬 포괄적인 개념이며 좀더 행위적 측면이 강한 최초의미의 그것보다 '일의 조건이나 형편'과 같은 상태적 측면이 강화된 것이라는 점에서 다르다. 곧 대상의 포괄성과 [행위적 측면→ 상황적 측면]라는 두 가지 점이 강화되었다고 할 수 있으므로 다음과 같이 확장된 것이다.

<pre>
        사물(물)의 속성(흐름)   공간적 제약
             | |
   [(사람) - 일에 관하여 - 시간적 제약 - (마음이 초조함 - 일을 서두르는)] 모양
                            |
                    (일)의 상황적 제약
</pre>

④ 기다리거나 참기가 안타깝고 답답하다. ¶급한 마음 / 성진은 마음이
   급하여 급사소년에게 물었다.

네 번째 의미에 관해서는 즉시 그 부각의 지점이 '마음'임을 알 수 있다. 최초의미를 비롯하여 '마음의 초조함'이라는 마음의 상태가, 함축되어 있던 데에서부터 그 부분만이 상당한 정도로 강화되어 있다. [초조함⇒ 안타까움 - 답답함]으로 정리할 수 있다.

<pre>
        사물(물)의 속성(흐름)   공간적 제약   안타까움 - 답답함
             | | ||
   [사람 - 일에 관하여 - 시간적 제약 - (마음이 초조함 - 일을 서두르는)] 모양
                            |
                    (일)의 상황적 제약
</pre>

⑤ (병이) 심하고 위태롭다. ¶병이 급하다.

다섯 번째 의미는 사물의 속성에 대한 언급이 존재한 것으로부터 사람의 속성에 관한 영역에까지 나아간다. 그리하여 '사람의 건강 상태'라는 속성적 측면에서 병(病)적 상태를 언급하게 되었다.

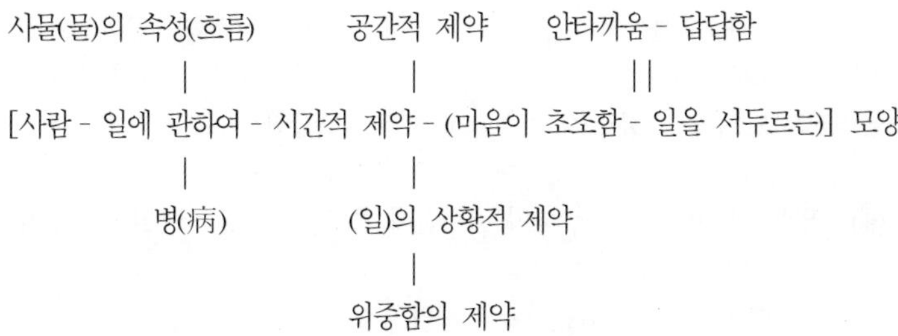

⑥ (성질이) 참을성이 없다. ¶성미가 급하다.

여섯 번째 의미는 ⑤의 확장에서 드러났듯이 사람의 속성이 다시 확장되었다. 병적 상태와 같이 신체적인 결과에 대한 외적 속성이 좀더 고유한 내적 속성으로서의 '사람의 성질'에까지 나아간 것이다.

⑦ 몹시 딱하거나 군색하다. ¶사정이 급하다.

일곱 번째 의미는 근접한 의미로 ⑤를 확장하여, '마음이 초조함'이 안타까움과 답답함의 마음과 연결되어 있고, 따라서 '딱함과 군색함'을 접속할 수 있다. 그러나 한편으로 보면 이 두 개념의 영역상의 거리에는 상당한 간극이 있는 것으로 보인다. 외적 사태에 대한 진술은 진술대로 있고 그러한 사태를 겪고 있는 상대방에 대하여 추가적으로 심정적인 해석을 가하고 있기 때문이다. 그리하여 두 단계의 깊이를 가지고 다음과 같이 연결된다. 사람의 심정적 해석 또는 평가의 인식 구조가 덧씌워진 것이라 할 수 있다. 결국 본래의 최초의미의 사람은 주체로 전환되고 새로이 도입된 '상대방'은 객체로 위치지워진다.

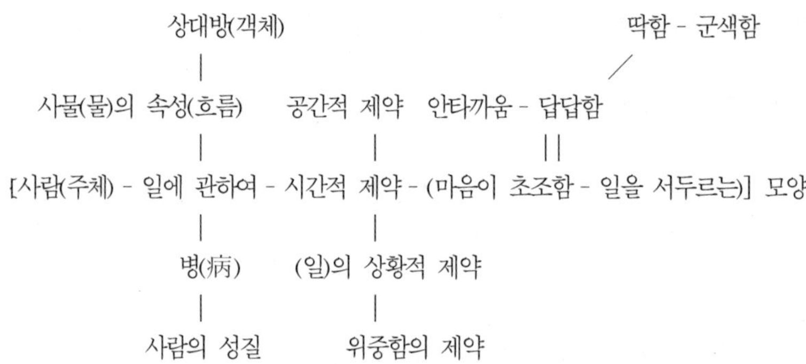

⑧ 비탈진 정도가 심하다. ¶급한 계단을 오르내리다 / 물매가 급하다 / 고개가 급하다.

마지막 여덟 번째 의미 역시 주체의 인식 구조가 덧씌워진 것이라 할 수 있겠으며, 이는 대상의 차원에서 [평면 공간↔ 수직 공간]의 투사 관계와 관련되어 있다. 곧, 앞선 의미의 대부분은 평면적 차원에서 발생한다. 가장 밀접한 관련 의미는 ②의 의미로서 물리적인 물살의 흐름은 평면적인 물길의 협소함을 통하여 '급한' 성격을 띤다. 그런데, 이것이 수직적인 공간 곧, 경사면을 가진 대상에 적용됨으로써 발생한 의미가 여덟 번째 의미인 것이다.

한편, 본 의미를 통하여 '위태함'이라는 특성이 부각된다. ②와 같이 어떤 사물이 이동하는 속성이 빠른 것이 아니라, 그저 놓여 있는 대상의 외적 속성에 대하여 언급함으로써 그 대상의 외적 속성(대상의 기울기)에 의해 관찰자의 심리적 반응이 자극되기 때문이다.

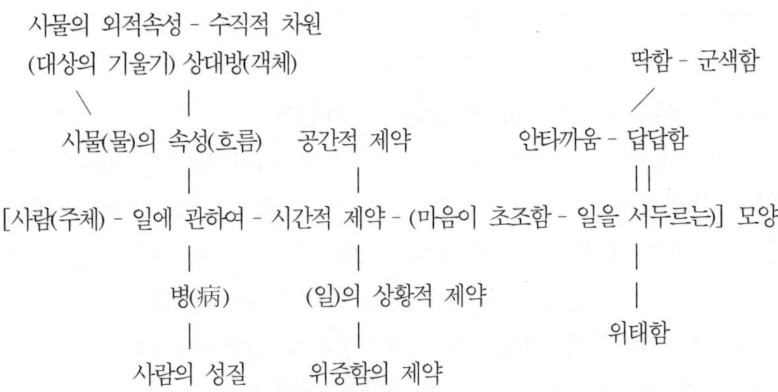

4. 발생의 유형 및 범주

지금까지 체언과 용언을 중심으로 각각 2~3 개의 어휘를 대상으로 의미 확장의 양상을 살펴 보았다. 문법 범주별로 구분하여 의미 발생의 양상을 고찰한 것은 다분히 편의적인 구도에서 취한 것이며, 이들 범주별로 특기할 만한 유형적 차이가 제시되는 것은 아니다. 다만, 형용사와 같은 경우 그 풀이말이 분석적으로 제시되기 어렵기 때문에 울만에서도 '적용의 이동'이라는 피상적 설명만을 제시하고 있는 것을 알고 있다. 그러나 이것도 품사적 특성이라기보다는 의미 내용 상 또는 의미 영역 상의 차이에 기인한다고 하는 것이 타당할 것이다. 이러한 귀결은 '가볍다, 급하다, 없다' 등에서 볼 수 있었듯이 이들이 다의 확장을 이루는 데에 작용하는 다양한 발생의 논리가 가능한 데서 증명된다.

지금까지의 논의를 통하여 세 가지 유형의 의미 발생 양상을 확인할 수 있었다.

구체적이며 물리적인 의미 영역과 관련된 어휘들의 경우에는 이미지소의 두 가지 유형과 관계한다. 그 첫 번째는 분석적 이미지소라 할 만한 것으로 개별 어휘의 최초의미로 정의된 정의항의 의미 내용들 각각의 단위로부터 의미 확장이 유도되는 경우이며, 두 번째는 최초의미로 정의된 의미 내용들보다는 어휘의 의미 내용을 둘러싼 체험과 상황적 관련 속에서 구성할 수 있는 스키마로부터 의미 확장이 유도되는 경우이다.

행위동사 '먹다', 형용사 '없다' 등은 그 자신의 최초의미를 구성하는 언어적 구성 요소들이 이미지소 기능을 함으로써 의미 발생의 바탕이 되었다. 반면에 행위동사 '돌다'와 형용사 '가볍다', 명사 '힘' 등에 대해서는 그 자신의 분석적 언어 성분에서 보다는 스키마(schema)로 재구성한 체험적 요인에 의거하여 의미 발생이 일어난 것을 확인할 수 있었다.

세 번째로 추상적이며 관념적인 의미 영역과 관련된 어휘들의 경우는 상기의 두 가지 유형과 관련되기도 하지만 특이하게 의미 내용을 구성하는 요소들 자체가 독립적으로 구성할 수 있는 유의어적 관련어의 망을 통해 의미 확장이 진행되는 것을 확인할 수 있었다. 인지 동사 '알다'의 경우는 '깨닫다 - 판단하다 - 기억하다 - 새기다' 등과 같은 유의어적 관련어 망을 통해 의미 확장이 일어난다. 이는 단순히 사전적 풀이에서 핵심어인 서술어를 나열해 놓은 것에 불과한 것으로 생각될 수 있지만, 구체적인 동작의 요소나 체험적 이미지소가 결여된 어휘항에 대해서 의미 확장의 추론을 일으킬 수 있는 유일한 근거가 된다.

역시 '생각하다'의 경우는 [생각 - 추론 - 판단 - 상상 - 기억]과 같은 개념망을 통하여 의미 확장이 전개된 것을 알 수 있었다. 이들 명사들의 관계는 지각적 체험으로서는 파악될 수 없는 것이지만 언어 활동 주체의 관념적 직관 속에서, 그리고 정신 영역의 하위 구성 부문으로서 이들 간의 개념적 인접성에 대해서는 이의가 없을 것이다. 물론 개념적 인접성을 가진 명사들의 수와 연쇄의 길이 등에 대해서는 계속적인 탐구가 있어야 한다.

한편, 어떤 어휘가 사용빈도가 높을 경우 다의 의미로 확장될 가능성이 높다는 점은 인정될 만하다. 그러나 혹자와 같이 다의 의미 확장의 근거로 '높은 사용빈도'를 내세우는 것은 본말이 전도된 것이다. 간단한 언어 논리를 빌어 이를 다음과 같이 표현할 수 있다.

> 다의 확장을 이룬 어휘들은 대부분 사용빈도가 높지만, 사용빈도가 높다고 하여 다의 확장을 이룰 수 있는 것은 아니다.[84]

다의어를 발생적으로 관찰하여 그 최초의미로부터 의미적 유연성을 지니면서도 구별되는 확장 의미 간의 관계를 분석하였다. 이와 같은 방식으로 다의어에 접근하는 것은 언어를 유기체로 파악한 초기 구조주의의 시각과 관계될 뿐만 아니라, 언어의 전반적인 현상에 언어 주체의 인지적인 작용이 개입함을 주장하는 인지주의의 시각과의 관련성도 확인할 수 있다.

본 장에서 개별 어휘들을 분석하면서 제시된 범주적 단위를 정리해 보면 아래와 같다. 우선 기존 설명에서 제시된 포괄적인 개념들이 있는데 '맥락적 압력에 의한 간결화'와 '신체화의 은유적 인식 방법' 등이다. 이들 개념은 드러나지는 않지만 언어 활동 주체의 인식 방법이나 태도 등에 근거한 것이라 할 수 있다.

<일반적 개념 또는 단일 범주>
[맥락적 압력에 의한 간결화], [신체화의 은유적 인식 방법]
[형상적인 유사성], [현저성], [지속적인 작용], [주체적 성격]
[동반되는 요소], [형상화], [인식의 태도], [선명도]

또한 최초의미가 갖는 이미지소로부터 다른 하위 의미로 파생되는 과정에서 자신의 내포와 외연이 증가하는 과정은 범주 변화의 과정을 포함한다. 그리고 이러한 범주 변화는 객관적으로 또는 범주 자체가 변하는 것이 아니라 언어 활동 주체의 인식적 방법이나 태도가 변하는 것이라 하겠다. 따라서 이들은 인식론적 범주에 해당한다.

<인식론적 관계 범주>
[사람과 사물의 방향관계] → [사물과 사물의 방향관계]로 확장,
[공간 ↔ 시간]
[선후 관계 또는 먼저 - 나중 관계], [선, 면 ↔ 입체]
[가치적 대상 ↔ 비가치적 대상], [영역 ↔ 실체], [접촉과 접촉 후의 영향]
[대상과 대상간의 관계] ↔ [대상과 속성간의 관계], [반복과 회전]

---

84) 이런 논리는 관용어 형성에 대하여 언중의 반복적이고 지속적인 사용에 그 원인을 두려는 데에도 그대로 적용된다. 사용 빈도는 피상적이거나 결과적 양상에 해당할 뿐 그 발생이나 형성의 근거로 제시될 수는 없다.

[주체와 대상 간의 관계] ↔ [객체와 객체 간의 관계]
↔ [주체와 주체간의 관계]
[회전 운동과 흐름 운동의 상호 교차],
[대상이나 속성의 움직임] ↔ [대상의 속성의 움직임]
[주체와 객체 관계의 역전], [구체 ↔ 추상]
[과정적 개념], [발현적 개념], [실체적 개념] ↔ [관계적 개념],
[사실의 영역]↔ [가치적 영역]
[긍정성] ↔ [부정성], [사물 ↔ 현상/행위], [사물 ↔ 사람], [사물 ↔ 속성]
[장소적 제한 ↔ 충분성의 제한], [가능성 ↔ 개연성 ↔ 필연성],
[행위적 측면 ↔ 상황적 판단]
[평면공간 ↔ 수직공간], [상태의 지속과 변화], [지속과 반복],
[선 ↔ 면, 입체], [상태 ↔ 과정]

2장에서 존재론적 범주와 인식론적 범주, 그리고 이들에 대한 언어적 개념으로서의 의미론적 범주를 논의한 바 있다. 위에서 제시된 모든 범주 군들은 어떤 어휘의 최초의미로부터 발생적으로 확장된 하위 의미들이 어떤 유연성을 가지는지, 어떻게 유사성을 확보하는지에 대한 해명을 위하여 설정된 것이다. 그러나, 이들 분석이 구체적인 하위 의미들에 대하여 진행된 것이므로 범주 군들 간에 일정한 계층성이 있을 것임을 예견할 수 있다. 그것은 다의어의 특징을 고찰하면서 이미 '범주적 분화 → 부류적 분화 → 고립적 분화'라는 지위상의 부류가 있기 때문이다. 이 점은 좀더 많은 분석 과정을 통해 밝혀질 수 있으리라 생각된다.

제4장 다의 발생의 원인

1. 이론적 검토

다의 의미를 분석함에 있어 최초의미와 확장된 다의 의미들간의 관계를 고려하는 것은 의미적인 유사성의 특성을 밝히는 데에 기여한다. 그러나, 이러한 유사성과 유사성의 근거들을 관찰하는 것이 다의 발생을 촉발시키는 원인이나 이유를 제공하는 것은 아니다. 다의 의미들간의 관계에 대한 연구는 다만 발생된 결과로서의 의미들 간의 논리적이거나 체험적인 연결 관계를 기술해주는 정도의 목적에 이바지한다. 한편 다의어에 관한 연구사 전체를 통틀어 그 확장의 원인을 규명하는 시도가 진행된 적은 없으며, 있다고 하더라도 유사성을 밝히는 것을 원인을 규명하는 것으로 오인한 것이 대부분이라 할 수 있다.

그렇다면 이와 같은 경향이 반성적인 검토없이 어떻게 오늘날까지 계속되어 왔는지가 궁금해진다. 필자는 이런 경향의 이유를 (1) 의미 확장의 원인이 상당히 복잡할 것이라는 짐작과, (2) 이론 언어학적 체계 내에서 접근할 수 있는 방법론의 결여라는 두 가지 관점에서 이해할 수 있으리라고 본다. 우선, 의미 확장 원인의 복잡성에 대한 추측은 일견 사실로서 받아들여지며 의심할 여지가 없는 것 같다. 과연 한 어휘의 의미가 다른 의미를 띠도록 종용한 요인이 한 사람의 심리적인 출발에 있는지, 당시의 어떤 시점에서 발생한 사회적 또는 문화적 사건에 있는지, 순전한 언어학적 원인에 있는지를 결정한다는 것은 어렵다. 뿐만 아니라 이들 요인의 세부, 곧 만일 어떤 어휘가 심리적 요인에 의해 의미 변화를 입었다면 심리적 요인의 어떤 구체적 요인이 의미 발생을 촉발시켰는지를 밝혀야 하겠는데 이것은 더욱 곤란한 문제로 생각되는 것이다.

두 번째 검토 사항은 방법론 개발에 성공하지 못했다는 점이다. 원인 규명의 복잡성에 대하여 적극적인 태도를 견지한다 하더라도 이를 규명할 수 있는 방법론이 뒷받침되지 않는다면 연구를 진행할 수 없는 것이다. 모든 문제는 복잡하거나 미결정된 것이라는 점을 감안한다면 기실 전자의 이유보다는 방법론 부재의 두 번째 사항이 더 큰 이유가 된다고 하겠다. 이는 또한 언어의 의미 확장의 중요한 인자로서의 언어 사용 주체에 대하여 적절히 포섭하지 못하는 체계 언어학의 정태적 성격과 맞물려 있는 문제이기도 하다. 위에서 제기한 몇 가지 숙제를 정식화하면 다음과 같다.

> 1. 의미 확장의 원인은 밝힐 수 있는 것인가?
> 2. 의미 확장의 원인을 어떤 방법으로 밝히나?
> 3. 밝혀진 의미 확장의 원인이 갖는 언어학적 의의는 무엇인가?

1) 의미 변화의 논리

먼저 음운론적 논의 가운데에서 의미 변화의 원인으로 제공되어야 할 요인이 어떤 것인지를 추론해 보기로 한다.

음운론적 논의에서 음운 현상 또는 음운 변화에 수반되는 규칙과 그 규칙의 실현 환경 등에 대한 기술은 음운론 논의를 이루는 주된 특징이다. 그렇지만 그와 같은 현상 또는 변화의 원인에 대하여 구체적으로 언급된 내용은 찾아보기 어렵다. 다만, 발음의 경제성과 전달의 효율성이라는 선언적인 원리가 동화(同化)나 이화(異化) 현상 등에 대하여 기술되고 있을 뿐인 것이다.

음운 현상의 동기 또는 원인으로 제시된 '발음의 경제성'과 '전달의 효율성'이라는 개념이 엄격히 절제된 개념이라는 것을 쉽게 알 수 있다. 이들 개념들에는 화자나 언중의 주관적이고 심리적인 관점이 전혀 포함되지 않았기 때문이다. 이것은 체계 언어학[85]의 특징이다. 체계 언어학이 탄생한 이후, 언어를 하나의 구조와 체계를 가진 독자적인 대상으로 규정함으로써 화자의 주관적이거나 심리적인 특성들이 논의 속에 들어오는 것은 배제되었다.

언어학의 과학성을 보장받기 위하여 체계 언어학이 화자나 언중을 어떻게 배제시키는지를 모음 체계와 모음 추이에 관한 논의를 통해 살펴보자. 중세 국어의 모음 체계는 '체계의 균형'을 지향하는 방향으로 발달하였으며, 이를 위하여 모음들이 자기의 자리를 이탈하여 순서대로 이동하였다. 그러나 체계의 균형을 지향하는 것이 과연 모음추이의 원인에 해당하는지 결과에 해당하는지에 대해 검토해 보아야 한다. 개별 모음들이 어떤 판단할 수 있는 유기체로서의 자격을 갖추지 않고서는 자기 체계의 균형과 불균형을 파악할 수 없다.

뿐만 아니라 일단 추이가 일어난 후에 균형적인 체계가 성립되었으면 균형을 지향한다는 바로 그 논리에 따라 더 이상의 체계적인 모음 추이나 자리 옮김은 진행되지 말아야 한다. 그러나 공시와 통시의 변증법적인 양상은 체계의 안정과 불안정이 공존하는 채로 존재한다는 것을 말해주며, 이것은 모음 체계가 균형을 지향하면서 동시에 불균형을 지향한다는 결론으로 이끌게 한다.

이와 같은 모순적인 귀결은 언어 현상을 일으키고 변화시키는 인자(因子)를 잘못 설정했기 때문에 발생된 것이다. 밀로이(1991)에서는 벨파스트

---

85) 체계 언어학이란 밀로이(1991)에서 사용하고 있는 용어인데, 구조주의 언어학을 일컫는 것이며, 다만 구조주의 언어학의 핵심적인 특성으로서의 '체계적'인 성격이 강조된 용어라 하겠다. 논의의 편의를 위해 밀로이의 이 용어를 그대로 사용하기로 한다.

지역의 음운 현상을 사회언어학적인 방법으로 연구하면서 언어 변화의 촉
발 문제에 관해 언급하였는데, 그에 따르면 지금까지의 대부분의 사회언어
학적인 음운 연구는 언어 보존이나 언어 유지의 문제에 초점을 둔 것이었
으며, 언어 변화에만 전적으로 중점을 두지는 않았다고 하였다(pp.249~25
0)[86]. 한편, 언어 변화 자체에 중점을 두게 되면 그 변화의 촉발 문제가 대
두되는데, 이때에 '체계'상의 관점이 아니라 '화자에 의한 개신'에 초점을
맞추고 있다. 약한 유대 관계에 있는 사람들 가운데 특정한 사람에게서 개
신이 시작되면 '초기 채택자'를 거쳐서 전체적인 변이나 변화를 이룩하게
되는 것이다. 곧 [화자에 의한 개신 → 초기 채택자 → 체계상의 변화]의 도
식으로 전개된다는 설명이다.

밀로이(1991)의 이와 같은 접근법이 사회언어학적인 관점에서 언어를 바
라보는 시각[87]에 의거한 것이라고 하더라도 언어 변화를 일으키는 인자(因
子)에 대한 관점은 체계 언어학에서도 받아들일 만한 것으로 간주된다. 단
지, 구체적으로 언어를 사용한다는 측면이 강한 '화자'의 개념보다는 '언어
사용 주체'라는 개념을 사용함으로써, 좀더 체계 언어학적인 요구를 수용
하는 동시에 '화자' 개념의 구체성이 논의의 과정에서 충실히 보충될 수
있기를 희망하는 것이다.

---

86) 페이지는 역서(정영인 외(1997) 「언어 변이와 변화」, 태학사)를 기준으로 한 것이다.
87) 밀로이(1991)은 사회언어학적인 접근법에서 취하는 세 가지 원리 가운데 첫 번째로 다
  음을 제시하고 있다.
  원리1
  언어의 사용은 (문학과 실험실에서의 실험을 제외하고는) 사회적 맥락과 상황적 맥락 없이
  는 이루어질 수가 없다. 우리가 언어의 사용을 관찰하는 경우, 그것은 언제나 이러한
  맥락 안에서 관찰되기 때문에, 타당성이 있는 분석을 하려면 사회와 상황, 그리고 화
  자와 청자를 고려하지 않으면 안 된다(p.29).
  우리의 분석 방법이 사회적 맥락과 상황적 맥락, 그리고 구체적인 화자에 대한 고려
  와는 그 방법을 달리 한다고 하더라도 원칙적으로 언어 사용을 둘러싼 이들 요소들
  에 대한 고려의 중요성은 받아들일 수 있다.

2) 개별 다의 의미 내부의 유의어적 관계

앞 절에서 의미 발생의 원인을 일으키는 주체를 화자와 청자 곧, 개신자와 초기 채택자로서의 언어 사용 주체라고 보았다. 이로써 언어와 의미를 변화시키는 주체가 언어 사용자라는 직관에 확고히 기반할 수 있게 되었다. 그런데, 이는 체계 언어학의 기본 가정과는 다른 것으로서 만일 특정한 접점을 찾지 못한다면 언어학 체계 내에 수렴될 수 없다. 왜냐하면 체계 언어학은 언어를 그 사용 주체와 분리시켜 독립적인 유기체로 파악함으로써 성립하였으며, 이로 말미암아 언어학의 내적 체계성과 안정성의 기반이 마련되었기 때문이다. 그러면 이제 언어 사용 주체와 언어 내적 체계를 접목시킬 수 있는 장치를 마련할 때가 되었다.

우리가 다의 의미 발생의 원인을 규명하기 위하여 마주하고 있는 분석의 대상 자료는 사전(辭典)에 기록된 다의 의미 기술과 그 기술에 해당하는 예문이 전부이다. 구체적인 화자들이 어떻게 특정 어휘의 의미를 사용하며, 통계적으로 어떠한 하위 의미가 더 많이 사용되는가, 또는 제한된 기간 내에 의미 사용의 차이가 어떻게 발생하는가, 또는 더 구체적으로 새롭게 탄생한 다의 의미의 발생 경로는 어떻게 되는가[88] 하는 등등의 물음은 사회언어학적이며 통계적인 조사를 요구할 것인데, 이와 같은 문제들에 대한 해명은 본고의 목적이 아니다.

그렇다면, 사전적 의미와 기술된 예문만을 가지고 구체적인 화자 개념과 언어 사용 주체라는 개념이 동시에 융합될 수 있는 분석의 방법을 찾아야 한다. 필자는 이에 대한 실마리를 '표현 욕구에 의한 어휘 또는 의미 창조'라는 대원칙에서부터 찾을 수 있을 것으로 생각한다. 어떠한 언어가 가진 의미 체계가 극히 만족스러운 상태에 처해 있다면, 새로운 의미의 발생은 자극되지 않을 것이다. 혹은 어떠한 의미 체계를 운용하는 언어 사용 주체에게 새로운 표현의 욕구가 존재하지 않는다면 역시 새로운 의미 발생은

---

88) 실제로 현대의 어휘 가운데 '썰렁하다'와 같은 예들은 다의 확장이 공식적으로 정립될 만한 수준에 이르렀으며, 이와 같은 확장의 과정은 최근 몇 년 내에 일어난 것이다. 따라서 이런 용법의 출처와 그 확산의 경로를 추적해보는 작업은 필요할 뿐만 아니라 의미 변화에 대한 일반론을 수립하는 데에도 크게 기여할 것으로 생각된다.

자극되지 않을 것이다.

전자의 방향은 '어휘의 공백'과 같이 이미 알려진 체계 언어학적 개념을 통해 다소간 유사한 형태로 알려진 것이다. 형태적 측면이 강한 어휘의 공백은 실제적으로 유사한 의미를 갖는 어휘들의 관계를 통해 밝혀진다. 그러면 다의 확장과 관련해서는 어휘의 공백이라기보다는 '의미의 공백'이라고 해야 할 것인데, 상대적으로 내용적 측면에 속하는 의미의 공백은 형태적으로 분명한 어휘의 공백과는 달리 그 공백의 상황이나 조건을 기술하는 것이 불가능하다. 따라서 전자의 방향은 그렇게 성공적이지 못하다.

후자의 경우는 '표현의 욕구'라는 개념이 이미 체계 언어학적인 술어로 사용된다는 점에서 뿐만 아니라 구체적인 화자 개념이 포함될 수 있는 개념이므로 우리의 관점에서 선택할 만한 것이 되겠다. 그렇다면 '표현의 욕구'라는 측면과 사전적인 의미 기술과 해당하는 예문이라는 분석의 대상 자료의 측면을 동시에 고려할 수 있는 접촉점은 무엇인가에 관해 살펴 보자.

3) 유의어적 흡수

이제 구체적으로 유의어적 흡수가 어떤 형태로 나타나고 있는지를 알아보기 위해 [뉘앙스 풀이를 겸한 우리말 사전](임홍빈 1993)을 검토하기로 한다.[89] 사전의 이름을 통해서도 알 수 있듯이 유의어적 흡수는 '뉘앙스'를 포함하고 있는데, '뉘앙스'라는 말은 여타의 설명 언어나 범주에 의해 명확한 방식으로 거론되기 어려운 미세한 의미 차이를 가리킬 때 사용되는 용어이다.

---

89) 사전의 구성은 어휘 풀이의 중간 중간에 유의어적 관계에 놓여 있는 두 어휘를 중심으로 하여 그 둘을 비교하는 내용을 박스형 상자 속에서 풀이하는 방식으로 되어 있다. 박스형 상자 속에는 비교 대상 어휘가 있고, 그 아래 각각의 기본적인 의미와 함께 구별되는 의미나 뉘앙스를 풀이하고 있으며, 마지막으로 그와 같은 설명을 확인할 수 있도록 예문을 삽입하는 방식으로 구성하였다.

가지다 : 소유(所有)하다

(가) 가지다 - 어떤 대상을 자기 것으로 만드는 일, 즉 소유에 대해서뿐만 아니라 남의 것을 단순히 지니게 되는 일, 즉 소지(所持)에 대해서도 쓸 수 있다. 현재형 '가진다'로써는 사람이 속성이 아닌 어떤 물건을 자기 것으로 지니고 있는 상태를 나타내기 어렵다. 그러한 뜻으로는 '가지고 있다'를 써야한다. 사람이나 어떤 대상이 속성을 지니는 것은 '가진다'로 표현할 수 있다.

(나) 소유하다 - 어떤 대상을 자기의 것으로 만드는 일에 대해서만 쓰인다. 단순히 어떤 대상을 자기 것으로 지니고 있는 상태에 대해서는 쓰일 수 없다. 추상적인 대상이나 관계 혹은 속성을 지니는 것도 대체로 '소유하다'로 표현하지 않는다.

(1) 동생이 책을 가진다('가지고 있다'의 뜻을 가지지 못한다)/*소유한다('가지고 있다'의 뜻도 가지지 못하고, '획득한다'의 뜻도 가지지 못한다)

(2) 이 책은 큰 약점을 가진다/*소유한다.

(3) 노인이 넓은 아량을 가진다/*소유한다.

(4) 깊은 생각을(따뜻한 마음을·깊은 우정을) 가진/??소유한 사람

위의 사전 풀이를 보면 결국 '가지다 : 소유하다'의 의미 차이는 '가지다'의 경우는 소유·소지를 나타내는 반면, '소유하다'는 '소유'의 의미만 갖는다는 것과, '소지(所持)'의 의미에 따라 '가지고 있다'의 의미를 갖지만 가지고 있는 상태를 표현하지는 못하는 것, 마지막으로 '소유하다'는 추상적인 대상 혹은 속성에 대해서 사용될 수 없다는 것 등으로 파악되었다.

그러면, '가진다'와 '가지고 있다'와의 비교를 통한 의미차이를 제외하면 '가지다'가 소유·소지를 모두 나타낼 수 있으며 추상적인 속성까지 표현하는 데 반하여 '소유하다'는 구체적인 대상을 가지는 것에 대해서만 특정적이라는 것이 이 두 표현의 차이가 된다.[90] 그렇다면 이와 같은 두 어휘간의 차이가 하나의 어휘에 대하여 상대 어휘가 창조되게 된 원인이며 그 결과로 해석될 수 있음을 확인할 필요가 있다. 곧, 유의어적 관계는 동일

---

90) '소유하다'가 추상적인 대상이나 관계에 대해서는 쓰일 수 없다는 풀이는 수정이 필요하다. 왜냐하면 '물적 재산권을 소유한 자'와 같이 법률적 언어나 공식적인 글에서는 추상적인 관계 곧, 권리의 소유를 나타낼 수 있기 때문이다.

한 의미장 속에서 모종의 차이들에 따라 관계지어질 수 있는데, 이들의 차이가 바로 개개의 어휘가 의미장 속에서 창조되고 존속하는 근거가 된다는 것이다.

유의어들 간의 의미 차이를 밝히려는 논문들에서는 예문들간의 비교가 주요한 차이의 증빙 자료가 된다. 이는 일반적인 사전풀이에서는 풀이말과 예문의 관계에서 예문이 보충적인 지위를 갖는 반면, 유의어들간의 비교 속에서는 예문이 풀이말의 역할과 동등하거나 심지어 우세한 지위를 지니기 때문이다. 특히 미세한 뉘앙스적 의미 차이에 관해서는 이들을 규정할 범주나 술어가 마땅하지 않는 경우가 많으므로, 예문의 성립가능성의 여부로서 제시하는 것이 곧 차이를 설명하는 것이 되는 것이다.

다의 의미 확장의 원인을 밝히는 작업에 앞서 두 가지 목표를 언급하지 않을 수 없다. 그 첫째는 우선 체계 언어학적인 입장을 유지하는 것이다. 이는 구체적인 화자의 어떤 발화 양상으로부터 직접적으로 의미 확장의 실마리를 발견할 수 있는 의미 관찰 방법이 마련되지 않았기 때문이다. 두 번째 목표는 그럼에도 불구하고 구체적인 언어 사용 주체가 의미 확장을 행하는 주체이기 때문에 충분히 언어 사용 주체의 어떤 특성이 고려되어야 한다는 점이다.

이와 같은 두 가지 목표를 만족시킬 수 있는 연구의 대상을 어휘 표제어에 대한 사전적 풀이 속에서 발견할 수 있기를 기대한다. 한 어휘가 자신의 최초 의미로서 창조되고 난 이후, 새로운 하위 의미로의 확장 또는 파생을 겪는 과정은 전혀 다른 새로운 어휘가 창조되는 과정과 다를 것이 없다. 새로운 지시체가 나타났던지, 새로운 표현의 욕구가 생겨났던지 간에 기존의 어휘 내용과 표현 방식으로서는 정확한 지시가 불가능한 상태에서 새로운 어휘나 의미가 창조되는 것은 분명하다.

그런데, 사전적 기술을 가만히 살펴보면 한 어휘의 다의 곧, 개별 하위 의미에 대하여 그것을 풀이해 놓은 말이 존재한다. 하위 번호가 매겨진 상태로 기술되는 '사전의 풀이말'이며 표제어(피정의항)에 대한 정의항의 표현을 말한다. 이를 달리 말하면 '다시쓰기(paraphrase)'에 해당한다고 하겠으며, 그 풀이말에 사용된 표현들은 해당 표제어의 하위 의미와 유사한 의미 내용을 갖는 어휘들로 채워지게 마련이다. 곧 표제어와 관련했을 때 유의어적 관계에 속하는 어휘들로서 재기술되는 것이다. 또한 표제어나 그 표제어의 풀이말은 모두 실제의 언어 표현으로 존재하는 것이다.

이와 같은 사실로부터 다음과 같은 추론이 가능하다.

> 표제어의 확장된 하위 의미와 그 의미를 풀이한 유의어적 어휘들이 시간적인 출현의 선후관계로 존재한다고 가정해 보자. 그러면 어떻게 선행하여 존재하는 표현이 있는데도 불구하고 나중의 표현이 다시 생겨나겠는가? 그것은 이들 두 표현이 각기 상대표현이 나타낼 수 없는 의미의 차이를 갖기 때문일 것이며, 이것이 바로 새로운 표현의 욕구가 탄생하게 된 계기이자 그 욕구가 만족되는 지점일 것이다.

이로써 의미 확장의 원인에 대한 두 가지 목표를 달성할 수 있는 지점에 도달하였다. 그것은 바로 사전적 풀이 속에 나타난 표현과 그 표제어 간의 '유의어적 흡수'를 밝히는 것이며, 이러한 '유의어적 흡수'[91]가 구체적인 언어 사용 주체의 개념이 포함되면서도 체계 언어학적 연구의 요구를 동시에 수용할 수 있는 접촉점의 역할을 하게 된다는 것이다.

4) 짝 범주 개념의 정립

짝 범주도 일반 범주와 마찬가지로 상위 범주적 개념과 부류적 개념, 그

---

91) '유의어적 흡수'라는 규정은 좀더 면밀하게 분석될 필요가 있다. 이것은 어휘 의미론적 차원에서 유의어라고 규정할 수 있는 대상에만 한정되지 않는다. 예를들면, '영화를 보다'의 경우는 그 풀이말이 '즐기거나 감상하다'로 되어 있는데, 여기서 '보다'와 '즐기다', '감상하다'는 어휘 의미론적 차원에서 전혀 묶일 수 없다. 그러나, 체험적이며 관습적인 논리 속에서 이들의 동반 관계 곧, '보는 것 - (을 통해) - 즐긴다/감상한다'는 관계가 성립되기 때문에 이들 어휘들이 관련을 맺을 수 있게 되는 것이다.
한편, 때로 '유의어적 흡수'는 상위어와 하의어 관계로서 나타나기도 한다. 역시 '보다'의 예를 통해 보면 '날씨를 살피다'와 '날씨를 보다'에서 '살피다'와 '보다'의 관계는 '살펴보다'에서 알 수 있듯이, 상위어적인 '보다'에 대하여 구체적인 행위나 동작의 양상이 드러나며 의미 영역의 측면에서 극히 제한된 '살피다'가 하의어적인 성격을 띠고 있음을 알 수 있다.

리고 개별적 개념에 이르기까지 계층적인 위계를 가진다고 할 수 있다. 그리하여 부류적 개념까지는 일반화에 의해 설명술어를 사용하여 해석해낼 수 있겠지만, 개별적 개념에 해당하는 세부적인 차이들에 대해서는 이렇다 할 짝 범주를 성립시키지 못할 수도 있을 것이다.[92]

(1) 기존의 짝 범주

트루베쯔꼬이가 유무대립이라고 언급했던 것은 부정접두어 '무(無), 미(未), 불(不), 부(否), 비(非), 몰(沒), 부(不), 못, 안' 등이 형태적으로 결합하여 반의어를 만들어내는 유형들에 전형적이다. 그런데 전수태(1997)에서 [Xs - Ys]유형으로 분류한 항목의 경우가 특히 주목되는데, 그것은 이들 유형에 속한 하나의 어형이 그 반의어 개념짝을 여러 차원에서 가질 수 있음을 보이고 있는 점과 문맥적이거나 상황적으로 발생한 반의어 개념을 모두 수용하고 있는 포괄성의 면에서 그렇다.

그런데 이들 유형들 각각에 배속된 구체적인 반의어 용례들이 모두 상위의 짝 범주로 추출될 수는 없다. 이는 범주 일반론에 비추어 볼 때 범주 또는 개념이란 다양한 실례들 가운데 공통적인 속성을 추출하여 성립되는 것이라는 측면에서 자연적으로 예상된다. 그러므로 구체적인 용례들을 상위범주로 개념화해보는 것과 이미 언어학이나 철학 등에서 상위범주로 사용되고 있는 것들을 상호 검토해 봄으로써 짝 범주를 만들어갈 수 있을 것이다.

일례로 전수태(1997:19)에서 '가루 : 어리'라는 개념을 살펴보면, 그 구체적인 반의어 용례로서 '가루눈 - 함박눈', '가루분 - 물분', '가루 사탕 - 각사탕', '가루약 - 물약' 등으로 나타나고 있다. 이 용례들을 통해서 만들어진 반의 개념으로서의 '가루 : 덩어리'는 나름대로의 타당성을 가지고 있는 것이 사실이다. 그러나, 이를 언어 일반에 적용할 수 있는 상위범주로 승격시키려고 할 때 '가루 : 덩어리'라는 개념이 상대적으로 너무 구체적

---

92) 앞으로 우리가 비교하게 될 문체적 차이는 마치 유의어들간의 의미 차이를 명확한 술어에 의해 규정적으로 기술하는 것이 어려운 것과 같은 성격의 작업과 만나게 할 것이다.

이라는 점을 알게 된다. 한편, 같은 지면에 있는 '직접 : 간접'이라는 반의 범주는 그 용어의 일반적인 범주성을 직감할 수 있으므로 상위 개념으로서의 짝 범주로 상정할 수 있는 것과 같다.

　검토를 통하여 아래와 같은 짝 범주를 유도할 수 있다(괄호 밖의 ' : ' 범주는 상위범주로 설정한 것이며 괄호 속의 ' : ' 범주는 전수태(1997)에서 세부유형별 용례 가운데 하나이며 기호 ' - '로 묶인 것은 그 실례 가운데 하나를 밝힌 것이다).

① 직접적 : 간접적(←직접 : 간접 p.19 / 直 : 曲, 隱 p.39~40)
② 개별 : 일반(←p.20, p.34)
③ 단수성 : 복수성(←개체 : 군(群) p.21)
④ 사적 : 공적(←단독 : 공동 p.24 개인 : 공동 p.20 / 국가 : 개인 p.24 /
　　　　　독립 : 공동 p.27 / 民 : 公, 官 p.28)
⑤ 주체적 : 객체적(←주체 : 객체 p.21)
⑥ 주관적 : 객관적(객관적 가치 - 주관적 가치 p.21, 주관 : 객관 p.39)
⑦ 안 : 밖(←겉 : 안/속 p.22, p.31)
⑧ 원인 : 결과(p.22)
⑨ 남성적 : 여성적(←계집 : 사내 p.23 / 아들 : 딸 p.32)
⑩ 정태적 : 동태적(←고정 : 변동 / 고정 : 유동 p.23)
⑪ 오래됨 : 새로움(←舊 : 新 p.24 / 近 : 古 p.25 / 今 - 古 p.25)
⑫ 높음 : 낮음 (← 고기압 - 저기압 / 고급 - 초급 p.23)
⑬ 단순 : 복잡(p.26)
⑭ 목적 : 보통(p.27~28, p.29)
⑮ 사실적 : 관념적(←사실 : 관념 p.30 / 현실적 - 관념적 p.41)
⑯ 좋음 : 나쁨(←p.31 선 : 악, 길)
⑰ 일시적 : 영구적(←p.32)
⑱ 완전 : 불완전(←p.33)
⑲ 들어옴 : 나감(←入 : 出, p.34~35)
⑳ 자연적 : 인위적(←자연 : 문화 / 자연 : 강제 p.35~36)
㉑ 절대적 : 상대적(←절대 : 상대 p.37)
㉒ 올바름 : 그름(←正 : 不, 정답 : 오답 p.37~38)
㉓ 정신적 : 물질적(←정신 : 물질, 육체 p.38)
㉔ 분석적 : 종합적(← 종합 비평 : 분석 비평, p.38~39)
㉕ 중심적 : 주변적(← 지방 : 국가 p.39)

일반적으로 보이는 용어짝 가운데 '구체적 : 추상적'이라는 개념과 그밖의 일부 개념이 반의어 짝에서 제시되지 않았으나, 전수태(1997)에서 실제 반의어 용례가 모두 제시된 것이 아니라는 점에 따른다.

(2) 짝 범주 확장의 토대

우리가 설정하려는 짝 범주는 의미 확장의 원인을 밝히는 데 있어서 설명 언어로 사용하기 위해서 작성된다. 그런데, 전수태(1997)에서 제시된 짝 개념들은 대부분 반의어의 대립적 지위가 확고한 예들에 의거한다. 말하자면 극성 대립이나 모순대립과 같이, 한 쪽이 아니라면 다른 쪽이 될 수밖에 없는 반의어의 성격에 따른 것이다. 단수가 아니면 복수이며 상대적이 아니라면 절대적이고, 단순하지 않다면 복잡하다는 것이다. 크루즈(1989:327)에서의 설명에 따르면 이들은 '좋은 대립'을 형성하는 예들이다.93)

그러나, 좋은 대립이 아니라도 대립적으로 형성된 많은 짝 개념들이 존재한다. 일례로 정도 대립과 단계 대립을 살펴보면, long : short는 일정한 평균적 길이보다 (정도적인 측면에서) 더 긴 것과 더 짧은 것을 나타낸다. 이 경우에 길지도 짧지도 않은 대상의 길이에 대해 말할 수 있다.

정도 대립 보다 좀더 문제가 되는 것은 단계 대립이다. 흔히 색깔들 간의 대립적 관계나 요일(曜日)의 각 항목들 간의 관계를 대립적으로 포괄하기 위해 단계 대립이라는 이름으로 이들을 묶어낸다. 그런데 '검은 색 : 흰색'의 경우를 제외하고는 이들 색깔들간의 대립적 관계를 설명할 수 있는 용어를 개발하기가 어렵다. 마찬가지로 요일(曜日)을 휴일과 비휴일(평일)로 크게 구분할 경우에는 대립적 설명 언어를 사용할 수 있지만, 월요일과 화요일이 어떤 대립의 징표에 의해 구분되는지를 설명할 수 있는 방안은 마땅하지 않다.

그런데, 이들이 언어 체계상에서 실현된 어휘들이라는 점에서 이 표현들

---

93) '좋은 대립'의 조건으로는 첫째, 일차원적 척도가 개념화될 수 있는 용이함으로서 town : country가 좋은 대립이 아닌 것은 이 둘의 관계에 적절한 차원이나 축을 확립하기 어렵기 때문이다. 둘째, 대립의 순수성인데, 이는 대립항들의 의미들 중 기저의 대립에 의해 사용되는 비율이 얼마나 되는가에 따른다. 대립의 순수성 조건은 father : mother의 관계가 man : woman의 관계보다 약한 반의어인 이유를 설명한다.

이 창조·발생된 경위를 설명하는 것은 어휘론의 입장에서 수행되어야 할 작업이라고 하겠다. 그러면 일요일을 기준으로 다음 첫째 날이 월요일이고 그 다음 둘째 날이 화요일이라는 식으로 설명이 진행될 것이다. 이것은 색채들 간의 관계에도 마찬가지로 적용될 것이다. 우리가 주목하고자 하는 것은 이때에 사용되는 설명언어의 양상에 관한 것이다. 좋은 대립의 경우 깔끔한 형태로 그러한 대립을 유형적으로 보장해 주는 개념적 짝을 작성할 수 있다. 그러나, 그렇지 않은 대상의 경우는 설명언어 역시 안정된 범주로서 제시되기보다는 '대상들을 구별할 수 있도록 도와주는 장치'와 같은 수준을 만족시키게 된다.

반의어라는 어휘 관계에서 나타나는 이러한 현상은 어휘 내부의 다의어적 확장에 대해서도 동일하게 발견된다. 앞장에서 범주와 부류를 언급한 자리에서도 이와 같은 가능성을 제출한 바 있다. 여기서 우리가 받아들여야만 할 범주의 양상을 제안하도록 하자. 그것은 가능한 모든 짝 범주가 우리에게 익숙한 대립적 용어들로 만족되지는 않는다는 사실이다. 삼분 대립으로 나타나는 '생성 - 성장 - 소멸'의 구도를 살펴보면서 이를 확인해 보자. '생성'과 '소멸'은 극성 대립으로 규정될 수 있지만, '생성'과 '성장'은 그렇지 못하다. 그러나 '생성 - 성장'(또는 '성장 - 소멸')과 같은 구도에서 의미 발생이 충분히 생겨날 수 있으며, 이를 범주적으로 규정하기 위하여 '발생적 : 과정적'이라는 짝 범주를 창안해야만 한다.[94]

---

94) 정도 대립의 상태까지는 이와 같은 대립 구도를 설정하는 것이 가능하다. 그러나 단계 대립과 같은 경우는 범주 개념이 무색하리 만큼 그 설명력을 보장받기 힘들다. 이러한 문제에 부딪치면 과학성 또는 학문성이라는 규정을 어떻게 인식하는가 하는 관점 선택의 차원에 도달한다. 곧, 범주적 체계성을 유지하기 위하여 대상자료를 버리거나 조작할 것인가 아니면 대상 자료의 자연적 상태를 보존하기 위하여 체계적 안정성을 약화시킬 것인가 하는 점이다. 필자가 선호하는 입장은 후자이며, 이와 같은 입장을 토대로 향후 설정될 범주 이름의 안정성에 대하여 제기될 수 있는 질문들에 대해 미리 대답하고자 한다.

2. 체언의 다의 발생 원인

Ⅰ) 구체명사(1) : [손]

최초의미로서의 첫 번째 의미는 '사람의 팔목 끝에 달린 무엇을 만지거나 잡거나 하는 부분'으로 정의된다.

② 〈도움이 되는 힘이나 그런 힘을 가진 대상〉임을 나타낸다. ¶많은 기술적 문제들이 당신의 손을 기다리고 있소.

비교어휘 <도움 : 손>

풀이말에서 예문을 통해 교체 가능한 어휘는 '도움'으로도 충분하므로 비교어휘를 <도움 : 손>으로 정할 수 있다. '도움'은 '돕는 일 또는 이익이 되는 것'을 뜻하며 추상적 영역에 속하는 어휘이다. 이에 대하여 '손'은 구체적이고 직접적인 영역에 속한다. 그러므로 이 두 표현의 문체적 차이는 [추상적 對 구체적]이 된다.

D ('~의 손으로, ~의 손에'형으로 쓰이어) 무엇을 해결하는 '힘'이나 '단' 등의 뜻. ¶내 문제는 내 손으로 해결해야지.

비교어휘 <힘이나 수단 : 손>

'힘'은 '운동, 활동, 기능, 작용 등을 가능하게 하는 능력'을 자신의 두 번째 의미로 가지며, 최초의미로는 '힘살의 긴장에 의하여 육체적 운동이나 작용을 일으키는 사람이나 동물의 능력'을 말한다. 첫 번째 의미와 동일하게 [추상적]인 영역에 속하기는 하지만 좀더 정확히 말한다면 [잠재적] 성격을 가진다고 할 수 있다. 이에 반하여 '손'은 [외현적]인 성격을 가지므로 이들 간의 문체적 차이는 [잠재적 對 외현적]이라 하겠다.

D ('~의 손으로, ~의 손에'형으로 쓰이어) 무엇을 소유하고 있는 대상임을 나타낸다. ¶성공과 실패는 당신 손에 달려있다.

비교어휘 <? : 손>

풀이말에서는 직접적으로 대체할 수 있는 표현이 없으므로 예문 상에서 교체를 시도해 보면, '당신의 결정에 달려 있다', '당신 마음에 달려 있다' 등으로 나타날 수 있다. 여기에서 '결정'이나 '마음'은 [추상적]인 의미와 더불어 [정신적]인 의미를 나타내고 있으며, '손'은 [구체적]인 의미와 더불어 [육체적]인 의미로서 차이를 보인다. 그러므로 이들 간의 차이는 [정신적 對 육체적]이라고 하겠다.

③ 로봇 같은 데서 움직여서 일을 하는 부분.
비교어휘 <? : 손>
이것은 문체적 표현 욕구에 의해서라기보다는 새로운 지시대상이 생겨난 것에 대해 이름을 붙이는 명명 과정에서 비롯된 것이다.

④ '일손이나 노력자'의 뜻. ¶손이 많다 / 손을 나누다.
비교어휘 <일손 : 손>
'일손'은 '손을 놀려 일을 할 때의 그 손'을 뜻한다. 다시 말하면 '일을 하는 손'을 나타내므로 [행위적]인 '손'을 가리킨다. 반면에 '손'은 하나의 실체물로서 [대상적]인 존재이므로 이들 간의 문체적 차이는 [행위적 對 대상적]이라 할 수 있다.

D 손으로 하는 일의 품. ¶이 일이 보기보다는 손이 많이 든다.
비교어휘 <손으로 하는 일의 품 : 손>
'품'은 '어떤 일을 하는 데 넣는 육체적이거나 정신적인 힘'을 말한다. 그런데 '손이 많이 든다'에서의 '손'은 '손일'을 말하므로 '일을 하는 데 드는 힘'의 [전반적]인 영역을 포괄하는 '품'에 비하여 [한정적]이고 [지엽적]이다. 그러므로 이들 간의 문체적 차이는 [전반적 對 지엽적]이라 하겠다.

⑤ (도구나 기구의) 손잡이. ¶맷돌의 손.
비교어휘 <손잡이 : 손>
'손잡이'는 '그릇이나 문, 기구나 도구에 달려 있는 손으로 쥐는 부분'을 말하므로, <손으로 쥐는 부분>과 <손>의 관계가 된다. 그러면 '손으로 쥐는 부분'으로서의 '손잡이'는 [기능적]인 측면에서 표현한 것이 되며, 상대적으로 '손'은 작용이나 기능을 하는 주체를 나타내므로 [주체적]이라 할 만하다. 그러므로 이들 간의 문체적 차이는 [기능적 對 주체적]이라 하겠다.

⑥ 식물의 덩굴들이 의지하고 뻗어 올라가게 대주는 나무나 새끼같은 것. ¶수세미 오이가 두어치 가량 자라자 할머니는 나뭇가지로 손을 해 주었다.

비교어휘 <? : 손>

풀이말을 압축적으로 다시 표현하지 않으면 비교하기 어려우므로, 전체 의미를 살폈을 때 <나무나 새끼로 만든 지지대>와 같인 다시 정의할 수 있다. 그러면 비교어휘는 <나무나 새끼로 만든 지지대 : 손>이 되는데, 이때 이들간의 차이는 의인화 수법을 생각해 볼 때 뚜렷해진다. 그것은 '지지대'는 [사물적]인 물체이며 '손'은 [인간적]인 사람에게서 가장 잘 발달한 신체의 부분이다. 따라서 이들간의 차이는 [사물적 對 인간적]으로 설정할 수 있다.

⑦ 포도나 머루같은 식물에서 다른 물체에 감기어 줄기를 고착시키는 실같은 것. ¶호박 넝쿨의 손이 뻗다.

비교어휘 <? : 손>

⑥의 문체적 차이와 유사하다. 다만, ⑥의 경우는 무생물로서의 [사물]인 반면 '넝쿨의 손'은 생물로서의 [사물]이라는 점이 다르다. '넝쿨의 손'을 [생물적]이라고 한다면 '손'은 앞서와 동일하게 [인간적]이다. 그러면 [생물적 對 인간적]이라는 구도로서 이들 간의 문체적 차이를 규정할 수 있을 것이다.

2) 추상명사(1) : [앞]

최초의미로서의 첫 번째 의미는 '향하고 있는 방향의 쪽이나 곳'으로 정의된다.

② (시간상으로나 차례로 보아) 먼저. ¶앞에서 한 이야기.

비교어휘 <먼저 : 앞>

'먼저'는 '시간상으로나 순서상으로 앞서서'로 풀이되는데, 풀이말에 '앞서서'라는 표현이 등장하지만 중요한 것은 '시간상으로나 순서상으로'라는 것임을 알 수 있다. 따라서 앞 장에서 살펴보았듯이 시간적, 순서적 관계를 주로 표현하는 것이다. '먼저 한 이야기'와 '앞에서 한 이야기'의 차이를 살펴보면, 전자는 일주일 전에 했던 이야기를 가리킬 수 있지만 바로 몇 분 전에 말했던 것을 가리키기에는 적절하지 않은데 반하여, 후자의 경우는 그 반대가 된다. '*바로 먼저'라는 표현이 불가능하고 '바로 앞'이라는 표현만이 가능한 것도 이와 같은 특성에 기초하며, 이것은 순서라는 개념적 서열과 공간적 배열의 차이에 의거한다. 개념적 서열은 시공간적 배열의 관점에서 볼 때 '떨어진 거리'와는 상관이 없는 것이기 때문이다.

결국 '앞'의 의미 확장을 통해 동적이며 현실적인 거리의 일을 가리킬 수 있게 된 것이다. 따라서 [시간적 對 공간적]의 구도를 좀더 구체화하여 [개념적 對 현실적]이라는 문체적 차이를 발견할 수 있게 된다.

③ 장래나 전망. ¶앞이 환히 열리다 / 다가올 앞을 내다보다.

비교어휘 <장래나 전망 : 앞>

'장래'는 '장차 올 앞날'을, '전망'은 '장래를 미리 헤아려 앞을 내다보는 것 또는 내다보이는 장래나 장래에 예견되는 상태'로 풀이된다.[95] '장래'의 경우는 상기의 두 번째 의미와 마찬가지로 여기서도 [시간적 對 공간적]의 구도가 기초적이다. '전망'의 경우는 '다가올 상태'의 의미가 주된 것이므로, 아직 예측하거나 규정적이지 못한 '앞'과 비교할 때 상대적으로 [규정적]인 특성이 발견된다. 이는 '다가올 앞을 내다보니, 전망이 좋다'라는 표현을 통하여 예측적이지 않고 무규정적인 '앞'이 후행 절에서 규정적인 '전망'에 의해 구체화, 섬세화될 수 있음을 볼 때 확인된다. 따라서 [무규정적(일반적) 對 규정적]이라는 문체적 차이를 추출할 수 있다.[96]

---

95) 이는 '전망'의 두 번째 의미에 해당하며 최초의미는 '(넓고 먼 곳을) 멀리 바라보는 것 또는 멀리 바라다 보이는 경치'이다.

④ (편지, 공문, 초대장 같은 데서 받는 사람이나 기관의 이름 밑에 쓰
   이어) '에게'의 뜻을 나타내는 말. ¶교장 선생님 앞.

비교어휘 <에게 : 앞>

이는 상당히 특이한 비교가 된다. 왜냐하면 형식적이고 기능적인 어휘
단위와 내용적이고 실질적인 어휘 단위를 비교하기 때문이다. '에게'는 '타
동사와 결합하여 그 행동이 미치는 간접적인 대상'을 가리키는데, 이 경우
는 '누구누구에게'라는 편지 형식에 사용되는 것이므로 '행동이 미치는 대
상'의 의미만에 해당한다. 또한 '에게'는 여격(dative)으로 통하는 것이니 '누
구누구에게 (이 편지를 {전달해 주시오/보냅니다})'에서 비롯된 것이라 할 수 있
다. 따라서 전달자(편지를 전하는 사람)와 수혜자(편지를 받는 사람)과 공히
관련될 수 있는 것이다. 그러므로 '에게'는 '경로(path)와 도달점(goal)'의 의
미를 모두 갖는다.

한편, 이 경우에 대치되는 '앞'은 한자어 '전(前)'에 대응하는 것이며, 수
혜자 곧 편지를 받는 사람에게 초점이 주어져 있다. 이는 상대적으로 도달
점(goal)의 의미가 강화된 것이라 하겠다. 결국 '에게'와 '앞'의 문체적 차이
는 [경로적 對 도달적]이라 할 수 있다.

⑤ 사람의 생식기가 있는 부분. ¶앞을 가리우다.

비교어휘 <(사람의) 생식기 부분 : 앞>

이 경우의 '앞'에 대하여 완곡어법이나 완곡하게 에둘러 하는 표현 등으
로 해석하는 것이 보통이다. 금기어(禁忌語)로서의 성적(性的) 표현을 피하
여 완곡하게 표현하기 위하여 생겨난 것이므로, 원래의 표현을 '직접적 표
현'이라고 한다면 '앞'은 '완곡적 표현'에 해당한다. 이것이 그대로 문체적
차이가 되어 [직접적 對 완곡적][97]이 확장의 원인이 되겠다.

---

96) '무규정적' 특성은 '앞'의 최초의미가 갖는 이미지소를 생각해보면 이해할 수 있다.
   곧, '앞'은 시야 안에 들어온 것이면 어떤 것이라도 모두 표상할 수 있고 또 그러한
   대상을 표상한다. 먼 곳에 평면적으로 그려낼 수 있는 특정한 화면만을 가리키지 않는다.
97) 짝 범주의 논리적 대립성을 추구하기 위해서는 [직접적 대 간접적]이라는 용어를 사용
   하는 것이 바람직할 것이다. 그러나, '완곡적'이라는 것이 '앞'의 문체 의미에 본질적
   일 뿐 아니라 '완곡적'의 대립적 범주가 '직접적'이외에 다른 것이 없다는 점에 입각

⑧ 사람이나 동물의 눈. ¶앞이 멀다.

비교어휘 <(사람이나 동물의) 눈 : 앞>

사람의 신체 부위를 기술하는 것은 상기 서술한 ⑤에서와 같은 유형이다. 이 경우는 '멀다'와 관련한 의미 차원에서 대체되어 확장된 것이다.[98] 그러면 '눈이 멀다'는 '눈이 보이지 않게 되었다'는 말이며, 이는 눈의 기능이 마비되거나 쇠퇴하였다고 해석될 수 있다. '눈'은 보는 기능을 관할하는 시각 담당 기관이며 따라서 행위의 주체이다. 그러므로 '눈'의 기능 작용 자체에 문제가 생겨서 나온 결과로 '눈이 먼' 것이다.

한편, '앞'은 눈을 떠서 볼 때 보이는 장면 전체 또는 향하고 있는 방향 전체를 언급한다. 곧, '<눈을 뜨면> ⇔ <앞이 보인다>'의 관계에서 뒷부분과 상관하므로, '실현된 눈의 기능'에 해당한다. 그러면, '앞'은 [실현된 기능]을 표상한 것이 되고 상대적으로 '눈'은 [잠재된 기능]을 가리키게 된다. 그리하여 이 둘의 문체적 차이는 [외현적 對 잠재적]와 같이 파악될 수 있다.[99]

Ⅱ ① (<앞으로>형으로 쓰이어) '이제부터 뒤에'의 뜻을 나타낸다.
¶앞으로 또 만나 이야기합시다.

비교 어휘 <이제부터 뒤에 : 앞>

대치관계로서는 어색한 것이므로 메타언어적으로 정의된 것이라 하겠다. 유사한 다른 표현으로는 '나중에, 다음에'와 같은 형태가 있다.[100] '이제부

하여 '직접적 대 완곡적'이라고 규정하였다.

98) 인지적으로 어떠한 형상을 두드러지게 표상한다는 점에서는 이 두 표현의 발생을 제대로 기술할 수 없을 것이다. 왜냐하면 신체 부위 가운데 두드러지는 곳이 두 부분(눈과 생식기)이 되기 때문이다. 여기에는 의미 확장을 이루기 전에 존재했던 원래의 명사들이 채택하는 술어의 의미 차원이 가세하여야만 된다. 그리하여 ⑤는 '가리우다'의 차원 속에서의 대체이며 지금의 ⑧은 '멀다'의 의미 차원 속에서의 대체인 것이다.

99) 인지 의미론적 접근에서는 은유 기제를 주로 씀으로, '눈'과 '앞'을 인지적 현저성이나 환유적 인접성을 통해 설명할 것이다. 그러나, '차이'를 원인으로 해석하므로, '차이'가 발견되는 내적 구도를 통해 접근하는 점에서 다르다. 뿐만 아니라 인지 의미론적 접근이 보여주는 것은 의미적 유연성에 대한 것일 뿐 확장의 원인에 대한 것이 아니라는 점에서 서로 다른 서술 방식이 전개되는 것은 당연하다. 이러한 환유성은 유연성에 주목한 다의 확장의 양상에서 언급한 바 있다.

터 뒤에'는 일정한 기준점을 중심으로 그것의 뒷부분에 해당하는 모든 영역을 가리키게 된다. 기준 시간을 중심으로 미래의 일을 '뒤에'라고 표현하는 것은 동일한 미래의 일을 '앞으로'라고 표현하는 것과 비교할 때 상대적으로 [소극적]인 표현임을 알 수 있다. 이는 미래의 다가올 일이 불안하거나 염려스러운 일일 때에 '뒤에'를 많이 쓰며, 미래지향적이거나 발전적인 일일 경우에는 '앞으로'를 많이 쓰는 것을 통해 알 수 있다.

결국, 상기의 두 표현의 문체적 차이를 [소극적 對 적극적] 또는 [피동적 對 능동적]인 짝 범주로 나타낼 수 있다.

② (〈앞에〉, 〈앞에서〉 형으로 쓰이어) 직접 당한 환경이나 조건. ¶어떤 난관 앞에서도 흔들리지 말자.

비교어휘 <? : 앞>

'앞에서(도)'는 부사어인데, 풀이말의 문법 범주는 명사로 되어 있으므로 메타언어적으로 풀어진 것임을 알 수 있다. 따라서 직접 비교는 불가능하다. 상기 예문을 다른 표현으로 바꾸어서 그로부터 비교 대상을 찾아보는 방법을 취하기로 한다. 그런데 위 풀이말을 '(어떤 환경이나 조건을) 직접 당하여도'라고 바꾸어보면, '어떤 난관을 당하여도 흔들리지 말자'로 되어 최소한의 비교대상을 발견할 수 있다.[101]

그러면, 비교어휘로서 '당하여도 : 앞에서도'를 설정할 수 있게 된다.

---

100) 그런데, 이들 대치가능한 표현들과 '앞으로'는 일정한 차이가 있다. '＿＿＿＿ 잘 부탁드립니다'와 같은 표현을 살펴 보면, '앞으로'는 '이제부터 계속'이라는 의미가 담겨져 있지만, '나중에, 다음에' 등은 대치가 어색하거나 일회적인 사건을 가리킨다. 이는 '앞', '다음', '나중' 등의 어휘적 차이라기보다는 이들과 주로 결합하는 조사류의 차이 곧, '으로'(방향격)와 '에'(도달격, 목표격)의 차이에 기인한 것이다. 이들 간의 문체적 차이는 [지속적 對 일회적]이라고 분석할 수 있을 것이다.

101) 최소한의 비교대상을 발견했다는 것은 전적으로 대치 가능한 표현은 아니기 때문이다. '어떤 난관 앞에서도'는 명사구 내부 구조 곧, 관형격(소유격) 구조를 취하여 '어떤 난관의 앞에서도'로 해석되는 것인데 반하여 '어떤 난관을 당하여도'는 목술 구성이기 때문이다. 유사한 다른 구성들을 많이 발견할 수 있는데, '어떤 난관에 부딪쳐도', '어떤 난관과 만나도(마주할지라도)' 등이 그것이다. 우리는 될 수 있는 한 충분한 대치 가능한 표현을 기반으로 하여 왔으나, 이것이 어려울 때에는 비교 가능한 유사한 구성을 취하여 그 차이를 발견하는 방법을 취하기로 한다.

③ (〈앞에〉형으로 쓰이어) 행동이 미치는 대상을 가리키는 말. ¶우리 앞에 있는 과제.

④ (〈앞에〉, 〈앞으로〉 형으로 쓰이어) 차례지는 몫. ¶한사람 앞에 세 개씩 돌아가다.

☞ 상기 분석 참고

3) 추상명사(2) : [관계]

최초의미로서의 첫 번째 의미는 '사물 현상들 사이에 맺어지는 이러저러한 얽힘이나 그것들의 연관.'으로 정의된다.

어휘소 '관계'의 최초의미는 메타언어적으로 정의된 것으로 볼 수 있으며, 따라서 어휘소 '관계'의 확장된 의미와 비교할 수 있는 의미가 된다. 일반화되고 추상화된 의미로서의 '관계'는 본래 '추상 명사'인 어휘의 의미 특성을 잘 드러내 준다.

② 사람들 사이에 서로 얽혀 맺어진 연계. ¶관계를 맺다 / 관계를 끊다 / 가족 관계

비교어휘 <(사람들 사이) 연계[102] : 관계>

3장에서 살펴보았듯이 '사물 현상들 사이'가 '사람들 사이'에 적용되면서 의미 확장이 발생하였다. 그런데, 이렇게 결합 논항의 차이를 언급하는 것이 의미 발생의 원인을 규명해 주는 것이 아니며, 이들은 다만 언어 사용 주체의 입장에서 볼 때 의미 발생의 결과에 해당할 뿐이라는 것은 이미 언급된 바 있다. 그리하여 정의항에 있는 관련된 유의어들을 기존에 존재하는 표현으로 가정하고 그 표현과 대상 어휘소의 의미를 비교하는 방법을 취하고 있는 것이다.

---

102) 두 번째 의미의 풀이말은 최초의미의 그것과 큰 차이를 보이지 않는다. 곧 최초의미의 그것은 ' - 으로 맺어지는 이러저러한 얽힘이나 연관'인데, 두 번째 의미는 '서로 얽혀 맺어진 연계'로 풀이되고 있어서 미세한 통사적 변이, 즉 '맺어지는↔맺어진', '이러저러한 얽힘↔서로 얽혀'만이 있고 다만 차이란 '연관'과 '연계'일 뿐인 것이다.

'연계'는 '서로 끊을 수 없는 관계가 맺어지는 것 또는 그러한 관계'를 의미하며, '연관'은 '사물 현상들이 서로 의존하고 제약하며 작용하는 관계에 있는 것'을 나타낸다. 가만히 살펴보면 '연관'은 그 의미의 일반성과 추상성을 볼 때 '관계'의 최초의미와 등가의 의미를 띠며, '연계'는 추상적인 관계로서가 아니라 '끊을 수 없는' 속성을 가진다. 그러면 '관계'는 관련 항들간의 결합의 긴밀도가 중립적인 반면, '연계'는 관련 항들간의 결합의 긴밀도가 크다. 따라서 이들의 의미 발생 원인으로서의 문체적 차이는 [(결합의 긴밀도가) 큰 것 對 중립적인 것]으로 설정할 수 있다.

③ 남녀 사이의 정교.
비교어휘 <정교 : 관계>
'정교(情交)'는 '(남녀 사이에) 사랑의 정을 느끼며 가까이 사귀는 것'을 자신의 두 번째 의미로, 그리고 '(남녀 사이에) 몸을 허락하며 깊이 사귀는 것'을 자신의 세 번째 의미로 가진다.[103] 그리하여 비교 어휘로서의 '정교'는 '가까이 사귐' 또는 '깊이 사귐'의 의미 속성을 가진다. 따라서 이들의 차이는 [(관계의 깊이가) 큰 것 對 중립적인 것]으로 설정할 수 있겠다. 이는 '그들의 정교는'과 같은 구문 구조가 '그들이 은밀한 관계를 맺음은'과 같은 구성에 대응하는 이유를 설명해 준다. '관계'는 '깊은', '은밀한' 등의 수식적 제약을 통하여 '정교'와 등가의 의미를 나타내게 되는 것이다.[104]

④ 무엇에 관련이 있는 것. ¶관계 국가들의 국제 회의.
비교어휘 <관련 : 관계>
'관련'은 '사물 현상 사이에 이러저러하게 관계를 맺어 서로 이어져 있

---

103) 3장에서 보았듯이 '관계'의 ①~③의 세 가지 의미는 [사물 현상의 영역 → 사람들 간의 영역 → 남녀의 영역]으로 구체화 또는 영역 축소의 방향을 취하고 있다.
104) 그런데, '그날 밤 그들은 서로 관계를 맺었다'와 같은 표현이 '은밀한 관계를 맺었다'를 의미할 수 있다. 그러나, 이는 의미 발생 원인에 의해 '깊은 사귐'을 '중립적 사귐'의 관점으로 파악하여 새로운 의미 영역에 '관계'가 사용된 이후, '은밀한' '깊은' 등의 한정 성분의 생략된 결과에 해당할 뿐이다. 다르매스프때에르는 이를 한정소와 피한정소의 의미 전이 관계로 해석하였다. 이에 관해서는 5장에서 별도로 언급하였다.

는 것'으로 풀이되므로 '관계'의 의미 속성과 동일하다. 실제 예문에서도 '관련 단체, 관련 부처, 관련 국가↔관계 단체, 관계 부처, 관계 국가' 등으로 교체는 자연스럽다.[105] 그렇다면 이렇게 거의 의미 차이 없는 두 어휘가 서로 동일한 환경에서 교체되고 있는 이유를 설명하는 것이 문제가 될 수 있겠다. 더욱이 결과적 현상으로서의 교체 현상에 대해서가 아니라, '관계'의 최초의미가 특정한 원인에 의거하여 '관련'의 의미 영역에 사용될 수 있도록 확장되었다는 발생적 관점에서는 더욱 문제가 된다. 이들 간에 발견되는 형태론적 구성의 차이 곧, 관련성(O), 관계성(?), 관련적(x), 관계적(O) 등의 차이가 발견되나 이들을 해석할 만한 설명 술어를 개발하기는 어렵다. 이찌되었든 간에 이와 같은 미세 용법적 차이로부터 의미 확장의 원인이 존재하는 것만은 틀림없다.

⑤ (규정어 다음에 '관계로'의 형으로 쓰이어) '때문에', '까닭으로'의 뜻.
¶동해안 일대는 풍치가 아름다운 관계로 휴양소들이 많다.

비교어휘 <까닭[106] : 관계>

'까닭'은 '어떤 사실이나 현상이 생겨나거나 이루어지게 되는 원인이나 조건'을 뜻하므로 '원인이나 조건'을 나타낸다. 따라서 이는 어떤 사태를 원인과 결과의 관계 곧, 인과 관계로 파악하는 개념이다. 그러므로 [인과적 對 중립적]의 짝 범주를 의미 발생의 원인으로 상정할 수 있겠다. 한편, 이 의미는 '~한 관계로'의 관용적 구성에서만 나타나는 특징이 있으며 이러한 통사적 관용성과 의미론적 상관 관계에 관하여서는 추후에 언급할 것이다.

---

105) '관계'의 최초의미에서 정의항으로 사용된 '연관'은 이러한 수식 구성에서 차별성을 나타낸다. 곧 명사의 관형적 구성에서는 '?연관 단체, ?연관 부처, ?연관 국가' 등으로 그 실현 여부가 부정적이기 때문이다. 또한 형태론적 구성의 결합 가능성 여부에 대해서도 '연관성(O), 연관적(x)'와 같은 특징이 있다.

106) '때문'은 '(규정어 다음에 쓰이어) 앞에 오는 일의 <원인>으로 됨을 나타낸다'로 풀이되며, 이는 '까닭'과 동등한 가치를 지닌다. 물론 '까닭' 보다는 '때문'이 그것의 의존명사적 기능이 발달한 것이다.

⑥ ((수학)) 몇 개의 대상들과 관련된 명제. ¶관계 명제.
비교어휘 <? : 관계>

기존에 존재하고 있던 표현이 없는 경우이다. 이와 같은 현상은 메타언어적으로 풀이된 대부분의 의미가 갖는 현상이기도 하며, 위의 경우와 같이 전문 분야에서 번역어휘로 선택되어 결정되어 나타나는 현상이기도 하다. 그러므로 자연스러운 언어와 표현 욕구와 주체와의 관계 속에서 탄생한 여타의 의미들과는 질적으로 다르다고 하겠다. 그러나, 인위적인 요청에 따라 번역어를 선택했으면 발생의 원인은 아니더라도 선택의 원인은 있는 것이다. '관계'의 일반적, 추상적 의미 속성을 염두에 두고, ((수학)) 전문분야에 사용된 용법을 본다면 이는 일반적, 추상적 의미에 더욱 형식적인 성격을 띠게 됨을 알 수 있다. 따라서 [추상적 對 형식적]의 짝 범주를 설정할 수 있으며, 이는 최초의미의 의미 속성과 여섯 번째 의미인 수학적 용법 간의 차이에 기초한 것이다.

4) 추상명사(3) : [힘]

최초의미로서의 첫 번째 의미는 '(동물이나 사람이) 다른 사물을 움직이게 하는 능력'으로 정의된다. 이로부터 어떠한 문체적 차이를 통하여 여타의 의미 확장을 이루었는지를 살펴보기로 하자.

① ㉡ (자연 현상이나 기계가) 사물을 움직이게 하는 능력. ¶ 해일이 일어날 때 파도의 힘은 어마어마하다./자동차가 힘이 모자랄 때에는 저단 기어로 운전하세요.
비교어휘 <사물을 움직이게 하는 능력 : 힘>

비교어휘로 설정된 것을 보면 최초의미의 정의와 동일하며 다만 차이점은 '힘'과 결합하거나 관계하는 논항의 의미 영역의 상이(相異)에 있다. 마치 울만이 형용사에 대하여 '적용의 이동'이라는 용어를 사용한 것과 같이, 명사 '힘'의 두 번째 의미도 논항의 결합에 근거한 것이라는 설명 이외에 다른 해석을 하기가 벅차다.

그러나, 논항의 결합에 근거하였다는 설명은 원인이 아니라 결과에 해당할 뿐이다. 일단 '사람이나 동물'에 한정한 의미만을 지닌 '힘'이 자연 현상이나 기계에 적용되기 전에는, '해일이 일어날 때 파도의 <u>(사물을) 움직이게 하는 능력</u>은 어마어마하다'와 같은 구절 형식의 표현만이 존재했다고 할 수 있다. 그러면, 이들간의 차이는 단일한 어휘 표현과 구절 표현의 차이, 곧 언어 표현 형식의 차이와 연결된다.[107] 그리하여 [응축적 對 서술적] 효과의 차이가 대응되는 것이다.

② 가만히 있는 물체를 움직이게 하거나 움직이는 물체의 상태를 변화 또는 정지시키는 작용. ¶ 물체에 힘을 가하면 힘의 방향으로 가속도가 생긴다.

비교어휘 <물체의 상태를 변화시키는 작용 : 힘>

'작용'은 '운동과 변화를 일으키게 하는 것'으로 정의된다. 그런데 이러한 정의의 근거만으로는 '힘'과 '작용'의 차이를 파악하기 힘들다는 사실을 알게 된다. 왜냐하면 이 둘의 설명 술어들은 거의 동등하기 때문이다. 그러면 이로부터 구체적인 문맥적 실현의 차이에 근거한 구별을 시도해야 함을 알 수 있다.

'작용을 일으키다/*힘을 일으키다', '작용하다/*힘하다', '힘을 기울이다(쏟다)/*작용을 기울이다(쏟다)'와 같은 성립가능과 성립불가의 조건을 통해 보면, '힘'의 경우 그 원천적 에너지의 의미를 담당하고 있기 때문에 그 힘의 영향으로 다른 사물에 일어나는 영향에 관해서는 무관심할 수 있다. 반면에, '작용'의 경우는 일부의 예들 곧, '작용을 가하다/힘을 가하다'와 같이 그 원천적 에너지의 의미를 '힘'과 같이 공유하고 있지만, 주로 그

---

107) '사람이나 동물'에 대해 탄생한 최초의미의 정의와 '자연현상이나 기계'로 확장된 의미가 거의 동일한 점은 우리의 설명에 일정한 장애가 된다. 그런데, 최초의미의 정의와 그것의 어휘소 '힘'의 상호 관계는 다의적 창조의 문제가 아니라 어휘 창조의 문제에 해당하는 것이다. 곧, '힘'이라는 어휘소가 존재하지 않고 '사물을 움직이게 하는 능력'이라는 어휘들만 존재했다고 가정될 수 있으며, 이때에 다시 '힘'과 '사물을 움직이게 하는 능력' 간의 비교가 성립되는 것이다(물론, '힘'에 대한 메타언어적 정의어가 오히려 나중에 발생된 것이라고 할 수 있으나, 현재 우리의 관점이 이러한 가능성을 배제한다).

에너지가 발휘된 후의 동적 영향 관계에 관여하고 있음을 발견한다. 이는 '작용하다/*힘하다'의 구별에서 더욱 명백해진다. 따라서, 이들간의 차이를 [원천적 對 영향적]이라고 할 수 있겠다.

③ (활동, 작용, 기능 등을) 할 수 있게 하는 능력. ¶ 수철이는 정신 수련으로 닦은 힘으로 공부에 열중하고 있다.

비교어휘 <할 수 있게 하는 능력 : 힘>

'능력'은 '할 수 있는 힘'으로 정의된다. 그러면 '힘'의 의미 가운데 보다 잠재적인 가치를 담당하고 있는 말이 '능력'인 것을 알 수 있다. 예문을 통해 보면 이러한 종류의 '힘'은 노력이나 수고에 의해 증가되거나 축적되며, 이런 특성은 비단 상기의 예만이 아니라 모든 '힘'의 의미 양상에 대해 적용가능하다. 다만 이 세 번째 의미에서 잠재적인 힘의 측면이 가장 잘 부각되고 있다.

그러면, '능력'의 잠재적 가치에 '힘'을 교체시키면서 '힘'의 의미를 확장시키는 문체적 차이는 무엇인가? '능력'은 [잠재적이며 정적(靜的)] 개념을 나타내는 한편, 상대적으로 '힘'은 [발현적이며 동적(動的)] 개념을 잘 드러내준다.108) 이는 '힘'의 개념은 형상적으로 그려질 수 있지만 '능력' 개념은 직접 형상적인 관점으로 나타나기 어려운 것을 통해서도 알 수 있다.

④ 폭력이나 권력. 세력. ¶ 결국은 우리를 힘으로 굴복시키려 했던 일본은 미국이라는 힘에 의해 무너졌다.

비교어휘 <폭력이나 권력, 세력 : 힘>

사회화된 힘의 의미를 가리키는 '폭력, 권력, 세력'에 대하여 '힘'이 그 자리에 교체됨으로써 의미 확장을 이루었다. 원래는 '결국은 우리를 세력

---

108) '수철이는 정신 수련으로 닦은 능력으로 공부에 열중하고 있다'는 표현에는 일반적이라고 하기는 어렵지만 뭔가 부족한 감이 있는데, 그것은 '능력'이라는 표현이 자신의 한정수식어와 결합하여 나타나는 것이 자연스럽기 때문이다. 곧, '멀리뛰는 능력, 판단하는 능력…' 등과 같이 표현되듯이 '정신 수련으로 닦은 <u>집중하는 능력으로</u>'과 같은 표현이 자연스럽다. '능력'의 잠재적인 측면에 상대적으로 '힘'의 '총체적'인 특성이 이와 같은 통사적 차이와 관계가 있을 것으로 추측되지만 분명하지는 않다.

으로 굴복시키려 했던 일본은 미국이라는 세력에 의해 무너졌다'와 같은 표현으로 이미 존재했던 것을 '힘'을 교체시킴으로써 어떤 의미를 추가적으로 얻게 되었을까? 상대적으로 '힘'의 [개인적, 개체적] 특성에 주목할 수 있다.

'힘'은 '손아귀의 힘, 파도의 힘, 황소의 힘' 등으로 나타나 주로 개별적인 개체에 대해서 적용된 것을 최초의미로부터 알 수 있다. 본래 사회화된 영역 속으로 이와 같은 개별적 개체의 영역에 속한 개념을 적용하면 표현 속에 있는 의미 내용들이 모두 개체적인 시각으로 전환된다. 예를 들면 상기 예문에서 '우리, 일본, 미국'이라는 세 참여자들이 모두 개체화되어 '나를 힘으로 굴복시키려 했던 철수는 영수라는 힘에 의해 무너졌다'와 같이 일상적인 영역으로 해석될 수 있게 하는 것이다.[109] 따라서 [사회적 對 개인적]이라는 문체적 차이를 설정할 수 있다.

⑤ 도움이나 의지가 되는 것. ¶ 나의 시간을 아껴 주었지만 너의 편지야말로 내게 큰 힘이 되었었다./명훈은 그 누구의 힘도 빌지 않고 혼자서 학교 문제를 처리하려고 마음먹고 있었다.

비교어휘 <도움이나 의지가 되는 것 : 힘>

'도움'은 '돕는 일[110] 또는 이익이 되는 것'으로 풀이되며 '의지'는 '다른 것에 몸을 기대는 것 또는 기댈 대상'으로 풀이된다. '의지'의 경우는 '의지가 되다'의 연어 구성을 관용적으로 사용하고, '도움'은 '도움을 힘입다/도움을 빌리다/도움을 얻다/도움을 받다/도움이 되다' 등의 연어 구성을 취한다. 우선 이들 어휘들이 속한 의미 영역에 주목해 보면 [정신적]이라는 특질을 추출할 수 있다. 그러면 설정할 수 있는 차이의 구도는 간단하

---

109) 이를 은유라는 시각에 따라 정리하면 '사회적인 영역'에 속한 개념들을 '개인적인 영역'에 속한 개념들을 빌어 표현한 것이 된다. 이렇게 빌어쓴 개념은 문체적 효과를 창출하게 된다. 은유적 표현은 이후 두 가지의 삶을 살게 되는데, 그 하나는 그 차용된 표현으로부터 역으로 교체된 어휘의 개념이 확장되면서 관습적인 은유가 되는 것이며, 나머지는 초기의 문체 효과만을 유발하고 개념들간의 영향 관계에까지는 이르지 못하는 것이다. 전자의 경우는 다시 사전적인 의미의 확장으로 귀결된다.

110) '돕다'는 '(남의 일을) 잘 되도록 하기 위하여 거들거나 그밖에 무엇이나 보탬이 되는 일을 하다'로 풀이된다.

다. 최초의미를 통해서 '힘'의 의미 내용 가운데 추출할 수 있는 또 하나의 특질은 [물리적]이라는 것이다. '힘'이 구체적이며 물리적인 영역에서 출발한 어휘인 것은 상기의 사전기술을 보면 알 수 있다.

그러므로, 다섯 번째 의미의 발생 원인을 [정신적 對 물리적]이라는 문체적 차이로 설정할 수 있게 된다.

⑥ 정성이나 노력. ¶ 전자업체들 대부분이 그러하듯 기술 도입과 시설 투자에 힘을 쏟아 왔었다./내 소신을 펼 날이 올 것을 믿고, 기능을 익히는 데만 힘을 기울였다.

　비교어휘 <정성이나 노력 : 힘>

여섯 번째 의미는 '힘을 쏟다/기울이다'의 구성을 취하여 발생하는 의미이다. 정신적인 영역에 속한다는 점에서 위의 다섯 번째 의미와 마찬가지이다. 그런데, 정신적인 영역을 물리적인 영역의 개념으로 교체하면서 문체적 효과를 유발하고 또 교체된 개념 '힘'이 역으로 의미 확장을 이루는 방식은 다섯 번째 의미를 통해서 확인한 바이다. 그러면 여섯 번째 의미로 확장을 이루게 된 원인은 좀더 세밀한 근거에 기반해야 함을 알 수 있다.

'정성'이나 '노력'은 모두 [의지적]인 행위에 속한다. 그리하여 대부분 '－하려고/－하기 위해서'라는 목적·의도를 나타내는 구절이 선행하거나 잠재되어 있는 것이다. '의지적'이기 때문에 [심리적][111]이며 또한 [정신적], [추상적]인 영역에 해당한다. 이에 상대적으로 '힘'은 [구체적]이며 [물리적]이다. 잠정적이나마 [추상적 對 구체적]의 구도를 설정하기로 한다.

---

111) 정신적 국면과 심리적 국면은 상호 중첩되기도 하지만 엄밀히 말하면 구분된다. 중첩되는 현상에 근거하여 '정신심리적'이라는 술어도 설정이 가능해지며, 이들의 구분 가능성으로 인해 별도의 의미 영역을 형성하는 것으로 취급되기도 한다.

3. 용언의 다의 발생 원인

♣ 동작동사의 다의 발생 원인

1) 구체동사(1) : [먹다]

최초의미로서의 첫 번째 의미는 '(음식물을) 입을 통하여 배속에 들여보내다.'로 정의된다.

동작동사로서의 '먹다'는 [음식물]을 입속으로 들여보내는 몇 개의 분할된 동작으로 이루어져있고, 이는 다의 발생 양상에서 각각의 이미지소 역할을 하여 다의 발생의 근거가 된다. 이제 이러한 최초의미를 바탕으로 하여 각각의 하위 의미가 발생한 원인을 고찰해 보기로 하자.

② 제것으로 차지하여 가지거나 공으로 얻어 가지거나 이익이나 소득을 내어 차지하다. ¶부산물을 먹다/수입금을 먹다.
비교어휘 <제것으로 차지하거나 가지다112) : 먹다>

'차지하다'는 '무엇을 자기 것으로 만들다'를 자신의 세 번째 의미로 하며, '가지다'는 '자기의 것으로 되게 하다'를 자신의 두 번째 의미로 한다. 그런데 이들 두 어휘들의 최초의미는 대상과 주체간의 분리된 상태를 유지하는 성격을 띠고 있어서 각각 '일정한 지역에서 어떤 지점을 자리잡고 그곳에 의거하다', '손에 쥐거나 몸에 지니다'로 나타난다. 이에 반하여 '먹다'는 대상과 주체가 '들어가는 과정'을 통해 하나가 된다. 그리하여 '제것으로'라는 부사어가 '차지하다'나 '가지다'에서는 요구되지만 '먹다'에서는 요구되지 않는다. 어휘 '먹다'의 의미 특질 속에 '분리된 대상을 제것으로'라는 것이 이미 내재화되어 있기 때문이다. 그러므로 풀이말과의 문체적 차이는 [분리적 對 합일적]이라고 할 수 있겠다.

---

112) 전체 풀이말 '제것으로 차지하여 가지거나 공으로 얻어 가지거나 이익이나 소득을 내어 차지하다.'가 모두 '먹다'에 대응하지만 풀이말 전체를 '먹다'와 비교하는 것은 불가능해 보인다. 다만 이들 가운데 결합하는 논항을 둘러싼 상황적 풀이말은 제하고 나머지 품사적 일치를 갖는 풀이말을 중심으로 대응 관계를 설정한 것이다.

③ 남의 것을 빼앗아 차지하거나 침략하다. ¶그들은 우리나라를 먹으려
  고 호시탐탐 노리고 있다.
비교어휘 <빼앗아 차지하거나 침략하다 : 먹다>

'침략하다'는 '남의 나라에 쳐들어가 주권을 짓밟으며 약탈을 하다'를
뜻하여 국가간의 관계에서 일어나는 행위를 말하며 '빼앗아 차지하다'는
개인적인 관계를 포함하여 일어나는 행위를 나타낸다. 이들의 의미 특질은
공격성을 띤다. 이에 반하여 '먹다'는 동작을 수행하는 행위 자체에 초점
이 있어서 약한 공격성을 가진다. 따라서 이들의 문체적 차이는 [강한 공
격성 對 약한 공격성]으로 볼 수 있다.

④ (어떤 생각이나 감정 같은 것을) 품다. ¶큰 마음을 먹다/결심을 다
  져먹다.
비교어휘 <품다 : 먹다>

'품다'는 '(어떤 생각을 마음 속에) 가지다'를 자신의 세 번째 의미로 하며
그 최초의미는 '가슴팍에 닿도록 두 팔을 벌려 끌어안다'이다. 그리하여
'품다'는 외재적 특성을 갖는 반면 '먹다'는 내재적 특성을 갖는 것을 알
수 있다. 왜냐하면 '품다'는 끌어안고 있는 것이지만 '먹다'는 속으로 들여
보내는 것이기 때문이다. 이로부터 [외재적 對 내재적]이라는 차이를 추출
하게 된다.

⑤ 나이가 더해지거나 어떤 나이에 이르다. ¶나이를 먹다.
비교어휘 <나이가 더해지거나 어떤 나이에 이르다 : 먹다>

풀이말이 예문 상에서 '먹다'에 그대로 대치되지 않으며, '나이를 먹다'
전체가 '나이가 더해지다' 또는 '어떤 나이에 이르다'와 대치된다. 한편
'두 살 먹은 아이', '두 살 된 아이'와 같이 '되다'와 대치되기도 한다. 이
모든 표현들이 통사적으로 주술 구조(나이가 더해지다, 어떤 나이에 이르다, 나이
가 되다)와 목술 구조(나이를 먹다)가 상호 대응되고 있음을 나타낸다. 이로부
터 이 두 표현들간의 문체적 차이도 유도되는데, 그것은 주술 구조가 피동
적 성격을 띠는데 반하여 목술 구조는 능동적 성격을 띤다는 것이다.113)

그리하여 문체적 차이는 [피동적 對 능동적]이 되겠다.

⑥ (경기 같은 데서) 점수를 잃다. ¶그들은 상대편에게 전반에만 두 골 먹었다.

비교어휘 <점수를 잃다 : 먹다>

'잃다'는 '어떤 사실을 차지하지 못하거나 얻지 못하여 놓치다'를 자신의 일곱 번째 의미로 가지며 최초의미로는 '(가지고 있던 것을) 자기도 모르게 떨어뜨리거나 놓쳐서 없게 되다'를 의미한다. 원래는 있던 것이 없어지는 것을 말했으나, 차지해야 할 상황에서 차지하지 못하는 것을 나타내는 것으로 확장되었다. 이러한 변화는 '먹다'도 마찬가지인데, '먹다'의 이 의미는 능동적인 능동성이 강했던 최초의미로부터 상당히 다르며 오히려 피동적인 의미 특질이 생겨난 것이다. '잃다'는 가지고 있던 것이나 차지하는 것에 대한 표상이므로 [소유적]이라 하겠고, '먹다'는 그것이 능동성이든 피동성이든 간에 상관없이 [행위적] 관점에 초점이 두어진 것이다. 그러므로 이 두 표현간의 문체적 차이는 [소유적 對 행위적]이라 하겠다.

⑦ (욕, 핀잔, 책망 따위를) 듣거나 (부끄러운 일이나 욕을) 당하다. ¶욕을 먹다/골탕을 먹다.

비교어휘 <듣거나 당하다 : 먹다>

'듣다'는 '(찬양이나 칭찬 또는 충고나 비판 등) 좋고 그른 말을 받다'를 자신의 네 번째 의미로 하고 최초의미는 '소리를 귀로 느끼다'이다. '당하다'는 '(행동을 나타내는 일부 명사 다음에 쓰이어) 그 명사가 나타내는 행동이 미치어 오는 것을 받다.'를 다섯 번째 의미로 가지며 최초의미로는 '(어떤 시기나 사태, 환경 등에) 다다르거나 이르러 처하다'를 가진다.

'듣거나 당하다'는 모두 바깥 세계에서 일어나는 일을 피동적 수용의 측면이 강하다. 이에 반하여 '먹다'는 자신의 능동적인 행위 의미로부터 능

---

113) 이는 단지 '더해지다'의 문법적 형태에 이끌린 것은 아니며 '나이에 이르다'의 경우도 상대적으로 '그와 같은 상태가 되다'와 같은 의미를 나타내므로 피동적이라는 설명이 그리 무리하지 않다.

동적 수용의 의미 특질을 추출할 수 있다. 따라서 이들 표현간의 문체적 차이는 [피동적 對 능동적]이 되겠다.

⑧ 물기 같은 것을 잘 빨아들이다. ¶물이 많이 먹는 논판.

비교어휘 <잘 빨아들이다 : 먹다>

'빨아들이다'는 '빨아서 속으로 들어오게 하다'를 최초의미로 가진다. 그런데, '빨아먹다'라는 어휘가 존재하는 것에서 알 수 있듯이 '빨다'와 '먹다'는 전자가 후자의 양상을 나타내는 관계에 있다. 곧, '어떻게 먹느냐'에 대한 대답으로서 '빨아서'가 성립하는 관계에 있는 것이다.

2) 구체동사(2) : [돌다]

최초의미로서의 첫 번째 의미는 '(일정한 점을 중심으로 하고) 원을 그리는 방향으로 움직이다.'로 정의된다.

'돌다'의 최초의미는 움직임 - 행위동사라 할 수 있고 그것이 '돌다'와 다른 어휘와의 구별되는 속성의 하나가 될 것이다. 또한 최초의미를 구성하는 이미지소들 역시 구별되는 속성으로서 기능하는 것은 당연하겠다. 그러면 이러한 의미를 가진 어휘로 '돌다'가 창조된 후부터 다의 확장의 원인에 따라 의미 확장이 진행될 것이다.

② 한곳에서 멀리 떠나지 않고 그 가까이에서 왔다갔다 하다.[114]

두 번째 의미의 비교 대상 어휘는 '왔다갔다 하다'는 데에 있으며, 이 표현과 '돌다'라는 표현의 시차적 특징이 무엇인지를 밝히는 것이 우리의 목표이다. 두 표현 모두 시각적으로 확인되는 구체적인 움직임의 동작을 나타내는 점에서 동일하며, 전체적으로 일방향으로 진행하다가 반대방향으

---

114) 사전에 예문이 기록되어 있지 않으나, "그는 오전 내내 집근처를 이리저리 돌고 있다"와 같이 작성해 볼 수 있을 것이다. 그러나 좀더 정확히는 '맴돌다'의 의미로서 '맴을 돌다'와 같은 결합 형태를 염두에 둔 의미가 아닌가 한다.

로 다시 진행하는 움직임의 동작을 표상하고 있다. 그러나, 기존에 존재하는 것으로 가정될 수 있는 '왔다갔다 하다'는 이러한 전체 동작을 진행의 관점에서 포착하여 표상한 것이라 하겠고, '왔다'의 행위가 '갔다'의 방향으로 전환되는 지점의 동작에 관해서는 남겨둔 것이다. 전환점이 누락되었기 때문에 [직선적, 반복적]인 표상이라고 할 수 있다.

이에 반하여 '돌다'는 바로 이 전환점의 동작을 우선시하여 포착한 것이며, '맴돌다'의 '맴'의 의미를 포함한 것으로 볼 때[곡선적, 반복적]인 표상이라고 하겠다. 문체적 차이는 [직선적 對 곡선적]이 된다.

③ (일정한 범위의 안에서) 차례로 전하여지다. ¶회람이 돌다 / 승리의 소식이 온 마을에 돌다.

비교 대상은 '차례로 전하여지다'의 전체 구와 '돌다'이다. '회람이 차례로 전해졌다'는 표현이 이미 존재하고 있었고 여기에 '회람이 돌다'라는 새 표현이 창조된 것이다. '차례로'는 그 대상들을 모두 일렬로 늘어세우고 처음에서 마지막까지 하나씩 하나씩 진행된다는 의미를 의미한다. 그리하여 이로부터 [직선적, 부분적]인 표상을 확인하게 된다. '부분적'인 측면은 '차례로 전해진다'는 말은 전체 행위의 어느 한 부분을 떼어놓았을 때도 적용가능한 것으로 볼 때 충분히 짐작되는 것이다.

이에 반하여 '돌다'는 원(圓)의 모양을 표상하고 처음과 끝이 연결되어 완결되는 의미를 나타내므로, [구(球)적, 전체적]인 속성을 표현하고 있음을 알게 된다. 문체적 차이는 [직선적, 부분적 對 구(球)적, 전체적]이 된다.

D (돌림병이나 전염병 등이) 퍼지다. ¶돌림감기가 돌다.

비교 어휘 <퍼지다 : 돌다>

병 또는 질병은 어떤 기운(氣運)의 성격이 강하므로 우선적으로 액체나 기체의 움직임으로 포착되었다. '퍼지다'는 액체나 기체가 작은 면적과 부피에서 더 큰 면적과 부피로 시간이 지남에 따라 확산되는 것을 나타낸다. 이것은 병원균이 공기 중에 옮겨다니며 전염을 일으키는 것을 그대로 표상한 것이라고 할 수 있다.

반면에, '돌다'는 상대적으로 병원균을 하나의 인자(因子)로 파악하고 이것이 원운동을 하면서 움직이는 것을 표상한다. 이로써 이들 어휘가 취하는 논항의 성격은 매질적 차이 곧, 액체, 기체적 대상과 사물적 대상으로의 차이를 보여주며, 비교 어휘 간에는 그것이 [확산적] 움직임으로 파악하는가 아니면 [원운동적] 이동의 움직임으로 파악하는가 하는 차이를 확인할 수 있다. 결국 [확산적 對 원운동적]으로 나타낼 수 있다.

④ (기계나 공장 같은 것이) 자기의 기능을 나타내어 움직이다. ¶수많은 공장들이 우렁차게 돌아가고 있다.

비교 어휘 <움직이다 : 돌다>

풀이말에서는 '자기의 기능을 나타내어'라는 부연적인 부사어구까지 '돌다'에 대응하는 구절에 포함시키고 있지만, 이를 '움직이다'에 포함시켜 괄호처리된 것, 곧 (자기의 기능을 나타내어)와 같은 것으로 보아 제외할 수 있다.115)

'기계'의 종류는 많으며 그것의 동작도 원운동, 직선 왕복 운동, 상하 운동 등 여러 가지 운동 기능에 따라 다양하다. '공장'은 이러한 기계들에다 사람들의 움직임과 '재료 - 생산 - 판매'와 같은 순서지어진 공정에 따라 움직임이 다양하다. '움직이다'는 이러한 모든 동작들을 [개별적, 평면적]으로 규정한 것이라 하겠다.

상대적으로 '돌다'는 회전운동으로 특징지어지며, 이것은 특정한 기계의 움직임을 표상한다기보다는 기계 작동과 공장의 가동을 시작(재료)과 끝(상품생산)을 반복하는 총체적인 움직임으로 파악한 데서 귀결된 것이므로 [총체적, 입체적]인 성격으로 규정할 수 있겠다. 따라서 이를 [개별적, 평면적 對 총체적, 입체적]이라는 문체적 차이로 설정하기로 한다.

---

115) 사전에서 굳이 이러한 구절을 기록한 것은 '움직이다'는 동사가 모든 움직임의 속성을 포함하는 어휘 의미들 가운데 가장 상위어 또는 원어휘소적인 개념에 속하므로, 이를 제약하는 구절이 있어야만 특정한 의미로 사용되는 '움직이다'로 한정시킬 수 있기 때문이다.

⑤ (어떤 기능이나 작용이) 실현되거나 대상에 미치다. ¶소년은 똑똑하여 머리가 피뜩피뜩 잘 돈다.

정의 자체가 메타언어적인 성격을 띠고 있어서 예문을 비교했을 때 어휘간 대치가 발생하지 않는다. 즉, '머리가 피뜩피뜩 *실현된다/*미치다'로 성립되지 않는다. 이는 기존에 존재하는 대치 가능한 표현이 없기 때문에 메타언어적으로 규정한 것이라 하겠다.116) 한편으로는 '머리가 잘 돈다'에 대응하는 표현으로 '머리가 똑똑하다'를 설정할 수 있다. 비록 품사적으로 대치 불가능하지만, 의미적으로는 등치를 이룰 수 있기 때문이다. 그러나, 이들간의 차이는 형용사와 동사라는 범주적 차이, 곧 [정태적 對 동태적]에 해당하므로 더 이상 분석하지 않기로 한다.

⑥ (돈이나 물자가) 유통되거나 융통되다. ¶자금이 돌다 / 상품이 돌다.
비교 어휘 <유통되거나 융통되다 : 돌다>
☞상기 분석 참고.

⑦ (어떤 기운이나 눈물 같은 것이) 생겨서 나타나다. ¶감격의 눈물이 핑 돌다 / 아침 저녁으로는 제법 선선한 기운이 돈다.
비교 어휘 <생겨서 나타나다 : 돌다>

우선, '생겨서 나타나다'는 어떤 사물 현상이 발생한다는 의미에서 [발생]의 차원에 초점이 주어진 표현이다. 사물 현상 곧, 눈물이나 기운이 발생하고 출현했다는 이미지를 표상한 것이라 하겠다. 이에 반하여 '돌다'는 발생과 출현의 차원은 숨기고 출현한 사물 현상의 움직임, 곧 대상을 감싸면서 움직이거나 원 모양으로 흘러 움직이는 [양상]에 주안점을 둔 표현이다. 그리하여 일곱 번째 의미의 발생 원인을 [발생적 對 양상적]이라는 구

---

116) '은유'에 대하여 문자적 의미가 존재하고, 그것을 표현효과를 위하여 비유적으로 다른 어휘 개념을 빌어 표현하는 것이라고 규정하는 이론의 난점이 노출되는 지점이기도 하다. 그 이론에 따르면 '돌다'라는 표현으로 확장되기 이전에 존재하는 표현이 있어야만 이 가운데 하나를 문자적 의미로 설정하고, 나머지 표현을 비유적 표현이라고 설명해 낼 수 있기 때문이다. 그러나, 동일한 문법 범주에 속하면서도 대치 가능한 다른 표현이 없다.

도로 설정해 볼 수 있다.

　Ｄ (바탕에 일정한 빛이나 윤기가) 어른거려 나타나다. ¶기름기가 돈다
　／ 윤기가 돌다.
　비교 어휘 <어른거려 나타나다 : 돌다>
　빛이 사물의 표면에 닿아서 생겨나는 현상 가운데 하나로서, 시각적으로
확인 가능한 현상이다. '어른거리다'는 일정한 각도에서 사물을 볼 때 빛
이 반사된 부분과 반사되지 않는 부분이, 보는 각도가 달라지면서 또는 그
사물의 표면을 움직임으로써 다양한 모양으로 변화되거나 반사의 영역이
달라지는 현상을 말한다.[117] '나타나다'는 상대적으로 부수적인 의미를 담
당하고 있으므로 전체 의미는 [발생]의 의미와는 무관하며, '어른거리다'를
통해 순간순간의 반사 영역이 바뀌는 데에 주목하는 특성으로 비추어 [현
상적 변화]라는 특성을 추출할 수 있다.
　반면에, '돌다'는 반사 영역과 반사되지 않은 영역의 대비가 아니라, 반
사되는 영역의 이동이라는 관점을 취한다. 이로써 사물 현상의 활동적인
이미지 효과를 얻게 된다고 할 수 있겠다. 이는 반사되는 영역을 하나의
행위할 수 있는 주체로 파악한 것이므로 [주체적 변화]라는 특성을 추출할
수 있다. 따라서 의미 발생의 원인으로 [현상적 변화 對 주체적 변화]의
구도가 설정된다.

　⑧ (눈, 머리 등의 말과 함께 쓰이어) 정신을 차릴 수 없도록 아찔하여
　　지거나 정신에 이상이 생기다. ¶눈이 핑핑 돌다 / 머리가 돌다.
　비교 어휘 <아찔하여지거나 정신에 이상이 생기다 : 돌다>
　우선, '아찔하다'는 '갑자기 정신을 잃어 쓰러질 듯하다'로 풀이되는 말
이다. 순간적인 현기증이 나는 상태를 표현한 것이다. 그리고 '정신에 이상
이 생기다'는 순간적인 상태라기보다는 장기적이며 전반적으로 정신에 문

---

117) '어른거리다'와 동일한 개념을 나타내는 것 가운데 부사적 표현으로는 '번들번들'이
　　있다. 이 역시 빛에 반사된 영역이 보는 각도나 대상의 움직임에 따라 반사된 영역
　　과 반사되지 않은 영역이 교체되면서 일어나는 현상을 포착하고 있다.

제가 생겨서 이전의 정신 상태와 이후의 정신 상태가 전혀 다른 상태를 말한다. 그러므로 이 둘 모두 정신의 상태를 그대로 표상한 표현이 된다. 그러나, '돌다'의 경우는 정신의 상태를 그대로 표상하기보다는 그것과 이차적으로 관련된 대상, 곧 눈과 머리와 결합함으로써, 의사(psudo) 원인적인 측면을 강조하고 있다. 곧, 몸을 빙글빙글 돌리면 어지럽게 되는 체험적 사실을 눈과 머리로 비유하여 표상하고 있는 것이다. 그리하여 기존의 문체 표현이 정신적 사실을 그대로 기술한다는 입장에서 [기술적]이라고 특성화할 수 있다면, '돌다'는 [의사원인적]이라고 특징지을 수 있다.

⑨ (어떤 생각이) 꼬리를 물고 자꾸 잇달리다. ¶생각이 머리 안에서 뱅뱅 돈다.

비교 어휘 <꼬리를 물고 자꾸 잇달리다 : 돌다>

'꼬리를 물고 자꾸 잇달리다'는 사슬의 연쇄와 같다. 앞선 생각의 주부와 술부가 있을 때, 나중 생각의 주부가 앞선 생각의 술부인 경우에 해당하며, 이와 같은 전이가 반복적으로 진행되는 것을 말한다. 그러므로 여기서는 [연쇄적 반복]의 개념을 주로 표상하고 있음을 알 수 있다.

이에 반하여 '돌다'는 생각이 어떤 완결이나 결말로 향하지 못하고 처음 출발한 자리로 되돌아오는 활동의 계속됨을 나타낸다. 특히 예문에서의 부사어 '뱅뱅'은 '돌다'의 이러한 성격을 더욱 강화시키고 있다. 이러한 성격을 [회귀적 반복]이라고 규정할 수 있겠다. 따라서 이들 간의 문체적 차이는 [연쇄적 對 회귀적]이라 할 수 있다.

3) 추상동사(1) : [알다]

최초의미로서의 첫 번째 의미는 '모르던 것이나 잊었던 것이 무엇이며 어떤 것인가 등에 대하여 깨닫다'로 정의된다.

② 잊었던 것을 깨달아 새기다 ¶잊지 않고 알아내다 / 부탁한 것을 알고 있다.

비교어휘 <잊었던 것을 깨달아 새기다 : 알다>

최초의미와의 관계 속에서 볼 때 구별되는 풀이말은 '새기다'가 첨가된 것이다. '새기다'는 '잊혀지지 않게 깊이 기억하여 두거나 마음에 간직하다'를 자신의 세 번째 의미로 가지며 이로부터 '기억하고 간직하다'라는 의미 특질을 보유하고 있음을 알 수 있다. '새기다'는 물리적인 대상에 대하여 어떤 흔적이나 모양을 남기는 행위에서 출발하여 '마음에 새기다'라는 은유적 표현으로 확장되었다. 그러나 의미 확장된 '새기다'는 여전히 물리적인 성격을 중첩적으로 띠게 되며, '알다'의 지적(知的) 성격과 대비된다. 따라서 [물리적 對 지적]이라는 문체적 차이를 드러낸다.

D 느끼거나 지각하다 ¶그는 집 근처 어딘가에 풀벌레가 미세하게 소리
  내고 있음을 알았다

비교어휘 <느끼거나 지각하다 : 알다>

'느끼다'는 '감각기관을 통하여 알아차리다'를 뜻하고, '지각하다'는 '알아서 깨닫다'를 의미한다. 그러면 풀이말에 사용된 기존 표현은 '감각 - 생리적'인 관점에서 파악한 것이라 할 수 있고, 이에 대하여 '알다'는 동일하게 지적(知的) 관점에서 파악한 것이므로 [감각 - 생리적 對 지적]이라는 차이를 도출할 수 있을 것이다.

③ 어떤 사물 현상에 대하여 지식이나 기능을 가지다 ¶기계를 알다 /
  자연과학에 대하여 잘 알다

비교어휘 <지식이나 기능을 가지다 : 알다>

'가지다'는 '사상이나 생각, 태도나 취미 같은 것을 품거나 지니다'를 자신의 네 번째 의미로 하고 있으며, 이는 자신의 최초의미인 '손에 쥐거나 몸에 지니다'와 연결되어 있어서 '소유'의 의미가 드러난다. 그리하여 '나는 기계를 잘 알고 있다'는 '나는 그 기계에 대한 지식을 가지고 있다'와 같은 표현이 된다.118) 다만, '알다'의 경우는 서술적으로 표현된 것인데 반

---

118) 이러한 표현의 차이는 언어간 비교를 통해 보면 전형적으로 사용하는 표현 방식이
    상이하다는 사실을 통해서도 잘 확인된다. 이를테면, 국어 문장 '나는 그 기계를 잘

하여 ‘가지다’는 소유적으로 표현된 것이다. 그러므로 이 두 표현간의 차이는 [서술적 對 소유적]이라 하겠다.

④ 어떻게 여기거나 이해하다 ¶이상하게 알다 / 귀중한 벗으로 알다
비교어휘 <어떻게 여기거나 이해하다 : 알다>

‘여기다’는 ‘마음 속으로 어떻다고 생각하거나 대하다’를 뜻하며, ‘이해하다’는 ‘남의 사정이나 형편을 잘 알아주다’를 자신의 세 번째 의미로 가진다. 그런데 ‘여기다’는 ‘대하다, 간주하다’ 등과 같이 어떤 대상에 대해 사실적인 파악을 나타내는 것이 아니라 주관적인 관점에 따른 인정을 나타낸다. 그리하여 비록 어떤 것이 사실이 아니라 할지라도 보는 이의 관점에 따라 그것이 사실인 것처럼 그렇게 간주할 수 있는 것이다. 이에 반하여 ‘알다’는 사실적인 파악을 나타낸다. 그러므로 이 두 표현간의 차이는 [관점적 對 사실적]으로 드러난다.

⑤ 분간하거나 판단하다 ¶제 할 일은 제가 알아서 하다 / 자리를 지킬 줄도 알아야 하지만 때가 되면 물러설 줄도 알아야 한다는 거야.
비교어휘 <분간하거나 판단하다 : 알다>

‘분간하다’는 ‘상태의 본질이나 진상을 식별하다’를 자신의 세 번째 의미로 가지며, ‘판단하다’는 ‘사물을 인식하여 논리나 기준 등에 따라 판정을 내리다’를 뜻한다. 뜻풀이 사용된 어휘들은 다분히 분석적임을 한 눈에 알 수 있으며 이는 이들 뜻풀이말을 대상으로 한 사전 풀이에서도 ‘식별하다, 판정을 내리다’ 등이 사용되고 있음을 통해 더욱 분명히 확인된다. 이에 반하여 ‘알다’는 지각이나 인식을 나타내는 어휘들 가운데 대표적인 어휘에 속하며 이러한 대표성은 ‘알다’를 종합적 성질의 의미 특질로 이끈다. 그러므로 이 두 표현간의 문체적 차이는 [분석적 對 종합적]이 되겠다.

알고 있다’에 대한 영어 대응 문장은 ‘I am good at that machine’이나 소유의 have로 표현되는 ‘I have good knowledge of that machine’으로 표현된다.

⑥ 낯이 있거나 익다 ¶아는 사람 / 알만한 사이

비교어휘 <낯이 있거나 익다 : 알다>

‘낯이 있다’는 관용구성으로 ‘안면이 있다’와 같이 ‘이전에 만나거나 본 적이 있다’는 것을 말하며, ‘익다’는 ‘여러 번 겪어 설지 않다’를 자신의 두 번째 의미로 가진다. 따라서 풀이말에서 사용된 두 표현은 경험적이라는 의미 특질을 공유한다. 이에 반하여 ‘알다’는 그와 같은 경험의 반복을 통해 이미 관념적으로 인식된 상태를 나타낸다. ‘지적(知的)’이라는 ‘알다’의 의미 특질도 이와 같은 과정을 통하여 성립된 것이라고 하겠다. 그러므로 풀이말과의 차이는 [경험적 對 관념적]으로 드러난다.

⑦ (주로 조사 ‘만’ 뒤에 쓰이어) ‘소중히 여기다’의 뜻을 나타낸다 ¶일 만 아는 사람 / 용철은 책만 아는 아이다. 그래서 그의 아버지는 체 육도 좀 하라고 늘 타일렀다.

비교어휘 <소중히 여기다 : 알다>

‘여기다’는 ‘마음 속으로 어떻다고 생각하거나 대하다’인데, 여기에 ‘소중히’라는 부사어가 결합하여 ‘중요하게 생각하다’의 의미를 나타낸다. 따라서 풀이말로 사용된 기존 표현은 ‘중요성’의 특질이 강조된 것이다. 반면에, ‘알다’는 이와 같은 중요성의 특질은 드러나 있지 않으며 다만 조사 ‘만’을 취한 통사적 구성이 이를 암시하고 있을 뿐이다. 곧 중요도의 차원에서 볼 때 ‘알다’는 무표적이며 평이한 일반성을 나타낸다. 그러므로 이두 표현간의 문체적 차이는 [중요성 對 일반성]이라 할 만하다.

4) 추상동사(2) : [생각하다]

최초의미로서의 첫 번째 의미는 ‘(감각 기관을 통해서 단순히 느끼는 것이 아니고) 이성의 힘을 이용하여 이치에 맞게 헤아려서 따지고 판단하다.’로 정의된다.

Ⅰ 의 풀이말을 통하여 ‘헤아려서 따지고 판단하다’와 ‘생각하다’를 비교

할 수 있다. 이들 술어들은 해당 예문과 관련하여서는 그 외연의 크기를 규정하기 어려워서, '인간은 헤아려서 따지고 판단하는 능력을 가졌다/인간은 헤아려서 따지고 생각하는 판단 능력을 가졌다/인간은 헤아리고 따지는 능력을 가졌다' 등이 모두 만족스럽다.

이들 술어들간의 관계를 고려하는 한 가지 방법은 '생각하다'를 가장 무표적이며 광범위한 쓰임을 가질 뿐만 아니라 원어휘소적인 어휘로 규정하는 것이다. 그러면, '헤아리다', '따지다', '판단하다'는 특정한 의미 내용이 강화되거나 변주된 어휘에 해당하게 될 것이다. '헤아리다'는 주로 개인적인 차원에서 마음이나 마음의 상태와 결합하며, '따지다'는 논쟁적이며 행위적인 성격을 가지고 있다. '판단하다'는 철학에서의 '판단 개념'의 상위 술어적 성격을 제외하면, 어떤 선택 문제와 관련하여 결단을 내리는 것과 관계된다.

그렇지만, 원어휘소적 규정이라는 개념으로는 좀더 실질적인 의미 내용으로 규정할 필요가 있다. '생각하다'의 첫 번째 의미가 추상적이며 포괄적인 내용과 관계된다는 점에서 '일반적인 사고 작용'을 나타낸다고 말할 수 있겠다. 그러면 필자의 전제 속에서 정의항에 사용된 술어가 논리적으로 선재(先在)한다고 하였기 때문에, 개인적인 마음의 차원(헤아리다)과 논쟁적이며 행위적인 차원(따지다), 선택 문제와 관련된 차원(판단하다) 등이 나타낼 수 없는 '일반적인 사고 작용'에 대한 언급의 필요성으로 인하여 '생각하다'가 창조된 것이라고 하겠다. Ⅱ의 ①'어떤 사실을 헤아리고 이치를 따지다' 역시 동일한 맥락에서 제출되었다.

Ⅱ ② 어떤 대상, 개념, 사실 등을 머리에 떠올리다. ¶왜 그 방법을 진작 생각하지 못했지?

비교어휘 <머리에 떠올리다 : 생각하다>

역시 '머리에 떠올리다'는 표현이 선재(先在)했다면, 왜 일반적인 사고 작용을 나타내던 '생각하다'를 다의 파생시켰을까? '머리에 떠올리다'와 '생각하다'의 차이를 밝히는 것이 문제의 열쇠인 것이 분명하다. 혹자는 전자를 환유적인 비유 표현으로, 그리고 후자를 일상적인 표현으로 규정할 수도 있겠지만, 이것은 이 두 표현의 의미적인 차이를 회피하는 진술일 뿐이다.

또한, '생각하다'의 최초의미가 일반적이며 추상적인 개념이며, '머리에 떠올리다'가 구체적인 대상과 관련한 표현이라고 하여 [구체⇔추상]의 관계로 그 차이를 풀이하는 것도 만족스럽지 못하다. 이런 술어는 너무 포괄적인 데 반하여, 실제의 문제는 너무 구체적이기 때문이다. 문제는 이 두 표현의 문체적인 차이에 있는 것이다.

우선 형태상의 차이를 보면 '생각하다'는 단일 어휘로 존재하는데 반해, '머리에 떠올리다'는 구절 표현으로서 두 어휘의 결합으로 존재한다. 생각이 일어나는 장소 또는 담당자로서 파악된 '머리'와 생각을 일어나게 한다는 표현으로서 '떠올리다'가 결합한 것이다. 또한 '생각이 나다'와 유사한 표현으로서의 '머리에 떠오르다'와 달리 '떠올리다'의 '리'와 같이 사역형의 접사가 붙어 있다. '생각하다'도 '생각되다'에 상대적으로 적극적이며 능동적인 성격을 가지고 있지만, 사역적 의미를 갖는다고 말하기는 어렵다.119) 사역적 의미에서는 동적(動的) 의미를 추출할 수 있다. 그러므로, 상대적으로 정적(靜的) 개념에 속하는 '생각하다'는 [동적(動的) 對 정적(靜的)] 차이를 유도하기 위하여 다의 확장된 것이라 할 수 있다. 동일한 논거가 II의 ③에도 그대로 적용된다.

③ 머리에 떠올려 상상하거나 어떤 것이 그러할 것이라고 짐작하거나 예상하다. ¶내가 생각하는 군인은 그런 것이 아니다.

비교어휘 <'상상하다', '짐작하다', '예상하다' : '생각하다'>

'상상'은 '아직 현실화되지 않은 어떤 사물 현상을 머리 속에서 그려보는 것 또는 그러한 생각'의 의미이며, '짐작'은 '(사정이나 형편 등을) 어림쳐서 헤아리는 것 또는 겉가량으로 생각하는 것'의 의미를 가지고, '예상'은 '(어떤 사물 현상이나 앞으로 있을 일을) 미리 헤아려 생각하는 것 또는 그 생

---

119) '생각하다'에도 '생각하게 하다'와 같이 '게 하'의 사역 구성을 만들 수 있다. 그러나, 이것은 이미 전혀 다른 의미를 갖게 된다. 상대방에게 생각을 요구하거나 강요한다는 의미가 된다.

각'의 의미를 가진다.

'아직 현실화되지 않은', '어림쳐서', '미리'와 같은 표현에서 볼 수 있듯이 선재(先在)하는 어휘류들은 모두 비현재적이거나 개연적인 미래를 자신의 의미 속성으로서 포함하고 있다. 이에 상대적으로 '생각하다'는 그 최초의미 상에서 '이성의 힘으로 이치에 맞게'와 같은 의미 특질을 가지고 있는 어휘임을 생각해 보면, [개연적, 비현재적 對 이성적]의 차이를 발견하게 된다.

④ 어떤 것에 이롭도록 마음을 쓰다. ¶그 사람은 민족을 생각하고 국가를 위해 헌신해 왔다.

비교어휘 <마음을 쓰다 : 생각하다>

'마음'의 개념은 복합적이다. 『조선말대사전』에는 "①사람의 정신적이며 심리적인 움직임, 그 움직임에 따라 일어나는 속생각 ②기분이나 심정 ③('어질다, 착하다, 모질다, 약하다, 굳세다' 등과 함께 쓰이어) '사람의 성품이나 심사'를 나타낸다. ④('다지다, 먹다' 등과 함께 쓰이어) '각오, 결의, 의향 등'을 나타낸다."의 네 가지로 그 의미를 규정하고 있다.

결국, '속생각 - 기분 - 심정 - 성품 - 심사 - 각오 - 결의 - 의향 - 의지' 등이 모두 '마음'이라는 어휘에 포함된 것이다. 따라서 '마음을 쓰다'는 표현은 생각뿐만 아니라 그 생각에서 일어나는 기분이나 심정, 그 생각을 품고 일을 추진할 각오 등 어떤 대상에 대한 전반적인 집중을 표현한다.

그런데, 관습적인 논리를 빌면, 기분이나 심정, 각오 등 이 모든 것의 출발이 생각이며 모두 생각에서 비롯된 것이다. '생각'은 이들 관련 개념들에 대한 핵심적인 영역을 차지하는 것이다. 따라서 [핵심적(중심적) 對 전반적]이라는 차이점을 도출할 수 있을 것이다.

♣ 상태 동사의 다의 발생 원인

5) 구체동사(1) : [가볍다]

최초의미로서의 첫 번째 의미는 '무게가 적다.'로 정의된다.

② 중요성의 정도가 낮거나 적다. ¶이번 일은 결코 가벼운 일이 아닙니다.
비교어휘 <중요성의 정도가 낮거나 적다 : 가볍다>

물리적인 무게를 나타내던 최초의미가 사람과 관계된 사건이나 일의 중요도에 미쳐 확장된 의미이다. 최초의미는 '사물의 무게'가 가벼운 것이며, 두 번째 의미는 '사건의 중요도'가 가벼운 것이다. 이 두 의미 모두 'X의 속성'에 대한 상태 기술임을 알 수 있다. 그런데, '무게'와 '중요도'를 제외하면 <낮거나 적다>와 <가볍다>의 관계로 다시 풀어보아야 할 것이다. <낮거나 적다>는 양적인 측정을 표상하고 있는 데 반해 <가볍다>는 그와 같은 양적 측정의 사물과 주체의 접촉에 의해 발생하는 생리적 판단을 표상하고 있다. 따라서 이들 관계를 [양적 對 질적]이라는 구도 속에서 발생한 것으로 추론할 수 있다. 물론 <가볍다>의 생리적 표상에 주목하여 [물리적 對 생리적]이라는 구도를 상정할 수도 있겠다.

③ ('가볍게' 형으로 쓰이어) 크게 힘들임이 없이. ¶어깨를 가볍게 두드리다.
비교어휘 <크게 힘들임이 없이 : 가볍게>

이는 '가볍다'의 활용형인 '가볍게'가 독자적으로 의미 확장에 참여하고 있는 경우이다. 그러면 우선 '가볍다'와 그것의 활용형으로서의 '가볍게'의 차이에 주목해야 한다. 상태성 술어인 '가볍다'가 부사형 어미 '게'와 결합하면 의미면에서는 양태화(樣態化)가 일어난다. '폭풍우를 견디기 위해 배에 있는 짐을 버려 가볍게 만들었다'라는 표현은 어떤 사물을 '가벼운 상태로' 만들었다는 말이 되는데 이것이 곧 최초의미가 양태화된 의미라 하겠다.

그런데, 상기 예문에서의 의미는 단순히 객관적인 모양으로서의 '가볍게'와는 달리 주체의 느낌이나 판단, 태도 등의 의미를 나타내고 있다. 따라서 이들간의 의미 차이는 사건에 대한 [주체적 판단 對 객체적 판단]으로 설정할 수 있다.

④ 죄행이나 결함 또는 병세 같은 것이 대단하지 않다. ¶죄를 함께 범했는데 누구는 무겁고 누구는 가볍다고 할 수 있습니까?

비교어휘 <대단하지 않다 : 가볍다>

'대단하다'는 '보통 정도보다 비길 바 없이 더하거나 심하다'로 풀이되는데, '심하다, 대단하다'는 모두 양적, 질적 측면에서 상대적으로 그 정도가 많은 부분을 표상한다. 이것을 '~지 않다'의 부정표현과 결합시켜 표현한 것이 비교 어휘인 것이다. 그러면, '대단하지 않다'의 경우는 부정적 진술이며 따라서 소극적 진술에 해당하며 '가볍다'는 단정적인 진술이며 적극적인 진술에 해당한다. 결국 [소극적 對 적극적]의 구도 속에서 의미 발생의 원인을 찾을 수 있다. 물론 여기에 심리적인 표현을 물리적인 표현으로 전환시키는 구체화의 은유 장치가 동원된다.[120]

⑤ 무게가 없고 신중한 맛이 적다. ¶입이 가볍다 / 가벼운 사람.

비교어휘 <무게가 없고 신중한 맛이 적다 : 가볍다>

상기 예문은 주로 '말과 말하는 태도'에 관련된 것이다. 따라서 풀이말이 '신중하지 않다'가 아니라 '신중한 **맛이** 적다'와 같은 형태로 나타난다. 특별히 '신중하다'와 관련하여 [가치평가적 對 현상적]의 구도를 적용시킬 수 있겠다.

⑥ 몸이나 마음, 동작같은 것이 거뜬하고 경쾌하다. ¶아침햇살을 맞으며 동네를 달리는 내 마음은 하늘을 날 듯이 가벼웠다.

---

120) '대단하다'는 심리적인 평가와 관련이 있으므로 '가볍다'의 물리적, 구체적인 특성과 비교할 때, [추상적 → 구체적] 또는 [정신적 → 물리적] 방향의 은유에 의해 생성된 것이라고 할 수 있다. 그러나, 은유 장치는 한편으로 너무 거시적인 틀이어서 구체적인 어휘나 의미의 분화를 제대로 포착하여 설명하기는 어렵다. 흔히 은유적 설명이 우리에게 주는 피상적인 인상은 구체적 표현들에 접근하지 못하는 지나친 포괄성에 기인한다.

비교어휘 <거뜬하고 경쾌하다 : 가볍다>

'거뜬하다'는 '(아픔, 근심같은 것이 없어질 때와 같이) 아주 후련하고 상쾌하다'를 두 번째 의미로 가지며[121], '경쾌하다'는 '(동작이) 가볍고 날쌔다'로 풀이된다. 이들 비교어휘들 간에 모종의 논리적인 순서가 있음을 확인할 수 있는데, 그것은 '몸이 거뜬하니 → 몸놀림이 가볍고, 가벼운 몸놀림이 → 보기에 경쾌하다'와 같이 묘사될 수 있다. 곧, '거뜬하다'는 '후련하고 상쾌하다'의 풀이에서 볼 수 있듯이 주체의 심리적인 상태에 초점을 둔 표현이고, '경쾌하다'는 객체적인 관찰의 시각에 초점이 있는 표현이다. 이에 반하여 '가볍다'는 주체의 몸놀림에 대한 느낌과 객체의 관찰 시각을 동시에 포함하고 있는 표현이라 하겠다.[122]

⑦ 소리가 잔잔하면서 경쾌하다. ¶가벼운 손기척이 나더니 조용히 나들 문이 열렸다.

비교어휘 <(소리가) 잔잔하면서 경쾌하다 : 가볍다>

---

121) 퀼리안(Quillian 1968)에 의거하여 정의항에 사용되는 어휘의 의미 내항을 살펴보면 다음과 같다.

    BUSINESS IS *ACT3 WHICH PERSON DO.*
    COMFORT2 IS *CONDITION3 WHICH PERSON HAVE NEED4.*

위에서와 같이 정의항 속에 사용된 어휘들은 자신들의 대표적인 의미로만 채용되지 않고 자신의 하위 의미 내항 가운데 특정한 의미를 담당하는 형태로서 사용된다. 곧, ACT3, CONDITION3, NEED4 등과 같이 하위 의미를 숫자로 표기하여 구별되게 하고 있다. 퀼리안은 의미 원초소와 같은 개념을 받아들이지 않는데, 이는 위에서와 같이 실제로 정의항에 사용되는 어휘들이 사실은 갖가지의 하위 의미의 하나로 사용되는 점에서 의미망(semantic network)과 같은 양상으로만 나타나는 점을 통해 확인될 수 있다.

그러므로, 정의항에 사용된 어휘들이 통상 기본의미니 중심의미니 하는 차원에서 운용되는 것이 아니라는 점을 인식할 필요가 있다.

122) 이와 같이 '가볍다'가 주체적인 관찰과 객체적인 관찰의 성격을 모두 띠는 것은 '~하기에 가볍다'와 같은 통사적인 구조로 발달하게 되는 동기가 될 수 있다. 곧 '가볍다'의 최초의미는 우선적으로 물리적이며 객체적인 관점에서의 상태기술이지만, 대상 세계와 주체와의 상호 작용이라는 보편적인 관계로부터 '주체화'라고 할 수 있는 인식작용이 개입할 수 있고, 이로부터 '내가 ~하기에 가볍다'라는 통사적 구성이 발생할 수 있었을 것을 추측해본다.

상기 예문에서 '가벼운'을 '잔잔하면서 경쾌한'이라는 풀이말로 대체할 경우 모종의 어색함을 느낄 수 있다. 이는 '가벼운 손기척'의 경우 그 표현이 일정한 통사적인 관용성을 획득했기 때문이라 하겠다.[123] '잔잔하다'는 자신의 세 번째 의미로 '(목소리가) 크거나 거칠지 않고 조용하다'를 뜻하며 '경쾌하다'는 '(소리가) 둔중하지 않고 가볍다'라는 자신의 세 번째 의미를 나타낸다. 이들은 모두 '소리'의 영역에 적용된 의미이며 '잔잔하다(조용하다) - 가볍다 - 경쾌하다'은 표현의 강도 면에서 점진적인 상승 곡선을 그린다. 곧 '잔잔하다'는 조용한 상태나 낮고 작게 들리는 소리를 포함한 공간적인 분위기를 기술하는 정도의 의미를 나타내며 '가볍다'는 소리의 성질 자체가 무겁지 않아 귀에 거슬리지 않는다는 의미를 가리키며, '경쾌하다'는 소리의 성질이 가벼울 뿐만 아니라 그 속에 발랄한 리듬있는 진행이 있음을 드러낸다.[124]

그러면 이 가운데 '잔잔하다'와 '경쾌하다'가 정의항의 술어로 사용되었으므로, 우리의 가설에 따라 이들은 기존 표현으로서 선재(先在)한 표현이

---

123) 김진해(2000:126)에서는 '준제약적 연어'라는 제하에 [용언의 관형사형＋체언]이 그 결합에 제약을 보이는 예들을 다음과 같이 들고 있다.
    1) 새까만 후배 - *후배가 새까맣다.
    2) 새빨간 거짓말 - *거짓말이 새빨갛다.
    3) 심심한 사의 - *사의가 심심하다.
    4) 무거운 침묵 - *침묵이 무겁다.
    5) 뜨거운 박수 - *?박수가 뜨겁다.
    6) 혁혁한 전과 - *?전과가 혁혁하다.
    7) 굳은 약속 - *약속이 굳다.
   이들은 수식구성으로만 사용되고 서술구성에서는 제약을 보이는 예들이다. 그런데, 일반적으로 무표적인 환경을 서술구성으로 인식하며, 이로부터 기타의 다른 구성이 생성된다는 가정을 암묵적으로 받아들이는 것을 생각해볼 때 이론적인 차원에서 깊이 있게 조명되어야 한다. 어찌됐건, 이들 표현이 통사적인 구성에서 관용성을 띠는 한 이들 표현을 대체하거나 정의하는 표현이 어색한 것은 당연한 노릇이다.
124) '경쾌하다'가 리듬있는 진행을 나타낸다는 것이 자신의 세 번째 의미로부터 직접 나오는 것은 아니며, 이것은 소리에 대하여 '경쾌하다'가 사용되는 용례를 생각해 볼 때 추론될 수 있는 것이다. 물론 '경쾌하다'나 '가볍다'는 또 다른 의미 확장에서 '음악'에 적용되고 있으며 이때에는 모두 '리듬있는 진행'의 의미를 공유하게 된다. 어찌됐건 '경쾌하다'와 '가볍다'에 대한 첫 의미 인상은 아무래도 리듬있는 소리의 의미적 색채를 띠고 있는가 그렇지 않은가에 있는 것으로 판단된다.

된다. '잔잔하면서 경쾌한'은 연접 관계로 정의되었으므로 앞에서의 풀이에 따라 '조용하면서도 리듬있는'으로 재기술될 수 있다.

⑧ 행동이나 생각이 웅심깊지 못하고 경솔하다. ¶가벼운 생각.

비교어휘 <웅심깊지 못하고 경솔하다 : 가볍다>

'웅심깊다'는 '(생각, 뜻, 사랑 같은 것이) 매우 넓고도 깊다'를 뜻하며, '경솔하다'는 '(말이나 행동이) 듬직하지 못하고 가볍다'를 의미한다. '웅심깊지 못하다'는 '넓지 못하고 깊지 못하다'를 뜻하게 되므로 '넓다 - 깊다 - 크다 - 무겁다'와 같은 어휘적 관련 유형이 있음을 확인할 수 있으며 이에 상대적인 표현의 하나로서 '가볍다'가 대응한다. '경솔하다'는 자신의 뜻풀이 속에 '가볍다'를 포함하고 있으므로 이들 간의 차이는 실제 용례들간의 비교를 통해서만 명확해질 수 있겠지만, 직관적으로 볼 때 '경솔하다'는 그 행동이나 생각을 하는 주체에 대한 평가적인 측면이 강한 반면, '가볍다'는 그 행동이나 말에 대한 양상에 좀더 주목하며 평가적인 측면은 부수적으로 관여하고 있는 듯하다. 따라서 [가치 평가적 對 양상적]이라는 구도를 설정할 수 있을 것이다.

⑨ 움직임이 경쾌하고도 재고 빠르다. ¶가벼운 율동 / 가볍게 돌아가는 바람개비.

비교어휘 <경쾌하고도 재고 빠르다 : 가볍다>

'경쾌하다'는 '(동작이) 가볍고 날쌔다'를 의미하고, '재다'는 '(동작이) 빠르고 날쌔다'를 뜻한다. 그러므로 '가볍다'의 아홉 번째 의미와 관련있는 유의어적 의미망은 [경쾌하다 - 재다 - 빠르다 - 가볍다 - 날쌔다]가 되며, 이 가운데 특히 비교어휘로 채택된 세 어휘와 '가볍다'와의 관계 속에서 의미 확장의 원인이 제시되어야 한다. 그런데 풀이말을 자세히 보면 '경쾌하고도 + {재고 빠르다}'로 되어 있음을 알 수 있으며 이것이 바로 '가볍다'의 아홉 번째 의미에 상응하는 의미이다. 기실 이들의 관계는 후자가 원인이 되어 전자가 결과되는, '가볍다' → '경쾌하고도 {재고 빠르다}'와 같은 논리적 순서를 가진다고 할 수 있다. 그러므로 이들 사이의 문체적인 차이는 [원인적 對 결과적]으로 설정된다.

D (기계 같은 것이) 다루기가 힘들지 않고 헐하고 쉽다. ¶자동차 핸들
  이 가볍다 / 새로 사다놓은 재봉침의 손맛이 매우 가볍다고 어머니
  는 못내 기뻐하였다.

비교어휘 <(다루기가) 힘들지 않고 헐하고 쉽다 : 가볍다>

풀이말의 어휘들이 모두 객체적인 술어라기보다는 주체의 인식과 판단
에 깊이 관련된 술어로 구성되어 있으며, 따라서 '가볍다'의 두 가지 양상
곧 객체적인 의미적 양상과 주체적인 의미적 양상 가운데 상대적으로 후자
와 관련되었음을 알 수 있다. 그러나, '힘들지 않고 헐하고 쉽다'와 '가볍
다'는 공히 어떤 행위를 하는 데 있어서의 주체의 인식과 판단에 관계하고
있지만, 이들 사이에는 강도 면에서 차이를 보인다. 곧 풀이말에 사용된
어휘의 의미가 주체적인 양상을 보이는 중에서도 객체적인 내용을 가지는
한편, '가볍다'는 좀더 주체적인 양상을 띤다. 이는 예문에서도 '가볍다'의
쓰임이 모두 주체의 느낌이나 감각적인 의미를 드러내고 있음을 통해서 확
인된다.[125]

⑩ ('가볍게' 형으로 쓰이어) 대수롭지 않고 예사롭게. ¶아버지는 크게
  웃으며 그만한 일을 뭘 그리 놀라느냐고 가볍게 말씀하셨다 / 작업
  반장은 그를 나이가 어리다고 가볍게 보지 않았고 언제나 그의 의견
  을 귀담아 들어주었다.

비교어휘 <대수롭지 않고 예사롭게 : 가볍게>

'대수롭지 않다'는 '중요하게 여길만하지 않다'를 의미하고 '예사롭다'는
'(어떤 일이나 대상이) 보통으로 흔히 볼 수 있거나 대할 수 있는 특성이 있
다'를 뜻한다. 그리하여 풀이말의 전체 의미는 '흔히 볼 수 있는 것이어서
중요하게 여길만하지 않게'로 된다.[126] 이들은 모두 주체의 태도를 표상한

---

125) 그런데, 이들을 원인과 결과의 관계로 볼 수도 있겠다. 곧 무엇을 다루기가 '힘들지
   않고 헐하고 쉽'기 때문에 그것을 할 때 가볍게 할 수 있다는 식으로 인과 관계로
   파악하는 것이 가능하다.
126) '중요하지 않다'와 '가볍다'의 상관 관계는 어디에서 나오는가? 이러한 질문에 대하

다는 점에서 동일하며, 다만 좀더 사건지향적인가 좀더 주체지향적인가에 따라 구분된다. 이는 예문을 통해서 확인될 수 있는데, '그 일은 예사롭다/대수롭지 않다'는 되지만 '그 일은 가볍다'는 같은 의미 내에서 완전히 자연스럽지는 않다.[127) 그리하여 [사건적 對 주체적]이라는 구도를 설정할 수 있다.

⑪ 내용이 단순하고 경쾌하며 형식이 간결하거나 규모가 작다. ¶가벼운 단막극 / 노래와 춤으로 엮어 나가는 가벼운 작품 / 운동을 가볍게 하다.

비교어휘 <(내용이) 단순하고 경쾌하며 (형식이) 간결하거나 (규모가) 작다 : 가볍다>

예문을 통해 보면 '관객이 보기에 부담없는'의 의미와 '작가가 창작하기에 부담없는'의 의미적인 양상이 나타난다. 구상과 감상의 이와 같은 효과를 위해 만들어진 작품의 구조나 내용은 '단순하기도 하며, 경쾌하기도 하며, 간결하기도 하며 규모가 작기도 한' 양상으로 실현되는 것이다. 결국 작품의 객체적이고 대상적인 규정에 대하여 '가볍다'는 주체적이고 심리적인 측면의 규정이 된다. [객체적 對 주체적]의 짝개념을 설정할 수 있겠다.

6) 추상동사(1) : [없다]

최초의미로서의 첫 번째 의미는 '(어떤 사물 현상이나 사실 등이) 시공간적 및 객관적으로 일정한 곳에 자리를 차지하고 있지 않거나 존재하지 아니하

여 [무겁다 - 중요하다 - 심각하다]와 같은 반의어적 연쇄를 연상할 수 있으며 [가볍다 - 중요하지 않다 - 심각하지 않다]가 이에 대응되는 것으로 생각해 볼 수 있다. 이와 같은 관련어적 유의어망의 언어학적 의의에 대해서는 추후 연구에서 검토되어야 할 것이다. 이들은 모두 결합 논항에 따라 변주되는 술어이면서도 내용적으로 모종의 관련성을 유지하고 있는 어휘 관계들이다.

127) 물론 해당 의미가 '가볍게'로서 부사어적 구성에 특징적인 것이기 때문에 자연스러움의 정도 차이가 당연하다고 할 수 있겠으나, 비교 어휘의 의미 내용이나 색채를 확인한다는 점에서 서술형 예문의 비교는 타당하다고 하겠다.

다.'로 정의된다.

최초의미는 '비존재'라는 개념적이며 추상적인 내용을 말하는 한편, 구체적으로는 특정한 공간 내에 어떤 구체적인 [사물의 비존재]를 말한다.

② (동작의 진행, 수행, 실현 등과 관련한 명사와 함께 쓰이어) 그러한 현상이 생기어 나타나거나 진행되지 아니하다. ¶ 노력이 없다 / 그 동안 별다른 일 없었나? / 잠이 없다 / 바람이 없다.
　비교어휘 <(현상이 생기어) 나타나거나 진행되지 아니하다 : 없다>
'나타나다'는 자신의 세 번째 의미로 '(어떤 결과나 새로운 현상이) 이루어지거나 생겨나다'를 가리키며, '진행되다'는 자신의 두 번째 의미로 '어떤 과정이 이루어져 나아가게 되다'를 가진다. 이 둘 모두 '생겨나거나 이루어져간다'는 의미로 보아 [발현적]인 관점에서 '비발현적'인 특성을 표상한다. 그러므로 이들 간의 문체적 차이를 [(비)발현적 對 (비)존재적]이라 할 수 있다.

③ 자체가 가지거나 갖추고 있지 아니하다. ¶ 모순이 없다 / 능력이 없다 / 순수한 물은 색도 없고 맛도 없다.
　비교어휘 <가지거나 갖추고 있지 아니하다 : 없다>
'가지다'는 자신의 여섯 번째 뜻으로 '어떤 성질이나 특성을 속성으로 지니다'의 뜻을 나타내며 '갖추다'는 '있어야 할 것을 골고루 가지거나 마련하다'를 첫 번째 의미로 한다. 이들은 모두 분리된 공간 속에서의 분리된 사물이 아니라 풀이말에서 '자체가'라는 표현을 통해 알 수 있듯이 분리불가능한 자신의 고유한 속성이나 내재적인 성질의 있고 없음을 표상한다. 따라서 이를 [속성적]이라고 지시할 수 있을 것이며, 이로써 이들 간의 문체적 차이를 [속성적 對 존재적]이라고 규정할 수 있을 것이다.

④ 많지 못하거나 변변치 못하다. ¶ 찬 없는 밥이지만 많이 들어주십시오.

비교어휘 <많지 못하거나 변변치 못하다 : 없다>

'변변하다'는 '(무엇이) 웬만히 충분하다'의 뜻을 자신의 두 번째 의미로 가지므로 전체 풀이말은 '많거나 충분하지 못하다'로 다시 나타낼 수 있겠다. 한편, 다른 하위 의미와는 달리 '아니하다'가 아니라 '못하다'가 정의어에 포함된 것은 일정한 수준에 미치지 못하는 '부족'의 의미를 전달하기 위함이다. 이를 [불충분성]이라고 규정할 수 있겠다. 다만 '불충분한 것'을 '존재하지 않는 것'으로 표현하는 것은 문체적으로는 과장적인 수법에 해당하며, 태도 면에서는 겸양적인 표현에 해당한다. 결국 이들 간의 문체적 차이를 [불충분성 對 비존재성]으로 나타낼 수 있다.

⑤ 매우 드물다. ¶ 만고에 없는 영웅 / 천하에 없는 역적놈.

비교어휘 <매우 드물다 : 없다>

'드물다'는 '흔하거나 많지 않다'를 자신의 세 번째 의미로 가지므로 '매우 드물다'는 '어떤 시공간적 조건 하에서 한 두 차례만 나타나는 현상'을 이르는 표현이라 하겠다. 상기의 네 번째 의미가 '충분하지 못함'을 나타낸 것과 비교해 보아도 그 발생 빈도가 상대적으로도 현격히 낮은 것을 표상하는 것임을 알 수 있다. 말하자면 '매우 드물다'는 '거의 없다'와 동등한 표현이라 해도 무방할 정도이다. 그렇다고 하더라도 이들의 차이는 분명한데, 풀이말은 극소(極小) 혹은 극미(極微)한 상태를 표상하는 데 반해 '없다'는 전무(全無)를 표상한다. 결국 이들 간의 문체적 차이는 [극소성 對 전무성]이라 할 수 있겠다.

⑥ 재산이 넉넉하지 못하여 가난하다. ¶ 없는 살림을 점차 꾸려나가다.

비교어휘 <(재산이) 넉넉하지 못하여 가난하다 : 없다>

'넉넉하다'는 '살림이 모자라지 않고 쓰고도 남을 만하다'를 두 번째 의미로 지니며, '가난하다'는 '살림살이가 쪼들려 살아가기가 어렵다'를 첫 번째 의미로 가진다. 이는 상기한 네 번째 의미와 함께 '부족'을 나타낸다. '넉넉하다'의 풀이말을 활용하여 다시 써 보면 '살림이 모자라다'와 '살림이 없다’라는 두 표현의 대립이 된다. 그리하여 이들 간의 차이를 [불충분성 對 비존재성]으로 나타낼 수 있다.

⑦ 살아 있지 아니하거나 살고 있지 아니하다. ¶ 지금은 없는 사람 / 부모 없는 고아.

비교어휘 <살아 있지 아니하거나 살고 있지 아니하다 : 없다>

풀이말은 ‘살아 있거나 살고 있던 상태’가 ‘살아 있거나 살고 있지 아니한 상태’로 변화한 것을 포함한다. ‘없다’는 기본적으로 ‘있다’의 대립 의미로 나타나는데, 여기서는 특히 ‘살아 있다’에 대한 부정으로서 드러났다. 또한 예문을 참고해 보면 ‘함께 생활하다’, ‘함께 살고 있다’의 의미에 가까움을 알 수 있다. 그리하여 ‘지금은 함께 살고 있지 않는(살아 있지 않은) 사람/부모가 살아 있지 않은(함께 살고 있지 않는) 고아’로 다시쓸 수 있다. ‘살아 있지 않다/함께 살고 있지 않다’는 이전 상태의 부정을 표상하며 ‘없다’는 현재의 비존재 상태를 기술한다. 따라서 이들 간의 차이의 하나로 [과거적 對 현재적]이라는 대립짝을 제시할 수 있겠다.

⑧ (물건, 수단, 권리, 자유, 행복 같은 것을) 소유하거나 향유되어 있지 아니하다. ¶ 권리가 없다 / 땅이 없는 농민들에게 땅을 주다.

비교어휘 <소유하거나 향유되어 있지 아니하다 : 없다>

‘소유하다’는 ‘무엇을 자기 것으로 가지거나 만들다’의 의미이며, ‘향유하다’는 ‘누리어 가지다’를 뜻한다. 괄호 속의 명사들을 살펴보면 ‘물건, 수단’ 등은 소유하는 것이며 ‘권리, 자유, 행복’ 등은 향유하는 것에 대응한다. 예문을 통해 보더라도 이 둘의 대립은 소유냐 비소유냐의 문제임을 알 수 있다. 곧 ‘권리가 있고 없고 / 땅이 있고 없고’의 대립에 해당한다. 그러므로, 이들 간의 문체적 차이는 [소유적 對 비소유적]이라고 설정할 수 있다.

⑨ (구어체) ‘아무것도 바랄 것이 없다’, ‘아무것도 남는 것이 없다’의 뜻을 나타낸다. ¶ 일이 잘못되기만 하면 그때 가선 없네, 없어!

비교어휘 <? : 없다>

예문을 통해 살펴보면 이는 기존에 존재했다고 생각할 만한 대체 가능한 표현을 찾기 어렵다. 이는 풀이말이 메타언어적으로 정의된 것을 통해서도 잘 나타난다. 기존에 존재한 표현이 없이 새롭게 언중의 표현 욕구를 만족시키기 위하여 의미 발생을 이룬 것이므로, 표현간의 비교를 통하여 문체적 차이를 추출할 수는 없다.

7) 추상동사(2) : [급하다]

최초의미로서의 첫 번째 의미는 '서두르거나 다그쳐 빠르다.'로 정의된다.

'급하다'의 원래 의미는 [사람의 행동]에 대한 묘사를 나타내고 있다. 의지를 가진 주체의 동작이 보통의 행위보다 빠를 뿐만 아니라 어떤 위태로운 상황을 초래하거나 긴장을 유도하는 행위의 양태를 표상한다. 그러므로 최초의미로서의 '급하다'는 [의지적], [위험성]을 자신의 의미 특질로서 가진다.

② (흐름이) 빠르다. ¶골짜기의 물이 급하다.

비교어휘 <(흐름이) 빠르다 : 급하다>

'빠르다'는 '어떤 동작을 하는데 걸리는 시간이 짧다'를 자신의 최초의미로 하는데, 여기서는 주체의 동작이 아니라 사물의 동작에 관련하고 있다. 두 번째 의미는 [사람의 행동]에 대해서가 아니라 [물살의 흐름]에 대해 확장된 의미이다. 최초의미를 통해 비교할 때 '서두르거나 다그치다'라는 의지적 요소가 은폐된 것이라 볼 수 있으며, 상대적으로 '빠르다'는 속성만이 부각되어 있다. 어떤 사물의 속도가 빠르다는 것은 물리적으로 기준 속도에 비하여 높은 수치를 나타내는 것이라고 재기술될 수 있다. 이러한 기술을 객관적인 시각에 의한 관찰이라고 본다면, '급하다'는 관찰자의 의지적이며 판단적인 가치가 개입한 것이다. 좀더 구체적으로는 어떤 일의 정상적인 속도를 외부적인 힘이나 의지에 의해 과도할 정도로 높이는 것이 바로 '급하다'의 의미 특질이다. 이로 보아 '빠르다'와 '급하다'는 [의지적

對 비의지적]이라는 유의어적 짝 범주에 의해 구별된다.

③ (사정, 형편이) 머뭇거릴 겨를이 없다. ¶급한 일이 생기다.
비교어휘 <머뭇거릴 겨를이 없다 : 급하다>

'겨를'은 '어떤 일을 하는 과정에서 다른 데 돌릴 수 있는 시간적인 여유'를 말하므로 전체적으로 풀이말의 의미는 사정이나 형편이 그 자체의 처리나 수행에 필요한 시간적 여유가 많지 않음을 뜻한다. 기존의 표현에서는 '시간성'의 의미가 표면화하여 드러나 있는 한편, '급하다'에서는 이러한 '시간성'이 자신의 내재적 속성으로서 존재한다. 따라서 이 두 표현 간의 문체적 차이는 [외재적 對 내재적]이라는 구도로 설정할 수 있다.

④ 기다리거나 참기가 안타깝고 답답하다. ¶급한 마음 / 성진은 마음이
   급하여 급사소년에게 물었다.
비교어휘 <기다리거나 참기가 안타깝고 답답하다 : 급하다>

'안타깝다'는 '(뜻대로 되지 않거나 마음에 시원스럽지 않아) 조바심이 날 정도로 애타고 초조하다'를 뜻하며 '답답하다'는 '마음속이 시원하거나 후련하지 못하고 몹시 안타깝다'를 자신의 두 번째 의미로 가진다. '안타깝고 답답하다'는 모두 심리적인 양상을 표현한 어휘이다. 따라서 최초의미에서 다분히 행위적인 성격을 띤 '급하다'가 심리적인 성격을 흡수하는 장면임을 알 수 있다. 이와 같은 전환은 이미 '급하다'의 최초의미가 행위적인 다급함을 나타내고 있었던 것에서 구체화되고 확장된 것이다. 따라서 이 두 표현의 문체적 차이는 [심리적 對 행위적]으로 나타낼 수 있겠다.

⑤ (병이) 심하고 위태롭다. ¶병이 급하다.
비교어휘 <심하고 위태롭다 : 급하다>

'심하다'는 '(형세나 형편이) 견디기 어려울 정도로 지나치거나 혹독하다'를 자신의 두 번째 의미로 가지며 '위태롭다'는 '위태한 데가 있다'를 의미한다. 전체적으로는 '병(病)의 깊이가 심각하여 위험한 상태에 있다' 또는 '병이 위중하다'는 표현에 가깝다. 기존 표현으로 상정된 것이 병의 심각

성을 표현한 것이라면, '병이 급하다'는 그것의 행위적 특성 곧, '빨리 병증에 대한 조치를 취해야 한다'는 의미 속성을 표상한 것이다. 결국 병의 심각성이란 병에 내재하는 속성으로 간주할 수 있다는 점에서 두 표현간의 차이를 [내재적 對 행위적]이라는 구도로 설정할 수 있겠다.

⑥ (성질이) 참을성이 없다. ¶성미가 급하다.
비교어휘 <참을성이 없다 : 급하다>
'참을성'은 '잘 참아내는 성질'을 말하므로 풀이말은 '잘 참아내는 성질이 없다' 또는 '참지 못한다'로 다시쓰기 할 수 있다. 사람이 가질 수 있는 여러 가지 성질이나 성격 가운데 특정 성격이 부족하거나 부재함을 표현하였다. 반면에 '급하다'는 전체적인 성향에 대한 언급을 하고 있는데, 이는 '성미'나 '성질'을 자신의 서술 대상으로 취하는 것을 통해 알 수 있다. '참을성'은 '성미'나 '성질'의 일부이므로, 이와 같은 대비가 성립되며, 이로부터 [부분적 對 전체적]이라는 문체적 차이를 추출할 수 있다.

⑦ 몹시 딱하거나 군색하다. ¶사정이 급하다.
비교어휘 <몹시 딱하거나 군색하다 : 급하다>
'딱하다'는 '(형편이나 사건이) 뜻대로 되지 않거나 처리하기 어려워서 안타깝다'를 뜻하며, '군색하다'는 '소용되는 것이 없거나 모자라서 딱하고 옹색하다'를 의미한다. 두 어휘 모두 어떤 일이 달성되지 않아서 안타까운 심정임을 나타내고 있다. 비교어휘를 예문 상의 교체를 통해 살펴 보면, '사정이 딱하다'는 어떤 필요가 채워지지 않아서 생겨나는 안타까운 심정을 주관적으로 표현하는 반면, '사정이 급하다'는 안타까운 심정을 표현하면서 동시에 그 필요가 속히 채워져야 한다는 객관적인 상황판단이 있다. 또한 '급한 사정이 처리되지 못해 딱하다'는 표현이 성립된다는 관점에서 '급하다 → 딱하다'와 같은 논리적인 순서를 생각해 볼 수도 있다. 전자의 비교를 통하여 [주관적 對 객관적]이라는 차이를, 그리고 후자의 비교를 통하여 [선행적 對 후행적]이라는 문체적 차이를 발견할 수 있다.

⑧ 비탈진 정도가 심하다. ¶급한 계단을 오르내리다 / 물매가 급하다 / 고개가 급하다.

비교어휘 <비탈진 정도가 심하다 : 급하다>

이 의미는 상기한 두 번째 의미와 같이 객관적인 대상에 대한 관찰을 통해 대상의 성질을 나타낸 것인데, 두 번째 의미의 '물살의 흐름'이 수평 운동의 속도에 관한 표상인데 반하여 이는 수직적 경사의 완급을 표상하고 있다. 풀이말의 '비탈진 정도'는 '기운 정도' 또는 '기울기'를 말하므로 '기울기가 심하다'와 같은 뜻이 된다. '심하다'는 '보통의 정도보다 훨씬 더하다'를 뜻하므로 이 표현에는 객관적인 정도성 기술을 나타낸다. 한편, '급하다'는 정도성의 관점보다는 주관적인 위험성 판단의 의미가 더 강하다. 따라서 [객관적 對 주관적] 또는 [기술적 對 판단적]의 문체적 차이가 있음을 알게 된다.

4. 짝 범주의 유형

지금까지 다의 확장의 원인으로 제시된 짝 범주는 아래와 같다. 단일 범주들 간의 짝 범주도 있고 복합 범주들 간의 짝 범주도 있다. 단일범주와 복합범주의 존재는 2장에서의 워드넷 범주나 임소영의 명명법의 범주들을 통해서도 확인할 수 있다. 범주 이름이 깔끔하게 3음절화되지 않은 것은 미결정된 것이라기보다는 의미 범주가 유연하게 접근되어야 함을 말하는 것이라고 할 수 있겠다.

[시간적 對 공간적]	[개념적 對 현실적]	[무규정적(일반적) 對 규정적]
[경로적 對 도달적]	[직접적 對 완곡적]	[행위적 對 대상적]
[잠재적 對 외현적]	[소극적 對 적극적]	[기능적 對 주체적]
[피동적 對 능동적]	[원천적 對 영향적]	[분리적 對 합일적]
[응축적 對 서술적]	[전면적 對 지엽적]	[사물적 對 인간적]
[사회적 對 개인적]	[정신적 對 물리적]	[정신적 對 육체적]
[추상적 對 구체적]	[단순 對 복잡]	[생물적 對 인간적]

[부분적 對 전체적]　　　[속성적 對 존재적]　　　[분리적 對 합일적]
[소유적 對 행위적]　　　[연쇄적 對 회귀적]　　　[물리적 對 지적]
[선행적 對 후행적]　　　[심리적 對 행위적]　　　[의지적 對 비의지적]
[완료적 對 과정적]　　　[양태적 對 기술적]　　　[내재적 對 외재적]
[직선적 對 곡선적]　　　[관점적 對 사실적]　　　[분석적 對 종합적]
[불충분성 對 비존재성] [극소성 對 전무성]　　　[과거적 對 현재적]
[서술적 對 소유적]　　　[직선적, 부분적 對 구(球)적, 전체적]
[확산적 움직임 對 원운동적 이동]　　　　　[개별적, 평면적 對 총체적, 입체적]
[정태적 對 동태적]　　　[발생적 對 양상적]　　　[현상적 변화 對 주체적 변화]
[강조된 지향성 對 일반화된 지향성]　　　　[주체적 판단 對 객체적 판단]
[잠재적이며 정적(靜的) 對 발현적이며 동적(動的)]
[(현재 상태에서) 벗어남 對 (어떤 지향점으로) 움직임]

다의어 연구가 언어학계나 국어학계에서 전면적으로 개진되지 못하고 있는 이유 가운데 하나는 개별 다의 의미들간의 상호 관계를 규정할 만한 설명 언어 곧, 범주의 이름과 성격을 특징짓기가 어렵다는 점이다. 이러한 어려움은 우리의 분석과정을 통해서 어느 정도 보강되긴 했지만, 궁극적으로 이 문제는 해소되어야 할 문제라기보다는 인정되어야 할 특성에 가깝다.

이미 범주적인 지위를 획득한 술어들 곧 '구체적 對 추상적, 간접적 對 직접적' 등과 같은 개념으로 모든 분석 자료들이 체계화되기를 바라는 마음은 누구나 가질 수 있다. 그러나, 이렇게 일반적으로 범주적인 지위를 획득한 개념들로 이루어지는 정연한 체계를 희망하는 것은 '다의어'라는 연구 대상에게는 부합되기 어렵다. 이는 다의어 연구가 체계적일 수 없다는 점을 말하는 것이 아니라 통상적인 체계와는 '다른 체계'를 가지는 것임을 말한다. 이에 대하여는 문체론적 범주라는 체계를 도입함으로써 다의 분석에서 생기는 문제를 해결할 수 있을 것이다.

이 연구를 통해서 도출할 수 있는 중요한 귀결은 전통적인 어휘론적 체계 속에서의 의미 범주라는 관점을 통해서는 다의어의 의미 관계들을 포착할 수 없다는 점이다. 그리하여 문체론적 범주와 같이 한편으로는 느슨하면서도 한편으로는 미세한 차이들에 주목할 수 있도록 하는 개념들이 적극적으로 도입되어야 함을 확인할 수 있었다.

그런데, 언어 현상에 대한 문체적 원인들은 언어 주체의 직접적인 심리적인 원인들과 직접 연결되기에는 다소 무리가 있는 듯하다. 만일 어떤 논자가 실제 언어 주체와 직접적으로 관련되고 따라서 심리적인 원인들이라고 할 만한 범주만을 의미 창조의 원인으로 용납하려고 한다면 본고의 수고도 그리 합당하지는 않을 것이다. 그러나, 언어 현상이 언어 사용 주체와 직접적인 관련을 맺고 있다고 하더라도 의미의 사적(私的) 탄생이 공적(公的)인 인정을 얻기까지는 언어의 의미 구조 속에서 체계화되어야 하기 때문에 주체적 입장에만 매몰될 수는 없다.

다만, 의미 확장의 원인으로 설정된 짝 개념 구성이 분석에 있어서 어느 정도의 깊이를 이룩하고 있느냐 하는 분석의 깊이 문제가 차후의 논의에서 검토되어야 하리라 본다.

1) 의의

(1) 의미론적 의의

의미 발생의 원인에 대하여 문체적 표현 욕구에 기반하여 기존 표현과의 변별성을 가지는 새로운 표현을 창출하려는 시도에서 말미암는다. 이를 체계적인 설명으로 승격시키기 위하여 짝 범주를 설정하였고 그를 통하여 모든 다의 확장된 의미들의 의의를 밝히려 노력하였다. 그런데, 이런 과정에서 설정된 범주들 간에 또는 분석 대상으로서의 다의 의미들간의 이질적인 성격을 주목하지 않을 수 없다. 다시 말하면 짝 범주의 기존 실례로서의 지위를 부여한 전수태(1997)의 범주들이 어휘론적 범주에 속하는 반면, 우리의 작업 결과 새롭게 설정한 범주들에는 어휘론적인 범주만이 아니라 문체론적인 범주까지 포함되는 것이다.

최호철(1998)에서는 그간 국어 의미론의 성과와 문제점을 지적하면서 의미론 특히 어휘 의미론이 통사론이나 형태론 등의 다른 부문에 간섭받는 현실과 독자적인 이론적인 방법론 개발에 부진한 이유를 들고 이러한 경향을 극복하기 위해서는 의미 단위를 엄격히 지키며 각각의 연구는 개별 단위의 범위 안에서 추구되어야 함을 말하고 있다.[128] 곧 어휘 의미의 측면에서 볼 때 의미 단위별 구분 곧 어휘적 의미, 맥락적 의미로의 이분을 유지하는 것과 맥락적 의미 가운데도 그것이 언어적 맥락에서 드러나는 문맥적 의미와 비언어적 맥락에서 드러나는 화맥적 의미의 분명한 구분을 유지할 것을 언급하고 있다.

이와 같은 지적은 의미론 연구의 독립적인 지위를 재확인하고 전체적인 시각보다는 각 의미 단위별 기초를 확립하는 것을 강조한다는 점에서 긍정적으로 수용되어야 할 것이다. 그런데, 다의 현상에 대하여 접근할 때에는 좀더 포괄적인 관점이 받아들여져야 한다.

다의어라는 사전적(辭典的) 대상을 놓고 보면, 사전적으로 풀이된 의미들은 각각 단위화된 의미로 인정될 만한 것이며, 이들 단위화된 의미들은 개념적 범주에 의해 그 단위성이 증명되기도 하지만, 문맥적인 차원에서 단위성이 증명되기도 한다. 뿐만 아니라 설명 언어로 어떤 근거를 제시하기 어려운 예라 하더라도 그 의미의 단위성이 인정될 수 있다. 이러한 다의어적 특성을 3장에서 제시한 바 있다.

또한 의미 발생의 원인을 규명하면서 그 유의어적 흡수를 통해 설명하였으며, 어휘론적 범주에 의해 설명되지 못하는 유의어적 흡수가 있음과 이를 설명하기 위해 설명 언어의 도움이 아닌 예문 대조의 방법을 사용하기도 했던 것을 본 장에서 볼 수 있었다.

이것을 위하여 범 언어 단위적인 관점에서 설명 언어 곧 범주들을 작성하였으며, 이로부터 어휘 의미론으로 대표되는 의미론적 범주와 문맥적 또는 화맥적 차원의 범주를 함께 포괄할 수 있게 되었다. 이는 다의 의미의 실제 존재 양상에 의거한 것일 뿐만 아니라 언어 단위적 제한을 넘어서

---

128) 최호철(1998)은 국어 어휘 의미론 연구의 문제점을 다음과 같이 지적하였다.
　　1. 국어 어휘 의미론자가 많지 않다.
　　2. 통사 구조를 설명하는 방편으로 생각한다.
　　3. 의미 체계 수립을 위한 의미의 표준화가 이루어지지 않았다.
　　4. 연구 성과에 대한 면밀한 검토가 부족하다.
　　5. 이론과 방법의 개발이 미진하다.
　　6. 특정 부분에만 관심이 집중되어 있다.
　　7. 한 주제에 집중된 관심을 보이지 못한다.
　　8. 의미 구조의 면모를 밝혀내기 위한 끈질긴 노력이 부족하다.

언어 현상 전반에 대한 통찰력있는 관점을 발견해 내는 데도 도움이 될 것으로 생각된다.

또 하나의 의미론적 의의로서는 다의어 연구와 유의어 연구의 통합적 관점의 일단을 예견할 수 있었다는 점이다. 마치 전혀 다른 어휘 의미론적 연구 대상으로 보이는 이들 어휘관계들은 사실상 의미 창조의 목적에 기여하기 위한 두 가지 언어학적 표출 방법일 뿐이다. 다시 말하면 다의어란 새로운 의미 창조의 목적을 기존에 존재하던 언어 형식에 재할당하는 것이며, 유의어란 기존에 존재하던 언어형식과 별도의 형식을 창출하는 것이다. 다의 의미들간의 발생 원인을 문체적 표현 욕구에 두었고, 이것을 발견하기 위한 방법론으로 사전적 정의항에 사용된 어휘와 피정의항 간의 변별적 범주관계를 규명하려 하였다.

사전의 정의항은 피정의항과 의미론적인 유의관계 속에서 있는 어휘나 동일한 의미장적 체계 속에 존재하는 어휘로 풀이하게 되며, 좀더 분명한 시차적 정의를 위하여 피정의항과 가장 가까운 유의적 어휘를 사용하게 된다. 바로 이 지점에서 다의 현상과 유의 현상이 상호 참조할 수 있게 되는 바탕을 발견할 수 있었던 것이다.

(2) 학제적 의의

이제 기호론적 의의를 살펴볼 차례가 되었다. 파롤과 랑그를 구별하고 랑그를 밝히는 것을 언어학의 주된 목표로 설정한 소쉬르와 구조주의 언어학은 그 내부에서부터 '파롤의 랑그화'라는 문제제기에 주목하기 시작했다. 파롤의 랑그화라는 주제는 소쉬르에서 제기되었지만, 소쉬르 자신 '랑그'적 연구를 언어학 본연의 과제로 제시함으로써 결과적으로 언어학 내부에서 이 주제는 은폐되었다. 그러나 이 문제는 이미 소장문법학파에 의해 다음과 같이 제기되고 있었다.

> "더욱이 이러한 지식을 통해서만 비교언어학자는 <u>개인에서 시작된 언어 혁신이 어떤 식으로 언어공동체에서 통용되게 되는가</u>에 대한 정확한 견해를 가질 수 있게 되며, 오직 이렇게 함으로써 역사언어학에 관한 모든 조사 연구에서 그 자신을 인도해 줄 방법론적 원칙들을 획득할 수 있다."([언어학파의 형성과 발달], p.165 오스토프

와 브뤼그만 'preface' 재인용)

3장에서 최초의미로부터 어떤 유연적 근거에 따라 새로운 의미 확장이 가능했는지에 대하여 분석하였다. 그런데, 이러한 분석 과정은 하위 의미들 상호간의 연상적이거나 상호작용적 관계를 보여주는 것으로서 이해될 수 있다. 다만 문제는 이렇게 기존 표현의 의미와 관련되어 발생한 의미가 처음 출현할 시기에는 개인적으로 표출되었음이 분명한데 어떤 근거에 따라 사회화하여 랑그 체계로 편입되었는가 하는 점이다. 의미 발생의 양상을 밝히는 것으로는 이러한 문제에 답할 수 없다.

감정적이거나 개인적인 한 언어 활동 주체가 표현적 가치를 얻기 위하여 발화한 것이 사회화되기 위해서는 랑그적 체계에 접속되어야 한다. 오늘날 랑그적인 체계는 변별성 곧 시차적 특성에 의해 특징지워지는데, 본장에서 의미 발생의 원인으로 제시한 유의어적 흡수는 바로 이러한 조건을 만족시킬 수 있는 방법론이 될 수 있다. 따라서 비록 의미론적 연구와 기호론적 연구가 상호 무관한 방향으로 전개되고 있지만, 기호론적 질문에 대하여 의미론적 대상(곧 다의어와 유의어)이 오히려 풍부한 해답의 열쇠를 가지고 있을 것이라 생각된다.

2) 몇 가지 문제점

본고에서는 사전의 피정의항의 어휘와 그것을 풀이한 정의항 속의 어휘를 비교함으로써 문체적 표현효과를 가져오는 짝 범주를 추출하고, 그것이 다의 발생을 동기화한 원인이라는 관점에서 분석을 진행하였다. 그런데 이 과정에서 다음과 같은 몇 가지 문제점이 나타났다.

(1) 대치 가능성 문제

첫째로는 비교어휘는 기존 표현으로서 실제 예문 상에서 대치가 가능한 것이어야 한다. 그래야만 기존에 존재하는 표현이라는 가정 곧, 실제로 언중들에 의해 동일한 언어 환경에서 사용되고 있다는 가정이 성립하게 된다. 그러나 사전의 풀이말이 모두 이러한 요건에 만족되는 것은 아니었다. 일례로 '먹다'의 다섯 번째 의미는 아래와 같다.

⑤ 나이가 더해지거나 어떤 나이에 이르다. ¶나이를 먹다.

위의 풀이말은 예문 '나이를 먹다'에서 '먹다'에 직접 대치가능한 것이 아니라 '나이를 먹다'라는 전체 표현과 '나이가 더해지다' 또는 '어떤 나이에 이르다'가 대치되는 것이다.

(2) 비교 어휘의 공백 문제

두 번째로는 첫 번째 문제와 관련된 것으로서, 하위 의미의 발생과 확장이 진행되는 과정에서 기존에 존재하는 대치가능한 표현이 존재하지 않는 경우이다. 일례로 '없다'의 아홉 번째 의미는 아래와 같다.

⑨ (구어체) '아무것도 바랄 것이 없다', '아무것도 남는 것이 없다'의
   뜻을 나타낸다. ¶ 일이 잘못되기만 하면 그때 가선 없네, 없어!
비교어휘 <? : 없다>

이처럼 비교어휘가 공백이라는 것은 기존 표현을 대치한 것이라기보다는 새로운 표현욕구에 의해 새로운 의미가 창조된 것이라 할 수 있다.

(3) 문체적 짝 범주 작성 문제

한 어휘가 새로운 하위 의미를 발생시키면서 기존의 표현을 대체하고, 기존 표현이 만족시키지 못하던 표현 욕구를 충족시킨다는 관점에서 의미 발생 원인을 규명하였다. 연구의 대상을 구체화하기 위하여 이와 같은 관점이 사전의 정의항과 피정의항 간의 유의어들의 의미 차이를 밝히는 데에 귀착되었다. 그러면 결국 다의 발생의 원인 문제가 유의어들 간의 의미 차이를 추적하는 작업과 긴밀히 연관되어 있음을 알게 된다.

그런데, 유의어들 간의 의미적 차이는 뚜렷이 범주적으로 구별되는 경우도 있지만 많은 경우 설명 언어에 의지하지 않고 예문의 성립가능성 유무를 제시함으로써 나타낸다. 이것은 이들의 차이가 명확히 정립된 짝 범주

에 의해서 진술되기 어렵다는 것을 말하며, 이로부터 전통적인 개념의 범주 관점을 넘어서 좀더 세밀하고 구체화된 문체적 짝 범주를 개발해야 할 필요성이 제기된다.

이와 같이 유의어적 관련어(구)들을 상호 비교함으로써 비교 대상 어휘들의 의미적인 차이를 밝혀내는 작업은 쉽지 않다. 앞으로의 연구를 위해서 분석의 수준 문제가 제기되는데 문체론적인 차이에 대한 연구자의 직관이 미분되지 않고서는 적절한 차이를 도출하기 어렵다. 본 장에서 해당 어휘의 하위 의미에 대하여 일일이 세밀한 분석이 전개되지 못한 점은 이와 같은 난점에서 비롯된 결과이다.

제 5 장 결 론

　　다의어는 의미론에서 가장 중심적인 주제 가운데 하나이다. 언어의 대표적인 특징 가운데 하나로서 다의어 연구에 대한 관심은 일찍부터 진행되어 왔다. 그러나, 많은 연구들은 지엽적인 어휘 분석이나 다의 현상에 대한 기술적 접근에 그치고 있다. 이 글에서는 다의 현상에 대한 논의의 지평을 이론적인 수준으로 끌어올리려고 시도하였다.

1. 내용 요약

　　우선 다의어의 특징을 두 가지 관점에서 정리하였다. 어휘소의 본래 의미와 하위의미들 간의 관련을 설명하는 의미의 유연성이라는 관점이 그 첫째이며, 하위 의미 각각이 기존에 존재하는 어떠한 의미 영역을 가진다는 관점이 그 둘째이다. 이를 다음과 같이 그림으로 나타낼 수 있다.

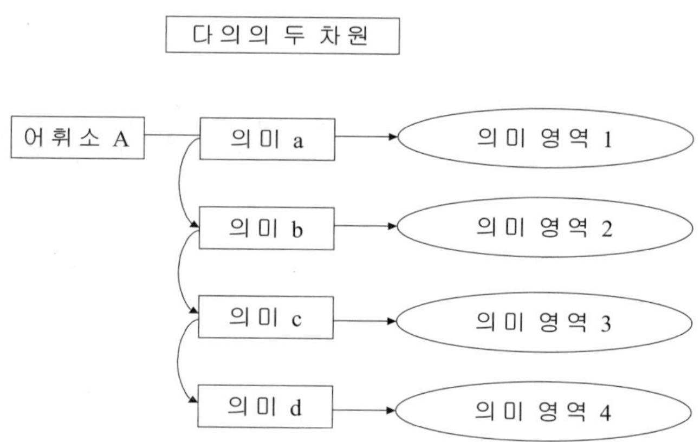

 이와 같은 다의어의 특징에 준하여 의미 발생의 양상을 밝히는 차원과 의미 발생의 원인을 밝히는 차원으로 논의의 목표를 설계하였다.

 첫 번째 관점에서 최초의미 개념을 '어휘가 애초에 만들어졌을 때 그 지시대상으로 삼았던 것'이라는 정의에 논리적 우선성 개념을 접목하여 설정하고, 의미의 발생적 확장이라는 관점과 언어 주체의 참여라는 입장을 유지하기 위하여 '이미지소(imageme)'의 개념을 새롭게 작성하였다. 이미지소에는 단순히 한 어휘가 가리키는 대상 사물의 이미지만을 가리키기도 하지만, 동일한 개념들의 유의어적 관련어들을 말하기도 하며, 좀더 체계적으로는 한 개념을 둘러싼 일체의 스키마(schema)를 포함하는 포괄적 개념을 아우를 수 있는 개념으로 사용하였다.

 행위동사 '먹다'와 이동동사 '가다', 형용사 '없다' 등은 그 자신의 최초의미를 구성하는 언어적 구성 요소들이 이미지소 기능을 함으로써 의미 발생의 바탕이 되었다. 반면에 행위동사 '돌다'와 형용사 '가볍다', 명사 '힘' 등에 대해서는 그 자신의 분석적 언어 성분에서보다는 스키마(schema)로 재구성한 체험적 요인에 의거하여 의미 발생이 일어난 것을 확인할 수 있었다.

 추상적이며 관념적인 의미 영역과 관련된 어휘들의 경우는 상기의 두 가지 유형과 관련되기도 하지만 특이하게 의미 내용을 구성하는 요소들 자체가 독립적으로 구성할 수 있는 유의어적 관련어의 망을 통해 의미 확장이 진행되는 것을 확인할 수 있었다. 인지 동사 '알다'의 경우는 '깨닫다 - 판단하다 - 기억하다 - 새기다' 등과 같은 유의어적 관련어 망을 통해 의미 확장이 일어난다. 이는 단순히 사전적 풀이에서 핵심어인 서술어를 나열해 놓은 것에 불과한 것으로 생각될 수 있지만, 구체적인 동작의 요소나 체험적 이미지소가 결여된 어휘항에 대해서 의미 확장의 추론을 일으킬 수 있는 유일한 근거가 된다.

역시 '생각하다'의 경우는 [생각 - 추론 - 판단 - 상상 - 기억]과 같은 개념망을 통하여 의미 확장이 전개된 것을 알 수 있었다. 이들 명사들의 관계는 지각적 체험으로서는 파악될 수 없는 것이지만 언어 활동 주체의 관념적 직관 속에서, 그리고 정신 영역의 하위 구성 부문으로서 이들 간의 개념적 인접성에 대해서는 이의가 없을 것이다. .

4장에서 다의 의미 확장의 원인을 규명하였다. 이를 위하여 '짝 범주' 개념으로서 전수태(1997)의 반의어 분석 과정에서 추출된 범주들을 출발점으로 삼고 실제 어휘 분석을 통하여 새로운 범주를 산출해 나간다. 사전(辭典)에서 다의 의미를 기술한 술어를 비교 어휘로 삼아서 대상 어휘와의 차이를 밝히며 그와 같은 방법으로 작성되는 차이들이 곧 다의 발생의 원인이 라고 정립하였다. 이러한 분석을 통해 다음과 같은 짝 범주를 추출할 수 있었다.

[시간적 對 공간적]	[개념적 對 현실적]	[무규정적(일반적) 對 규정적]
[경로적 對 도달적]	[직접적 對 완곡적]	[행위적 對 대상적]
[잠재적 對 외현적]	[소극적 對 적극적]	[기능적 對 주체적]
[피동적 對 능동적]	[원천적 對 영향적]	[분리적 對 합일적]
[응축적 對 서술적]	[전면적 對 지엽적]	[사물적 對 인간적]
[사회적 對 개인적]	[정신적 對 물리적]	[정신적 對 육체적]
[추상적 對 구체적]	[단순 對 복잡]	[생물적 對 인간적]
[부분적 對 전체적]	[속성적 對 존재적]	[분리적 對 합일적]
[소유적 對 행위적]	[연쇄적 對 회귀적]	[물리적 對 지적]
[선행적 對 후행적]	[심리적 對 행위적]	[의지적 對 비의지적]
[완료적 對 과정적]	[양태적 對 기술적]	[내재적 對 외재적]

[직선적 對 곡선적]   [관점적 對 사실적]   [분석적 對 종합적]
[불충분성 對 비존재성] [극소성 對 전무성]   [과거적 對 현재적]
[서술적 對 소유적]   [직선적, 부분적 對 구(球)적, 전체적]
[확산적 움직임 對 원운동적 이동]   [개별적, 평면적 對 총체적, 입체적]
[정태적 對 동태적]   [발생적 對 양상적]   [현상적 변화 對 주체적 변화]
[강조된 지향성 對 일반화된 지향성]   [주체적 판단 對 객체적 판단]
[잠재적이며 정적(靜的) 對 발현적이며 동적(動的)]
[(현재 상태에서) 벗어남 對 (어떤 지향점으로) 움직임]

의미 발생의 원인을 규명하면서 그 유의어적 **흡수**를 통해 설명하였으며, 어휘론적 범주에 의해 설명되지 못하는 유의어적 **흡수**가 있음과 이를 설명하기 위해 설명 언어의 도움이 아닌 예문 대조의 방법을 사용하였다.

이것을 위하여 범 언어단위적인 관점에서 설명 언어 곧 범주들을 작성하였으며, 이로부터 어휘 의미론으로 대표되는 의미론적 범주와 문맥적 또는 화맥적 차원의 범주를 함께 포괄할 수 있게 되었다. 이는 다의 의미의 실제 존재 양상에 의거한 것일 뿐만 아니라 언어 단위적 제한을 넘어서 언어 현상 전반에 대한 통찰력있는 관점을 발견해 내는 데도 도움이 될 것으로 생각된다.

또 하나의 의미론적 의의로서는 다의어 연구와 유의어 연구의 통합적 관점의 일단을 예견할 수 있었다는 점이다. 마치 전혀 다른 어휘 의미론적 연구 대상으로 보이는 이들 어휘관계들은 사실상 의미 창조의 목적에 기여하기 위한 두 가지 언어학적 표출 방법일 뿐이다. 다시 말하면 다의어란 새로운 의미 창조의 목적을 기존에 존재하던 언어 형식에 재할당하는 것이며, 유의어란 기존에 존재하던 언어형식과 별도의 형식을 창출하는 것이다. 다의 의미들간의 발생 원인을 문체적 표현 욕구에 두었고, 이것을 발견하기 위한 방법론으로 사전적 정의항에 사용된 어휘와 피정의항 간의 변별적 범주관계를 규명하였다.

필자는 이 글을 통하여 다의어 연구의 방법론과 연구의 전형적인 틀을 수립하려고 노력하였다. 그 결과로서 다음의 두 단계로 다의어 분석의 틀을 제안할 수 있겠다.

> 1 단계 : 그 어휘의 최초의미로부터 나머지 하위 의미로의 확장을 유도하는 의미의 유연성을 포착하는 단계
> 2 단계 : 최초의미를 가진 어휘소와 사전적 풀이에서 사용된 정의항의 술어를 유의어적 관계로 비교함으로써, 의미 발생의 원인을 포착하는 단계

여기에 추가적으로 의미의 확장이 진행되면서 발생하는 형태·통사적 범주 또는 구조 확장의 문제를 이론적으로 규명하는 단계를 설정할 수 있겠으나, 이는 좀더 세밀한 고려가 요구되므로 추후 연구 과제로 남겨 둔다.

인식의 방법이나 인지적 관점은 하나의 언어 현상에 대하여 다양한 해석을 가능하게 한다. 그러나 이러한 해석의 개방성은 동시에 해석의 비결정성을 유도하게 된다. 이런 점이 기존 인지 의미론적 해석의 근본적인 문제로 지적될 수 있을 것이며, 본고 역시 이와 같은 한계를 그대로 가지고 있다. 다만, 해석언어로서의 범주를 구체화하고 세부적으로 명시하는 과정을 통해 범주를 정제해 간다면 그러한 문제점들은 좀더 새로운 발전을 향한 모색으로 진전될 수 있을 것이며, 본고의 의의도 여기에 있다고 할 수 있다.

2. 남은 문제

1) 의미론적 문제

다의 현상을 학문적으로 접근할 때 부딪치는 중요한 국면이 있다. 그것은 우리가 설명하려는 다의 현상이 설명의 엄밀한 객관성을 띨 수 있는 문제인가 아닌가 하는 점이다. 학문은 불투명하거나 풀리지 않은 문제들을 명확하게 해 주는 것을 주요한 목적으로 하므로, '엄밀한 객관성'이라는 규준은 어떤 학문이라도 추구해야 할 이상인 것처럼 보인다. 그렇지만 오늘날 이러한 규준은 오직 하나의 학문 곧, 수학에만 이의 없이 타당한 것

이라고 생각되고 있다.

'엄밀한 객관성'이라는 규준이 이렇듯 그 적용 가능성 면에서 편차를 보이는 것은 지식 개념의 분화에 기초한 것이라 하겠다. 지식 개념이 수학적 지식, 자연과학적 지식, 인문학적 지식 등등으로 분화됨으로써 각각의 연구 영역이 목표로 하는 논증의 방식이 달라지고 이로써 개별 학문의 토대 및 그 건설을 수행할 수 있는 기초가 마련되는 것이다.

철학자 흄(Hume)은 이와 같은 지식의 분화에 대하여 그 명증성의 여러 정도로서, '지식'과 '실증' 및 '개연성'이라는 세 종류로 나누고 있다. 그는 '지식'이란 '관념들의 비교에서 발생하는 확증'으로 정의하고, '실증'이란 '원인과 결과의 관계로부터 유래하면서 의심이나 불확실성이 전혀 없는 논변'으로 규정하며, '개연성에' 대해서는 '여전히 불확실성을 수반하는 명증성'이라 하였다(흄 1994:143).

다의 현상에 접근을 시도했던 많은 연구자들은 위의 세 구분 가운데 '여전히 불확실성을 수반하는 명증성'이라는 목표 설정을 가장 선호할 것이다. 의미 현상 가운데 특히 다의 현상의 원인을 밝히는 작업은 그만큼 명확하게 드러나는 것이 많지 않기 때문이다.

그러나, 다의어 연구가 불확실성을 수반한다고 할지라도 명증성을 향해 나아가려는 노력이 계속되어야 하는 것 또한 자명한 사실이다. 이제 본고의 작업을 통해 해결되지 못했거나 미루어진 문제들을 정리함으로써 후속 연구를 기대해 본다.

우선, 분석 대상 어휘로 선정한 어휘가 130여 개였음을 볼 때 이들 어휘들을 모두 분석함으로써 설정된 범주의 반복적 출현 여부가 확인되어어야 한다. 범주의 반복적 출현은 그 범주가 보편적이거나 다른 어휘들의 다의적 양상에도 적용될 수 있는 범주적 지위를 획득하는 것을 말한다. 의미 자질이나 의미 범주 설정이 임의적이거나 주관적인 인상을 벗지 못하는 이유 가운데 하나는 이와 같은 반복적인 확인 과정이 진행되지 않았기 때문이라고 하겠다.

연구자의 주관적 범주 설정 자체가 문제되는 것은 아니다. 오히려 범주는 초기에는 주관적으로 설정되어야 하며, 그럼으로써 새로운 범주가 탄생

될 수 있으며 습관적으로 사용하던 범주의 효용이나 적용 가능성이 확인되기도 하는 것이다. 따라서 '설정한 범주가 보편적인 것임을 누가 알겠는가?'라는 회의적인 질문 때문에 새로운 설명 술어를 개발하고자 도전하는 일이 위축되는 경향은 올바르다고 할 수 없다.

두 번째로 존재론적 범주와 인식론적 범주, 그리고 의미론적 범주의 상호 관계와 위상 정립이 좀더 분명해야 할 필요가 있다. 이들 개념은 다의어 연구의 학제적 성격을 통해 볼 때 적극적으로 규명되어야 한다. 범주 문제, 은유, 다의어, 역사적인 의미변화 등의 주제는 인지 의미론의 주요 주제가 되었다. 그리고 이들 주제는 비단 언어학 내부의 주제가 아니라 기호학적, 문학적, 철학적 고찰과 밀접히 관련되어 있으며, 오늘날 인공지능과 자연언어처리라는 새로운 학문의 흐름도 이들 주제를 포괄하고자 노력하고 있다.

의미론과 통사론을 독립적으로 보는 관점에서 상호 관련되어 있다는 관점으로 승화된다면 새로운 언어학적 주제를 발견할 수 있을 것이며, 이로부터 생산적인 연구 성과가 도출될 것이라 판단된다.

세 번째로 구조 의미론과 인지 의미론을 통합적으로 살피는 작업이 진행되어야 한다. 언어학은 20세기에 들어와서 구조주의적 관점에 의거하여 그 학문적 체계가 수립되었고 이후 비약적인 발전을 하였다. 구조주의 언어학은 그 이전까지 언어와 영혼, 언어와 사상 간의 관계 속에서 독립적인 지위를 갖지 못하던 '언어'를 그 자체가 하나의 유기적인 체계로서 존재하는 대상으로 정립할 수 있게 했다. 그리하여 특히 언어의 형식적 측면 곧, 형태의 분포와 기능의 문제가 주된 연구의 주제였고, 이를 위하여 언어 단위들 간(間) 또는 단위 내부의 형태들간의 비교와 대조의 방법이 활발하게 사용되었다.

의미론 역시 구조주의적 접근법에 따라 많은 발전을 이룩한 것이 사실이다. 독자적인 의미 이론으로서의 낱말밭 이론도 이와 같은 조류와 함께 한 것이며, 동의어와 유의어, 그리고 반의어 등의 어휘관계 연구도 이러한 맥락에서 연구되었고, 낱말 내부의 의미 관계로서의 다의어 문제도 그러하였다.

그러나 의미의 문제는 언어 활동 주체의 문제를 떼어놓고 생각할 수 없다. 그것은 의미가 새롭게 만들어지기도 하며 존재하던 의미가 사라지기도 하는 의미의 일생(발생 - 성장 - 사멸)을 담당하는 것이 주체이기 때문이다. 그러므로 주체의 세계를 바라보는 파악의 방식을 고려하지 않고는 의미의 문제를 온전히 규명하기 어려운 것이다. 인지 의미론의 등장은 이와 같은 측면에서 환영할 만한 것이다. 다만, 이것이 전통적인 의미론을 계승 발전한 것이라기보다 의미를 보는 별개의 관점이라는 측면이 부각됨으로써, 학문적인 축적의 도상에서 발전적인 토론을 이끌어내기보다는 이전의 의미론적 전통과 일정하게 단절된 경향으로 인식되는 태도는 지양되어야 할 것이다.

2) 의미와 통사의 상관성

다의 의미들을 최초의미로부터 발생·확장한 것이라고 보고 주로 어휘들 간의 관계와 그에 상응하는 유사 의미를 가진 구적(句的) 단위들을 위주로 하여 분석을 진행하였다. 이 과정에서 의미와 통사의 관계에 대하여 흥미 있는 대상들을 발견할 수 있었다. 품사의 차원에서 본동사로 창조되었던 어휘 '먹다'가 어떻게 분포적으로 상보적이며 기능적으로 구별되는 보조동사의 구실을 하게 될까? 또는 '가볍다'의 경우에서처럼 '가볍게'라는 특정한 활용형이 어떻게 의미적인 분화를 야기할 정도로 고정된 형식이 되었을까?

다의어를 전체적으로 단일한 단위로 보아 개별 하위 의미들을 문맥적인 변이에 불과한 것으로 보는 관점에서는 이러한 물음이 오히려 이상하게 보일 것이다. 그러나, 발생적인 관점에서 다의 현상을 이해하는 관점을 일관되게 수행할 경우에는 이와 같은 물음은 새로운 해결을 요하는 주제가 된다.

언어 현상 가운데 역사적인 변천을 겪는 난이도에 따라 [음운 → 어휘 → 의미 → 형태/통사]와 같은 순서로 나타난다는 것은 기지(旣知)의 사실이다. 이 가운데 '형태/통사'는 언어의 형식적인 측면과 관계하고 있으며, 언어의 형식은 시간의 흐름 속에서도 쉽게 변하거나 새롭게 창조되기 어렵다고 보는 것이다. 그리하여 주어진 형식 내의 자리를 채우는 어휘들이 늘어나거나 줄어드는 방향으로, 혹은 그 어휘들이 가지고 있는 의미가 변하는 방향으로 변천이 진행된다고 본다.

그런데, 이와 같은 기술 속에서도 형태구조나 통사구조의 변천이 전혀 고려되지 않은 것은 아니라는 점에 주목해 볼 필요가 있다. 위의 기술에 나타난 것은 다만 이들 언어 형식상의 변천이 쉽게 일어나지 않는다는 점만을 말하고 있는 것이다. 그렇다면 현대의 언어 연구에서 이와 같은 언어 형식상의 변화 문제를 언급하는 데에 인색한 것이 당연시될 수는 없다는 말이 되겠다.129)

의미 발생의 양상과 원인을 분석하는 과정에서 의미와 통사의 상관성 문제를 제기하는 예들을 분류 정리해 보면 아래와 같다.

(1) 본동사와 보조동사

[먹다]

Ⅲ. (말체)

① (일부 용언의 '아/어/여' 형 다음에 쓰이어) '버리다', '치우다'와 같은 뜻을 나타낸다. ¶깜박 잊어먹다/까먹다.

② (주로 의문문이나 부정문에서 용언의 '아/어/여' 형 다음에 '겠'과 함께 쓰이어) 앞에 오는 동사의 뜻을 강조하여 '내다', '배기다'와 같은 뜻을 나타낸다. ¶이거 답답해서 어디 견뎌먹겠나?

③ (용언의 '아/어/여' 형 다음에 쓰이어 부정적인 특성이나 결과나 상태로 되다. ¶못해 먹다.

④ (동사의 이음형 뒤에 쓰이어) 그 동사의 뜻을 속되게 이른다. ¶놀려먹다/시켜먹다.

(2) 자동사와 타동사

[돌다]

---

129) 국어발달사에서 대표적인 언어 형식 변천의 연구로는 부정문에서 [단형부정문 → 장형부정문]으로 발전된 것과 ['본동사 + 보조동사] 구성에서 연결어미가 부착되는 절차가 중세 후기로 오면서 확장된 사실 등을 들 수 있다. 그러나, 이와 같은 언급은 국어발달사의 내용에 국한되어 있을 뿐, 이런 대상들의 공시적인 해석이나 연구는 찾아보기 힘들다.

Ⅰ.「자」

① (일정한 점을 중심으로 하고) 원을 그리는 방향으로 움직이다. ¶바퀴가 돌다 / 팽이가 돌다.

Ⅱ.「타」

① 무엇을 중심으로 그 주위를 원을 그리면서 둘러서 움직인다. ¶지구를 한바퀴 돌다.

[먹다]

Ⅰ. (타)

① (음식물을) 입을 통하여 배속에 들여보내다. ¶밥을 먹다/사과를 먹다.

Ⅱ. (자)

① (어떤 사물이) 벌레나 균 같은 것에 의하여 헐어 들어가다. ¶버짐이 먹다/좀이 먹다.

(3) 기능어적 용법

[관계]

⑤ (관형어 다음에 '관계로'의 형으로 쓰이어) '때문에', '까닭으로'의 뜻. ¶동해안 일대는 풍치가 아름다운 관계로 휴양소들이 많다.

[없다]

Ⅱ. ① (주로 ' - 수 없다' 형으로 쓰이어) 무엇이 '가능하지 아니하다'의 뜻을 나타낸다. ¶도무지 알 수 없는 일 / 흘러간 시간은 다시 찾을 수 없다.

(4) 결합 제약

[손]

D ('~의 손으로, ~의 손에'형으로 쓰이어) 무엇을 해결하는 '힘'이나 '수단' 등의 뜻. ¶내 문제는 내 손으로 해결해야지.

D ('~의 손으로, ~의 손에'형으로 쓰이어) 무엇을 소유하고 있는 대상임을 나타낸다. ¶성공과 실패는 당신 손에 달려있다.

[앞]

Ⅱ. ① (<앞으로>형으로 쓰이어) '이제부터 뒤에'의 뜻을 나타낸다. ¶앞으로 또 만나 이야기합시다.

② (<앞에>, <앞에서> 형으로 쓰이어) 직접 당한 환경이나 조건. ¶어떤 난관 앞에서도 흔들리지 말자.

③ (<앞에>형으로 쓰이어) 행동이 미치는 대상을 가리키는 말. ¶우리 앞
에 있는 과제.
④ (<앞에>, <앞으로> 형으로 쓰이어) 차례지는 몫. ¶한사람 앞에 세
개씩 돌아가다.

[가볍다]
③ ('가볍게' 형으로 쓰이어) 크게 힘들임이 없이. ¶어깨를 가볍게 두드리다.
⑩ ('가볍게' 형으로 쓰이어) 대수롭지 않고 예사롭게. ¶아버지는 크게 웃
으며 그만한 일을 뭘 그리 놀라느냐고 가볍게 말씀하셨다 / 작업 반장
은 그를 나이가 어리다고 가볍게 보지 않았고 언제나 그의 의견을 귀
담아 들어주었다.
㉣ ('가볍게' 형으로 쓰이어) 대하거나 다루는 품이 손쉽거나 어렵지 않다.
¶복잡한 기계를 가볍게 다루다 / 그는 일이 바쁘다는 핑계로 극장에
가자는 친구들의 권고를 가볍게 거절했다.

결합제약이란 제약적인 형태, 통사적 결합이 의미 발생과 관계함을 말하
는데, 예를 들어 '앞'은 '앞으로, 앞에, 앞에서'와 같은 조사 결합에서 새로
운 의미가 발생하였고, '가볍다'는 '가볍게'와 같은 부사형 어미의 활용에
서 새로운 의미가 발생한 것이 그것이다.

(5) 하위범주화

[생각하다]
III. 어떤 대상을 일정한 방식으로 판단하거나 여기다. ¶부장이 나를 무척 조용
하고 성실한 모범 사원으로 생각하고 있어.
[알다]
모르던 것이나 잊었던 것이 무엇이며 어떤 것인가 등에 대하여 깨닫다 ¶
뜻을 알다 / 조국에 돌아와서야 비로소 나는 가장 귀중한 것 - 인간의 진
정한 행복이란 것이 무엇인지 알았으며 체험하였다.

'생각하다'의 최초의미는 [N이 N을 생각하다]는 구성이었으나 [N가 N
을 N으로 생각하다] 구성이 발생하였고, '알다'의 최초의미는 [N이 N을
알다] 구성과 [N이 P(명제)를 알다]를 동시에 취하고 있다. '알다'의 경우
두 구조가 내적 발전의 관계에 있다는 가정이 성립된다면 '생각하다'와 동

일하게 의미 발생이 통사적 구조를 변경시키는 예가 된다.

　이들에 대하여 본동사와 보조동사의 관계나 기능어적 용법의 경우는 문법화[130] 현상으로 연구가 진행되고 있지만 '의미 발생'의 관점에서 볼 때 어떠한 의미 특질이 통사적 구조를 변경시키는지(하위범주화의 경우), 또는 어떻게 결합적으로 제약된 구성이 새로운 의미를 발생시키도록 하는지(결합 제약의 경우) 등에 대해서는 연구된 바가 없다. 앞으로 이러한 의미와 통사의 상관성에 대한 연구가 진행되어야 할 것이다.

---

130) 문법화(Grammaticalization)는 어휘적 기능을 담당하던 형태가 문법적인 기능을 담당하는 형태로 발달하는 현상을 말한다. 그리하여 인구어의 경우, 이러한 발달의 깊이와 과정에 대해 아래와 같은 연속 변이의 존재가 인정되고 있다.

　　　　내용어 > 문법어 > 접어 > 굴절접사

영어에서 'be going to'(~려고 하다/~할 예정이다)와 같이 조동사의 역할을 하는 표현에서 사용된 'go'와 본동사로 사용되는 'go'가 동일한 개념적 바탕 위에서 문법화 과정을 거친 것이라고 설명하는 것이나 신체 명사인 'back'이 방향을 나타내는 공간적 표현 'the back of the house'와 같이 사용되는 현상 등이 모두 문법화 현상에 해당한다(Hopper & Traugott 1993 참조).

참고문헌

康琪鎭(1985), 「國語 多義語의 意味構造」, 『韓國文學硏究』 8.

강기진(1987), 「국어 다의어 연구의 방법론」,
『국어학논총』(장태진박사회갑기념논총), 삼영사.

강범모(2001), 「생성어휘부 이론과 다의어」,
한국언어학회 2001 여름연구회 주제발표 논문 자료집.

고경태(1999), 「국어 조사 '에'와 '로'의 연구 : 의미 기술을 위한 인지 의
미론적 접근」, 고려대 석사학위논문.

국립국어연구원(1999), 『표준국어대사전』, 두산동아.

김광해(1993), 『국어 어휘론 개설』, 집문당.

김문창(1974), 「국어관용어의 연구 : 숙어 설정을 중심으로」,
서울대 석사학위논문.

김민수(1981), 『국어의미론』, 일조각.

김봉주(1982), 「개념론」, 『논문집』(충남대) 9-1, 충남대 인문과학연구소.

김선희(1984), 「합성동사의 의미분석 - 먹다, 치우다, 들다, 제치다, 붙이다,
나(아)가다 를 중심으로」, 『한글』 183, 한글학회.

김성도 역(1995), 『현대 기호학의 흐름』, 이론과실천.

김성도(1999), 『로고스에서 뮈토스까지 - 소쉬르 사상의 새로운 지평 - 』,
한길사.

김송원(1986), 「동사 '풀다'의 의미 고찰 - 기본의미와 의미변화의 모습」,
『한글』 193, 한글학회.

김슬옹(1998), 「상보반의어 설정 맥락 비판 : '남/여'가 상보반의어인가」,
『한국어의미학』 3, 한국어의미학회.

김양진(1999), 「국어 형태 정보 연구」, 고려대 박사학위논문.

김영란(1999), 「텍스트의 결속구조 연구, 기사문, 논설문, 수필 텍스트의
대비를 중심으로」, 고려대 석사학위논문.

김용준 역(1982), 『부분과 전체』(하이젠베르크 저), 지식산업사.

김유정(1999), 「한국어 능력 평가 연구 : 숙달도 평가(Korean Proficiency Test)
를 중심으로」, 고려대 박사학위논문.

김윤학(1980), 「강화도 화도면의 땅이름 연구」, 『기전문화연구』 11,

　　　　　　인천교육대 기전문화연구소, pp.157~240.
김윤학(1996), 『땅이름연구』(음운·형태), 박이정, 제4장 「생성과정에서 본
　　　　　　땅이름 연구」 - 경기도 평택군 현덕면 기산리, 대안리, 덕목
　　　　　　리, 신왕리 - 에 재록, pp.77~127.
김인환(1993), 『상상력과 원근법』, 문학과지성사.
김정숙·원진숙(1993), 「한국어 말하기 능력 평가 기준 설정을 위한 연구」,
　　　　　　『이중언어학회』 10, 이중언어학회.
김종도(1995), 「인지문법의 개관」, 『담화, 인지 언어학』 1,
　　　　　　담화인지언어학회.
김지은(1998), 『우리말 양태용언 구문 연구』, 한국문화사.
金鎭海(2000), 『國語 連語 硏』, 慶熙大 博士學位論文.
김태곤(1989), 「후기 중세국어의 다의어 일고」, 『백록어문』 6, 제주대.
김태자(1984), 「다의어고」, 『한국언어문학』 23, 한국언어문학회.
김　현 편(1985), 『수사학』, 문학과지성사.
김흥수(1989), 『현대국어 심리동사 구문 연구』, 탑출판사.
남경완(2000), 「다의 분석을 통한 국어 어휘의 의미관계 연구」,
　　　　　　고려대 석사학위논문.
남기심(1995), 「어휘 의미와 문법」, 『동방학지』.
남성우(1980), 「근대 국어의 다의」, 『논문집』(한국외대) 13.
박여성 역(1995), 『구성주의』(지크프리트 J. 슈미트 편저), 도서출판 까치.
─────(1996), 『미디어 인식론 - 인지, 텍스트, 커뮤니케이션 - 』(지크프
　　　　　　리트 J. 슈미트), 도서출판 까치.
박영순(1994), 『한국어의미론』, 고려대출판부.
─────(1994), 「'대다, 가다, 보다, 서다, 들다.'의 의미에 대하여」,
　　　　　　『한국어학』 1, 한국어학연구회.
─────(2000), 『한국어은유연구』, 고려대 출판부.
朴容洙(1984), 「多義語(Polysemy)에 關한 考察」.
박영준·최경봉(1996), 『관용어 사전』, 태학사.
박우석(2000), 「전문용어 연구에서의 존재론의 역할」, 『21세기 디지털시
　　　　　　대의 전문 용어 연구의 현황과 과제』, 제3회 전문용어언어
　　　　　　공학 심포지엄 발표자료집.
배도용(2001), 「우리말 신체어의 의미 확장 연구」, 부산대 박사학위논문.
裴載湜·孫珠贊·李在祥 監修(1997), 『新法律學辭典』, 법률출판사.

배해수(1990), 「국어내용연구 - 성격그림씨를 중심으로」,
　　　　　고려대 민족문화연구소.
──────(1992), 「국어내용연구(2)」, 국학자료원.
──────(1998), 『한국어와 동적언어이론』(국어내용연구 4), 고려대 출판부.
──────(2000), 「국어내용연구(5) - 그 방안과 실제」, 국학자료원.
사회과학원언어연구소(1992), 『조선말대사전』(영인), 동광출판사.
成光秀(1986), 「同意性과 反意性의 限界: 意味記述 問題를 中心으로」,
　　　　　『師大論集』(高麗大) 11.
성광수(1993), 「'싶다'의 구문의 보문구조와 의미해석」, 『한국학연구』 5,
　　　　　고려대 한국학연구소.
──────(1998), 「의미 해석과 의미 기술의 한계」,
　　　　　『추상과 의미의 실제』(이승명편), 도서출판 박이정.
──────(1999), 『격표현과 조사의 의미』, 월인.
손남익(1996), 『국어 부사 연구』, 박이정.
──────(1998), 「국어 상징부사어와 공기어 제약」, 『한국어의미학』 3,
　　　　　한국어의미학회.
──────(1999), 「국어 부사어와 공기어 제약」, 『한국어학』 9, 한국어학회.
시정곤·고광주·유혜원·김미령(2000), 『논항구조란 무엇인가』, 월인.
신문수 편역(1989), 『문학 속의 언어학』(야콥슨 저), 문학과지성사.
신현숙(1986), 『의미 분석의 방법과 실제』, 한신문화사.
──────(1989), 『한국어 현상 - 의미분석』, 상명여대출판부.
──────(1995), 「동사 {앉다/서다/눕다}의 쓰임과 의미 확장」, 『한글』 227,
　　　　　한글학회.
심봉섭 역(1995), 『인식론, 논리학 - 불교학세미나②』, 불교시대사.
三枝充直 편(1974), 『강좌 불교 사상 - 인식론, 논리학』, 理想社.
沈在箕(1975), 「反意語의 存在 樣相」, 『國語學』 3.
──────(1981), 『國語語彙論』, 集文堂.
안정아(2000), 「의존명사 구성의 양태 의미 연구」, 고려대 석사학위논문.
양정석(2001), 「개념의미론과 다의어」, 한국언어학회 2001 여름연구회 주
　　　　　제발표 논문 자료집.
연세대 언어정보개발연구원 편(1998), 『연세한국어사전』, 두산동아.
운평어문연구소 편(1996), 『국어대사전』, 금성출판사.
의미론연구회(1997), 「인지 의미론의 현황과 전망」, 『한국어학』 5,

　　　　　　한국어학회.

이경호(1998), 「국어 고유명의 의미기능 연구」, 고려대 석사학위논문.

이관규(1992), 『국어 대등구성 연구』, 서광학술자료사.

─────(1996), 「보조 동사의 생성과 논항구조」, 『한국어학』 3,
　　　　　　한국어학회.

이기동(1982), 「언어와 인지」, 『언어』 7-2, 한국언어학회.

─────(1986), 「낱말의 의미와 범주화」, 『동방학지』 50,
　　　　　　연세대 국학연구소.

─────(1986), 「조동사 '보다'의 의미」, 『애산학보』 6, 애산학회.

─────(1988), 「언어의 도상성 – 영어동사＋전치사＋목적어 구문을 중심으
　　　　　　로」, 『연세논총』 28.

─────(1988), 「인지 문법의 소개」, 『한글』 200, 한글학회.

이기동·김종도 역(1991), 『인지문법』, 한신문화사.

이기용(2001), 『현대 의미론과 다의어』, 한국언어학회 2001 여름연구회
　　　　　　주제발표 논문 자료집.

이기종(1995), 「'떨어지다'의 인지론적 해석」, 『한남어문학』 20, 한남대.

이동원 역, 『사회심리학』(존 킨취 저), 삼일당.

이동혁(1998), 「국어의 연어적 의미 연구」, 고려대 석사학위논문.

이상혁(1999), 「조선후기 훈민정음 연구의 역사적 변천 : 문자의식을 중심
　　　　　　으로」, 고려대 박사학위논문.

이성만(1994), 「화용문체론적 텍스트분석 시론」, 『텍스트언어학』 2,
　　　　　　도서출판 박이정.

이성하(1998), 『문법화의 이해』, 한국문화사.

이숭령(1962), 「국어의 polysemy에 대하여」, 『문리대학보』 9-1, 서울대.

─────(1975), 「＜ㅂ들＞의 다의고」, 『동양학』 5, 단국대.

이양림(1992), 『발생과 유전자 발현』, 民音社.

이예식(1999), 「어휘 의미론과 다의어의 의미분석」,
　　　　　　『형식의미론과 한국어 기술』(강범모 외 공저), 한신문화사.

이윤일(1992), 『의미, 진리와 세계』, 자유사상사.

李乙煥·李庸周 共著(1975), 『國語意味論』(改訂版), 玄文社.

이정민·배영남 공저(1987), 『언어학사전』(개정증보판), 박영사.

이정식(1994), 「국어 부정문의 기저구조와 의미해석」, 고려대 석사학위논문.

─────(1997ㄱ), 「"조선말대사전"의 특징」,

　　　　　『김정일시대의 북한언어』(김민수 편저), 태학사.
────(1997ㄴ), 「인식범주와 의미 분화의 상관성」, 『민족문화연구』30,
　　　　　고려대 민족문화연구소.
────(1998), 「표상과 의미」, 『한국어의미학』2, 한국어 의미학회.
────(1999), 「구조격과 내재격에 대하여」, 『국어의 격과 조사』(소석 성광
　　　　　수선생화갑기념논총), 태학사.
이정식·이동혁·박병선(2000), 「어휘장과 은유 문제」,
　　　　　『한국어와 모국어 정신』(한국어내용학회 편), 국학자료원.
이종열(1998), 「'가다'의 다의성에 대한 인지 의미론적 연구」,
　　　　　『한국어의미학』3, 한국어의미학회.
이현근(1992), 「개념구조에 의한 어휘의 다의성 연구」, 『언어연구』8,
　　　　　한국현대언어학회.
임상원 역(1987), 『커뮤니케이션 모델』(맥케일·윈달 저), 나남출판.
임소영(1994), 「꽃이름의 생성과정과 인지과정」, 『한국어의미학』4,
　　　　　한국어의미학회.
임지룡(1993ㄱ), 「원형 이론과 의미의 범주화」, 『국어학』23, 국어학회.
────(1993ㄴ), 「의미 범주의 원형 탐색에 관한 연구」,
　　　　　『국어교육연구』25, 국어교육연구회.
────(1995), 『국어의미론』, 탑출판사.
────(1996), 「다의어와 인지적 의미 특성」, 『언어학』18, 한국언어학회.
────(1998), 「다의어의 비대칭 양상 연구」, 『언어과학』15, 언어과학회.
────(2001ㄱ), 「'기쁨'과 '슬픔'의 개념화 양상」, 『국어학』37, 국어학회.
────(2001ㄴ), 「인지 의미론과 다의어」, 한국언어학회 2001 여름연구회
　　　　　주제발표 논문 자료집.
임홍빈(1993), 『뉘앙스 풀이를 겸한 우리말사전』, 아카데미하우스.
장석진(2001), 「워드넷과 제약 기반 어휘부: 다의의 표상」,
　　　　　한국언어학회 2001 여름연구회 주제발표 논문 자료집.
전수태(1997), 『國語 反意語의 意味構造』, 도서출판 박이정.
전원배 역(1990), 『순수이성비판』, 삼성출판사.
정광·윤희원·곽충구·손희하·최호철(2000), 『한민족 언어정보화 CDROM
　　　　　: 남북한 언어비교사전』(21세기 세종계획), 문화관광부,
　　　　　국립국어연구원.
정동빈(1994), 『언어발달지도』, 한국문화사.

정동환(1993), 『국어복합어 연구』, 박이정.

정병조 역(1992), 『불교의 심층심리』, 현음사.

太田久紀 著(1982), 『唯識えの 招待』.

정시호(1994), 『어휘장 이론 연구』, 경북대출판부.

정재윤(1989), 『우리말 감각어 연구』, 한신문화사.

鄭珠里(1995), 「國語 補文動詞의 統辭·意味論的 硏究」,
　　　　　　高麗大 博士學位論文.

조남신(1993), 「다의어의 어휘의미 계층과 의미 배열」, 『인문과학』
　　　　　　69~70, 연세대 인문과학연구소.

조성식(1990), 『영어학 사전』, 신아사.

池上嘉彦(Ikegami)(1977), 『意味論』, 東京 : 大修館.

차진순 편역(1987), 『體系 言語學의 理論的 槪念』, 盤石出版社.

천시권(1977), 「다의어의 의미 분석」, 『국어교육연구』, 경북대 사범대.

천시권·김종택(1971), 『국어의미론』, 형설출판사.

최경봉(1992), 「국어 관용어 연구」, 고려대 석사학위논문.

─────(1996), 「국어 명사의 의미 구조 연구」, 고려대 박사학위논문.

─────(1997), 「은유 표현에서의 어휘의 의미론적 역할」, 『한국어의미학』 1,
　　　　　　한국어의미학회.

─────(1999), 「어휘의미의 구성과 의미확장 원리」, 『한국어학』 9,
　　　　　　한국어학회.

최용호 역(1992), 『언어학과 정신분석학 - 프로이드, 소쉬르, 라깡을 중심
　　　　　　으로 - 』, 인간사랑.

최정혜(1999), 「국어 명사의 단위성 연구 : 수량 표현에서의 의미를 중심으
　　　　　　로」, 고려대 석사학위논문.

최지훈(1998), 「전의(轉意)합성명사의 인지 의미론적 연구」,
　　　　　　이화여대 석사학위논문.

崔昌烈·沈在箕·成光秀(1986), 『國語意味論』, 開文社.

최호철(1993), 「현대 국어 敍述語의 의미 연구」, 고려대 박사학위논문.

─────(1996), 「어휘 의미론과 서술소의 의미 분석」, 『한국어학』 4,
　　　　　　한국어학회.

─────(1998), 「구조 의미론의 수용 양상과 국어 어휘 의미론의 과제」,
　　　　　　『한국어의미학』 2, 한국어의미학회.

최호철·이정식(1998), 「자연 언어 처리를 위한 전자사전 구축 방안」,

　　　　　　　　『어문논집』 37, 안암어문학회.
한광익(1998), 「‘와/과’로 구성된 명사구의 의미 연구」,
　　　　　　　　고려대 석사학위논문.
한국분석철학회 편(1991), 『비트겐슈타인과 분석철학의 전개』,
　　　　　　　　철학과 현실사.
한국철학사상연구회 편(1989), 『철학대사전』, 동녘출판사.
한글학회 편(1992), 『우리말큰사전』, 어문각.
한정한(1990), 「국어 비유어 연구」, 고려대 석사학위논문.
─────(1996), 「A Typology of Korean Lexicalization(SVCs)」, 『한국어학』 3,
　　　　　　　　한국어학회.
허　웅(1981), 『언어학』(그 대상과 방법), 샘문화사.
홍승욱(1984), 「다의의 원인과 생성에 관하여」, 『언어연구』(창간호),
　　　　　　　　한국현대언어학회.
홍재성(1987), 「한국어 사전에서의 다의어 처리와 동형어 처리의 선택 -
　　　　　　　　찾아가다/찾아오다의 경우」, 『동방학지』 pp.54~56,
　　　　　　　　연세대 국학연구원.
홍재성 외(1997), 『현대 한국어 동사구문 사전』, 두산동아.
홍재성·김현권(2001), 「Mel'čuk의 의미 - 텍스트이론과 한국어 동사 사다/
　　　　　　　　팔다의 의미기술」, 한국언어학회 2001 여름연구회 주제발
　　　　　　　　표 논문 자료집.
홍종선(1990), 『국어 체언화 구문의 연구』(민족문화연구 총서 44),
　　　　　　　　고려대 민족문화연구소.
홍종선·고창수·시정곤 편역(1993), 『방벽 이후의 생성문법』, 한신문화사.
황화상(2001), 『국어 형태 단위의 의미와 단어 형성』, 월인.
Affolte. F.D.(1991), *Perception, Interanction and Language - Interaction of Daily
　　　　　　　　Living: The Root of Development*, Springer - Verlog Berlin
　　　　　　　　Heidelberg.
Allen, R.E.(ed.)(1990), *The Concise Oxford Dictionary*, Clarendon Press.
Amsterdamska, O.(1987), *Schools of Thought - The Development of Linguistics
　　　　　　　　from Bopp to Saussure*, Kluwer Academic Publishers,
　　　　　　　　임혜순 역(1999), 『언어학파의 형성과 발달』, 민음사.
Asher, R.E.(et al)(ed.)(1996), *The Encyclopedia of Language and Linguistics(I -
　　　　　　　　X)*, Pegamon Press.

Beaugrande(1991), *Linguistic Theory : The Discourse of Fundamental Works*, Printed in the United States of America.

Black, M.(1962), *Models and Metaphors : Studies in Language and Philosophy*, Cornell Univ. Press.

Bloomfield, L.(1933), *Language*, Holt, Rinehard and Winston, inc(1964), Printed in the United States of America.

Brett, R.L.(1970), *Fancy and Imagination*, Methuen & Co Ltd., 심명호(1979), 『공상과 상상력』, 서울대출판부.

Caillois, R.(1967), *Les Jeux et les Hommes : Le Masque et le Vertige*, Gallimard, 이상률(1994), 『놀이와 인간』, 문예출판사.

Cann. R.(1993), *Formal Semantics*, Cambridge Univ. Press.

Carroll, D.W.(1994), *Psychology of Language*, Brooks/Cole Publishing Company.

Chomsky, N.(1987), *Knowledge of Language: It´s Nature, Origin, and Use*, New York : Praeger.

Coseriu, E.(1975), *Die Geschichlte der Sprachphilosophie von der Antike bis zur Gegenwart* · 신익성 역(1997), 『서양언어철학사 개관 - 고대부터 현대까』, 한국문화사.

─────(1980), *Textlinguistik*, Tubingen. 신익성 역(1995), 『텍스트언어학』, 사회문화연구소.

Cruse, D.A.(1986), *Lexical Semantics*, Cambridge : Camrbrige University Press, 임지룡·윤희수(1989), 「어휘 의미론」, 경북대 출판부.

Cunningham, S.(1975), Language and the Phenomenological Reductions of Edmund Husserl, 이종훈 역(1995), 『언어와 현상학』, 철학과 현실사.

Darmesteter(1886), La Vie de Mots étudiée dans leurs signification, Paris : Delagrave. · 최석규(1963), 「낱말의 생태 : 단어의 의미론적 연구」, 대한교과서주식회사.

Ducrot. O. & Todorov. T.(1979), *Encyclopedic Dictionary of the Sciences of Language*(trans), the Johns Hopkins Univ. Press, 이화여대 기호학연구소(1990), 『기호학 사전』, 우석출판사.

Eco. U.(1976), *A Theory of Semiotics*, Bloomington : Indiana Univ. Press.

─────(1979), *The Role of the Reader*, Bloomington : Indiana Univ. Press.

――――(1984), *Semiotics and the Philosophy of Language*, Macmillan Press Ltd.

Eliade. M.(1952), *Images et Symboles*, Editions Gallimard. 이재실 역(1998), 『이미지와 상징 - 주술적, 종교적 상징체계에 관한 시론』, 까치글방.

Fauconnier, G.(1994), *Mental Spaces : Aspects of Meaning Construction in Natural Language*, Cambridge Univ. Press.

Fellbaum, C.(ed.)(1998), *WordNet : an Electronic Lexical Database*, MIT Press, Cambridge, Messachusetts.

Fodor, J. A.(1982), *Representation-Philosophical Essays on the Foundations of Cognitive Science*, Bradford Books. 이영옥·정성호 역(1991), 『표상 - 인지과학의 기초에 관한 연구』, 민음사.

Gagne, E.D.(1985), *The cognitive psychology of school learning*, 이용남·박분희 공역(1994), 「인지심리와 교수 - 학습』, 교육과학사.

Givon, T.(1979), *On Understanding Grammar*, New York : Academic Press.

Guillaume. G(1973), *Principes de Linguistique Théorique de Gustave Guillaume - Recueil de textes inédits préparé en collaboration sous la direction de Roch Valin*, Les Presses de L'Université Laval, Québec/ Librairie Klincksieck, Paris· 박형달 역주(2001), 『理論言語學』, 서울대 출판부.

Haeffner, G.(1989), *Philosophische Anthropologie*, the second edition, Stuttgart, Berlin, Köln : Verlag W. Kohlhammer, 김의수 역(1996), 『철학적 인간학』, 서광사.

Han, Jeonghan(1999), *Morphosyntactic Coding of Information Structure in Korean(Multiple Case Marking, Light Verb Construction, Quantifier Float) : A Role & Reference Grammar Account*, Hanshin Publishing Co.

Hartmann, N.(1968), *Neue Wege der Ontologie*, Kohlhammer : Stuttgart, 손동현 역(1997), 『존재론의 새로운 길』, 서광사.

Hawkes, T.(1970), *Metaphor*, Methuen & Co Ltd., 심명호(1979), 『은유』, 서울대출판부.

――――――(1977), *Structualism and Semiotics*, London. Metheun, 오원교 역(1982), 『구조주의와 기호학』, 신아사.

Heine, B., Claudi, U., Hunnemeyer, F.(1991), *Grammaticalization : A*

Conceptual Framework, Chicago and London : The University of Chicago Press.

Hertz. P.D.(trans)(1971), *On the way to Language*(Martin Heidegger), Harper & Row Publishers.

Hjelle, L.A. & Ziegler, D.J.(1981), *Personality Theories : Basic assumptions, research and applications*, McGraw - Hill Book Company, 이훈구 역(1983), 『성격심리학』, 법문사.

Hopper, P.J. & Traugott, E.C.(1993), *Grammaticalization*, Cambridge University Press, 김은일·박기성·채영희 공역(1999), 『문법화』, 한신문화사.

Huizinga, J.(1949), *Homo Ludens : A Study of the Play Element in Culture*, Routledge and Kegan Paul, 권영빈 역(1989), 『놀이하는 인간』, 기린원.

Indurkhya, B.(1992), *Metaphor and Cognition*, Kluwer Academic Publishers.

Jackendoff, R.(1995), *Semantic Structure*(4th printing), MIT Press, 고석주·양정석(1999), 『의미구조론』, 한신문화사.

Jespersen, O.(1924), *The Philosophy of Grammar*, London, George Allen & Unwin Ltd., 이환묵·이석무 역(1987), 『문법철학』, 한신문화사.

Johnson, M.(1989), *The body in mind,* Chicago Univ. Press, 이기우 역(1992), 『마음속의 몸 - 의미, 상상력, 이성의 신체적 기초』, 한국문화사.

Katz, J.J.(1972), *Semantic Theory*, Harper & Row Publishers.

Keil, F.C.(1979), *Semantic and Conceptual Development-An Ontological Perspective*, Harvard University Press, Cambridge, Massachusetts and London, England.

Kempson, R.M.(1975), *Presupposition and the delimitation of semantics*, Cambridge Univ Press.

Kripke, S.A.(1972), *Naming and Necessity*, Cambridge, Massachusettes : Havard University Press, 정대현·김영주 역(1989), 『이름과 필연』, 서광사.

Lakoff, G. & Johnson, M.(1980), *Metaphor we live by*, Cicago Press, 노양진·나익주 역(1995), 『삶으로서의 은유』, 서광사.

Lakoff, G. & Turner, M.(1989), *More Than Cool Reason : a field guide to poetic metaphor*. Chicago Univ. Press, 이기우·양병호 역(1996), 『시와 인지 : 시적 은유의 현장 안내』, 한국문화사.

Lakoff, G.(1985), *Women, Fire, and Dangerous Things: What Categories Reveal about the Mind*. Chicago Univ. Press, 이기우 역(1994), 『인지 의미론 - 언어에서 본 인간의 마음』, 한국문화사.

Langacker, R.W.(1987), *Foundations of Cognitive Grammar, vol 1: Theoretical Prerequisites*. Stanford : Stanford University Press.

──────────(1991), *The Foundation of Cognitive Grammar - Descriptive Application(I , II)* Stanford Univ. Press, 김종도 역(1999), 『인지문법의 토대 I , II 』, 도서출판 박이정.

Leech, G.(1981), *Semantics - The Study of Meaning*(Second edition - revised and updated), Pelican Books.

Lycan, W.G.(1984), *Logical Form in Natural Language*, A Bradford Book, MIT Press.

Lyons, J.(1977), Semantics 1, 2, Cambridge Univ. Press.

──────(1995), *Linguistic Semantics -An Introduction-*, Cambridge Univ. Press.

Martin, R.(1992), *Pour une Logique du Sens*, Presses Universitaire de France, Paris· 박옥숙 역(1994), 『의미의 논리를 위하여』, 한국문화사.

Marx, W.(1987), *Die Phänomenologie Edmund Husserls*, München : Wilhelm Fink Verlag· 이길우 역(1989), 『현상학』, 서광사.

Morris, C.W.(1993), *Symbolism and Reality : A study in the nature of mind*, John Benjamins Publishing Co.

Muecke, D.C.(1970), *Irony*, Methuen & Co Ltd., 문상득(1979), 『아이러니』, 서울대출판부.

Nida, E.A.(1974), *Componential Analysis of Meaning*, 조항범 역(1990), 『의미분석론』, 탑출판사.

Ogden, C.K. & Richards, I.A.(1923), The Meaning of Meaning, A Harvest/ HBJ Book, 이봉주 역(1986), 『의미의 의미』, 한신문화사.

Palmer, R.E.(1969), *Hermeneutics : Interpretation Theory in Schleiermacher, Dilthey, Heidegger, Gadamer.*, Northwestern Univ. Press, 이한우 역(1988), 『해석학이란 무엇인가』, 문예출판사.

Paul, H.(1880), *Principien der Sprachgeschichte*, Max Niemeyer, Halle. Strong H A(transl) *Principles of the History of Language*, Sonnenschein,

London, 1888, Macmillian, New York.

Piguet, J.C.(1960), *L'oeuvre de philosophie*, Edition de la Baconniere,
　　　　강대석 역(1993), 『논리적 언어 철학적 대화』, 신원문화사.

Pollard, A.(1970), *Satire*, Methuen & Co Ltd., 송락헌(1979), 『풍자』,
　　　　서울대출판부.

Pulman, S.G.(1983), *Word Meaning and Belief*, Croom Helm, London &
　　　　Canberra.

Pustejovsky, J.(1995), *The Generative Lexicon*, The MIT Press.

Putnam, H.(1988), *Representation and Reality*, The MIT Press, 김영정(1992),
　　　　『표상과 실재』, 이화여대 출판부,

Quillian, M.R.(1968), *Semantic Memory*, Readings in Cognitive Science(edited
　　　　by Collins & Smith), Morgan Kaufmann Publishers.

Ricoeur, P.(1976), *Interpretation : Discourse and the Surplus of Meaning*, Texas
　　　　Christian Univ. Press, 김윤성·조현범 역(1994), 『해석이론』,
　　　　서광사.

Ryle, G.(1984), *The Concept of Mind*, Barnes & Noble, New York,
　　　　이한우(1994), 『마음의 개념』, 문예출판사.

Saeed, J.I.(1997), *Semantics*, Blackwell Publishers.

Saussure, F.D.(1972), *Cours de Linguistique Générale*, Edited by Charles
　　　　Bally & Albert Sechehaye, 최승언 역(1990),
　　　　『일반언어학강의』, 민음사.

Singer, M.(1990), *Psychology of Language – An Introduction to Sentence and
　　　　Discourse Processes*, 정길정·연준흠(1994),
　　　　『언어심리학 – 문장과 담화처리과정 이해』, 한국문화사.

Taylor, T.J.(1981), *Linguisitic Theory and Structural Stylistics*,
　　　　양희철·조성래 공역(1996), 『구조문체론』, 도서출판 보고사.

Ullmann, S.(1962), *Semantics : An Introduction to the science of Meaning*
　　　　Oxford, 남성우 역(1988), 『의미론 – 의미과학입문』,
　　　　탑출판사.

Van valin, R.D. & Lapolla, R.J.(1997), *Syntax : Structure, Meaning and
　　　　Function*, Cambridge Univ. Press.

Vater. H.(1992), *Einfuhrung in die Tectlinguistik*, 이성만 역(1995),
　　　　『텍스트언어학 입문』, 한국문화사.

Vossen, P.(ed)(1998), *Computers and the Humanities : A Multilingual database with lexical semantics networks*, Kluwer Academic Publishers.

Way, E.C.(1991), *Knowledge Representation and Metaphor,* Kluwer Academic Publishers.

Wheelwright, P.(1962), *Metaphor and Reality*, Indiana Univ. Press.

국어 다의어 분포에 대한 계량적 분석
- 품사별 -

이 정 식

　본고는 국어 다의어의 품사별 분포를 계량적으로 밝히고 이를 통해 다의 발생의 품사적 전개 양상을 확인하는 것을 목적으로 한다. 계량적 분석은 전통적인 연구 방법 곧, 연구자에 의해 선택된 자료를 다소 주관적이며 직관적으로 분석하던 방법을 보충해 줄 수 있으며, 더 나아가 이러한 과정을 통해 새로운 언어학적 연구의 방향을 모색해 볼 수 있다는 점에서 수용할 만한 방법론이라 하겠다.[1]

1. 기존 연구

　언어는 새로운 표현 욕구를 만족시키기 위하여 다양한 방법을 사용한다.

---

[1] 본고를 시작으로 하여 다의어에 대한 계량적 분석은 몇 가지 하위 목표를 가진다. 두 번째로 규명해 볼 수 있는 것은 다의 발생에 대한 의미 영역별 현황이며, 이를 통해 가장 활발히 다의 분화가 진행된 의미 영역을 확인할 수 있다. 세 번째로는 상위 빈도 어휘와 다의 분화된 어휘와의 상관 관계를 규명하는 것이다. 이를 통해 어휘의 빈번한 사용과 다의 분화 가능성에 대한 객관적인 검증이 이루어질 수 있다.

언어 단위별로 볼 때 이론적으로 무한한 수의 텍스트와 문장을 구성할 수 있으며, 제한되지 않은 구적(句的) 결합을 실현할 수 있다. 또한 새로운 어휘를 탄생시키거나 기존 어휘의 의미를 새롭게 분화시키는 방법을 사용하기도 한다. 다의어는 어휘론적 단위에서 새로운 표현 욕구를 만족시키기 위하여 발생하는 언어 현상으로서, 기존에 존재하는 어휘의 의미 내용과 관련성을 가지면서도 새로운 표현 가치를 만들어낸다.

다르매스뜨때에르(1886:31)에서는 단어의 의미변화에 대하여 다음과 같이 언급하고 있다.

> "의미변화는 여러 가지 품사에 볼 수 있는 것이지만 특히 명사, 형용사, 동사에 있어서 가장 심하고 전치사, 접속사, 부사 등 불변화사에서는 훨씬 덜하다. 그리고 대명사는 더욱 변화가 드물다고 할 수 있다. (중략) 더욱이 명사는 모든 품사 중에서도 가장 의미변화가 심하고 따라서 연구 가치가 있는 것이므로 우리도 명사의 분석을 가지고 우리의 연구의 출발점으로 삼으려 한다"

이는 우선 불어와 같은 인구어를 대상으로 한 언급이며 공시적인 다의 현상과 통시적인 의미변화를 한꺼번에 취급한 결과이다. 그러나, 언뜻 보기에도 위와 같은 품사별 의미 변화의 상황은 국어의 다의어 분포 상황에도 비교될 만한 진술이라 하겠다. 또한 실제로 다르매스뜨때에르의 분석은 전의, 수식 – 피수식 관계에서의 문법적 생략으로 인한 의미 전이와 제유, 환유, 은유, 망각의 제목으로 진행되고 있는데, 이들은 모두 비유적 현상이며 다의 현상을 일으키는 것과 동일한 메카니즘이다.

그러면 우선, 과연 다의 발생의 품사적 전개 양상이 다르매스뜨때에르의 진술과 일치하는지의 여부를 확인하는 소박한 목표에서 출발하기로 하자.

2. 대상 자료와 추출 조건

■ [고려대 민연 국어사전](가칭) – 고려대 민족문화연구원
다의어에 대한 계량적 분석이 가능하기 위해서는 이미 구축된 대량의

사전(辭典) 정보가 필수적인 요건이 되며, 또한 그 정보의 질과 상태에 따라 특정의 관점에서 추출할 수 있도록 하는 간단한 컴퓨터 프로그래밍이 요구되기도 한다.[2]

자료로는 고려대 민족문화연구원에서 총 30만 어휘를 대상으로 편찬 중인 국어사전(LARK_E)의 자료를 대상으로 하여 국어 다의어의 개수와 의미 분화의 수준을 파악하였다. 일반적으로 사전에서 다의(多義)는 하위 번호 표시로 나타내며, 품사 중의성이나 하위 품사 구분(예, 본동사 - 보조동사 중의항 등)에 따라 로마자 Ⅰ, Ⅱ를 사용하여 분류한다. 이에 근거하여 추출의 조건은 다음과 같다.

> 1) 하위 번호 2를 가진 목록
> 2) 하위 번호 3을 가진 목록
> ...
> 15) 하위 번호 42를 가진 목록
> 16) 로마자 Ⅱ를 가진 목록[3]

3. 자료 분석

1) 전체 사전 표제어 對比 다의어 분포

(1) 국어사전의 표제어 개수(LARK_E기준) : 총 표제어수=305,108항

---

2) 이 자리를 빌어 편찬이 진행 중인 사전 정보를 활용할 수 있도록 허락해 주시고, 게다가 손수 연산 프로그래밍을 만들어서 필요한 정보를 추출해 주신 김흥규 선생님과 민족문화연구원에 진심으로 감사드린다.
3) 로마자를 포함한 항목의 경우 추출 결과를 통해, 로마자 Ⅱ를 포함한 목록 1,705개 가운데 '적(的)' 파생어가 1,054개에 달하였다. 이는 순전히 품사적 구분(명사, 관형사)에 근거하는 것이다.

기능별 표제어	개수
체언	239,286항
용언	53,252항
수식언	9,752항
독립언	365항
관계언	626항
기타	1,827항
총계	305,108항

(2) 다의 발생수에 따른 분포

국어사전 전체 표제어 30만 5천여(305,108) 개 가운데 다의어는 약 4만 4천여 개(44,578개)에 이르며 이는 전체 표제어와 비교했을 때 약 14.6%에 해당하는 양이다.

다의 발생수	해당 항목수
2개	34,646
3개	5,962
4개	2,335
5개	736
6개	329
7개	157
8개	187
9개	62
10개	43
11개	21
12개	20
13개	17
14개	9
15개	9
16개	6

17개	6
18개	8
19개	3
20개	2
21개	2
22개	2
23개	1
24개	2
25개	3
28개	1
30개	2
33개	4
35개	1
37개	1
42개	1

고려대 민족문화연구원에서 총 30만 어휘를 대상으로 편찬 중인 국어사전의 자료를 대상으로 하여 국어 다의어의 개수와 의미 분화의 수준을 파악하였다.

2) 전체 다의어 對比 품사별 분포

위의 사항을 세부 품사별로 다시 구별하고 각각의 것을 다의어로 진화 발생한 수치를 구하여 전자를 왼편에, 후자를 오른편에 펼쳐 보이면 아래와 같이 나타난다. 전체 표제어 30만 규모의 사전에서 다의어의 비율은 14.6%에 해당하는 4만 4천여 항이며, 다의어의 문장 성분별 비율을 살펴보면 체언이 2만 6천여 항으로 전체의 60.2%를 차지한다. 그 다음 용언이 30.8%, 수식언이 6.5%, 기타 감탄사, 조사, 접사가 2% 미만을 차지한다.

체언 전체 = 239,286항		
명사	일반명사	232,995
	의존명사	581
	고유명사	5,315
대명사		238
수사		157

체언 다의어 = 26,863항		
명사	일반명사	26,486
	의존명사	109
	고유명사	154
대명사		91
수사		23

다의어로 진화 발달한 체언은 체언 전체의 11.2%에 해당하는 2만 6천여 항에 이른다. 의존명사의 경우는 '것, 바람, 편…' 등의 일반 의존명사와 '톤, 푼…' 등 도량형 의존명사가 유사한 비율로 다의어에 포함되고 있으며, 대명사는 인칭대명사가 43개로 다의어 비율이 가장 높으며 지시대명사와 일반대명사가 그 절반의 수준으로 다의어에 포함되어 있다.[4] 고유명사는 '로빈슨크루소'와 같이 인명과 책명이 동시에 사용되는 경우이든지 '광주'와 같이 경기도 광주와 전라도 광주로 동음어적 지명 등의 경우 등의 예에 해당한다.

---

4) 대명사의 경우는 다르매스뜨때에르가 불어나 인구어를 중심으로 하여 기술한 '의미 변화가 극히 드문'이라는 서술에 대한 반증이 된다. 한국어의 경우 적용되기 어려움을 반증해 준다.

용언 전체 = 53,252항		
동작동사	자동	23,345
	타동	16,000
	자타동	5,031
	기타	90
	전체	44,473
상태동사		8,779

용언 다의어 = 13,768항		
동작동사	자동	4,124
	타동	2,827
	자타동	4,904
	기타	53
	전체	11,908
상태동사		1,860

다의어로 진화 발달한 용언은 전체 용언 가운데 25.8%에 이른다. 이 가운데 자동사와 타동사는 각각 다의어 발생 비율이 거의 17.6%로 동일하게 나타났다. 한편 자타동 동사의 경우, 이미 자동사로서의 용법과 타동사로서의 용법이 구별될 것이 예상되는 것이므로 전체 목록과 다의어 발생 목록의 비율이 97.4%로 거의 일치함은 당연한 일이 되겠다.

상태동사(곧, 형용사)의 경우는 21.1%의 다의어 비율을 보이고 있는데, 이것은 용언 전체 다의어 비율 25.8%와 비교해 볼 때 크게 다르지 않은 것이다.

체언과 비교해 볼 때 단순수치 상으로는 체언이 다의어 개수가 많지만 전체 목록과 견주어서 다의어로 발생된 비율은 체언에 비하여 용언이 크게 앞선다.

수식언 전체 = 9,752항	
부사	9,238
관형사	514

수식언 다의어 = 2,917항	
부사	2,524
관형사	393

　다의어로 진화 발달한 수식언은 전체 수식언 가운데 29.9%에 이르며, 이 가운데 부사는 27.3%의 다의어 비율을 가진다. 이는 용언 전체 다의어 비율 25.8%보다 더 높은 수치다. 다르매스뜨때에르에서 부사와 같은 불변화사의 경우 의미 변화가 거의 일어나지 않는다고 서술한 것과는 상당히 다른 귀결임을 확인할 수 있다. 그런데 이러한 차이는 한국어 부사의 하위 부류인 상징부사(음성상징어 - 의성어, 의태어)의 발달에 그 주된 원인이 있다.

　관형사는 다의어 비율이 76.4%에 이르지만, 대부분이 '~的' 파생어이며 이들은 또한 다의 분화수도 2개다. 이는 '~的' 파생어가 명사와 관형사의 양용 품사라는 데에 주된　원인이 있으며, 따라서 의미론적 측면에서의 다의 분화에 해당하지 않는다. 순수히 관형사로서 다의어 목록은 '갖가지, 갖은, 까짓, 다른, 당, 딴, 뭇, 새, 약, 웬, 고, 저, 조, 넨장맞을, 빌어먹을' 등 10여 개로 2%에 채 미치지 못한다.

관계언 전체 = 626항	
조사	193
어미	433

관계언 다의어 = 191항	
조사	86
어미	105

　관계언은 문장 성분 내에서 제한된 수로서 단어 요소를 문장 결합 성분으로 만드는 기능어로 역할을 하므로 자연히 다의어적 확장이 요구된다고 볼 수 있다. 관계언 전체 목록과 비교하였을 때 다의어 발생 비율이 30.5%로서 가장 높은 수치를 기록하고 있는 점이 이러한 기능적 특성으로 설명된다고 하겠다.

독립언 전체 = 365항	
감탄사	365

독립언 다의어 = 76항	
감탄사	76

　독립언은 한국어 학교 문법에서 감탄사 단독으로 이루어진다. 감탄사 전체 목록과 비교했을 때 20.8%가 다의어로 발생하였다. '에, 에구, 오냐…' 등 여러 가지 상황과 맥락에 따라 다른 뜻풀이를 할 수 있으며, 일반적인 품사대범주와 동일한 의미에서의 다의 확장이라고 하기는 어렵다.

기타 전체 = 1,827항	
접미사	800
무표지	1,023

기타 다의어 = 253항	
접미사	180
무표지	73

　체언과 용언, 그리고 수식언을 내용어로 보면, 내용어로서의 다의어는 37,410개를 차지한다. 이상의 결과를 놓고 보면 다르매스뜨때에르의 진술과 일치하는 부분이 있고 그렇지 못한 부분이 있음을 알게 된다. 곧, 의미 변화가 심한 품사에 명사, 동사, 형용사를 귀속시킨 것은 일치하지만 의미 변화가 드문 품사에 부사를 귀속시킨 것은 적당하지 않다. 오히려 상태동사(형용사)의 다의 발생 개수보다 600여 항이 더 많은 것으로 나타난다.

　상태동사와 부사는 모두 울만(Ullmann)의 '적용의 이동'(shifts of the application)이라는 관점에서 설명될 수 있으며, 이는 사전적인 하위 의미로 단위화되기보다는 그때그때의 문맥에 따라 의미 변이가 일어난다는 측면에서 이해되는 것이다. 그러므로 언어 보편적인 품사 대범주 '명사, 동작동사(동사), 상태동사(형용사), 부사'를 놓고 볼 때 이들 상태동사와 부사는 상대적으로 다의 발생이 약하게 일어난다.

　그러나, 고분화된 목록의 경우에는 '상태동사>부사'의 빈도를 나타내는데, 이러한 양상이 직관적인 관찰을 행한 다르매스뜨때에르의 진술을 이해할 수 있도록 해주고 있다.

3) 고분화된 다의어 **對比** 품사별 분포

앞서 다의 의미로 확장된 의미 분화수에 의거한 표를 통해 보면 다의어 가운데 하위 의미가 2개만 있는 항목이 34,646개를 차지하는데, 이것은 전체 다의어의 88.9%에 해당한다. 그리하여 3개 이상 분화된 다의어의 수는 9,932개로 전체 다의어의 22.3%에, 전체 표제어의 3.25%에 그치고 있다. 한편 하위 의미가 5개 이상으로 활발하게 의미 분화된 항은 1,634개로서 전체 표제어의 0.53%, 전체 다의어의 3.66%에 불과하다.

문장 성분별 비율에서도 전체 다의어 목록 상에서는 체언이 1/3을 차지했지만, 고분화된 목록의 경우 용언이 1/2을 넘는 분포를 나타낸다.

(1) 하위 의미 5 개 이상 다의어 목록

체언	483	항
용언	937	항
동작동사	816	항
상태동사	121	항
수식언	155	항
부사	148	항
관형사	7	항
전체	1,634	항(감탄사, 조사, 어미, 접사 포함)

이와 같은 분석 결과는 다르매스뜨때에르의 진술과 비교할 때 '명사가 의미변화가 가장 심하다'라는 표현에 대해 부연 설명이 필요함을 말해 준다. 양적인 측면에서 체언류는 단연 가장 활발한 다의 발생을 이루었으나, 질적인 측면 곧 고분화된 다의어라는 관점에서 볼 때 용언류, 그 중에서도 동작동사가 가장 활발히 다의 발생을 이룬 것으로 나타난다.

(2) 다의어 분화수별 문장성분 분포

[2개 다의어]

	품사 부류	총개수	퍼센트
체언	일반명사 (21,775) + 기타 명사 (271)	22,046	64.0%
용언	동작동사 (8,869) + 상태동사 (1,285)	10,200	29.6%
수식언	부사 (1720) + 관형사 (356)	2,076	6%
관계언	조사 (38) + 어미 (69)	107	0.3%
총	34,429		

[3개 다의어]

	세부 품사 부류	총개수	퍼센트
체언	일반명사 (33,89) + 기타 명사 (55)	3,444	58.5%
용언	동작동사 (1,597) + 상태동사 (328)	1,939	32.9%
수식언	부사 (465) + 관형사 (4)	469	7.9%
관계언	조사 (10) + 어미 (20)	30	0.5%
총	5,882		

[4개 다의어]

	세부 품사 부류	총개수	퍼센트
체언	일반명사 (860) + 기타 명사 (21)	881	38.2%
용언	동작동사 (943) + 상태동사 (134)	1,079	46.7%
수식언	부사 (296) + 관형사 (34)	330	14.3%
관계언	조사 (9) + 어미 (7)	16	0.69%
총	2,306		

[5개 이상 다의어]

	세부 품사 부류	총개수	퍼센트
체언	일반명사 (461) + 기타 명사 (22)	483	29.9%
용언	동작동사 (816) + 상태동사 (121)	937	58.1%
수식언	부사 (148) + 관형사 (7)	155	9.6%
관계언	조사 (29) + 어미 (8)	37	2.29%
총	1,612		

위 도표들을 살펴보면 체언의 경우에는 전체 다의어 비율에서 점진적으로 감소하고 있는 반면, 용언의 경우에는 점진적으로 증가하고 있음을 알 수 있다. 이러한 결과는 고분화된 다의어 목록의 경우 '용언류>체언류>수식언류(동작동사>명사>상태동사>부사)'라는 다의 발생 양상을 증명해 준다.

4. 결론

전체 표제어 30만 규모의 사전에서 다의어의 비율은 14.6%에 해당하는 4만 4천여 항이며, 다의어의 문장 성분별 비율을 살펴보면 체언이 2만 6천여 항으로 전체의 60.2%를 차지한다. 그 다음 용언이 30.8%, 수식언이 6.5%, 기타 감탄사, 조사, 접사가 2% 미만을 차지한다. 다의 발생의 전체적인 수치에 있어서는 '체언류>용언류>수식언류>기타'로 나타났다.

다의 의미로 확장된 의미 분화수에 의거한 표를 통해 보면 다의어 가운데 하위 의미가 2개만 있는 항목이 34,646개를 차지하는데, 이것은 전체 다의어의 88.9%에 해당한다. 그리하여 3개 이상 분화된 다의어의 수는 9,932개로 전체 다의어의 22.3%에, 전체 표제어의 3.25%에 그치고 있다. 한편 하위 의미가 5개 이상으로 활발하게 의미 분화된 항은 1,634개로서 전체 표제어의 0.53%, 전체 다의어의 3.66%에 불과하다.

문장 성분별 비율에서도 전체 다의어 목록 상에서는 체언이 1/3을 차지했지만, 고분화된 목록의 경우 용언이 1/2을 넘는 분포를 나타낸다. 그리하여 고분화된 다의어의 경우 '용언류>체언류>수식언류(동작동사>명사>상태동사>부사)'로 나타남을 확인하였다.

다의어에 대한 계량적 연구는 표준적인 다의어 또는 교육용 다의어와 같은 응용언어학적 성과를 가져올 수 있을 것으로 판단된다.

참고문헌

김민수(1981),『국어의미론』, 일조각.

김흥규·강범모(2000),『한국어 형태소 및 어휘 사용 빈도의 분석』,
　　　　　고려대 민족문화연구원.

박병선(1996),「한국어 구어의 어휘 사용 특성-코퍼스를 이용한 분석 - 」,
　　　　　고려대 석사학위논문.

박영순(1994),「'대다, 가다, 보다, 서다, 들다'의 의미에 대하여」,
　　　　　『한국어학』1, 한국어학연구회.

배도용(2001),「우리말 신체어의 의미 확장 연구」, 부산대 박사학위논문.

배해수(1998),「한국어와 동적언어이론」(국어내용연구 4), 고려대 출판부.

서상규(2001),「말뭉치의 주석과 한국어 기본 어휘 의미 빈도 사전」,
　　　　　『계량언어학』1, 박이정.

成光秀(1986),「同意性과 反意性의 限界 : 意味記述 問題를 中心으
　　　　　로」,『師大論集』(高麗大) 11.

沈在箕(1981),『國語語彙論』, 集文堂.

李乙煥·李庸周 共著(1975),『國語意味論』(改訂版), 玄文社.

이정식·이동혁·박병선(2000),「어휘장과 은유 문제」,
　　　　　『한국어와 모국어 정신』(한국어내용학회편), 국학자료원.

이정식(2002),「국어 다의 발생의 양상과 원인」, 고려대 박사학위논문.

임지룡(2001),「인지 의미론과 다의어」, 한국언어학회 2001 여름연구회
　　　　　주제발표 논문 자료집.

정광·윤희원·곽충구·손희하·최호철(2000),『한민족 언어정보화 CDROM :
　　　　　남북한 언어비교사전』(21세기 세종계획), 문화관광부,
　　　　　국립국어연구원.

조남신(1993),「다의어의 어휘의미 계층과 의미 배열」,『인문과학』
　　　　　69~70, 연세대 인문과학연구소.

최경봉(1999),「어휘의미의 구성과 의미확장 원리」,『한국어학』9,
　　　　　한국어학회.

崔昌烈·沈在箕·成光秀(1986),『國語意味論』, 開文社.

최호철(1996),「어휘 의미론과 서술소의 의미 분석」,『한국어학』4,

한국어학회.

홍종선(2001), 「국어 말모둠의 문법 표지와 전처리」, 『계량언어학』 1,
　　　박이정.

부록

◎ 본 자료 구성은 <인덱스 : 분화수 : 부류명 : 표제어>로 되어있다. "무동사"
라고 표시된 부분은 코퍼스 상의 빈도수가 너무 높아서 임시로 붙인 이름이다.

체언 1_일반명사

1	5	명사_일반	가스	22	5	명사_일반	고랑
2	5	명사_일반	가운데	23	5	명사_일반	고취
3	5	명사_일반	감로	24	5	명사_일반	곤
4	5	명사_일반	값	25	5	명사_일반	곬
5	5	명사_일반	개장	26	5	명사_일반	공간
6	5	명사_일반	개항	27	5	명사_일반	공격
7	5	명사_일반	거리	28	5	명사_일반	과목
8	5	명사_일반	거리	29	5	명사_일반	관념
9	5	명사_일반	거푸집	30	5	명사_일반	교
10	5	명사_일반	건	31	5	명사_일반	교수
11	5	명사_일반	걸음	32	5	명사_일반	교환
12	5	명사_일반	격자	33	5	명사_일반	구세
13	5	명사_일반	결	34	5	명사_일반	구천
14	5	명사_일반	경	35	5	명사_일반	권청
15	5	명사_일반	경기	36	5	명사_일반	그늘
16	5	명사_일반	경도	37	5	명사_일반	금
17	5	명사_일반	경문	38	5	명사_일반	금석
18	5	명사_일반	경행	39	5	명사_일반	금실
19	5	명사_일반	계	40	5	명사_일반	기
20	5	명사_일반	계산	41	5	명사_일반	깜깜
21	5	명사_일반	계통	42	5	명사_일반	꼬리

43	5	명사_일반	꿈		78	5	명사_일반	모퉁이
44	5	명사_일반	끈		79	5	명사_일반	목
45	5	명사_일반	나머지		80	5	명사_일반	목통
46	5	명사_일반	난징정부		81	5	명사_일반	무대
47	5	명사_일반	날개		82	5	명사_일반	문화
48	5	명사_일반	남		83	5	명사_일반	밀교
49	5	명사_일반	남경정부		84	5	명사_일반	밑자리
50	5	명사_일반	내친		85	5	명사_일반	바늘
51	5	명사_일반	내피		86	5	명사_일반	바람막이
52	5	명사_일반	너이		87	5	명사_일반	바탕
53	5	명사_일반	노루발		88	5	명사_일반	반
54	5	명사_일반	단골		89	5	명사_일반	발
55	5	명사_일반	단식		90	5	명사_일반	발동
56	5	명사_일반	대방		91	5	명사_일반	발산
57	5	명사_일반	대칭		92	5	명사_일반	발상
58	5	명사_일반	더그레		93	5	명사_일반	밥통
59	5	명사_일반	도가		94	5	명사_일반	방외
60	5	명사_일반	돌		95	5	명사_일반	배
61	5	명사_일반	동요		96	5	명사_일반	백
62	5	명사_일반	동화		97	5	명사_일반	번
63	5	명사_일반	뒷전		98	5	명사_일반	범음
64	5	명사_일반	땅		99	5	명사_일반	변
65	5	명사_일반	랩		100	5	명사_일반	변태
66	5	명사_일반	로테이션		101	5	명사_일반	별
67	5	명사_일반	링		102	5	명사_일반	병신
68	5	명사_일반	마당		103	5	명사_일반	보살
69	5	명사_일반	마들가지		104	5	명사_일반	복식
70	5	명사_일반	마이너스		105	5	명사_일반	본문
71	5	명사_일반	말류		106	5	명사_일반	본체
72	5	명사_일반	맘		107	5	명사_일반	분묵
73	5	명사_일반	매듭		108	5	명사_일반	비디오
74	5	명사_일반	매체		109	5	명사_일반	비위
75	5	명사_일반	명령		110	5	명사_일반	뼈
76	5	명사_일반	모니터		111	5	명사_일반	사건
77	5	명사_일반	모델링		112	5	명사_일반	사교

113	5	명사_일반	사덕
114	5	명사_일반	사성
115	5	명사_일반	사회
116	5	명사_일반	삼보
117	5	명사_일반	삼사
118	5	명사_일반	삼시
119	5	명사_일반	삼일
120	5	명사_일반	삼학
121	5	명사_일반	상대
122	5	명사_일반	상판
123	5	명사_일반	새사람
124	5	명사_일반	색
125	5	명사_일반	생명
126	5	명사_일반	서기
127	5	명사_일반	선생
128	5	명사_일반	성
129	5	명사_일반	성교
130	5	명사_일반	성분
131	5	명사_일반	세
132	5	명사_일반	세기
133	5	명사_일반	세월
134	5	명사_일반	소절
135	5	명사_일반	소품
136	5	명사_일반	소화
137	5	명사_일반	손
138	5	명사_일반	수
139	5	명사_일반	스윙
140	5	명사_일반	스트로크
141	5	명사_일반	스핀
142	5	명사_일반	시점
143	5	명사_일반	식
144	5	명사_일반	식
145	5	명사_일반	신
146	5	명사_일반	신영
147	5	명사_일반	아귀
148	5	명사_일반	아기씨
149	5	명사_일반	아버지
150	5	명사_일반	안팎
151	5	명사_일반	앙고라
152	5	명사_일반	앙상블
153	5	명사_일반	양반마당
154	5	명사_일반	어미
155	5	명사_일반	억제제
156	5	명사_일반	에스
157	5	명사_일반	여지
158	5	명사_일반	연장
159	5	명사_일반	오부
160	5	명사_일반	옥석
161	5	명사_일반	왕
162	5	명사_일반	용두
163	5	명사_일반	우익
164	5	명사_일반	우주
165	5	명사_일반	운동
166	5	명사_일반	원산
167	5	명사_일반	원윤
168	5	명사_일반	을
169	5	명사_일반	음
170	5	명사_일반	음도
171	5	명사_일반	이
172	5	명사_일반	이름
173	5	명사_일반	이상
174	5	명사_일반	이성
175	5	명사_일반	이슬받이
176	5	명사_일반	이중생활
177	5	명사_일반	이하
178	5	명사_일반	인물
179	5	명사_일반	인사
180	5	명사_일반	인정
181	5	명사_일반	일분
182	5	명사_일반	일세

183	5	명사_일반	일진불염	218	5	명사_일반	짝
184	5	명사_일반	입	219	5	명사_일반	참
185	5	명사_일반	입실	220	5	명사_일반	채
186	5	명사_일반	자	221	5	명사_일반	처
187	5	명사_일반	자연계	222	5	명사_일반	천사
188	5	명사_일반	자연주의	223	5	명사_일반	체인
189	5	명사_일반	자유의지	224	5	명사_일반	초
190	5	명사_일반	잡극	225	5	명사_일반	초점
191	5	명사_일반	장단	226	5	명사_일반	출신
192	5	명사_일반	장물	227	5	명사_일반	치환
193	5	명사_일반	저항	228	5	명사_일반	칠성
194	5	명사_일반	전	229	5	명사_일반	침
195	5	명사_일반	전달	230	5	명사_일반	침투
196	5	명사_일반	전면	231	5	명사_일반	커버
197	5	명사_일반	절대	232	5	명사_일반	컵
198	5	명사_일반	정	233	5	명사_일반	케이블
199	5	명사_일반	정	234	5	명사_일반	코러스
200	5	명사_일반	정리	235	5	명사_일반	타깃
201	5	명사_일반	정법	236	5	명사_일반	탕
202	5	명사_일반	조교	237	5	명사_일반	토
203	5	명사_일반	조상	238	5	명사_일반	토막
204	5	명사_일반	조직	239	5	명사_일반	토성
205	5	명사_일반	존재	240	5	명사_일반	톤
206	5	명사_일반	주기	241	5	명사_일반	톱
207	5	명사_일반	주머니	242	5	명사_일반	퇴장
208	5	명사_일반	주부	243	5	명사_일반	파문
209	5	명사_일반	주의	244	5	명사_일반	판
210	5	명사_일반	주지주의	245	5	명사_일반	판사
211	5	명사_일반	주체	246	5	명사_일반	패리티
212	5	명사_일반	중심	247	5	명사_일반	패스
213	5	명사_일반	지사	248	5	명사_일반	펀치
214	5	명사_일반	지식	249	5	명사_일반	편
215	5	명사_일반	진속	250	5	명사_일반	평장사
216	5	명사_일반	짐	251	5	명사_일반	폐백
217	5	명사_일반	집사	252	5	명사_일반	표

253	5	명사_일반	표제	288	6	명사_일반	눈깔
254	5	명사_일반	품위	289	6	명사_일반	단발
255	5	명사_일반	피드백	290	6	명사_일반	대
256	5	명사_일반	필드	291	6,	명사_일반	델타
257	5	명사_일반	하직	292	6	명사_일반	돈
258	5	명사_일반	학사	293	6	명사_일반	뒷배경
259	5	명사_일반	한번	294	6	명사_일반	디
260	5	명사_일반	한편	295	6	명사_일반	때
261	5	명사_일반	합	296	6	명사_일반	링크
262	5	명사_일반	해체	297	6	명사_일반	마
263	5	명사_일반	행	298	6	명사_일반	마스크
264	5	명사_일반	행도	299	6	명사_일반	마음
265	5	명사_일반	허	300	6	명사_일반	말초적
266	5	명사_일반	허리	301	6	명사_일반	몫
267	5	명사_일반	현	302	6	명사_일반	무
268	5	명사_일반	현재	303	6	명사_일반	문제
269	5	명사_일반	혈맥	304	6	명사_일반	물리적
270	5	명사_일반	환원	305	6	명사_일반	바가지
271	5	명사_일반	흑백	306	6	명사_일반	바닥
272	5	명사_일반	흡수량	307	6	명사_일반	반
273	6	명사_일반	가까이	308	6	명사_일반	밥
274	6	명사_일반	가슴	309	6	명사_일반	배경
275	6	명사_일반	감	310	6	명사_일반	백지
276	6	명사_일반	감독	311	6	명사_일반	빛
277	6	명사_일반	갑	312	6	명사_일반	사
278	6	명사_일반	검열	313	6	명사_일반	사이클
279	6	명사_일반	게이지	314	6	명사_일반	삼각동맹
280	6	명사_일반	격	315	6	명사_일반	삼사
281	6	명사_일반	견	316	6	명사_일반	상
282	6	명사_일반	골뱅이	317	6	명사_일반	상관
283	6	명사_일반	공	318	6	명사_일반	성
284	6	명사_일반	급	319	6	명사_일반	센터
285	6	명사_일반	기름	320	6	명사_일반	소리
286	6	명사_일반	꽃	321	6	명사_일반	속살
287	6	명사_일반	노장마당	322	6	명사_일반	시

323	6	명사_일반	실		358	6	명사_일반	타령
324	6	명사_일반	싱글		359	6	명사_일반	터치
325	6	명사_일반	안		360	6	명사_일반	트리오
326	6	명사_일반	알		361	6	명사_일반	판
327	6	명사_일반	앞다리		362	6	명사_일반	판관
328	6	명사_일반	앵커		363	6	명사_일반	형식주의
329	6	명사_일반	양반		364	6	명사_일반	황
330	6	명사_일반	양성		365	6	명사_일반	흡수
331	6	명사_일반	애기		366	7	명사_일반	감
332	6	명사_일반	에이프런		367	7	명사_일반	경
333	6	명사_일반	역사적		368	7	명사_일반	고풍
334	6	명사_일반	오류가		369	7	명사_일반	골
335	6	명사_일반	율		370	7	명사_일반	그림자
336	6	명사_일반	의		371	7	명사_일반	기둥
337	6	명사_일반	의식		372	7	명사_일반	꼭지
338	6	명사_일반	장군		373	7	명사_일반	날
339	6	명사_일반	전개		374	7	명사_일반	녹사
340	6	명사_일반	전위		375	7	명사_일반	눈
341	6	명사_일반	전이		376	7	명사_일반	대
342	6	명사_일반	정신		377	7	명사_일반	대
343	6	명사_일반	제상		378	7	명사_일반	대인
344	6	명사_일반	종		379	7	명사_일반	딱지
345	6	명사_일반	좌우		380	7	명사_일반	마디
346	6	명사_일반	좌익		381	7	명사_일반	면
347	6	명사_일반	죄		382	7	명사_일반	물
348	6	명사_일반	주의		383	7	명사_일반	밖
349	6	명사_일반	주축		384	7	명사_일반	발판
350	6	명사_일반	줄기		385	7	명사_일반	방울
351	6	명사_일반	중		386	7	명사_일반	부
352	6	명사_일반	중성		387	7	명사_일반	삼원
353	6	명사_일반	중화		388	7	명사_일반	상하
354	6	명사_일반	지부사		389	7	명사_일반	세계
355	6	명사_일반	지원사		390	7	명사_일반	손
356	6	명사_일반	천사		391	7	명사_일반	쇠
357	6	명사_일반	커트		392	7	명사_일반	시중

393	7	명사_일반	음성
394	7	명사_일반	이세
395	7	명사_일반	인격
396	7	명사_일반	일
397	7	명사_일반	자연
398	7	명사_일반	전환
399	7	명사_일반	천인
400	7	명사_일반	층
401	7	명사_일반	카드
402	7	명사_일반	피치
403	7	명사_일반	항
404	7	명사_일반	핵
405	8	명사_일반	가시
406	8	명사_일반	그물
407	8	명사_일반	극
408	8	명사_일반	길
409	8	명사_일반	끝
410	8	명사_일반	놈
411	8	명사_일반	단
412	8	명사_일반	모
413	8	명사_일반	모델
414	8	명사_일반	살
415	8	명사_일반	셈
416	8	명사_일반	수렴
417	8	명사_일반	시간
418	8	명사_일반	심
419	8	명사_일반	약
420	8	명사_일반	얼굴
421	8	명사_일반	자연적
422	8	명사_일반	재생
423	8	명사_일반	주인
424	8	명사_일반	체
425	8	명사_일반	틀
426	8	명사_일반	포인트
427	8	명사_일반	호
428	9	명사_일반	맥
429	9	명사_일반	모양
430	9	명사_일반	몸
431	9	명사_일반	브리지
432	9	명사_일반	비
433	9	명사_일반	사람
434	9	명사_일반	살
435	9	명사_일반	생각
436	9	명사_일반	세상
437	9	명사_일반	알파
438	9	명사_일반	절
439	9	명사_일반	집
440	9	명사_일반	품
441	10	명사_일반	귀
442	10	명사_일반	머리
443	10	명사_일반	선
444	10	명사_일반	속
445	10	명사_일반	아래
446	10	명사_일반	앞
447	10	명사_일반	에프
448	10	명사_일반	자리
449	10	명사_일반	힘
450	11	명사_일반	사이
451	12	명사_일반	도
452	12	명사_일반	뒤
453	12	명사_일반	바람
454	12	명사_일반	법
455	12	명사_일반	줄
456	13	명사_일반	축
457	14	명사_일반	말
458	15	명사_일반	위
459	15	명사_일반	점
460	18	명사_일반	말
461	20	명사_일반	밑

체언 2_기타

1	5	명사_의존	권
2	5	명사_의존	데
3	5	명사_의존	듯
4	5	명사_의존	방
5	5	명사_의존	평
6	5	명사_의존	푼
7	7	명사_의존	간
8	7	명사_의존	대로
9	7	명사_의존	장
10	12	명사_의존	거
11	13	명사_의존	것
1	7	명사_수사	하나
1	7	대명사_지시	머
2	7	대명사_지시	무어
3	9	대명사_지시	어디
1	5	대명사_일반	거기
2	5	대명사_일반	고놈
3	5	대명사_일반	그
4	5	대명사_일반	그것
5	5	대명사_일반	그놈
1	5	대명사_인칭	당신
2	5	대명사_인칭	본관

용언 1_동작동사

1	5	타동사	가르다
2	5	타동사	갖추다
3	5	타동사	건지다
4	5	타동사	고치다
5	5	타동사	권청하다
6	5	타동사	까먹다
7	5	타동사	꿰다
8	5	타동사	끄다
9	5	타동사	끼다
10	5	타동사	끼우다
11	5	타동사	내던지다
12	5	타동사	내주다
13	5	타동사	녹이다
14	5	타동사	놀리다
15	5	타동사	누르다
16	5	타동사	늘어놓다
17	5	타동사	늦추다
18	5	타동사	다듬다
19	5	타동사	다루다
20	5	타동사	다잡다
21	5	타동사	닫다
22	5	타동사	담다
23	5	타동사	대접하다
24	5	타동사	독립시키다
25	5	타동사	돌아보다
26	5	타동사	두드리다
27	5	타동사	두들기다
28	5	타동사	뒈쓰다
29	5	타동사	뒤어쓰다
30	5	타동사	뒤집어엎다
31	5	타동사	듣다
32	5	타동사	들다
33	5	타동사	따라가다
34	5	타동사	뚫다
35	5	타동사	띄우다
36	5	타동사	맡다
37	5	타동사	머금다
38	5	타동사	몰다
39	5	타동사	물리치다

40	5	타동사	발리다
41	5	타동사	밟다
42	5	타동사	배우다
43	5	타동사	벌리다
44	5	타동사	분별하다
45	5	타동사	불러들이다
46	5	타동사	붓다
47	5	타동사	붙들다
48	5	타동사	빨다
49	5	타동사	빼앗기다
50	5	타동사	빼앗다
51	5	타동사	뺏다
52	5	타동사	삭이다
53	5	타동사	소화하다
54	5	타동사	쓸다
55	5	타동사	앗다
56	5	타동사	우물대다
57	5	타동사	잊다
58	5	타동사	잡수다
59	5	타동사	재우다
60	5	타동사	전달하다
61	5	타동사	정리하다
62	5	타동사	제끼다
63	5	타동사	조지다
64	5	타동사	주저앉히다
65	5	타동사	줄이다
66	5	타동사	쥐다
67	5	타동사	짚다
68	5	타동사	짜다
69	5	타동사	채우다
70	5	타동사	챙기다
71	5	타동사	치다
72	5	타동사	태우다
73	5	타동사	통기다
74	5	타동사	팔아먹다
75	5	타동사	피우다
76	5	타동사	피하다
77	5	타동사	합성하다
78	5	타동사	헤치다
79	5	타동사	헹구다
80	5	타동사	휘감치다
81	5	타동사	휩쓸다
82	5	타동사	흐리다
83	6	타동사	거두다
84	6	타동사	기르다
85	6	타동사	깨뜨리다
86	6	타동사	낮추다
87	6	타동사	닦다
88	6	타동사	덮다
89	6	타동사	따다
90	6	타동사	뜯다
91	6	타동사	띠다
92	6	타동사	물리다
93	6	타동사	발기다
94	6	타동사	바삐다
95	6	타동사	범하다
96	6	타동사	보내다
97	6	타동사	부리다
98	6	타동사	붙잡다
99	6	타동사	비비다
100	6	타동사	사리다
101	6	타동사	살리다
102	6	타동사	싣다
103	6	타동사	쌓다
104	6	타동사	쏘다
105	6	타동사	알아보다
106	6	타동사	얻다
107	6	타동사	얽다
108	6	타동사	업다
109	6	타동사	에우다

110	6	타동사	접다	145	7	타동사	찾다
111	6	타동사	좇다	146	7	타동사	추다
112	6	타동사	지우다	147	7	타동사	틀다
113	6	타동사	찌르다	148	7	타동사	팔다
114	6	타동사	차다	149	7	타동사	훔치다
115	6	타동사	채우다	150	8	타동사	굴리다
116	6	타동사	처박다	151	8	타동사	꺾다
117	6	타동사	치다	152	8	타동사	꾸미다
118	6	타동사	치다	153	8	타동사	다스리다
119	6	타동사	커트하다	154	8	타동사	돋우다
120	6	타동사	터트리다	155	8	타동사	들이다
121	6	타동사	털다	156	8	타동사	막다
122	6	타동사	풀어놓다	157	8	타동사	매다
123	6	타동사	후리다	158	8	타동사	모다
124	6	타동사	흡수하다	159	8	타동사	모으다
125	7	타동사	깨다	160	8	타동사	알다
126	7	타동사	나누다	161	8	타동사	열다
127	7	타동사	놓치다	162	8	타동사	옮기다
128	7	타동사	닦다	163	8	타동사	일으키다
129	7	타동사	달다	164	8	타동사	지키다
130	7	타동사	뒤집다	165	8	타동사	키우다
131	7	타동사	때리다	166	9	타동사	가리다
132	7	타동사	뜨다	167	9	타동사	거둬들이다
133	7	타동사	맞히다	168	9	타동사	까다
134	7	타동사	모시다	169	9	타동사	내놓다
135	7	타동사	받아들이다	170	9	타동사	넣다
136	7	타동사	밟다	171	9	타동사	높이다
137	7	타동사	벗기다	172	9	타동사	던지다
138	7	타동사	부르다	173	9	타동사	모르다
139	7	타동사	부치다	174	9	타동사	씌우다
140	7	타동사	빼내다	175	9	타동사	없애다
141	7	타동사	쓰다	176	9	타동사	읽다
142	7	타동사	이끌다	177	9	타동사	찍다
143	7	타동사	자르다	178	9	타동사	파다
144	7	타동사	차리다	179	9	타동사	펴다

180	9	타동사	흘리다	5	5	자타양용	건들건들하다
181	10	타동사	거두어들이다	6	5	자타양용	건들대다
182	10	타동사	깎다	7	5	자타양용	건체하다
183	10	타동사	깔다	8	5	자타양용	걸어나가다
184	10	타동사	끓다	9	5	자타양용	견디다
185	10	타동사	두르다	10	5	자타양용	고하다
186	10	타동사	뽑다	11	5	자타양용	껄떡거리다
187	10	타동사	안다	12	5	자타양용	껄떡대다
188	10	타동사	잃다	13	5	자타양용	꼴짝대다
189	10	타동사	죽이다	14	5	자타양용	낙태하다
190	11	타동사	끌다	15	5	자타양용	날름하다
191	11	타동사	넘기다	16	5	자타양용	남실거리다
192	11	타동사	맡기다	17	5	자타양용	남실남실하다
193	11	타동사	박다	18	5	자타양용	남실대다
194	12	타동사	떨어뜨리다	19	5	자타양용	내붙이다
195	12	타동사	떨어트리다	20	5	자타양용	넘실거리다
196	13	타동사	감다	21	5	자타양용	넘실대다
197	13	타동사	걸다	22	5	자타양용	대하다
198	13	타동사	긁다	23	5	자타양용	더하다
199	14	타동사	떼다	24	5	자타양용	돌아내리다
200	14	타동사	지르다	25	5	자타양용	돕다
201	14	타동사	치다	26	5	자타양용	동화하다
202	15	타동사	붙이다	27	5	자타양용	뒤룩거리다
203	15	타동사	세우다	28	5	자타양용	뒤룩대다
204	16	타동사	먹이다	29	5	자타양용	드르렁드르렁하다
205	16	타동사	빼다	30	5	자타양용	들리다
206	17	타동사	돌리다	31	5	자타양용	들이대다
207	17	타동사	올리다	32	5	자타양용	떠나가다
208	22	타동사	짓다	33	5	자타양용	떠돌아다니다
209	24	타동사	풀다	34	5	자타양용	떠들다
210	25	타동사	잡다	35	5	자타양용	똑똑하다
1	5	자타양용	개막하다	36	5	자타양용	뛰어오다
2	5	자타양용	개원하다	37	5	자타양용	마주하다
3	5	자타양용	거치다	38	5	자타양용	머무르다
4	5	자타양용	건들거리다	39	5	자타양용	머물다

40	5	자타양용	뭉개다	75	5	자타양용	뽀득뽀득하다
41	5	자타양용	뭉치다	76	5	자타양용	뿌드득뿌드득하다
42	5	자타양용	및다	77	5	자타양용	뿌드득하다
43	5	자타양용	반개하다	78	5	자타양용	뿌득뿌득하다
44	5	자타양용	배다	79	5	자타양용	사박사박하다
45	5	자타양용	배뚤배뚤하다	80	5	자타양용	수반하다
46	5	자타양용	바비작거리다	81	5	자타양용	얻어맞다
47	5	자타양용	바비작대다	82	5	자타양용	얻어먹다
48	5	자타양용	바비작바비작하다	83	5	자타양용	역전하다
49	5	자타양용	바빗거리다	84	5	자타양용	우물우물하다
50	5	자타양용	바빗대다	85	5	자타양용	이야기하다
51	5	자타양용	바빗바빗하다	86	5	자타양용	잘금거리다
52	5	자타양용	번득이다	87	5	자타양용	잘금대다
53	5	자타양용	번득하다	88	5	자타양용	잘금잘금하다
54	5	자타양용	번쩍번쩍하다	89	5	자타양용	잘금하다
55	5	자타양용	번쩍하다	90	5	자타양용	전하다
56	5	자타양용	벌쭉대다	91	5	자타양용	접촉하다
57	5	자타양용	불리다	92	5	자타양용	중성화하다
58	5	자타양용	붕붕거리다	93	5	자타양용	질금거리다
59	5	자타양용	비끼다	94	5	자타양용	질금대다
60	5	자타양용	비비적거리다	95	5	자타양용	질금질금하다
61	5	자타양용	비비적대다	96	5	자타양용	질금하다
62	5	자타양용	비비적비비적하다	97	5	자타양용	짤끔거리다
63	5	자타양용	비죽하다	98	5	자타양용	짤끔대다
64	5	자타양용	비판하다	99	5	자타양용	짤끔짤끔하다
65	5	자타양용	비평하다	100	5	자타양용	짤끔하다
66	5	자타양용	비하다	101	5	자타양용	쪼개다
67	5	자타양용	빠작빠작하다	102	5	자타양용	쫓아다니다
68	5	자타양용	빨쪽하다	103	5	자타양용	찔끔거리다
69	5	자타양용	빵빵하다	104	5	자타양용	찔끔대다
70	5	자타양용	뻐적뻐적하다	105	5	자타양용	찔끔찔끔하다
71	5	자타양용	뻴쭉거리다	106	5	자타양용	찰랑찰랑하다
72	5	자타양용	뻴쭉대다	107	5	자타양용	찰랑찰랑하다
73	5	자타양용	뽀드득뽀드득하다	108	5	자타양용	찰싸닥거리다
74	5	자타양용	뽀드득하다	109	5	자타양용	찰싸닥대다

110	5	자타양용	찰싸닥찰싸닥하다	145	5	자타양용	훌쩍훌쩍하다
111	5	자타양용	찰싸닥하다	146	5	자타양용	휘돌다
112	5	자타양용	찰싹거리다	147	6	자타양용	가정하다
113	5	자타양용	찰싹찰싹하다	148	6	자타양용	경계하다
114	5	자타양용	창화하다	149	6	자타양용	긁정이질하다
115	5	자타양용	철렁거리다	150	6	자타양용	기계화하다
116	5	자타양용	철렁대다	151	6	자타양용	기어오르다
117	5	자타양용	철렁철렁하다	152	6	자타양용	깎이다
118	5	자타양용	추키다	153	6	자타양용	깔딱하다
119	5	자타양용	치받다	154	6	자타양용	꿍꽝거리다
120	5	자타양용	쿵쾅거리다	155	6	자타양용	꿍꽝꿍꽝하다
121	5	자타양용	타닥거리다	156	6	자타양용	꿍꽝대다
122	5	자타양용	타닥대다	157	6	자타양용	꿍꽝하다
123	5	자타양용	타닥타닥하다	158	6	자타양용	넘나들다
124	5	자타양용	탕탕하다	159	6	자타양용	넘다
125	5	자타양용	터덕거리다	160	6	자타양용	다투다
126	5	자타양용	터덕대다	161	6	자타양용	다하다
127	5	자타양용	터덕터덕하다	162	6	자타양용	더하다
128	5	자타양용	터치하다	163	6	자타양용	돌아서다
129	5	자타양용	통달하다	164	6	자타양용	되록거리다
130	5	자타양용	퉁기다	165	6	자타양용	되록대다
131	5	자타양용	팔딱거리다	166	6	자타양용	되록되록하다
132	5	자타양용	팔딱이다	167	6	자타양용	뒤집개질하다
133	5	자타양용	팔딱팔딱하다	168	6	자타양용	떨다
134	5	자타양용	패다	169	6	자타양용	뜨르륵뜨르륵하다
135	5	자타양용	펄떡거리다	170	6	자타양용	뜨르륵하다
136	5	자타양용	펄떡대다	171	6	자타양용	맴돌다
137	5	자타양용	폐색하다	172	6	자타양용	맺다
138	5	자타양용	하직하다	173	6	자타양용	명령하다
139	5	자타양용	항해하다	174	6	자타양용	미치다
140	5	자타양용	헤매다	175	6	자타양용	반역하다
141	5	자타양용	훅훅하다	176	6	자타양용	발깍발깍하다
142	5	자타양용	훌쩍대다	177	6	자타양용	발쪽하다
143	5	자타양용	훌쩍이다	178	6	자타양용	발칵발칵하다
144	5	자타양용	훌쩍하다	179	6	자타양용	방사하다

180	6	자타양용	버석버석하다	215	6	자타양용	파닥이다
181	6	자타양용	벌쭉벌쭉하다	216	6	자타양용	패킹하다
182	6	자타양용	벌쭉하다	217	6	자타양용	퍼붓다
183	6	자타양용	비추다	218	6	자타양용	퍼석퍼석하다
184	6	자타양용	뻘쭉뻘쭉하다	219	6	자타양용	퍼석하다
185	6	자타양용	뻘쭉하다	220	6	자타양용	포드득하다
186	6	자타양용	상하다	221	6	자타양용	합승하다
187	6	자타양용	서걱서걱하다	222	6	자타양용	합치다
188	6	자타양용	서걱이다	223	6	자타양용	훌쩍거리다
189	6	자타양용	선회하다	224	6	자타양용	휘날리다
190	6	자타양용	세팅하다	225	7	자타양용	갈리다
191	6	자타양용	시작하다	226	7	자타양용	감기다
192	6	자타양용	악맹하다	227	7	자타양용	감돌다
193	6	자타양용	역류하다	228	7	자타양용	깔딱깔딱하다
194	6	자타양용	오작오작하다	229	7	자타양용	달리다
195	6	자타양용	오짝오짝하다	230	7	자타양용	떠돌다
196	6	자타양용	옮겨가다	231	7	자타양용	발깍발깍하다
197	6	자타양용	원정하다	232	7	자타양용	발쪽발쪽하다
198	6	자타양용	유통하다	233	7	자타양용	발쪽하다
199	6	자타양용	의지하다	234	7	자타양용	발칵발칵하다
200	6	자타양용	이르다	235	7	자타양용	발하다
201	6	자타양용	접하다	236	7	자타양용	버티다
202	6	자타양용	조뼛조뼛하다	237	7	자타양용	빤짝하다
203	6	자타양용	죄다	238	7	자타양용	뻔쩍뻔쩍하다
204	6	자타양용	지내다	239	7	자타양용	뻔쩍이다
205	6	자타양용	짜다	240	7	자타양용	뻗다
206	6	자타양용	쪼뼛쪼뼛하다	241	7	자타양용	싸각거리다
207	6	자타양용	쪼뼛쪼뼛하다	242	7	자타양용	싸각대다
208	6	자타양용	쭈뼛거리다	243	7	자타양용	싸각싸각하다
209	6	자타양용	카운트하다	244	7	자타양용	오가다
210	6	자타양용	쿵쾅쿵쾅하다	245	7	자타양용	울다
211	6	자타양용	쿵쾅하다	246	7	자타양용	잇다
212	6	자타양용	쿵쿵하다	247	7	자타양용	전개하다
213	6	자타양용	통과하다	248	7	자타양용	전이하다
214	6	자타양용	파고들다	249	7	자타양용	좋아하다

250	7	자타양용	주뼛주뼛하다
251	7	자타양용	지나다
252	7	자타양용	쭈뼛하다
253	7	자타양용	치이다
254	7	자타양용	터놓다
255	7	자타양용	튕기다
256	7	자타양용	트다
257	7	자타양용	풍기다
258	8	자타양용	걷다
259	8	자타양용	기다
260	8	자타양용	기어가다
261	8	자타양용	기어다니다
262	8	자타양용	나서다
263	8	자타양용	내려가다
264	8	자타양용	넘어오다
265	8	자타양용	다듬거리다
266	8	자타양용	다듬다듬하다
267	8	자타양용	다듬대다
268	8	자타양용	달싹달싹하다
269	8	자타양용	달싹이다
270	8	자타양용	당하다
271	8	자타양용	더듬거리다
272	8	자타양용	더듬대다
273	8	자타양용	더듬더듬하다
274	8	자타양용	드나들다
275	8	자타양용	들썩거리다
276	8	자타양용	들썩대다
277	8	자타양용	들썩들썩하다
278	8	자타양용	들썩이다
279	8	자타양용	딸막거리다
280	8	자타양용	딸막대다
281	8	자타양용	딸막딸막하다
282	8	자타양용	딸막이다
283	8	자타양용	딸싹거리다
284	8	자타양용	딸싹대다
285	8	자타양용	딸싹딸싹하다
286	8	자타양용	딸싹이다
287	8	자타양용	뜰먹거리다
288	8	자타양용	뜰먹대다
289	8	자타양용	뜰먹뜰먹하다
290	8	자타양용	뜰먹이다
291	8	자타양용	뜰썩거리다
292	8	자타양용	뜰썩대다
293	8	자타양용	뜰썩뜰썩하다
294	8	자타양용	뜰썩이다
295	8	자타양용	말씀하다
296	8	자타양용	쉬다
297	8	자타양용	스치다
298	8	자타양용	애기하다
299	8	자타양용	연발하다
300	8	자타양용	올라오다
301	8	자타양용	울리다
302	8	자타양용	이기다
303	8	자타양용	자다
304	8	자타양용	잘가닥거리다
305	8	자타양용	잘가닥대다
306	8	자타양용	잘가닥잘가닥하다
307	8	자타양용	잘가닥하다
308	8	자타양용	잘각잘각하다
309	8	자타양용	잘각하다
310	8	자타양용	잘까닥거리다
311	8	자타양용	잘까닥대다
312	8	자타양용	잘까닥잘까닥하다
313	8	자타양용	잘까닥하다
314	8	자타양용	잘깍거리다
315	8	자타양용	잘깍대다
316	8	자타양용	잘깍잘깍하다
317	8	자타양용	잘깍하다
318	8	자타양용	잘카닥거리다
319	8	자타양용	잘카닥대다

320	8	자타양용	잘카닥잘카닥하다	355	8	자타양용	짤까닥하다
321	8	자타양용	잘카닥하다	356	8	자타양용	짤깍짤깍하다
322	8	자타양용	잘깍거리다	357	8	자타양용	짤깍하다
323	8	자타양용	잘깍대다	358	8	자타양용	쩔꺼덕거리다
324	8	자타양용	잘깍잘깍하다	359	8	자타양용	쩔꺼덕대다
325	8	자타양용	잘깍하다	360	8	자타양용	쩔꺼덕쩔꺼덕하다
326	8	자타양용	잘하다	361	8	자타양용	쩔꺼덕하다
327	8	자타양용	절거덕거리다	362	8	자타양용	쩔껑하다
328	8	자타양용	절거덕대다	363	8	자타양용	쭈뼛쭈뼛하다
329	8	자타양용	절거덕절거덕하다	364	8	자타양용	쭈뼛하다
330	8	자타양용	절거덕하다	365	8	자타양용	찰카닥찰카닥하다
331	8	자타양용	절겅거리다	366	8	자타양용	찰카닥하다
332	8	자타양용	절겅대다	367	8	자타양용	찰깍찰깍하다
333	8	자타양용	절겅절겅하다	368	8	자타양용	찰깍하다
334	8	자타양용	절겅하다	369	8	자타양용	철커덕하다
335	8	자타양용	절꺼덕거리다	370	8	자타양용	타다
336	8	자타양용	절꺼덕대다	371	8	자타양용	토스하다
337	8	자타양용	절꺼덕절꺼덕하다	372	8	자타양용	해산하다
338	8	자타양용	절꺼덕하다	373	9	자타양용	달막거리다
339	8	자타양용	절껑거리다	374	9	자타양용	달막달막하다
340	8	자타양용	절껑대다	375	9	자타양용	달막대다
341	8	자타양용	절껑절껑하다	376	9	자타양용	도사리다
342	8	자타양용	절껑하다	377	9	자타양용	따르다
343	8	자타양용	절커덕거리다	378	9	자타양용	떠나다
344	8	자타양용	절커덕대다	379	9	자타양용	버썩버썩하다
345	8	자타양용	절커덕절커덕하다	380	9	자타양용	비치다
346	8	자타양용	절커덕하다	381	9	자타양용	우두둑거리다
347	8	자타양용	절컹거리다	382	9	자타양용	우두둑대다
348	8	자타양용	절컹대다	383	9	자타양용	우두둑우두둑하다
349	8	자타양용	절컹절컹하다	384	9	자타양용	우두둑하다
350	8	자타양용	절컹하다	385	9	자타양용	우둑거리다
351	8	자타양용	주뼛주뼛하다	386	9	자타양용	우둑대다
352	8	자타양용	짤까닥거리다	387	9	자타양용	우둑우둑하다
353	8	자타양용	짤까닥대다	388	9	자타양용	재생하다
354	8	자타양용	짤까닥짤까닥하다	389	9	자타양용	조이다

390	9	자타양용	쭈뼛쭈뼛하다	425	16	자타양용	쓰다
391	10	자타양용	끊기다	426	17	자타양용	놀다
392	10	자타양용	놓이다	427	17	자타양용	살다
393	10	자타양용	다치다	428	18	자타양용	넘어가다
394	10	자타양용	달막이다	429	19	자타양용	오르다
395	10	자타양용	당하다	430	21	자타양용	돌다
396	10	자타양용	당하다	431	21	자타양용	서다
397	10	자타양용	만나다	432	23	자타양용	나오다
398	10	자타양용	맞다	433	37	자타양용	받다
399	10	자타양용	뿌리다	1	5	자동사	굳어지다
400	10	자타양용	오르내리다	2	5	자동사	길들다
401	11	자타양용	다지다	3	5	자동사	깨어지다
402	11	자타양용	밀다	4	5	자동사	꺾이다
403	11	자타양용	벗다	5	5	자동사	끊어지다
404	11	자타양용	벗어나다	6	5	자동사	끝나다
405	11	자타양용	불다	7	5	자동사	끼다
406	11	자타양용	향하다	8	5	자동사	나누이다
407	12	자타양용	개장하다	9	5	자동사	나뉘다
408	12	자타양용	걸치다	10	5	자동사	남다
409	12	자타양용	들먹거리다	11	5	자동사	낮아지다
410	12	자타양용	들먹대다	12	5	자동사	넘실넘실하다
411	12	자타양용	들먹들먹하다	13	5	자동사	달리다
412	12	자타양용	들먹이다	14	5	자동사	달아나다
413	12	자타양용	지나가다	15	5	자동사	되살다
414	12	자타양용	향하다	16	5	자동사	뒤집히다
415	13	자타양용	말하다	17	5	자동사	들썩하다
416	13	자타양용	맞추다	18	5	자동사	들어서다
417	13	자타양용	움직이다	19	5	자동사	막히다
418	14	자타양용	돌아가다	20	5	자동사	매달리다
419	14	자타양용	들어가다	21	5	자동사	매이다
420	14	자타양용	올라가다	22	5	자동사	메말라지다
421	15	자타양용	통하다	23	5	자동사	무너지다
422	15	자타양용	흐르다	24	5	자동사	버글거리다
423	16	자타양용	뛰다	25	5	자동사	버글대다
424	16	자타양용	생각하다	26	5	자동사	버글버글하다

27	5	자동사	부서지다
28	5	자동사	부풀다
29	5	자동사	분별되다
30	5	자동사	빠글거리다
31	5	자동사	빠글대다
32	5	자동사	빠글빠글하다
33	5	자동사	뻐글거리다
34	5	자동사	뻐글대다
35	5	자동사	뻐글뻐글하다
36	5	자동사	사각사각하다
37	5	자동사	살랑거리다
38	5	자동사	서리다
39	5	자동사	소화되다
40	5	자동사	스러지다
41	5	자동사	얼다
42	5	자동사	엎어지다
43	5	자동사	열리다
44	5	자동사	오락가락하다
45	5	자동사	와그르르하다
46	5	자동사	왁자르르하다
47	5	자동사	워르르하다
48	5	자동사	임하다
49	5	자동사	입실하다
50	5	자동사	전달되다
51	5	자동사	정리되다
52	5	자동사	젖다
53	5	자동사	주저앉다
54	5	자동사	중화되다
55	5	자동사	질리다
56	5	자동사	쩡쩡하다
57	5	자동사	쫄쫄거리다
58	5	자동사	쫄쫄대다
59	5	자동사	찍히다
60	5	자동사	찰싹대다
61	5	자동사	찰싹하다
62	5	자동사	처지다
63	5	자동사	타다
64	5	자동사	퇴장하다
65	5	자동사	퉁겨지다
66	5	자동사	튀다
67	5	자동사	틀리다
68	5	자동사	틀어지다
69	5	자동사	파묻히다
70	5	자동사	팔딱대다
71	5	자동사	펄떡이다
72	5	자동사	포르르하다
73	5	자동사	폭삭하다
74	5	자동사	푸르르하다
75	5	자동사	합성되다
76	5	자동사	행도하다
77	5	자동사	호드득거리다
78	5	자동사	호드득대다
79	5	자동사	호드득호드득하다
80	5	자동사	흘러가다
81	6	자동사	기울다
82	6	자동사	깨나다
83	6	자동사	깨어나다
84	6	자동사	꺼지다
85	6	자동사	달다
86	6	자동사	닳다
87	6	자동사	돌아오다
88	6	자동사	들오다
89	6	자동사	뜨다
90	6	자동사	맺히다
91	6	자동사	모이다
92	6	자동사	뫼다
93	6	자동사	밀려들다
94	6	자동사	밀리다
95	6	자동사	번지다
96	6	자동사	벌다

97	6	자동사	비꼬이다
98	6	자동사	삭다
99	6	자동사	살아나다
100	6	자동사	새다
101	6	자동사	솟아나다
102	6	자동사	쌓이다
103	6	자동사	어리다
104	6	자동사	얽히다
105	6	자동사	와르르하다
106	6	자동사	일어나다
107	6	자동사	자빠지다
108	6	자동사	잠기다
109	6	자동사	전개되다
110	6	자동사	전위하다
111	6	자동사	전이되다
112	6	자동사	지다
113	6	자동사	파르르하다
114	6	자동사	팽하다
115	6	자동사	흐트러지다
116	6	자동사	흡수되다
117	7	자동사	가물가물하다
118	7	자동사	끓다
119	7	자동사	녹다
120	7	자동사	마르다
121	7	자동사	몰리다
122	7	자동사	박히다
123	7	자동사	밝아지다
124	7	자동사	앉다
125	7	자동사	엉기다
126	7	자동사	차다
127	7	자동사	커지다
128	7	자동사	트이다
129	7	자동사	흐늘흐늘하다
130	8	자동사	가라앉다
131	8	자동사	늘어지다
132	8	자동사	들어앉다
133	8	자동사	솟다
134	8	자동사	재생되다
135	8	자동사	쩔꺽쩔꺽하다
136	8	자동사	퍼지다
137	8	자동사	피다
138	9	자동사	깨지다
139	9	자동사	풀어지다
140	10	자동사	벌어지다
141	10	자동사	벗겨지다
142	10	자동사	손대다
143	11	자동사	생기다
144	13	자동사	걸리다
145	13	자동사	들어오다
146	15	자동사	풀리다
147	19	자동사	붙다
148	22	자동사	떨어지다
1	7	무동사	말다
2	7	무동사	못하다
3	7	무동사	치우다
4	10	무동사	가지다
5	10	무동사	버리다
6	11	무동사	갖다
7	11	무동사	만들다
8	12	무동사	주다
9	12	무동사	죽다
10	15	무동사	보이다
11	15	무동사	빠지다
12	17	무동사	두다
13	18	무동사	되다
14	18	무동사	터지다
15	19	무동사	대다
16	20	무동사	내다
17	25	무동사	나가다
18	25	무동사	놓다

19	28	무동사	먹다
20	30	무동사	오다
21	33	무동사	나다
22	33	무동사	들다
23	33	무동사	보다
24	35	무동사	하다
25	43	무동사	가다

용언 2_상태동사

1	5	상태동사	갑갑하다
2	5	상태동사	괜찮다
3	5	상태동사	그윽하다
4	5	상태동사	담담하다
5	5	상태동사	답답하다
6	5	상태동사	더럽다
7	5	상태동사	되바라지다
8	5	상태동사	둔하다
9	5	상태동사	뒤룩뒤룩하다
10	5	상태동사	든든하다
11	5	상태동사	떠들썩하다
12	5	상태동사	말짱하다
13	5	상태동사	멀쩡하다
14	5	상태동사	무디다
15	5	상태동사	바르다
16	5	상태동사	바쁘다
17	5	상태동사	빠르다
18	5	상태동사	설피다
19	5	상태동사	승하다
20	5	상태동사	시퍼렇다
21	5	상태동사	신통스럽다
22	5	상태동사	신통하다
23	5	상태동사	썰렁하다
24	5	상태동사	아득하다
25	5	상태동사	어득하다
26	5	상태동사	어림없다
27	5	상태동사	엉성하다
28	5	상태동사	여리다
29	5	상태동사	엷다
30	5	상태동사	옳다
31	5	상태동사	조용하다
32	5	상태동사	진하다
33	5	상태동사	짜랑짜랑하다
34	5	상태동사	짜랑하다
35	5	상태동사	컴컴하다
36	5	상태동사	탁하다
37	5	상태동사	툭툭하다
38	5	상태동사	헤프다
39	5	상태동사	휑하다
40	5	상태동사	훤하다
41	5	상태동사	휑하다
42	5	상태동사	흉하다
43	5	상태동사	희미하다
44	6	상태동사	가늘다
45	6	상태동사	가득하다
46	6	상태동사	가뜩하다
47	6	상태동사	거볍다
48	6	상태동사	걸다
49	6	상태동사	고약하다
50	6	상태동사	길다
51	6	상태동사	날카롭다
52	6	상태동사	낮다
53	6	상태동사	높다
54	6	상태동사	늦다
55	6	상태동사	맵다
56	6	상태동사	멀다
57	6	상태동사	메마르다

58	6	상태동사	무섭다
59	6	상태동사	밭다
60	6	상태동사	부드럽다
61	6	상태동사	비리다
62	6	상태동사	빡빡하다
63	6	상태동사	뻑뻑하다
64	6	상태동사	새까맣다
65	6	상태동사	쉽다
66	6	상태동사	시원스럽다
67	6	상태동사	어렴풋하다
68	6	상태동사	원숙하다
69	6	상태동사	탑탑하다
70	6	상태동사	텁텁하다
71	6	상태동사	톡톡하다
72	6	상태동사	흐릿하다
73	7	상태동사	가깝다
74	7	상태동사	고르다
75	7	상태동사	굵다랗다
76	7	상태동사	굵디굵다
77	7	상태동사	굵직굵직하다
78	7	상태동사	굵직하다
79	7	상태동사	까맣다
80	7	상태동사	느리다
81	7	상태동사	단단하다
82	7	상태동사	뜨다
83	7	상태동사	맑다
84	7	상태동사	바라지다
85	7	상태동사	시원하다
86	7	상태동사	실하다
87	7	상태동사	아니다
88	7	상태동사	얕다
89	7	상태동사	어렵다
90	7	상태동사	험하다
91	8	상태동사	거칠다
92	8	상태동사	그득그득하다
93	8	상태동사	그득하다
94	8	상태동사	그뜩그뜩하다
95	8	상태동사	그뜩하다
96	8	상태동사	깊다
97	8	상태동사	반하다
98	8	상태동사	번하다
99	8	상태동사	비다
100	8	상태동사	빤하다
101	8	상태동사	어둡다
102	8	상태동사	짙다
103	8	상태동사	환하다
104	9	상태동사	강하다
105	9	상태동사	굳다
106	9	상태동사	깨끗하다
107	9	상태동사	세다
108	9	상태동사	작다
109	9	상태동사	흐리다
110	10	상태동사	가볍다
111	10	상태동사	뻔하다
112	10	상태동사	없다
113	11	상태동사	굵다
114	11	상태동사	급하다
115	11	상태동사	무겁다
116	12	상태동사	곱다
117	13	상태동사	같다
118	13	상태동사	밝다
119	18	상태동사	크다
120	24	상태동사	있다
121	30	상태동사	좋다

<table>
<tr><td colspan="4" align="center">수식언</td></tr>
<tr><td>1</td><td>5</td><td>부사</td><td>갑갑히</td></tr>
<tr><td>2</td><td>5</td><td>부사</td><td>같이</td></tr>
<tr><td>3</td><td>5</td><td>부사</td><td>고이</td></tr>
<tr><td>4</td><td>5</td><td>부사</td><td>관계없이</td></tr>
<tr><td>5</td><td>5</td><td>부사</td><td>그대로</td></tr>
<tr><td>6</td><td>5</td><td>부사</td><td>그러면</td></tr>
<tr><td>7</td><td>5</td><td>부사</td><td>꼬르륵</td></tr>
<tr><td>8</td><td>5</td><td>부사</td><td>꼬르륵꼬르륵</td></tr>
<tr><td>9</td><td>5</td><td>부사</td><td>꿀딱</td></tr>
<tr><td>10</td><td>5</td><td>부사</td><td>꾸르륵</td></tr>
<tr><td>11</td><td>5</td><td>부사</td><td>꾸르륵꾸르륵</td></tr>
<tr><td>12</td><td>5</td><td>부사</td><td>날카로이</td></tr>
<tr><td>13</td><td>5</td><td>부사</td><td>달막달막</td></tr>
<tr><td>14</td><td>5</td><td>부사</td><td>든든히</td></tr>
<tr><td>15</td><td>5</td><td>부사</td><td>들먹들먹</td></tr>
<tr><td>16</td><td>5</td><td>부사</td><td>딱</td></tr>
<tr><td>17</td><td>5</td><td>부사</td><td>딱딱</td></tr>
<tr><td>18</td><td>5</td><td>부사</td><td>떡</td></tr>
<tr><td>19</td><td>5</td><td>부사</td><td>뚝</td></tr>
<tr><td>20</td><td>5</td><td>부사</td><td>말짱히</td></tr>
<tr><td>21</td><td>5</td><td>부사</td><td>멀리</td></tr>
<tr><td>22</td><td>5</td><td>부사</td><td>멀쩡히</td></tr>
<tr><td>23</td><td>5</td><td>부사</td><td>바스스</td></tr>
<tr><td>24</td><td>5</td><td>부사</td><td>바비작바비작</td></tr>
<tr><td>25</td><td>5</td><td>부사</td><td>바빗바빗</td></tr>
<tr><td>26</td><td>5</td><td>부사</td><td>버적버적</td></tr>
<tr><td>27</td><td>5</td><td>부사</td><td>벌떡벌떡</td></tr>
<tr><td>28</td><td>5</td><td>부사</td><td>부스스</td></tr>
<tr><td>29</td><td>5</td><td>부사</td><td>비비적비비적</td></tr>
<tr><td>30</td><td>5</td><td>부사</td><td>빨딱빨딱</td></tr>
<tr><td>31</td><td>5</td><td>부사</td><td>뻔히</td></tr>
<tr><td>32</td><td>5</td><td>부사</td><td>뻘떡뻘떡</td></tr>
<tr><td>33</td><td>5</td><td>부사</td><td>삭삭</td></tr>
<tr><td>34</td><td>5</td><td>부사</td><td>살살</td></tr>
<tr><td>35</td><td>5</td><td>부사</td><td>슬쩍</td></tr>
<tr><td>36</td><td>5</td><td>부사</td><td>시원스레</td></tr>
<tr><td>37</td><td>5</td><td>부사</td><td>시원히</td></tr>
<tr><td>38</td><td>5</td><td>부사</td><td>신통스레</td></tr>
<tr><td>39</td><td>5</td><td>부사</td><td>신통히</td></tr>
<tr><td>40</td><td>5</td><td>부사</td><td>쏙쏙</td></tr>
<tr><td>41</td><td>5</td><td>부사</td><td>아득히</td></tr>
<tr><td>42</td><td>5</td><td>부사</td><td>어득히</td></tr>
<tr><td>43</td><td>5</td><td>부사</td><td>어렴풋이</td></tr>
<tr><td>44</td><td>5</td><td>부사</td><td>어지간히</td></tr>
<tr><td>45</td><td>5</td><td>부사</td><td>와르르</td></tr>
<tr><td>46</td><td>5</td><td>부사</td><td>왈칵</td></tr>
<tr><td>47</td><td>5</td><td>부사</td><td>우두둑</td></tr>
<tr><td>48</td><td>5</td><td>부사</td><td>우두둑우두둑</td></tr>
<tr><td>49</td><td>5</td><td>부사</td><td>우둑우둑</td></tr>
<tr><td>50</td><td>5</td><td>부사</td><td>워르르</td></tr>
<tr><td>51</td><td>5</td><td>부사</td><td>잔뜩</td></tr>
<tr><td>52</td><td>5</td><td>부사</td><td>족족</td></tr>
<tr><td>53</td><td>5</td><td>부사</td><td>졸졸</td></tr>
<tr><td>54</td><td>5</td><td>부사</td><td>좍</td></tr>
<tr><td>55</td><td>5</td><td>부사</td><td>줄줄</td></tr>
<tr><td>56</td><td>5</td><td>부사</td><td>쪽쪽</td></tr>
<tr><td>57</td><td>5</td><td>부사</td><td>쫄쫄</td></tr>
<tr><td>58</td><td>5</td><td>부사</td><td>척척</td></tr>
<tr><td>59</td><td>5</td><td>부사</td><td>천생</td></tr>
<tr><td>60</td><td>5</td><td>부사</td><td>타닥타닥</td></tr>
<tr><td>61</td><td>5</td><td>부사</td><td>탁</td></tr>
<tr><td>62</td><td>5</td><td>부사</td><td>터덕터덕</td></tr>
<tr><td>63</td><td>5</td><td>부사</td><td>팽</td></tr>
<tr><td>64</td><td>5</td><td>부사</td><td>퍼르르</td></tr>
<tr><td>65</td><td>5</td><td>부사</td><td>포르르</td></tr>
<tr><td>66</td><td>5</td><td>부사</td><td>푸르르</td></tr>
<tr><td>67</td><td>5</td><td>부사</td><td>픽</td></tr>
</table>

68	5	부사	호드득호드득		103	6	부사	털털
69	5	부사	획획		104	6	부사	톡톡히
70	5	부사	훌쩍		105	6	부사	퍽퍽
71	5	부사	훌쩍훌쩍		106	6	부사	폴폴
72	5	부사	훨훨		107	6	부사	홀딱
73	5	부사	휙		108	6	부사	획획
74	6	부사	그저		109	6	부사	훅
75	6	부사	높이		110	6	부사	훅훅
76	6	부사	다		111	6	부사	휙휙
77	6	부사	단단히		112	7	부사	고만
78	6	부사	담담히		113	7	부사	깨끗이
79	6	부사	바짝		114	7	부사	버썩
80	6	부사	박박		115	7	부사	버썩버썩
81	6	부사	반짝		116	7	부사	버쩍
82	6	부사	벅벅		117	7	부사	빡빡이
83	6	부사	부쩍		118	7	부사	사르르
84	6	부사	빡빡		119	7	부사	쑥쑥
85	6	부사	빤짝		120	7	부사	죽
86	6	부사	빤짝빤짝		121	7	부사	죽죽
87	6	부사	뻑뻑		122	7	부사	턱
88	6	부사	뻑뻑이		123	7	부사	험히
89	6	부사	뻔쩍		124	7	부사	획
90	6	부사	뻔쩍뻔쩍		125	8	부사	다시
91	6	부사	삭		126	8	부사	바싹바싹
92	6	부사	솔솔		127	8	부사	번히
93	6	부사	술술		128	8	부사	톡
94	6	부사	슬슬		129	8	부사	톡톡
95	6	부사	실히		130	8	부사	툭
96	6	부사	어림없이		131	8	부사	툭툭
97	6	부사	언제		132	8	부사	폭삭
98	6	부사	쫙		133	8	부사	홀홀
99	6	부사	쭉		134	8	부사	훌훌
100	6	부사	탁탁		135	9	부사	바로
101	6	부사	탈탈		136	9	부사	바싹
102	6	부사	턱턱		137	9	부사	살살

138	10	부사	쏙
139	10	부사	쪽
140	10	부사	푹
141	10	부사	활활
142	11	부사	푹푹
143	11	부사	푹푹
144	11	부사	활짝
145	13	부사	쑥
146	13	부사	잘
147	13	부사	쭉쭉
148	17	부사	푹
1	5	관형사	무슨
2	5	관형사	이
3	6	관형사	고전적
4	6	관형사	국가적
5	6	관형사	외적
6	6	관형사	투기적
7	11	관형사	내적

접미사			
1	5	접미사	라
2	5	접미사	며
3	5	접미사	아요
4	5	접미사	았
5	5	접미사	어
6	5	접미사	어요
7	5	접미사	여요
8	5	접미사	였
9	6	접미사	다
10	6	접미사	던가
11	6	접미사	았
12	6	접미사	었
13	8	접미사	고
14	9	접미사	아

독립언			
1	5	감탄사	아이
2	5	감탄사	어이구
3	5	감탄사	에구
4	6	감탄사	아
5	6	감탄사	아이고
6	7	감탄사	뭐
7	7	감탄사	에

관계언			
1	5	조사	과
2	5	조사	ㄴ
3	5	조사	는
4	5	조사	만
5	5	조사	만
6	5	조사	부터
7	5	조사	에서
8	5	조사	와
9	5	조사	은
10	6	조사	에는
11	6	조사	엔
12	7	조사	나

13	7	조사	도
14	7	조사	에다
15	7	조사	이나
16	8	조사	에다가
17	9	조사	게
18	9	조사	한테
19	10	조사	께
20	10	조사	에게
21	13	조사	으로
22	13	조사	이
23	14	조사	가
24	14	조사	로
25	16	조사	의
26	18	조사	ㄹ
27	18	조사	를
28	18	조사	을
29	33	조사	에
1	5	어미(선)	개
2	5	어미(선)	대
3	5	어미(선)	한
4	9	어미(선)	날
5	12	어미(선)	생
1	5	어미	간
2	5	어미	집
3	6	어미	이
4	7	어미	하다

인명

이 정 식

┌ 약력 사항

- ► 1969년 경남 울산 生
- ► 고려대 국문과 학사, 석사, 박사
- ► 민족문화연구원 선임연구원
- ► 한국과학기술원 강사 역임
- ► BK 한국학 박사 후 연구원 역임
- ► 현 고려대, 홍익대 강사

┌ 논저목록

- ► 인식 범주와 의미 분화의 상관성
- ► 표상과 의미
- ► '지혜문'의 의미해석에 관한 연구
- ► 국어 다의 발생의 양상과 원인
- ► 다의 발생과 언어 기원 外 다수

☀ 다의어 발생론 ☀

인 쇄 2003년 04월 21일

발 행 2003년 04월 28일

저 자 이 정 식

펴낸이 이 대 현

편 집 이은희 · 안현진 · 조유미 · 박진희

펴낸곳 도서출판 역락 / 서울 성동구 성수2가 3동 301-80

　　　　(주)지시코별관 3층(우 133-835)

TEL 대표 · 영업 3409-2058 편집부 3409-2060 FAX 3409-2059

E-MAIL youkrack@hanmail.net / yk3888@kornet.net

등 록 1999년 4월 19일 제2-2803호

ISBN 89-5556-202-0-93710

정가 15,000원

* 잘못된 책은 교환해 드립니다.